Franz Kurowski

Ludwig Havighorst

Franz Kurowski

Ludwig Havighorst

Als Kampfflieger und
Fallschirmspringer an den
Brennpunkten der Front

FLECHSIG

Umwelthinweis:
Dieses Buch und der Umschlag wurden auf chlorfrei
gebleichtem Papier gedruckt.
Die Einschrumpffolie – zum Schutz vor Verschmutzung –
ist aus umweltverträglichem und recyclingfähigem PE-Material.

Sonderausgabe für Flechsig-Buchvertrieb
© 2007 Verlagshaus Würzburg GmbH & Co. KG, Würzburg
Internet: www.verlagshaus.com
Gesamtherstellung: AGORA, United Graphic Services b.v., Netherland

ISBN 978-3-88189-722-8

INHALTSVERZEICHNIS

ANLAGEN

Dies ist die Geschichte eines deutschen Soldaten, der kurz nach der Wiedererlangung der deutschen Wehrhoheit im September 1935 in die Deutsche Wehrmacht eintrat und in zehnjähriger Dienstzeit in Krieg und Frieden beim Heer, in der Luftwaffe und in der Fallschirmtruppe im Einsatz stand.

Er erlebte den Aufbau der Wehrmacht an einer Stelle mit, die ihn mit den Größten seiner Zeit in Kontakt kommen ließ. An vielen Veranstaltungen nahm er teil, sang im Rundfunk, machte einen Film über Nahkämpfer-ausbildung, marschierte auf dem Reichsparteitag des Jahres 1937 in Nürnberg mit und war rechter Flügelmann seiner Ehrenkompanie, als diese am 20. April 1939 in Berlin Unter den Linden am „Führer" vorbeimarschierte.

In den Reihen des Infanterie-Lehr-Regimentes, eines Eliteverbandes der Deutschen Wehrmacht, stehend, erhielt er eine Ausbildung, die einmalig war. Er unternahm Stoßtrupp-Einsätze an der Westfront, wurde Flieger und kämpfte im Luftkrieg über England als Kampfflieger mit.

54 Feindflüge, darunter eine größere Anzahl gegen London, sahen ihn im Zweikampf gegen englische Flak und Nachtjäger. Im Ostfeldzug unternahm er 18 Feindflüge gegen Moskau, griff in vielen weiteren Feindflügen Kriegsziele in der UdSSR an, flog bis nach Astrachan und in den Kaukasus und startete im Südabschnitt der Ostfront hundertfünfzigmal gegen Ziele in Stalingrad, an der Wolga und in der Kalmückensteppe. Versorgungsflüge für die 6. Armee brachten ihn nach Pitomnik, ins Zentrum des Grauens.

In den erbitterten Luftkämpfen und Einsätzen gegen Panzer der Roten Armee in der Operation „Zitadelle" über Kursk und Prochorowka stand Ludwig Havighorst immer wieder mit seiner Staffel und damit im Rahmen des ruhmreichen Kampfgeschwaders 27 „Boelcke" im Einsatz.

Nach seinem schweren Unfall am 19. Oktober 1943 fluguntauglich, meldete er sich zur Fallschirmtruppe und erlebte als Chef der 15. (Pionier-) Kompanie den Einsatz des FJR 9 der 3. Fallschirmjäger-Division in den Abwehrkämpfen im Westen des Reiches, in den Ardennen und danach bis zu seiner Gefangennahme am 5. März 1945.

Bei der Übergabe des FJR 9 an dessen Kommandeur, Oberst i. G.

Helmuth von Hoffmann, wurden diesem auch die Offiziere des Regimentes vorgestellt. Unter ihnen auch Ludwig Havighorst. „Havighorst", bekundete Oberst von Hoffmann, „machte bei dieser Vorstellung auf mich einen ausgezeichneten menschlichen und soldatischen Eindruck. Bei der persönlichen Aussprache mit ihm erfuhr ich, daß er als Berufssoldat eingetreten war.

Aufgrund seiner überragenden Leistungen war er vom Unteroffizier zum Offizier befördert und mit dem Deutschen Kreuz in Gold ausgezeichnet worden. Ich schätzte mich glücklich, einen so hervorragenden Offizier in meinem Regiment zu haben.

An den Kämpfen meines Regimentes im Rahmen der 3. Fallschirmjäger-Division sowohl während der Offensive in den Ardennen als auch an den darauf folgenden Rückzugskämpfen hat Hauptmann Havighorst mit seiner Kompanie teilgenommen, und es war stets Verlaß auf ihn und die von ihm geführte Einheit.

Havighorst wurde anläßlich seiner erfolgreichen Stoßtrupp-Unternehmen im Regimentsbefehl genannt.

Nach meiner schweren Erkrankung an epidemischer Gelbsucht habe ich das Ende der Kämpfe im Westen nicht mehr miterlebt und Hauptmann Havighorst aus den Augen verloren. Aber ich hatte ihn vorher zum Ritterkreuz des Eisernen Kreuzes vorgeschlagen, das er allein schon aufgrund seiner 427 Feindflüge als Kommandant seiner He 111 verdient gehabt hätte.

Ich traf Hauptmann Havighorst erst nach Jahren bei einem Treffen der alten Soldaten des Regiments wieder und bin seit dieser Zeit mit ihm kameradschaftlich und freundschaftlich verbunden." (Oberst i. G. Helmuth von Hoffmann)

Wenn von den Einsätzen dieses Soldaten im Folgenden berichtet wird, dann wird auch der Einsatz aller jener Verbände genannt und dargestellt, denen er angehört hat, dann werden die großen Entscheidungsschlachten des Zweiten Weltkrieges umrissen: die Luftschlacht über England ebenso wie das Unternehmen „Barbarossa", der Weg nach Stalingrad, der Einsatz der Luftwaffe für die 6. Armee ebenso wie „Zitadelle", der Kampf in der letzten Offensive im Osten.

Der Endkampf im Westen aus dem Raume Aachen – Düren, die Offensive in den Ardennen und die dramatischen Rückzugskämpfe sind in diesem Werk enthalten, in dem zum Ausdruck kommen soll, daß deutsche Soldaten im Zweiten Weltkrieg tapfer und ehrlich gekämpft und Gesundheit und Leben aufs Spiel gesetzt haben, weil es um Deutschland ging.

Deutsches Kreuz in Gold für Ludwig Havighorst

Sieben Brüder sind ebenfalls Soldat

△ **Haltern.** Der Oberfeldwebel der Luftwaffe Ludwig Havighorst ist mit dem Deutschen Kreuz in Gold ausgezeichnet worden. Haltern ist stolz auf seinen tapferen Sohn und freut sich mit ihm über die Verleihung dieser hohen Tapferkeitsauszeichnung. Oberfeldwebel Havighorst ist am 16. Dezember 1914 als Sohn des Stellmachers Clemens Havighorst u. seiner Ehefrau Katharina, geb. Bruns, in Ostbevern, Krs. Warendorf, geboren. Im Jahre 1924 zog die Familie nach Haltern. Im Jahre 1936 wurde Ludwig Havighorst Soldat. Am 1. 1. 1940 wurde Ludwig Havighorst als Unteroffizier in die Luftwaffe übernommen und wurde bald Flieger. Bisher hat Oberfeldwebel Havighorst über 270 Feindeinsätze geflogen, die ihn als Kampfflieger über England und später über Sowjetrußland führten. Im Rußlandfeldzug war Oberfeldwebel Havighorst

im Bombeneinsatz eingesetzt und konnte in Tiefflügen gegen feindliche Eisenbahnziele und Sowjettruppen schöne Erfolge erringen. Im Februar dieses Jahres wurde darauf Oberfeldwebel Havighorst für seine hervorragende Tapferkeit das Deutsche Kreuz in Gold verliehen, nachdem er vorher bereits die Frontflugspange in Gold für Kampfflieger mit Anhänger erhalten hatte. Oberfeldwebel Havighorst hat 8 Brüder, von denen 7 ebenfalls Soldaten sind. Wir wünschen dem tapferen Oberfeldwebel alles Gute; möge ihm das Soldatenglück weiterhin hold sein.

*

Die Stadtverwaltung sandte dem tapferen Sohn der Stadt Haltern folgendes Telegramm:

Zur ehrenvollen Verleihung des Deutsches Kreuzes in Gold spreche ich Ihnen als Halterns zweitem Träger dieser hohen Auszeichnung namens der Stadt Haltern und auch persönlich die herzlichsten Glückwünsche aus. Weiter vorwärts für Führer und Reich!

Heil Hitler!

gez. Schenuit, Bürgermeister.

Am Freitag, dem 9. April 1943, berichtet der „Westfälische Beobachter" über Ludwig Havighorst.

KG 27 „Boelcke”
II. Gruppe
Grundfarbe: Rot
(nach Karl Ries)

IN GOTTES NAMEN

WURDE AN ALLEN FRONTEN GEKÄMPFT,

UND NUR GOTT KANN BEURTEILEN,

OB UNSERE TATEN GUT ODER BÖSE WAREN.

Ludwig Havighorst

FEINDFLÜGE GEGEN ENGLAND

Der Beginn des unterschiedslosen Luftkrieges

Als Winston Churchill am 10. Mai 1940 neuer britischer Premierminister und gleichzeitig Verteidigungsminister geworden war, wollte er kein Mittel ungenutzt lassen, mit dem der Gegner, das Deutsche Reich, bekämpft und besiegt werden konnte. Dies wird durch mehrere englische Historiker und seine Handlungen bestätigt.

Fuller beispielsweise charakterisiert diese folgendermaßen: „Seit Churchill Premierminister war, setzte er die Douhet-Theorie des strategischen Bombens in Kraft, weil sie zu seiner Vernichtungspolitik paßte." (Siehe Fuller, J. F. C.: Der Zweite Weltkrieg 1939–1945) Veale wiederum wurde noch deutlicher, um diese Entwicklung seit Churchills Amtsantritt darzustellen, wenn er schrieb:

„Als Churchill an die Macht kam, gehörte es zu seinen ersten Entscheidungen, den Bombenkrieg auf das *Nichtkampfgebiet* auszudehnen." (Siehe Veale, F. J. P.: Der Barbarei entgegen)

In der Nacht zum 11. Mai 1940, unmittelbar nach Beginn der Westoffensive am 10. Mai 1940 durch die Deutsche Wehrmacht, begannen die ersten Einflüge der RAF. Es kamen zuerst Einzelflugzeuge und schwache Bomberverbände mit dem Ziel, militärische Objekte *auch* im Bereich deutscher Großstädte zu bombardieren. Da diese Angriffe ausschließlich bei Nacht geflogen wurden - Tagesangriffe des Bomber Command waren wegen der hohen Verlustrate verboten worden -, war ein Zielwurf der Bomben unmöglich. Sie fielen und trafen dort, wo sie gerade herunterkamen, die Treffergenauigkeit war ungewiß.

Der Angriff auf westdeutsche Bahnanlagen am 11. Mai 1940 war damit auch die erste Verletzung der Grundregeln der „zivilisierten Kriegsführung", nach der sich Feindseligkeiten *nur* gegen die kämpfenden Truppen des Gegners richten dürfen. Der Übergang vom Sicht- zum Blindbombenwurf führte denn auch in letzter Konsequenz zum unterschiedslosen Luftkrieg. Dies bedeutete, daß vor allem im Luftkrieg Kampfmittel zur Vernichtung der Zivilbevölkerung eingesetzt wurden: Brandbomben, Phosphorkanister und – die Atombombe. Lauter Vernichtungsmittel, die nicht zum Kampf gegen die Truppe, sondern zur Vernichtung der Zivilbevölkerung und ihrer Wohnstätten eingesetzt waren.

Im übrigen geht diese Konzeption des britischen Bomber Command bereits auf das Jahr 1936 zurück, als im britischen Operationsplan für den Kriegsfall die strategische Luftoffensive eingebracht wurde.

So wurde bereits zu Anfang dieses unheilvollen Geschehens die Stadt Dortmund bombardiert. Diese Stadt im Ruhrgebiet wurde weder von deutschen Truppen verteidigt noch von alliierten Truppen belagert, wie dies in Rotterdam oder vorher in Warschau der Fall gewesen war, die nach der Haager Landkriegsordnung zu Festungen geworden waren. Dortmund war eine unverteidigte Stadt und stand damit auch unter dem Schutz der Haager Landkriegsordnung, was die alliierten Fliegerverbände jedoch nicht daran hinderte, ihre Bomben auf die Zivilbevölkerung zu werfen. Um dieses Vorgehen zu rechtfertigen, hatte das britische Foreign Office am 10. Mai 1940 erklären lassen:

„Wir behalten uns das Recht vor zu allen Maßnahmen, die wir im Falle feindlicher Luftangriffe auf die Zivilbevölkerung in England, Frankreich und anderen unterstützten Ländern für zweckmäßig halten."

Damit hatte England seine Verpflichtung vom 2. September 1939 offiziell aufgekündigt. Die englische Presse unterstützte diese Haltung, indem sie immer wieder auf Warschau und Rotterdam hinwies.

Als es der RAF längst befohlen war, ihre „militärischen" Ziele im Bereich der Städte und Siedlungen zu bombardieren, war es den deutschen Fliegerverbänden immer noch verboten, Bomben über englischem Gebiet abzuwerfen. Die deutsche Führung hoffte immer noch, den Luftkrieg lokalisieren zu können. Deshalb hielt sie auch an diesem Verbot fest.

Das Bomber Command flog in der Nacht zum 11. Mai 1940 Angriffe auf Dortmund, Geldern, Goch, Aldekerk, Rees und Wesel. 24 Stunden später wurde der erste größere Bombenangriff auf Straßen, Nachrichtenanlagen und Bahnstrecken bei Mönchengladbach geflogen. Je 18 Whitley- und Hampden-Bomber, denen sich vier französische Bomber angeschlossen hatten, waren an diesem Angriff beteiligt. Es gab Tote unter der Zivilbevölkerung. Drei der angreifenden Feindbomber wurden abgeschossen.

Nach einer Reihe von Angriffen in Frankreich, unter denen auch die dortige Zivilbevölkerung zu leiden hatte, beschloß das britische Kriegskabinett am 15. Mai 1940, daß das Bomber Command nunmehr verstärkte Angriffe ostwärts des Rheins – also auf deutschem Gebiet – zu fliegen habe. In der kommenden Nacht begann der strategische Bombenkrieg gegen Deutschland. Dieser Angriff wurde von 99 Wellingtons, Whitleys und Hampden-Bombern der 5. Bomber Group geflogen. Bei diesen Angriffen gab es eine größere Anzahl an Toten und Verletzten unter der Zivilbevölkerung.

Der Bombenterror gegen Italien begann unmittelbar nach der Kriegserklärung Mussolinis an England und Frankreich.

In der Nacht zum 17. Juni 1940 flogen dann Wellington-Bomber der 99. Staffel aus dem neuen Stützpunkt Salon einen Großangriff auf Genua. Auch hier wurden schon Zivilisten getötet. Am 8. Juni 1940 lief bereits der erste scharfe Bombenangriff auf die deutsche Reichshauptstadt Berlin. Es war ein französischer Bomber des Typs Farman 2234, der 2 000 Kilogramm Bomben auf Berlin warf. Am 18. Juni erfolgten Nachtangriffe des Bomber Command auf Hamburg und Bremen.

In der Nacht zum 2. Juli 1940 unternahm das Bomber Command den ersten Angriff mit einer 2 000-Pfund-Bombe. Sie wurde von dem Hampden-Bomber der 83. Staffel mit der Nummer L 470 unter Captain Guy Gibson geworfen, und zwar beim sechsten Angriff gegen Kiel und das dort liegende Schlachtschiff „Scharnhorst". Diese schwere Bombe fiel mitten in die Stadt.

24 Stunden darauf bombardierten 16 Whitley-Bomber die Bahnanlagen von Hamm.

Nach der Niederringung Frankreichs erklärte Hitler im Führerbefehl Nr. 16 vom 16. Juli 1940, daß er sich entschlossen habe, mit den Vorbereitungen zu einer Invasion Englands zu beginnen und „notfalls die Insel zu erobern".

In seiner Reichstagsrede am 19. Juli 1940, während der auch verdiente Generale zu Feldmarschällen ernannt wurden, richtete Hitler noch einmal einen Friedensappell an Großbritannien. Darin betonte er:

„Ich sehe keinen Grund, der zur Fortsetzung des Kampfes zwingen könnte. Ich bedaure die Opfer, die er fordern wird. Die Fortführung der Kämpfe wird mit der völligen Zertrümmerung eines der beiden Kämpfenden enden. Mister Churchill mag glauben, daß dies Deutschland ist. Ich aber weiß: es wird England sein."

Die Antwort von Lord Halifax, dem Außenminister Englands, lautete:

„Hitlers einzige Argumente waren Drohungen, aber in Großbritannien herrscht ein Geist unerbittlicher Entschlossenheit. Wir werden nicht aufhören zu kämpfen."

Es gab also keinen Frieden mit England, und erst am 1. August 1940 erfolgte die Führerweisung Nr. 17, in welcher der „verschärfte Luft- und Seekrieg gegen England ab dem 5. August 1940" freigegeben wurde.

So wurden sowohl in England als auch in Deutschland die Weichen für jene dramatischen Ereignisse gestellt, die als Luftkrieg über England in die Annalen der Luftkriegsgeschichte eingegangen sind.

Flüge nach Scapa Flow

Als sich Unteroffizier Ludwig Havighorst auf dem Fliegerhorst Wittmundhafen meldete, befand sich gerade der Kommodore des Kampfgeschwaders 26, Major i. G. Martin Harlinghausen, auf dem Geschäftszimmer.

Major Harlinghausen war Chef des X. Fliegerkorps und hatte bereits für erfolgreiche Angriffe gegen englische Geleitzüge das Ritterkreuz erhalten. Er führte das Geschwader vertretungsweise, denn es befand sich erst in der Aufstellung, wenngleich theoretisch schon die III. Gruppe seit März 1940 stand.

Havighorst meldete sich mit Namen und Dienstgrad und berichtete, daß er von der Infanterie zur Luftwaffe gekommen sei, weil man ihm gesagt habe, daß das Infanterie-Lehr-Regiment nicht in den Kriegseinsatz kommen werde.

„Sie können gleich morgen abend als Gast mitfliegen, Havighorst. Es geht nach Scapa Flow, wo Prien mit U 47 seinen großen Erfolg errungen hat."

„Danke, Herr Major", antwortete der Unteroffizier.

Ludwig Havighorst erfuhr im Laufe des Tages, während er sich noch auf seiner Stube einrichtete, daß er mit der Besatzung Fw. Becker als Gast fliegen und daß morgen abend der erste Flug nach Scapa Flow starten werde. Morgen abend, das war der 19. August 1940.

Das Kampfgeschwader 26 war in der Hauptsache zur Schiffsbekämpfung und zur Verminung englischer Häfen eingesetzt. Havighorst gab seinen Einstand und machte sich mit den Kameraden der Besatzung bekannt, der er sich in den nächsten Tagen anvertrauen sollte. Es waren feine, gerade Kumpels ohne Allüren, wenn sie ihn auch ab und zu anpflaumten, daß er so dumm gewesen sei, sich aus der „Lebensversicherung" eines Lehr-Regi-

Unteroffizier Havighorst
beim Eintritt in die Luftwaffe

mentes in die windige Sache der Fliegerei eingelassen zu haben. Havighorst ertrug diese Hänseleien mit Fassung und Humor. Diese waren ihm nichts Neues.

Am nächsten Tage ging er mit den Kameraden zur Besprechungs-Baracke und setzte sich an den Tisch, an dem seine Besatzung Platz genommen hatte. Er sah mit einem Blick, daß der Funker seine Funkunterlagen dabei hatte und daß der Beobachter seine Kartentasche öffnete und die Karte herauszog.

Staffelkapitän Willrich begrüßte die Besatzungen. Dann beschrieb er ihnen das Ziel. Er zeigte den Eingang nach Scapa Flow und die Punkte, an denen die Minen zu legen waren, die sie, in wenigen Stunden startend, dort zu werfen hatten. Die Luftaufnahmen der Fernaufklärer zeigten ihnen den großen Hafen, die Einfahrt und auch die gefährlichen Flak-Batterien und die Sperrballon-Sperren.

„Ihr müßt hier auf 300 bis 200 Meter heruntergehen. Und nun die einzelnen Besatzungen."

Nacheinander wurden die Wurfstellen der einzelnen Besatzungen bezeichnet und die Reihenfolge der Starts erklärt.

19

„Arbeitet euren Flug aus und denkt daran, daß nur im Sparflug geflogen werden kann, wenn ihr nicht auf dem Rückflug ins Wasser fallen wollt."

Flugzeugführer und Beobachter der He 111, in der auch Havighorst mitfliegen würde, setzten sich zusammen und berieten, wie sie anfliegen wollten. Die Einfahrt nach Scapa Flow war schwierig zu finden, denn einige kleine Nebenbuchten konnten leicht mit der Haupteinfahrt verwechselt werden. Aber sie würden sich nach den charakteristischen Hilfspunkten richten können: Das Leuchtfeuer von Rose Ness würde natürlich nicht brennen; das wäre auch *zu* schön gewesen. Aber der steile Küstenumriß von Ronaldsay Island und der dahinter liegende Ward Hill waren nicht zu übersehende Markierungen. Die Einfahrt in den Holmsound war durch eine zehn Meter hohe Steinbake markiert. Der Kirk Sound und die Engstelle zwischen Mainland und Lamb Holm müßten zu sehen sein. Das waren Ziele genug.

Danach erhielten sie ihre Verpflegung. Der Weg zur Speisebaracke war nicht weit, und man konnte sich dort noch alles aussuchen, was man haben wollte.

Auch als Gast erhielt Havighorst die Dose Schoka-Kola, eine Thermosflasche mit gutem Bohnenkaffee und das obligatorische Studentenfutter. Immerhin war der Weg nach Scapa Flow doch so weit, daß er bereits die Grenze des Möglichen bedeutete. Um diese Ziele zu erreichen, waren immerhin insgesamt acht Stunden Flugzeit zu veranschlagen.

Als es soweit war, ging Havighorst mit seiner Besatzung zum Platz. An der Maschine stand bereits der 1. Wart und meldete den Vogel klar zum Einsatz. Die beiden gewaltigen Minen von jeweils 20 Zentnern Gewicht, die unter dem Rumpf hingen, sahen so riesig aus, daß Havighorst zweifelte, ob sie damit überhaupt vom Boden loskommen würden.

Als Funker Ebbinghaus das bedenkliche Gesicht des Neuen sah, grinste er ihm zu. Er deutete auf den Feldwebel, der mit seinem Beobachter um die Maschine herumging, um noch einmal nachzusehen, ob auch alles in Ordnung war.

„Der bringt uns hoch, zum Ziel und wieder zurück. Der ist die reinste Lebensversicherung", meinte er trocken.

Havighorst lächelte etwas gezwungen. Bisher hatte er dies alles in der Theorie erlebt, nun aber würde der erste scharfe Einsatz erfolgen, wenn auch nur als Gast.

Der Flugzeugführer kontrollierte, ob die Klammern, welche die Ruder hielten, von den Warten geöffnet worden waren.

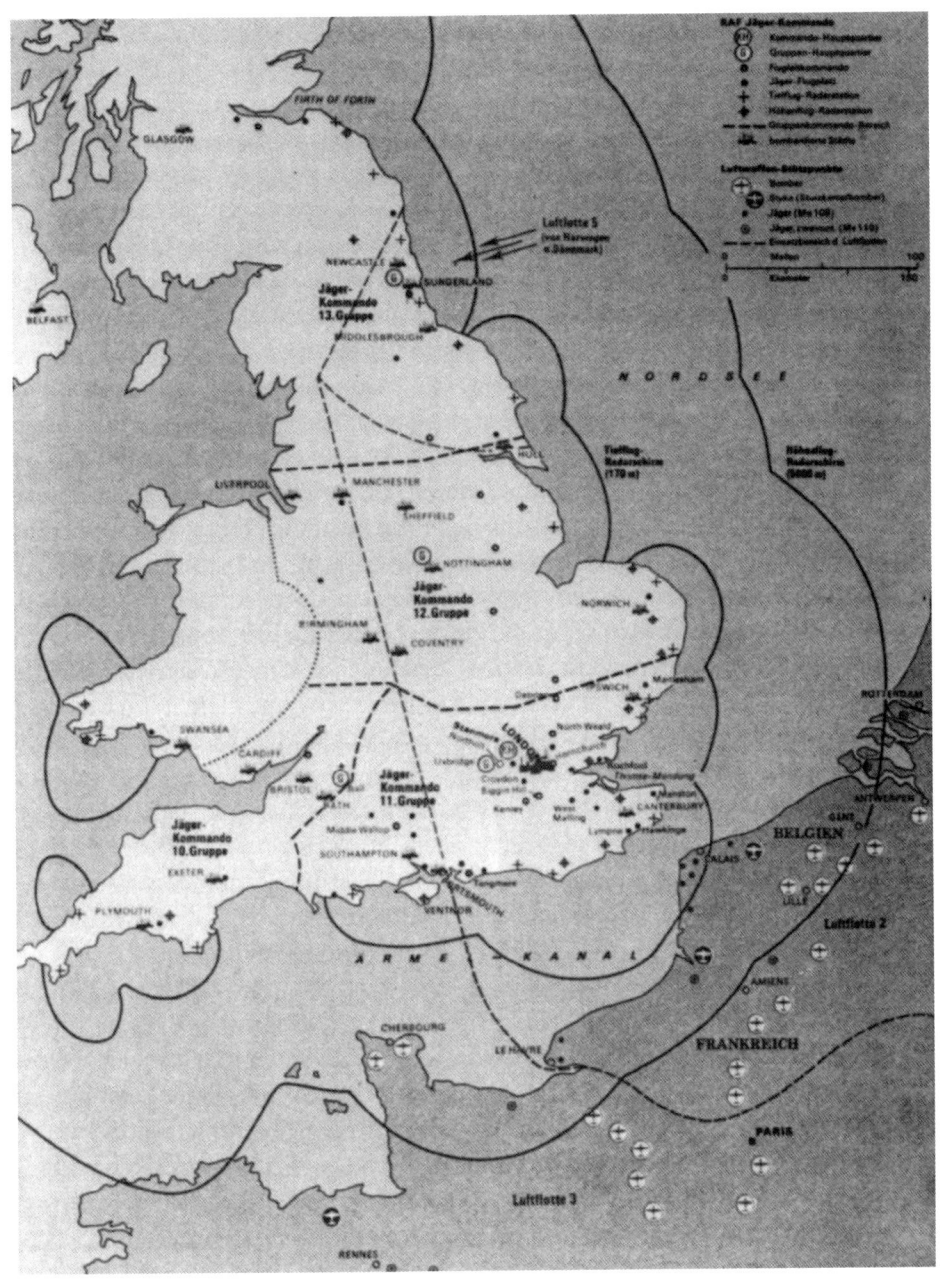

Sie kletterten in die Maschine hinein. Auch das war Havighorst bekannt. Beobachter und Flugzeugführer saßen vorn. Der zwischen den Bombenschächten sitzende Bordmechaniker beobachtete die Motoren und überprüfte kurz sein MG. Auch der Beobachter prüfte seine Waffe.

Havighorst saß als Gast ebenfalls zwischen den Bombenschächten. Er hatte hier gute Sicht. Leider konnte er von der Eigenverständigung der Besatzung untereinander nichts mitbekommen, weil er nicht an diese angeschlossen war. Aber der Bordmechaniker zeigte nun zum Flugzeugführer. Dieser ließ eben die Motoren kommen und schob beide Gashebel ganz nach vorn. Das Getöse in der Maschine wurde unerhört laut. Nun würde der Flugzeugführer sehen können, ob der Ladedruck 1,4 und die Höchstzahl der Umdrehungen der Motoren mit 2400 erreicht war. Das war das Äußerste, was die Motoren zu leisten vermochten. Wenn dies geschah, dann waren sie auch in Ordnung, und der Start war möglich. Wenn bei diesem sogenannten „Abbremsen" die Tourenzahl auf 2300 herunterging oder der Ladedruck sank, dann brauchte der Flug nicht angetreten zu werden, weil dann die Motoren nicht in Ordnung waren. Dann wußte niemand vorauszusagen, was ihnen unterwegs noch alles zustoßen konnte.

Diesmal schien alles in Ordnung zu sein, denn der Flugzeugführer hob die Hand. Der 1. Wart hatte die Bremsklötze weggezogen und gab den Start zum Rollen frei. Die He 111 setzte sich in Bewegung und rollte zum Startplatz, wo einer der Offiziere des Gruppenstabes mit der Startflagge stand. Dieser gab den Start frei, indem er die Flagge hochhielt.

Im Geiste schob Havighorst, als die Maschine anrollte, den Steuerknüppel, der ja kein Knüppel war, sondern ein Rad, so weit wie möglich nach vorn, damit der Schwanz der Maschine, der durch die schwere Last nach unten gedrückt wurde, hochkam. Die Maschine rollte schneller und schneller werdend über die Startpiste. Voll auf den schwierigen Start mit dieser großen Beladung konzentriert, erhielt der Flugzeugführer die Geschwindigkeiten durchgesagt: „100 – 110, 120, 130", und so ging es weiter. Mit diesen beiden Minen und den 4000 Litern Benzin mußte eine sehr hohe Startgeschwindigkeit erreicht werden. Als sie bei 190 Stundenkilometern angelangt waren, zog der Flugzeugführer den Knüppel langsam an. Havighorst merkte, wie die He 111 dem Ruder gehorchte, vom Boden abkam und dann über die niedrigen Bäume am Platzrand hinweg in den Himmel emporstieß.

Der Flug nach Scapa Flow hatte begonnen. Sparflug hieß, daß diese Strecke mit dem niedrigstmöglichen Spritverbrauch überwunden werden

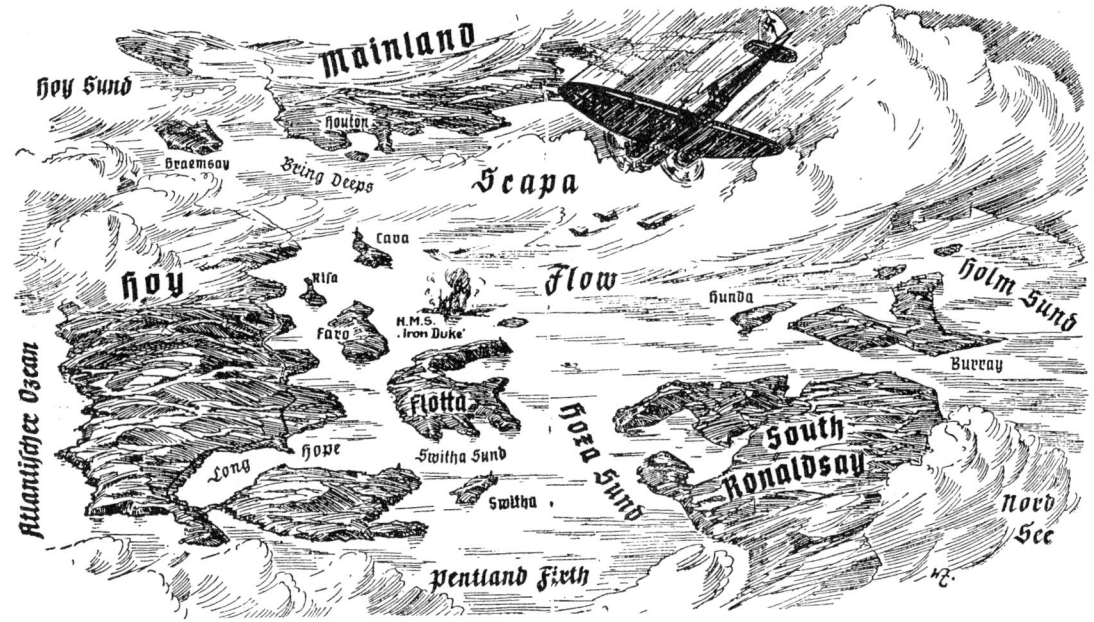

Die Bucht von Scapa Flow

mußte. Es ging auf dem vorher ausgerechneten und mit den nachfolgenden Maschinen abgestimmten Kurs.

Zunächst flog man über der Nordsee. Stunde um Stunde verrann in der Ereignislosigkeit dieses Seefluges. Dann hatten sie endlich den nördlichsten Punkt erreicht. Die He 111 legte sich in die weite Kurve nach Westen, die sie direkt zu den Orkney-Inseln und damit nach Scapa Flow, der großen britischen Flottenbasis, bringen würde.

Sie wollten in 3 200 Meter Höhe anfliegen, um die bis zu 2 200 Meter hoch an der Küste befindlichen Ballon-Sperren zu überwinden.

Als sie die Küste als schmalen Streifen silbriger Helle im Mondlicht erkennen konnten, begann bereits der Sinkflug, wenn auch zuerst nur sehr zögernd. Nichts war vom Gegner zu entdecken. Jeden Augenblick konnte die Flak zu schießen beginnen. Doch nichts geschah. Die Maschine flog nun im stetigen Sinkflug beinahe lautlos dem Ziel entgegen.

Der Beobachter würde jetzt, dessen war Havighorst sicher, dem Flugzeugführer die notwendigen Korrekturen geben, damit sie das Ziel richtig anflogen.

Tiefer und tiefer ging es hinunter. Noch immer geschah nichts. Die Männer auf ihren Positionen saßen bereit. Dann war die ideale Wurfhöhe von 200 Metern erreicht, und sie befanden sich genau über dem Ziel.

Beide Minen fielen, und wie in einem Fahrstuhl wurde die Maschine nach oben gedrückt. Nun schob der Flugzeugführer die „Pulle" voll rein und drückte kräftig nach.

„Die britische Flugabwehr mußte das feindliche Flugzeug gesehen haben, oder hatte sie es gehört? Auf alle Fälle leuchteten schlagartig von den verschiedenen Küstenstationen und links und rechts im Sound Scheinwerfer auf. Die Flak eröffnete sofort das Feuer."

Mit hoher Fahrt, immer schneller werdend, jagte die He 111 nur wenige Meter über dem Wasser dahin, um das Flakfeuer und die Scheinwerfer zu unterfliegen. Das Soundgebiet wurde schnell überflogen; dann erst stieg die Maschine - wieder über See - rasant in die Höhe, und das Flakfeuer, das einigemal sehr dicht an der Maschine gelegen hatte, wie die Detonationen zeigten, verstummte. Die Motoren der He 111 brummten monoton und gleichmäßig. Sie hatte ihre Minen geworfen. Würden es die anderen Maschinen der Staffel auch schaffen? Sie waren in Abständen von fünf Minuten zueinander gestartet und hatten verschiedene Ziele zugewiesen bekommen.

Als sie nach achtstündigem Flug in Wittmundhafen sicher landeten, wurde es bereits hell. Genau 20 Minuten vor Erreichen des Hafens hatte der Beobachter durchfunken lassen, wann sie eintreffen würden. Zur angegebenen Zeit schwebte die He 111 über dem Hafen ein und erhielt Landeerlaubnis.

Neben der Landepiste wartete bereits ein Pkw, der die Besatzung einlud und zum Staffel-Gefechtsstand brachte. Die Landung war zur errechneten Zeit erfolgt, ein Zeichen dafür, daß die Navigation des Beobachters gestimmt hatte.

„Prima, Havighorst. Hast dich gut gehalten!" meinte Fw. Jupp Becker und klopfte dem Neuling auf die Schulter. „Keine Kotzpartie und keinen überflüssigen Laut, darfst weiter mitfliegen."

„Danke, aber wenn man nichts hört, dann killt es einen gewaltig in der Hose, wenn die Flak zu schießen anfängt", erwiderte der Unteroffizier, der damit seinen ersten scharfen Flug hinter sich gebracht hatte.

Auf dem Gefechtsstand angekommen, erstattete Fw. Becker seine Meldung. Er berichtete, daß die Minen gut liegend geworfen waren und daß aus drei Stellungen das Flakfeuer eröffnet worden sei. Die Zahl der Scheinwerfer habe etwa zwölf betragen. Beobachter Heintze hatte die Stellungen der Flak und der Scheinwerfer in seine Zielkarte eingetragen.

Danach wurden die Männer zur Speisebaracke weitergefahren. Wieder

Einsatz im Staffelverband

gab es gutes Essen. Zwischendurch kamen zwei weitere Besatzungen an, die mit großem Hallo begrüßt wurden.

Als Havighorst in seiner Unterkunft auf sein Bett fiel, schlief er zunächst nicht ein. Erst nach geraumer Zeit wurde er von der Müdigkeit übermannt. Er schlief, bis ihn der UvD zur Mittagszeit weckte. Nachdem er sich frisch gemacht hatte, ging er zu seinen Kameraden. Er erfuhr Neuigkeiten über den Einsatz über England und vom Adlertag, von dem sie alle gehört hatten. Ein Oberleutnant der Jagdflieger berichtete ihnen, wie es gewesen war und was sie in der vergangenen Woche erlebt hatten.

Adlertag – Das Ringen um die Luftherrschaft

Als es darum ging, Englands Luftwaffe in der Luft und aus der Luft am Boden zu besiegen, lagen die Fakten anders als bei den vorausgegangenen Aufgaben, die der deutschen Luftwaffe gestellt worden waren. Die Stärke der britischen Jäger-Streitkräfte zur Abwehr deutscher Einflüge konnte nur geschätzt werden. General der Flieger Fröhlich berichtete dem Autor darüber:

„Uns Einheitsführern der Luftflotten 2 und 3 wurde bei einem Kriegs-
planspiel, an welchem auch die Befehlshaber, der Jagdfliegerführer und die
Verbandsführer bis zum Geschwader-Kommodore teilnahmen, gesagt, daß
wir mit einer Zahl von 500 britischen Jägern zu rechnen hätten. Es wurde
die Kampfweise besprochen, mit welcher die feindliche Jagdabwehr binnen
dreier Tage erledigt sein werde.

Aber es kam ganz anders. Die feindliche Jägerwaffe war stärker, kampf-
tüchtiger und trotz hoher Verluste intakt geblieben. Sie trug entscheidend
dazu bei, daß wir in der Luftschlacht über England das Ziel des Kampfes
nicht erreichten und verhängnisvolle Verluste an Flugzeugen, besonders
aber an Fliegern erleiden mußten. Die hier verlorenen Kräfte konnte die
Luftwaffe nicht mehr ersetzen." (Siehe General der Flieger Fröhlich an den
Autor)

Die Schlacht vor dem „Adlertag" über dem Kanal und die Bekämpfung
der englischen Schiffe durch deutsche Kampfverbände hatte der britischen
Führung gezeigt, daß die Lage bitterernst war. Jeder Geleitzug, der einen
englischen Hafen verließ, mußte zuerst den Durchbruch durch den Kanal
erzwingen.

Als nun der Adlertag begann, verfügten die beiden Luftflotten 2 und 3 an
der Kanal- und Atlantikküste über insgesamt 860 Bomber, 250 Stukas,
600 einmot- und 200 zweimot-Jäger sowie über 80 Aufklärer.

Das Fighter Command verfügte entgegen den geschätzten deutschen
Zahlen von 500 Maschinen über 650 bis 700 Jäger, von denen 400 „Hurricane" und 200 „Spitfire" waren. Der Rest bestand aus „Defiant"- und „Blen-
heim"-Jägern.

Diese englischen Streitkräfte zur Abwehr der deutschen Angreifer
wurden in den folgenden Wochen mehr und mehr verstärkt.

Durch den besonderen Planungsstab unter Luftmarschall Sir Wilfrid
Freeman und dem Minister für Flugzeugproduktion, Lord Beaverbrook,
wurde die britische Jäger-Produktion besonders verstärkt. Beaverbrook
hatte die besten Konstrukteure verpflichtet. So Sir Charles Craven von
Vickers, Trevor Westbrook, Frank Spriggs von Hawkers und Sir William
Rootes. Diese bauten vor allem einmotorige schnelle Jagdflugzeuge.

Während in der ersten Phase des Krieges 1939 nur jeweils 93 Maschinen
im Monat gebaut wurden, stieg die Produktion im Juni 1940 auf 440 Jäger an
und erreichte im Juli die Höchstmarke von 490 Flugzeugen. Von diesem
Zeitpunkt an hatte England immer eine ausreichende Zahl Jagdflugzeuge.
Durch eine Reihe von Verbesserungen waren sowohl Spitfire als auch

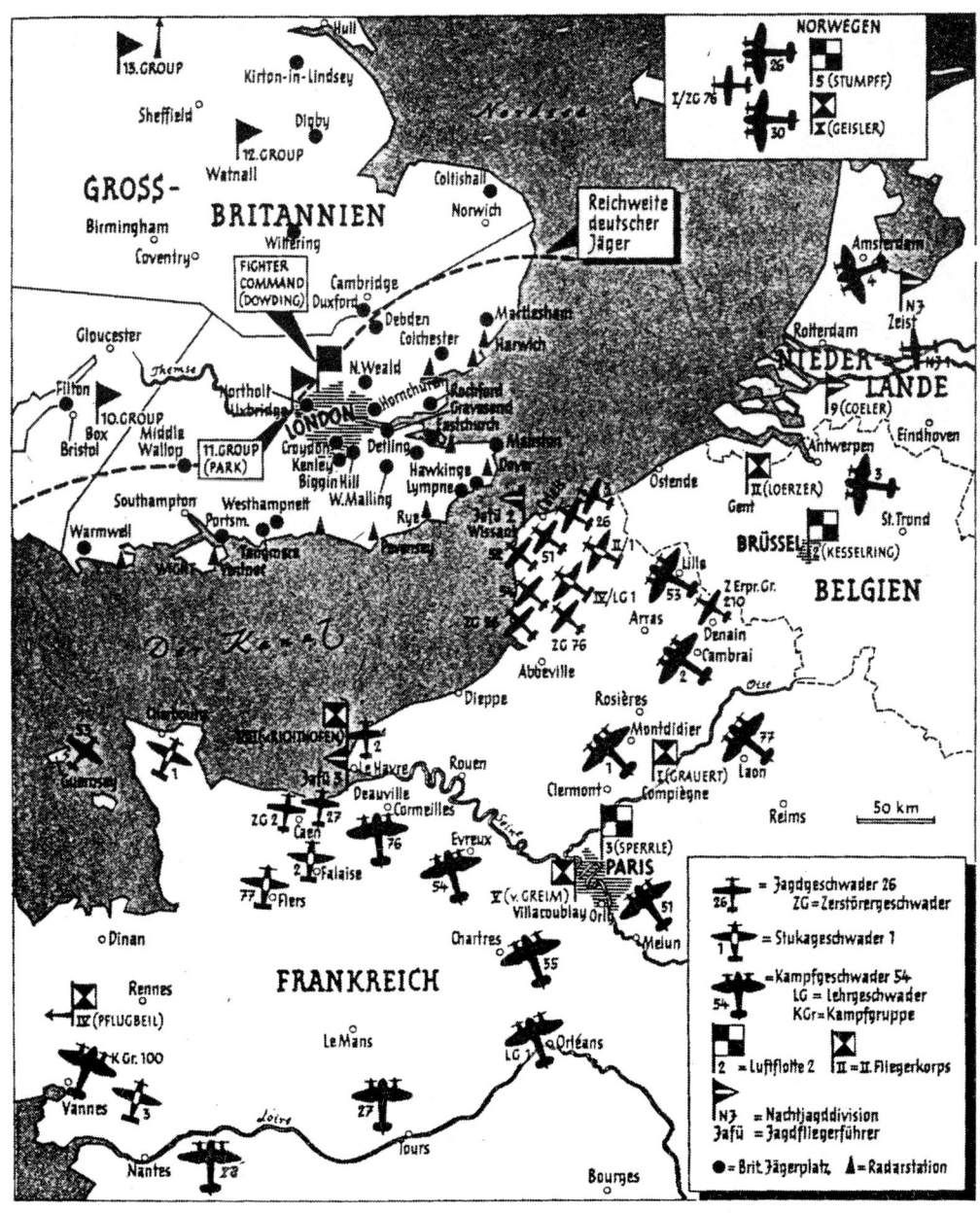

Von links: Kesselring, Bodenschatz und Göring an der Kanalküste

Hurricane der deutschen Me 109 gleichwertig. „Die Spitfire war" nach den Worten von Adolf Galland „gefährlich wegen ihrer Bewaffnung, Gipfelhöhe, Wendigkeit und vor allem wegen der Tapferkeit ihrer Piloten."

Zudem lag der größere Vorteil bei den Verteidigern. Einmal waren die britischen Jagdflieger, wenn sie abgeschossen wurden und über Land mit dem Fallschirm abspringen mußten, nicht verloren, wie es die deutschen Flieger waren. Zum anderen hatten die deutschen Jäger erst den Anflug und nach dem Kampf noch einen 30 Minuten dauernden Rückflug zu überstehen. Stets flog bei den deutschen Jägern die Sorge mit, ob der Sprit ausreichte und ob sie die beschädigte Maschine noch über den „Bach" zurückbringen konnten oder ins Wasser fielen.

Außerdem war in England seit 1936 am „Radarzaun" gebaut worden. Die erste Ortungsstation wurde bereits 1937 in Betrieb genommen, und zu Beginn des Zweiten Weltkrieges befanden sich schon 20 solcher Stationen in Betrieb.

Der „Adlertag" sollte am 13. August 1940 beginnen. Wegen des schlechten Wetters wurden jedoch sämtliche Einsätze durch Reichsmarschall Hermann Göring gestoppt. Dieser Haltebefehl traf allerdings für das

Kampfgeschwader 2 unter Führung von Oberst Fink zu spät ein. Deren Staffeln waren bereits zum Feindflug in Richtung Flughafen Eastchurch gestartet. Die britische Radarstation Hornchurch erkannte nicht den gesamten Verband. Sie meldete lediglich den „Einflug von etwa 20 Flugzeugen".

Aus diesem Grund alarmierten die Engländer nur die 74. Jagd-Staffel, die aus Spitfires bestand. Doch bevor sie die Angreifer – zwei Gruppen des KG 2 mit DO 17-Bombern – erreichte, befanden sich diese über dem Feindflugplatz und warfen ihre Bomben. Hallen gingen in Flammen auf, und die Startbahnen wurden durch Bombentreffer unbenutzbar gemacht.

Erst als sich die Bomber auf dem Rückflug befanden, kamen die Spitzenstarter des britischen Jägerverbandes heran. Sie schossen aus dem ohne Jägerschutz fliegenden Verband (die Jäger hatten die Meldung vom Stoppen des Angriffs in letzter Sekunde erhalten) vier Do 17 heraus. Erst nach Rückkehr zum Fliegerhorst erfuhr Oberst Fink, daß „Adlertag" gar nicht stattgefunden hatte.

Um 14.00 Uhr hatte sich das Wetter gebessert. Nun starteten die Me 110 der V./(Z) des Lehr-Geschwaders 1 unter Hptm. Liensberger von Caen aus. Sie stießen über der südenglischen Küste auf 40 Spitfire und Hurricane, welche die 23 Me 110 angriffen. Diese versuchten, sich zum Abwehrkreis zu

Generalleutnant Martin Harlinghausen errang das
Ritterkreuz am 4. Mai 1940 und als 8. das Eichenlaub am 30. Januar 1941.

Ein Beobachtungsposten am südlichen Stadtrand von London

formieren, doch bevor sich der Kreis geschlossen hatte, wurden zwei Me 110 abgeschossen.

In dem folgenden Luftkampf, in dem sich die schnelleren Feindjäger immer wieder auf die Me 110 stürzten, wurden zunächst drei Spitfire abgeschossen. Dann krachten Maschinenwaffen-Salven in zwei Me 110 hinein, und diese folgten dem Gegner mit brennenden Motoren in die Tiefe und zerschellten auf dem Boden.

Das Stuka-Geschwader 77 unter Major Graf Schönborn startete um 17.30 Uhr dieses 13. August. Teile des Jagd-Geschwaders 27 unter Oberstleutnant Ibel begleiteten die Stukas, die infolge ihrer Langsamkeit noch verwundbarer waren als die Me 110. Diese Maschinen sollten den Flugplatz

Die englische Flak in Aktion

Portland angreifen, der jedoch nicht gefunden wurde. Die Maschinen drehten ab, um mit den Bomben zurückzufliegen.

Sie wurden unmittelbar nach dem Abdrehen von 70 englischen Jägern angegriffen. Die Jäger unter Oberstleutnant Ibel zogen die Masse dieser Verfolger auf sich und drängten sie in einer Reihe von Einzelluftkämpfen ab. Noch während dieser Kampf im Gange war, gelang es der britischen Jäger-Staffel 609, an die Stukas heranzukommen. Sie schossen fünf Ju 87 ab.

Nach den Stukas startete die zweite Welle des LG 1 unter Oberst Bülowius mit Ju 88-Maschinen. Die dichte Wolkendecke als Tarnkappe benutzend, erreichte die I. Gruppe dieses Verbandes, geführt von Hptm. Kern, das Ausweichziel Southampton. Sechs Ju 88 erreichten das Hauptziel, den

Jägerhorst Middle Wallop, zwölf weitere den 10 km entfernt gelegenen Flugplatz Andover. Beide Flugplätze wurden gebombt.

Zur gleichen Zeit waren auch die Me 109 des JG 26 unter Major Handrick über der Grafschaft Kent in schwere Luftkämpfe verwickelt. Lt. Borris schoß bei diesen Luftkämpfen zwei Jäger ab, die ostwärts von Maidstone abstürzten.

Unter dem Schutz dieser Jäger erreichten die Stukas des VIII. Fliegerkorps unter Generalmajor von Richthofen den Flugplatz Detling und erzielten schwere Treffer. 20 Flugzeuge wurden hier am Boden zerstört.

Als der „Adlertag", jener blutige 13. August 1940, zu Ende ging, hatten insgesamt 485 Bomber- und Stukaangriffe und 1000 Jäger- und Zerstörerangriffe stattgefunden. Dabei waren 34 deutsche Flugzeuge verlorengegangen.

Die weiteren Kämpfe brachten am 14. August 1940 nur leichte Angriffe, von denen der Feindflug der 16 Me 110 der Erprobungsgruppe 210 auf den Flugplatz Manston erfolgreich war. Dort wurden vier Hallen in Brand geworfen.

Bei einem Einsatz der Stukas an diesem Tage gegen die Hafenanlagen von Dover flog die von Major Adolf Galland geführte III. Gruppe des JG 26 die Sicherung.

Am 15. August erfolgte nach erheblicher Wetterbesserung der Hauptschlag. Den Auftakt machten um 12.30 Uhr die Stukagruppen des VIII. FlK., die unter starkem Jagdschutz die Flugplätze Lympne und Hawkinge angriffen.

Um 14.00 Uhr erfolgte auch der erste Einsatz der in Norwegen stationierten Luftflotte 5 unter Generaloberst Stumpff. Das KG 26 ohne die in Wittmundhafen liegende Gruppe startete aus Stavanger, während das KG 30 von Aalborg aus zum Angriff gegen Ziele in Mittelengland startete. Die I./ ZG 76 begleitete diese Kampfgruppen. Hauptziele des KG 26 waren die Flugplätze Dishfort und Linton. Beide Plätze wurden nicht gefunden. Über der englischen Ostküste kam es zu einem erbitterten Luftduell, als Spitfire aus überhöhten Positionen auf die He 111 des KG 26 herunterstürzten. Die Geleitzerstörer-Flugzeuge schossen einige Spitfire ab. Hptm. Restemeyer, der diesen Verband führte, wurde als erster abgeschossen. Fünf weitere Me 110 wurden noch Opfer der Angreifer.

Dem KG 30 jedoch gelang es trotz starker Feindangriffe, den Flugplatz Driffield der 4. Bomber Group voll mit Bomben zu belegen. Hallen und Gebäude gingen in Flammen auf, zwölf Bomber des Typs Whitley wurden am Boden vernichtet. Sechs der hier angreifenden deutschen Maschinen wurden abgeschossen.

Eastchurch und Rochester wurden von den Bombern des KG 3 angegriffen. Die Do 17-Maschinen trafen die großen Flugzeugwerke am Rande des Flugplatzes von Rochester schwer. Hier wurde in den Short-Werken der viermotorige Bomber „Stirling" gebaut. Die Endproduktion der Bomber verzögerte sich durch diesen Angriff um mehrere Monate.

Neben den Jägern des JG 26 wurden Teile des JG 51 unter Major Mölders und das gesamte JG 52 unter Major Trübenbach sowie das JG 54 unter Major Mettig eingesetzt, die sämtlich von den Horsten am Pas de Calais gestartet waren.

24 Jagdbomber der Zerstörer-Gruppe 210 erreichten den Flugplatz Martles. Sie zerstörten einige Hallen und trafen das Rollfeld.

Die III./KG 3 unter Hptm. Rathmanns erreichte den Flugplatz Eastchurch und belegte ihn mit Bomben.

Damit waren die Angriffe der Luftflotte 2 unter Generalfeldmarschall Albert Kesselring an diesem Tage erfolgreich verlaufen. Zwischen Mittag und Mitternacht des 15. August 1940 starteten insgesamt 1786 Flugzeuge gegen die Insel. Die 8. (kriegswissenschaftliche) Abteilung der Luftwaffe schlüsselte diese Zahl auf in 801 Bomberangriffe, 1149 Jäger- und Zerstörereinflüge und 169 Einsätze der Luftflotte 5. Dies bedeutete, daß an diesem Tage insgesamt sogar 2119 Englandflüge erfolgt sein müssen. Da es eine Reihe Mehrfachstarts vor allem der Jägerverbände gegeben hat, ist diese Zahl nicht gleichbedeutend mit der Flugzeugzahl.

In den folgenden Tagen setzte sich dieser Kampf in abgeschwächter Form fort, und am 18. August, dem Tage, da sich auch Ludwig Havighorst zum Einsatz gegen England rüstete, wurde die Anzahl der eingesetzten Flugzeuge wieder größer.

Der erste Flug als Beobachter

Nach zwei weiteren Starts als Gast in der Maschine von Fw. Becker ging Ludwig Havighorst am Nachmittag des 30. August 1940 neben dem Flugzeugführer Unteroffizier Hugo Greeven zur Einweisung. Diesmal saß er neben einem Flugzeugführer, der bereits mit dem EK I ausgezeichnet war, und hörte auf die Zielansprache des Staffelkapitäns. Mit dem Flugzeugführer, der Ruhe und Sicherheit ausstrahlte, erarbeitete er danach den geplanten Ablauf des Fluges. Diesmal ging es nach Mittelengland. Das Ziel Derby war Zentrum dreier Großfabriken, darunter auch die Flugmotorenwerke von Rolls Royce. Dieses Ziel war wichtig. Sie würden zunächst über See fliegen und dann in Höhe der Bucht von Skegness nach Westen eindrehen. Bei Nottingham war mit starker Flakabwehr zu rechnen und natürlich auch um Derby herum.

Anhand der beiden Wassertürme und der Schornsteine des Chemiewerkes würden sie das Ziel gut erkennen können.

Diesmal kletterte Havighorst auf den Sitz rechts vom Flugzeugführer. Er stülpte den Kopfhörer der Eigenverständigung über und blickte auf den Mann neben sich am Steuerknüppel. Das Gesicht von Hugo Greeven war gespannte Aufmerksamkeit, als er nach dem Ruder griff und es bewegte. Er versuchte, nach rechts und links zu drehen, schob es nach vorn und wieder zurück.

„Alles frei, Ludwig", erklärte er dem Kameraden, als er das Ruder zu sich herangezogen hatte.

Für Ludwig Havighorst war der heutige Feindflug ein entscheidender Punkt in seinem Fliegerleben. Er hängte den Fallschirm rechts vor sich in der Kanzel an einen Haken, während der Flugzeugführer auf seinem Fallschirm saß. Dann zog er den Teppich zurück und sah die frei werdenden Anlagen. Die Zünderanlage blieb ausgeschaltet. Damit war verhindert, daß eine Bombe scharf wurde, wenn sie sich einmal lösen sollte. Diesmal hatten sie acht 250-Kilo-Bomben dabei. Sie sollten auf die Flugmotorenwerke von Derby geworfen werden.

Er blickte durch das Visier, ob es in dem richtigen Winkel eingestellt war. Der hinter ihm sitzende Funker stimmte sein Gerät ab, damit sein Sender genau auf die Frequenz der Bodenstelle eingestimmt war und diese ihn im Notfall hören konnte.

Sie wußten zwar, daß dieser Abstimmverkehr vom Gegner angepeilt werden konnte, aber dies war notwendig und mußte trotzdem geschehen, um ganz sicher zu sein.

Sie starteten zur vorgeschriebenen Zeit. Havighorst hatte sein MG überprüft, es war in Ordnung.

Wieder jagte die He 111 über die Startbahn und hob fast an ihrem Ende ab. Schnell kam sie auf die Flughöhe, die über See eingehalten werden sollte.

Ein Blick auf den Kompaß zeigte an, daß der vorher ausgerechnete Kurs exakt anlag. Als sie nach knapp der Hälfte der Flugzeit nach Westen eindrehten, hatte die Feindseite immer noch nicht eingegriffen. Die erste Feindeinwirkung würde auch erst erfolgen, wenn sie über Land waren. Voraus sah Havighorst einen hellen schmalen Streifen tief unter sich.

„Die Küste", hörte er Greeven sagen, und bei dem herrschenden Mondschein konnte er wenig später den hell glänzenden Streifen erkennen, dem sie sich sehr rasch näherten.

Havighorst meldete der Besatzung: „Achtung! – Wir erreichen Land!"

Schräg unter sich erkannte er die Sperr-Ballonkette, die als Merkzeichen diente, nachdem der Beobachter sie in der Nacht zuvor ausgemacht und in die Anflugkarte eingetragen hatte.

Plötzlich flammten Scheinwerfer auf. Strahlend helle Lichtkegel griffen in den Himmel. Einer erfaßte die Maschine kurzzeitig. Sofort bellten Flakabschüsse unter ihnen, die Havighorst an dem aufblitzenden Mündungsfeuer erkannte.

Dann krachten Detonationen rechts von ihnen, und er spürte die Druckwellen. Irgendwo klackerte es am Rumpf. Greeven blieb die Ruhe selber, er drückte etwas und zog, schneller werdend, den zurückbleibenden Scheinwerfern davon.

Als sie den Raum Nottingham erreichten und sich das Flakfeuer verstärkte, drehten sie, wie vorher abgesprochen, um diesen Flakring herum und kehrten danach auf den alten Kurs zurück.

Dann tauchten die ersten Zielbilder auf. Sie sahen die hohen Industrieschornsteine.

Havighorst beugte sich vor, starrte durch das Zielvisier, und als sie direkt über dem Ziel waren, drückte er die Bombenknöpfe. Acht 250-Kilogramm-Bomben fielen aus ihren Schächten auf die Flugzeugfabrik von Derby herunter.

In einer weiten Linkskurve zog Greeven die Maschine herum, und tief unter sich sah Havighorst sehr bald die aufzuckenden Detonationen der von ihm geworfenen Bombenreihe.

„Bomben liegen im Ziel", meldete er. Aus seiner Sicht hatten sie die Dockanlagen voll getroffen. Brände an zwei Hallen sowie ein getroffener hoher Wasserturm wurden von ihm erkannt. Dann war das Ziel bereits hinter ihnen verschwunden. Nur die emporlodernden Flammen zeigten ihnen noch das getroffene Ziel.

Als das Flakfeuer einsetzte, versuchte Greeven es mit einigen Ausweichmanövern. Nahebei hörte Havighorst die berstenden Detonationen der Flakgranaten. Einige Splitter schlugen bedenklich laut in die Zelle.

Dann schienen sie mitten in die Hölle hineinzufliegen, denn nun dröhnte es auf allen Seiten, und die Detonationswolken waren deutlich zu erkennen.

„Achtung, ich drücke!" rief Greeven der Besatzung über die Eigenverständigung zu. Die He 111 stieß steil nach vorn in die Tiefe, dabei beschrieb sie eine schlanke Kurve nach Osten. Immer schneller wurde dieser Sturzflug. Es war Ludwig Havighorst, als schüttele sich der ganze Vogel, und als er schon mahnen wollte, es nicht zu übertreiben, legte Greeven die Maschine wieder in den Horizontalflug, und nun jagten sie mit voller „Pulle" über die Ausläufer der Derby-Verteidigung hinweg und passierten wenig später Nottingham 20 Kilometer weiter südlich, wo sie nur schwaches Flakfeuer erhielten.

Hinter sich vernahmen sie Bombeneinschläge. Der Funker meldete Brände auch in Nottingham. Dort mußten Maschinen einer anderen Staffel werfen. Sie selber hatten ja die Docks von Derby zum Ziel erhalten.

Nach Möglichkeit sollten die einmal mitgeführten Bomben auch geworfen werden, denn nach dem Wurf erhöhte sich die Manövrierfähigkeit und die Flugdauer der Maschine erheblich. Erreichte man aus irgendwelchen Gründen das vorgegebene Ziel nicht, griff man das nächstgelegene Ausweichziel an.

„Jäger von hinten. Rechts oben!" meldete der Funker, als sie bereits wieder über See waren. Das mußte einer der britischen Nachtjäger sein, die gestartet waren, als sie Derby bombten. Er hatte sicher über der Küstenlinie gewartet.

Dann hämmerte das MG des Funkers los. Und wieder rief er durch die Eigenverbindung: „Rechts!"

Hugo Greeven riß die Maschine in eine Rechtskurve, und die ihnen zugedachten Salven aus den Bordwaffen des Jägers flitzten links an der Maschine vorbei.

Mit Vollgas rauschten sie durch die sich allmählich lichtende Nacht. Der Jäger, für kurze Zeit sichtbar geworden, war verschwunden.

„Kommt jetzt von links oben!" meldete plötzlich der Funker. Und wieder hämmerte sein MG los. Dann ein Schrei: „Ich habe ihn erwischt, er brennt!" Sekunden verstrichen. Dann der nächste atemlos klingende Ruf: „Links, links!"

Abb. S. 37
Die St.-Gereons-Kirche in Southwark: nach Treffer ausgebrannt

Greeven drehte hart nach links weg, und dann sahen sie ihn: Er stürzte an ihnen vorbei. Fast greifbar nahe konnte Havighorst den Nachtjäger sehen, wie er im Steilflug hinunterstürzte und eine lange Rauchspur hinter sich herzog.

Er versuchte den Aufschlagpunkt zu erkennen, aber der Jäger drehte weg und flog keine 200 Meter über dem Wasser in Richtung Küste zurück. Bald war nur noch ein kleiner rotglühender Lichtpunkt zu sehen.

„Der schafft es noch bis nach Hause", meinte Havighorst und blickte den Flugzeugführer verblüfft an. Das Gesicht von Hugo Greeven zeigte gespannte Aufmerksamkeit. Er wußte, daß er nun mit seinem ganzen Geschick die Mühle und seine Kameraden wieder nach Hause bringen mußte. Er kannte die Gefahren, die scheinbar aus dem Nichts auftauchten, gerade dann, wenn man sich am sichersten fühlte. Es hieß wachsam sein und in dieser Wachsamkeit nicht nachzulassen, wenn man überleben wollte.

Aber sie flogen von nun an unbehelligt weiter und landeten 20 Minuten später, nachdem Havighorst die Ankunft der Maschine zu dieser Zeit gemeldet hatte.

Als sie aus der Maschine kletterten und zum wartenden Pkw hinübergingen, der sie zur Befehlsbaracke fahren würde, klopfte Greeven seinem jungen Kameraden Havighorst auf die Schulter.

„Gratuliere, Ludwig! Das hast du gut hingekriegt. Alle Achtung, du warst wie ein alter Hase."

„Ich hatte Bammel genug, daß wir zwar in irgendeiner Position stehen würden, doch wußte ich nicht, ob dies über dem Ziel sein würde. Bei der Landung hier in Wittmundhafen war es natürlich etwas anderes."

Ludwig Havighorst fühlte sich erleichtert. Seine vibrierenden Nerven beruhigten sich. Es war schon ein seltsames Gefühl gewesen, plötzlich unter sich jene Motorenfabrik zu entdecken, die sie bomben sollten, und zu wissen: wir sind richtig über dem Ziel angelangt. Er hatte es geschafft. Er hatte nicht versagt. Nun war er ein vollwertiger Kampfflieger, und er wollte es allen beweisen, daß er ein guter Beobachter war.

Als Havighorst sich eine Stunde später ins Bett fallen ließ, dachte er noch zwischen Wachen und Träumen an die Gefahren, die ihn und die Maschine umtost hatten.

Wenige Minuten später war er eingeschlafen, und er schlief so fest, daß der UvD ihn am anderen Morgen wachrütteln mußte.

London – Berlin — Berlin – London

In der Nacht zum 25. August 1940 hatten einige Staffeln, darunter auch solche des KG 1 „Hindenburg", Befehl erhalten, das Flugzeugwerk in Rochester und die Öltanks von Thameshaven anzugreifen und zu vernichten. Dieser Zielwechsel in die Nähe der englischen Hauptstadt London war vorgenommen worden, um die britischen Jäger in der Luft zum Luftduell zu stellen und sie auf diese Weise auszuschalten. Die Versuche, die Spitfire und Hurricane durch die Bombardierung ihrer Horste kampfunfähig zu machen, war fehlgeschlagen. Trotz der hohen englischen Verluste hatte der Jägerausstoß der Fabriken diese mehr als wettgemacht. In puncto Piloten sah es jedoch schon bedenklicher aus. In einem Vorschlag, den die Stabsoffiziere des II. Fliegerkorps ausgearbeitet hatten, wurde ein Zielwechsel auf das Gebiet um Groß-London vorgeschlagen, in der Absicht, dadurch die englische Jagdabwehr aus ihrer Reserve herauszulocken und sie im Luftkampf zu vernichten.

Hitler hatte den ganzen August hindurch kategorisch jeden Angriff auf Industrieziele in London oder am Stadtrand der britischen Metropole verboten.

Nun flogen die Bomber Thameshaven an, und einzelne Bomben, die dieses Ziel und auch Rochester treffen sollten, fielen auf London und verursachten einige Tote und Verletzte.

Am nächsten Morgen, als dies bekannt wurde, forderte Reichsmarschall Göring per Fernschreiben alle an diesen Flügen beteiligten Verbände auf, sofort zu melden, welche Besatzungen Bomben in den Sperr-Raum von London geworfen hatten. In dem Fernschreiben hieß es, daß diejenigen, die sich dies hatten zuschulden kommen lassen, bestraft und zur Infanterie versetzt würden.

Ein Ergebnis hatte dieses Fernschreiben des Reichsmarschalls nicht. Es war sogar möglich, daß die Besatzungen, denen dieser Fehler unterlaufen war, nicht einmal wußten, daß sie das falsche Ziel angegriffen hatten.

Wie auch immer: Diese einzelnen Bomben, die auf London heruntergingen, gaben Winston Churchill, dem britischen Kriegspremier, die Chance, seinerseits dem Bomberkommando einen Gegenangriff auf Berlin zu befehlen. Zunächst war man dort skeptisch, denn außer der starken Flakabwehr um die deutsche Reichshauptstadt würde man dort keine wichtigen Ziele finden. Dennoch: Churchill hatte befohlen, und das Bomber Command hatte zu gehorchen.

In der Nacht zum 26. August 1940 flogen 81 zweimot-Bomber des Bomber Command in Richtung Berlin. Sie hatten bis zum Ziel 1000 Kilometer zurückzulegen. 29 dieser Zweimotorigen meldeten, daß sie Berlin erreicht und gebombt hätten. Die deutschen Stellen konnten nur 10 Bomber registrieren, die den Stadtrand erreichten. Infolge der starken Bewölkung warfen alle britischen Bomber ihre tödliche Last blind.

Daß es aber das Ziel der Angreifer gewesen war, Berlin und nicht irgendeine Industrieanlage zu treffen, das zeigte sich in der Nacht zum 29. August 1940, als der zweite Angriff britischer Bomber das Wohngebiet am Görlitzer Bahnhof traf. Hier gab es 10 Tote und 28 Verletzte. Noch immer war Hitler nicht dazu zu bringen, einen Vergeltungsangriff zu starten. Erst als der dritte Angriff auf Berlin am 30. August 1940 erfolgte, der Bombenhagel auf Berlin-Siemensstadt herunterfiel und die Zahl der Toten und Verletzten bereits mehrere Hundert erreichte, war Hitlers Geduld am Ende. Das konnten keine Zufälle mehr gewesen sein. Die Briten hatten es auf Berlin und auf seine Zivilbevölkerung abgesehen.

Unter diesen Aspekten gab Hitler am 4. September 1940 jene Antwort, die von ihm erwartet wurde:

„Wenn sie unsere Städte angreifen, dann werden wir ihre Städte ausradieren."

Am Vormittag des 5. September 1940 erhielten die Kommodore der Kampfgeschwader 2, 3, 26 und 53 den Befehl, zum ersten Feindflug gegen London zu starten. Trotz der Tatsache, daß der Gegner bewußt Wohngebiete Berlins mit Bomben belegt hatte, ordnete Hitler an, daß in London nur Dock- und Hafenanlagen angegriffen werden dürften.

Start gegen London

Als die Besatzung Greeven die Besprechungsbaracke betrat, sahen sie die große Karte an der Stirnwand. Darüber stand in nicht zu übersehenden Lettern: London - Hafen - Docks.

Ludwig Havighorst blickte seinen Kameraden Greeven bedeutungsvoll an. Jetzt war es also soweit. Am Radioapparat hatten sie die Übertragung der Rede des „Führers" anläßlich der Verleihung der Marschallsstäbe an die von ihm am 19. Juli 1940 ernannten Generalfeldmarschälle gehört und auch jenen Satz mitbekommen, daß nun gegen London zurückgeschlagen werden sollte.

Wieder folgte das Ritual der Besprechung. Die Daten wurden verglichen, der Funker nahm die für ihn wichtigen Dinge auf, und dann wurde der Kurs der Maschinen bestimmt, der von der III./KG 26 geflogen werden sollte. Es zeigte sich, daß noch eine Reihe weiterer Staffeln an diesem ersten Vergeltungsschlag beteiligt sein würde. Es galt, die einzuhaltenden Anflugschneisen genau zu beachten, um nicht mit anderen Maschinen zu kollidieren.

Als sie zum Platz gingen und Havighorst seinen Fallschirm in der Maschine aufgehängt hatte, kontrollierte er die Bombenwurf-Einrichtung. Dann legte er sich seine Karte zurecht und überprüfte die Bordwaffe. Alles war in Ordnung, und er nickte seinem Flugzeugführer zu. Wieder begann das alte Spiel des „Abbremsens". Dann zeigte der 1. Wart klar, und die Maschine rollte zum Start. In der Drehung sah Havighorst, daß drei weitere Maschinen fertiggemacht wurden. Sie sollten den Anteil des KG 26 am Angriff gegen die Docks von London bilden.

Auf der Zielkarte waren die besonderen Merkmale eingetragen; insbesondere die große Themseschleife würde ihnen das Ziel zeigen. Die Ballonsperren davor standen bis 2 200 Meter hoch empor. Sie würden sie mühelos überfliegen.

Diesmal ging alles bedeutend schneller. Schon bevor sie die Küste erreicht hatten, wurden sie bereits von den ersten Flaksalven empfangen, die sie jedoch schnell passierten. Dann gelangten sie in den Scheinwerferriegel und wurden gewissermaßen von Scheinwerfer zu Scheinwerfer weitergereicht. Die englische Flak zeigte, wie gut sie schießen konnte. Wieder waren die Detonationen der schweren Flak-Granaten in nächster Nähe zu hören. Zum Glück für sie folgten dichtauf weitere Maschinen nach, so daß sie der Flak nicht das alleinige Ziel boten. Sobald die Flakstellungen überflogen waren, ließ das Feuer nach, weil die Feindflak weiter zurück auf die ihnen nachfolgenden Maschinen schoß.

Sie überflogen die Sperrballon-Kette um mindestens 1 000 Meter. Unter sich sah Havighorst die ersten markanten Punkte, die er in die Zielkarte eingetragen hatte. Dann tauchte der Themsebogen auf. Die Maschine wurde nach rechts gesteuert und folgte dem Flußverlauf.

„Der Wasserturm, Hugo!" rief Havighorst unterdrückt. Sie waren auf der richtigen Route und hatten das Ziel in direktem Anflug erreicht.

Da sie vorn flogen, mußte Havighorst die Meldung machen: „Achtung, Staffel! Ich werfe!" Er lag vorn in der Kanzel und hatte die Bomben bereits vorgewählt. Diese konnte der Flugzeugführer nun durch einen Knopfdruck

Eine He 111 über dem Themsebogen

auslösen. Havighorst visierte das Ziel an. Dann rief er dem Flugzeugführer „Jetzt!" zu. Dieser löste die Bomben aus, und Havighorst richtete sein MG auf möglicherweise unter ihm auftauchende Ziele. Aber es zeigte sich nichts. Durch den Spiegel sah er, wie die drei Maschinen der Staffel, die ihnen folgten, jetzt ebenfalls über dem Ziel waren und warfen.

In einer weiten Linkskurve zog die He 111 herum, und unter ihnen zuckten die Trefferflammen der einschlagenden acht 250-Kilo-Bomben auf. Flammen stoben aus den Dockanlagen hinaus, und immer mehr aufblitzende Einschlagfontänen wurden sichtbar.

Hinter Havighorst tastete der Bordfunker bereits die Q-Gruppe hinaus, die der Bodenstelle zeigte, daß der Auftrag durchgeführt war und die He 111 von Uffz. Greeven den Heimflug angetreten hatte.

Unangefochten kamen sie zurück und landeten sicher. Der 1. Wart sah bei der Überprüfung der Maschine, daß sie einige Löcher in der rechten Fläche hatte, die es wieder auszubessern galt.

Sie gingen zum Wagen, wurden zur Befehlsbaracke gefahren und gaben dort ihre Meldung ab. Die übrigen Maschinen folgten, und genau zwölf Minuten später waren alle wieder zu Hause. Der letzte wurde mit lautem Hallo empfangen, denn er mußte eine Runde ausgeben.

Der erste Vergeltungsangriff auf London hatte alle anzufliegenden Ziele erreicht. Der letzte Verband, der den Heimflug antrat, konnte fünf große Flächenbrände in den Docks und eine Reihe kleinerer Brände melden.

Insgesamt waren 60 Tonnen Bomben geworfen worden. Gemessen an den Bombenmengen, mit denen die RAF bereits seit einiger Zeit aufwartete, war dies ein „kleiner Klacks", wie die Besatzungen meinten, wenn sie sich über die Wirksamkeit dieser Angriffe unterhielten.

Am Mittag des übernächsten Tages erfuhr Ludwig Havighorst in der Kantine, daß es am Abend wieder losgehen werde. Diesmal war die gesamte Gruppe dabei, so wurde berichtet. Und man überlegte weiter, daß nach dem Anfangs-Angriff nun der große Schlag folgen werde.

„Ob das etwas nützt?" fragte einer der Männer den etwas hageren sportgestählten Unteroffizier. Havighorst wußte es nicht. Aber eines war auch für ihn sicher: wenn die Tommies deutsche Städte angriffen, dann mußte entsprechend geantwortet werden. Etwas anderes konnte es überhaupt nicht geben.

Als am Nachmittag dieses Tages der Einsatz klar war, standen zur gleichen Zeit an der Kanalküste bei Kap Blanc Nez der Reichsmarschall mit GFM Kesselring und General der Flieger Loerzer auf dem vorgeschobenen

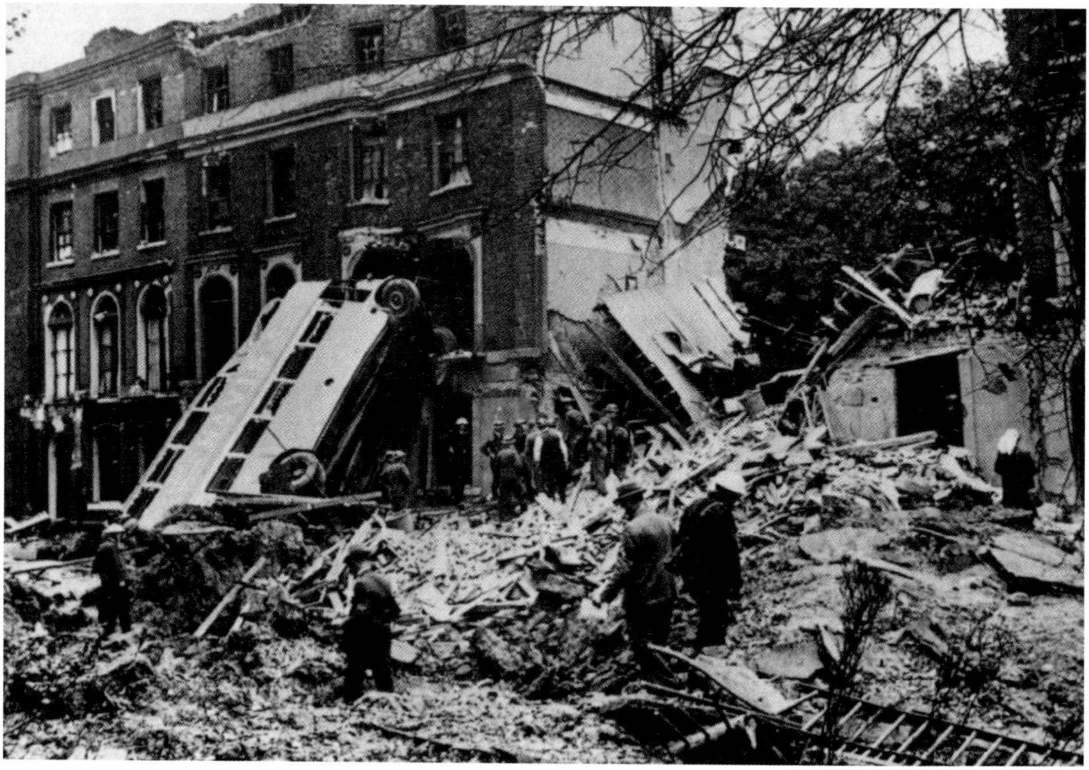

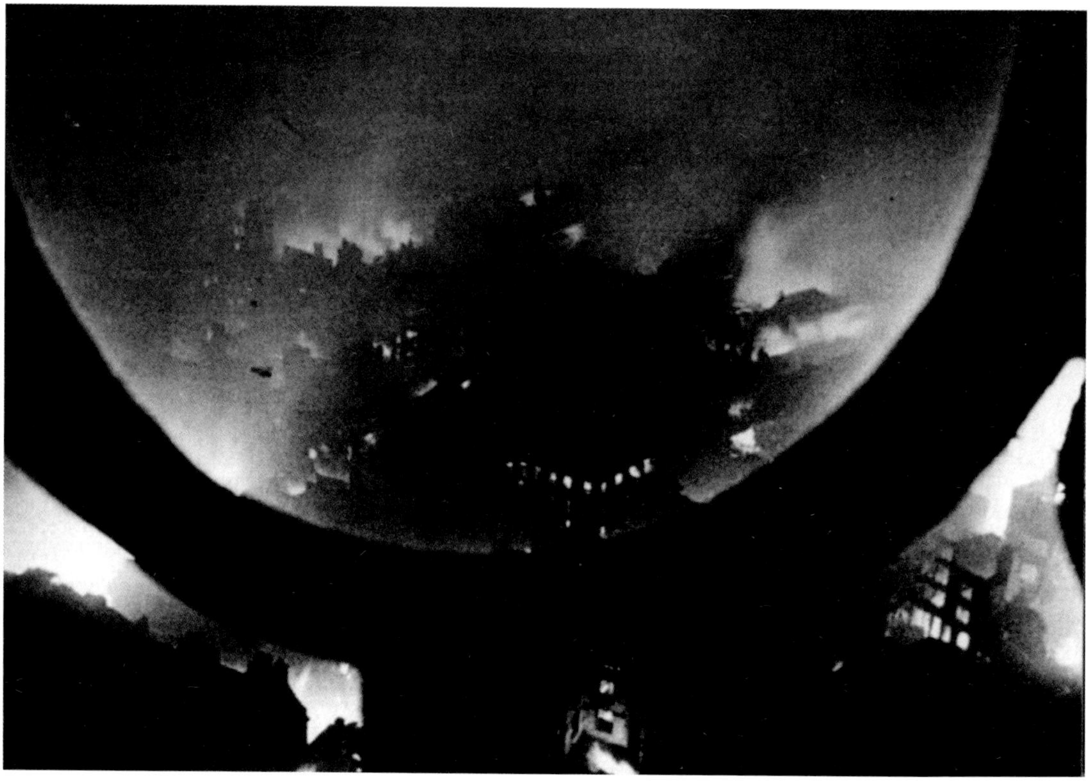

Gefechtsstand, um die Starts der Jäger zu beobachten, die bereits zur Insel hinüberflogen. Göring eröffnete das Gespräch mit den Worten:

„Ich habe persönlich die Führung des Luftkrieges übernommen, soweit es England angeht. Der Führer sieht die englischen Angriffe auf Berlin als eine Schande und hat mit mir Gegenmaßnahmen beschlossen. Deshalb wird die Luftflotte 3 die Vergeltungsangriffe gegen London fliegen. Sie, Kesselring, werden diesen Angriff heute unterstützen. Wir müssen heute abend mit mindestens 300 Bombern angreifen."

„Es ist alles veranlaßt, Herr Reichsmarschall", erwiderte der OB der Luftflotte 2. „Die Geschwader sind einsatzbereit."

Neben den 300 Kampfflugzeugen der Luftflotte 3 waren weitere 325 Kampfflugzeuge der Luftflotte 2 beteiligt. Die Zahl der Jäger und Zerstörermaschinen betrug etwa ebensoviel. Die Verbände mußten in Höhenstaffelungen von 4 000 bis 6 500 Meter fliegen und dicht aufgeschlossen bleiben.

Es war noch nicht dunkel, als die Gruppe des KG 26 aus Wittmundhafen startete. Sie kreiste so lange in der Luft, bis die einzelnen Staffeln beisammen waren, dann erst nahm sie direkten Kurs auf London. Es war ein überwältigender Augenblick, als Havighorst die Stimme des Gruppenkommandeurs hörte, der die Spitze des Verbandes übernommen hatte und ihnen zurief, aufgeschlossen zu bleiben. Nachzügler wurden herangeholt, und der Verband flog unbeirrt dem Ziel entgegen. Wieder trugen sie 250-Kilo-

Bomben. Ein anderer Verband hatte pro Maschine eine 1 800-Kilo-Bombe an Bord.

Sie flogen über den Wolken an. Greeven saß hinter dem Knüppel und flog den Auspuff-Flammen nach, die sich vor ihm zeigten. Ludwig Havighorst mußte den Kameraden bewundern, der stur wie ein Panzer den Abstand hielt und die Abweichungen sofort ausglich.

Noch bevor sie die große Themseschleife erreichten, erhielten sie Feuer. Voraus stürzten sich einige britische Nachtjäger auf die He 111 der ersten Staffel, aber dann huschten aus größerer Höhe die schnellen Schatten der eigenen Geleitjäger. Leuchtspursalven zischten durch den Abend. Eine der angreifenden Hurricanes stürzte brennend zu Boden.

Dann rief der Staffelkapitän, daß sie über dem Ziel seien und daß er werfe.

Auch Greeven warf, und Havighorst schoß aus dem MG auf einen sich für kurze Sekunden zeigenden Jäger, ehe er noch ein paar Feuerstöße auf die Docks hinabjagte.

Dann drehten sie auch schon und sahen die aufzuckenden Brände der ersten Würfe und die Einschläge der eigenen Bomben.

Havighorst beobachtete den Luftraum, sah rechts und links Maschinen der eigenen Gruppe, die erste Staffel im Abflug direkt nach dem Wurf und die dritte Staffel noch im Anflug auf das Ziel, das jetzt nicht mehr zu verfehlen war, denn die Docks standen bereits in Flammen.

Hoch über ihnen kurvten die Jäger herum; dort fanden die Luftduelle statt. Jäger der Briten stürzten sich auf die deutschen Jäger, die nach kurzem Duell den Rückflug antreten mußten, um noch heil über den Kanal zurückzukommen.

Plötzlich prasselte rechter Hand MG-Feuer. Der Funker rief seine Warnung hinaus. Aus dem Dunkeln war ein Jäger aufgetaucht, der ihnen direkt entgegenflog und sie breitseits erwischen mußte.

Ein schneller Schatten schien adlergleich auf diesen Angreifer zuzustürzen. Havighorst sah Flammenlanzen, die sich in den Rumpf und die Kanzel des Feindjägers bohrten. Eine heftige Explosion, dann Flammen und Einzelteile der auseinanderfliegenden Feindmaschine. Etwas schlug dumpf gegen eine der Flächen. Jäher Schreck durchzuckte den Beobachter. Wenn jetzt die Fläche abmontierte, dann waren sie erledigt.

Doch der Vogel hielt. Er war zwar aus dem Kurs geworfen, aber Greeven kurvte wieder zurück, und wenig später hatten sie den Gefahrenbereich verlassen.

*Auf dem Höhepunkt des „Blitzes" über London ist die Feuerwehr
im Dauereinsatz.*

„Geschafft!" rief Greeven der Besatzung zu, als sie über See zurückflogen. „Da kommen noch welche", rief er Sekunden danach, und sie sahen etwa 100 Meter über sich die nächste Welle der eigenen Bomber anfliegen, um das Zerstörungswerk gegen London zu vollenden.

Sie waren noch nicht gelandet, als auch die Geschwader der Luftflotte 3 starteten. Diese brauchten sich nur nach dem Feuerschein der brennenden Docks zu richten. Schwerste Bomben heulten den Hafenanlagen entgegen, schlugen in die Speicherhäuser ein und fegten sie wie Streichholzschachteln auseinander.

Dies war der Auftakt der großen „Schlacht um London", die nicht weniger als 65 Tage andauern sollte.

Allein vom 7. bis zum 30. September 1940 wurden bei 4 405 Angriffen deutscher Flugzeuge 5 361 Tonnen Sprengbomben und 7 499 Brandschüttkästen voller Brandbomben auf London geworfen.

Als am 15. September 1940 die große Luftschlacht über London stattfand, die aus den britischen Annalen als „Battle of Britain Day" bekannt werden sollte, in deren Verlauf alle vorhandenen und einsatzbereiten britischen Jäger, insgesamt über 300, in der Luft waren, befand sich Ludwig Havighorst nicht mehr bei der III./KG 26 in Wittmundhafen. Aber er hörte von diesen Luftkämpfen und von den Angriffen britischer Jäger gegen deutsche Kampfflugzeuge am Nachmittag dieses Sonntags. Trotz des dichten Abwehrriegels gelang es den Kampffliegern, das Zielgebiet London zu erreichen und ihre Bomben zu werfen. Die starke Bewölkung verhinderte aber ein exaktes Zielen. Nur weit auseinanderliegend fielen die Bomben.

Die deutschen Jäger stürzten sich dem Gegner entgegen, um zu verhindern, daß die Kampfflugzeuge zu hohe Verluste erlitten. Diesmal hatten sie die gesamte britische Jägerwaffe aus ihrer Reserve herausgelockt und zum Luftkampf gestellt. Aber es zeigte sich an diesem Tage, daß die britische Jagdwaffe noch nicht am Ende war.

Als der Angriff der beiden deutschen Wellen beendet war und die Verbände ihren Rückflug geschafft hatten, fehlten insgesamt 56 Maschinen, die irgendwo in England oder über See abgeschossen worden waren. Und zwar 24 Do 17, 22 Me 109 und 10 He 111. Die Verluste betrugen insgesamt 25 Prozent.

Das war mehr, als die deutsche Luftwaffe verkraften konnte, und am 16. September 1940 hatte Reichsmarschall Göring alle Luftflottenchefs, die Kommandierenden Generale der Fliegerkorps und deren Stabschefs um sich versammelt. Er wollte die Schuldigen oder Verantwortlichen an diesem

Alles packt bei den Rettungsaktionen mit an.

Desaster finden, aber Generalmajor Theo Osterkamp, Görings Kampf-
gefährte während des Ersten Weltkrieges, verteidigte die angegriffenen
Jäger vor den Vorwürfen des Reichsmarschalls. Er klärte auf, warum diese
Verluste entstanden waren:

„Die Engländer wenden eine neue Taktik an, indem sie starke Jagdver-
bände zusammenfassen, mit denen sie geschlossen angreifen. Sie haben
den Befehl, nur deutsche *Kampfflugzeuge* anzugreifen. Das wissen wir aus
den Meldungen der Funkhorch-Abteilung West. Diese neue Taktik hat uns
gestern überrascht."

Zu diesen und den folgenden Einsätzen über England in der letzten
Phase der Luftschlacht um England berichtete GFM Albert Kesselring: „Es
war ein hartes Brot, das die Geschwader während vieler Wochen aßen. Die
Luftwaffe setzte in dieser Zeit das Letzte ein, um durch die Angriffe gegen
die Nachschubhäfen wie London, Portsmouth, Southampton, Plymouth,
Bristol, Liverpool, Belfast und gegen die Rüstungszentren Birmingham,
Coventry, Manchester, Sheffield und Glasgow sowie durch die Verminung
der Hafenbereiche und Flußmündungen die Versorgung Englands zu
unterbinden." (Siehe Kesselring, Albert: Soldat bis zum letzten Tag)

Weitere Angriffe, die nun folgten, machte Ludwig Havighorst zunächst nicht mehr mit, denn nach seinem dritten Einsatz mit Uffz. Greeven wurde er mit den übrigen Neulingen nach Lüneburg zur Ergänzungsstaffel des Kampfgeschwaders 28 verlegt. Die I. Gruppe des Geschwaders wurde hier zusammengestellt. Doch für Havighorst und seine Kameraden galt es zunächst, weitere Übungen zu absolvieren.

Die täglichen Starts zu Peil- und UKW-Anflügen schulten bereits auf den kommenden Einsatz, bei dem es um etwas Besonderes gehen würde. Und zwar sollten sie auf den Feindflügen, die folgen würden, nach einem besonderen Hochfrequenz-Gerät fliegen, dessen scharfgebündelte Leitstrahlen sie ans Ziel heranführen sollten. Dieses X-Verfahren, das von jeweils einem „Knickebein-Sender" in Vannes und einem weiteren nordnordwestlich von Paris an der Küste geführt wurde, schien etwas ganz Großes zu werden.

Sie erfuhren in Lüneburg, daß dieses Verfahren von Dr. Plends in der Versuchsanstalt Rechlin am Müritzsee bereits im Jahre 1934 entwickelt worden war.

Im Unterricht hörten die Männer, wie dieses Verfahren funktionieren sollte; und zwar würden die Flugzeuge auf einem sogenannten Leitstrahl, der genau auf ein besonderes Ziel gerichtet war, direkt bis zu diesem Ziel geführt werden. Dazu wurden die He 111 H-3 mit einem sogenannten X-Gerät ausgestattet. Der Flugzeugführer brauchte dann seinen Kurs nur nach dem Leitstrahl zu richten. Immer wenn er im Kopfhörer einen Dauerton hörte, lag er auf dem richtigen Kurs. Sendete der Sender aber Punkte oder Striche, dann wich er entweder nach Backbord oder Steuerbord vom Kurs ab.

Ein zweiter Empfänger des X-Gerätes zeigte dem Bordfunker an, wann die Maschine sich bis auf 20 Kilometer dem Ziel genähert hatte, denn dann wurde das Vorsignal gesendet: ein Funkstrahl, der genau quer zum Richtfunkstrahl verlief. Der Bordfunker schaltete die X-Uhr ein, die zu laufen begann. Nach weiteren 10 Kilometern Flug empfing der Funker das Hauptsignal. Abermals mußte er eine Uhr eindrücken. Während die erste Uhr zu arbeiten aufhörte, tickte die zweite los.

Nun brauchte der Flugzeugführer nur noch Geschwindigkeit, Höhe und Kurs genau einzuhalten, und sobald der Zeiger der zweiten X-Uhr auf die vollendete zehnte Minute rückte, schloß sich der Kontakt, und die Bomben fielen ins Ziel.

Für Ludwig Havighorst schien dies zunächst reine Utopie zu sein, aber nachdem sie es geübt hatten, stellten sie fest, daß die Sache funktionierte, vorausgesetzt, der Gegner funkte nicht dazwischen.

Navigationsflüge und Flüge über Land folgten und vervollständigten die Ausbildung.

Am 17. November 1940, einen Tag vor der Verlegung nach Heiligenbeil, erfuhren sie von dem ersten Einsatz des KG 28 aus Vannes mittels dieses neuen Verfahrens. Neben ihrem Geschwader hatte noch die Kampfgruppe 100 daran teilgenommen. Das Ziel war Coventry gewesen. Diese Stadt war Standort wichtiger Rüstungs- und Flugzeugwerke. Sie wurde von den He 111 H-3 Maschinen der beiden Verbände angegriffen. Insgesamt beteiligte sich neben den beiden genannten Verbänden, die die Ziele richtig erreicht und geworfen hatten, noch eine große Zahl weiterer Kampfflugzeuge an diesem Angriff, die nicht per Leitstrahl dorthin geschickt wurden. Aus 449 Flugzeugen heulten 500 Tonnen Sprengbomben und 30 Tonnen Brandbomben ihren Zielen entgegen. Coventry lag nach diesem Angriff in Flammen. Die Stadt hatte 554 Tote und 865 Verletzte zu beklagen.

Mit dem ausdrücklichen Hinweis der deutschen Führung, daß dieser Angriff als Repressalie auf die seit einem halben Jahr geübte britische Praxis der Bombenwürfe auf deutsche Städte gedacht sei, brachte das Reich zum Ausdruck, daß es die Feindangriffe auf deutsches Gebiet als kriegsrechtswidrig verurteilte und die eigenen Angriffe lediglich als Repressalie sah und sie auch nur als *solche* für zulässig hielt.

In England wurde dies selbstverständlich bestritten. Man führte dort aus, daß die ersten deutschen Angriffe gegen London seit dem 7. September 1940 England erst zur Aufgabe der bis dahin geübten Rücksichtnahme gezwungen habe. Die tatsächlichen Ereignisse straften diese Behauptungen jedoch Lügen.

Am 18. November 1940 verlegte die Übungsstaffel des KG 28 nach Heiligenbeil südwestlich von Königsberg an der Ostsee. Hier übte sie jede Nacht Angriffe. Ob bei Mondschein oder in stockdunklen Nächten, immer hieß es zu starten, die Ziele zu finden und sie zu bomben. Auch Minenlegeaufgaben wurden so lange geübt, bis sie hundertprozentig saßen.

Am 30. November 1940 gab es einen Kameradschaftsabend, bei dem der Abschied von der Ergänzungsstaffel gefeiert wurde. Es ging hoch her, und die trinkfesten Flieger kehrten erst im Morgengrauen zu ihren Unterkünften zurück. Sie hatten an diesem Tage bis zum Mittag wachfrei. Dann hieß es packen. Das neue Ziel war der Einsatzhafen der III./KG 28 in Nantes.

Mit Chefpilot Dries zu Minenunternehmungen

Die erste Aufgabe, welche der Besatzung unter dem Flugzeugführer Unteroffizier Dries und dem Beobachter Havighorst in Nantes gestellt wurde, lautete: „Verminen des Hafens von Plymouth."

Havighorst wußte bereits, daß die Minen, obgleich am Fallschirm hängend, aus höchstenfalls 400 Metern Höhe geworfen werden durften. Aber Flugzeugführer Dries, der ein überaus gemütlicher Kamerad und daneben so unsoldatisch war, daß es einem weh tat, war in dieser Hinsicht eisern: „Wir werfen aus 200 Meter Höhe. Dafür schleichen wir uns richtig in den Hafen hinein. Das ist Ehrensache."

Als ehemaliger Chefpilot der Lufthansa und Flugkapitän mit einer Unmenge an Flugkilometern war er einer derjenigen Piloten, die ihr Handwerk mehr als verstanden. Sie beherrschten es, und sie wußten in jeder Situation hundertprozentig richtig zu reagieren, ahnten oft auch voraus, was sich tun würde, und handelten vor einem möglichen Gegner.

„Diesmal", berichtete Unteroffizier Havighorst, „schleppte unsere He 111 wieder zwei Minen mit, die sie mit jeweils 20 Zentnern belasteten. Sie hingen wie gewaltige Hindernisse unter dem Rumpf und mußten von mir als Beobachter in richtiger Distanz zum Auftreffort pulverelektrisch durch Knopfdruck von der Maschine gelöst werden.

Diese Minen hatten, das wurde uns in der Besprechung gesagt, eine Besonderheit: sie wurden erst bei deren siebentem Überlaufen scharf. Dadurch widerfuhr es dem Gegner immer wieder, daß er bei der Überprüfung eines in der vorangegangenen Nacht von deutschen Flugzeugen überflogenen Hafens nichts fand. Die Suchfahrzeuge und Minensucher blieben erfolglos. Erst wenn dann der Hafen wieder freigegeben worden war und ein dicker Pott diese Mine überlief, ging sie hoch.

Diese Minen, das war durch Agentenaussagen belegt - hatten dazu geführt, daß mehrere englische Häfen stillgelegt werden mußten, bis man die Minen gefunden hatte.

Der Flug verlief glatt. Die Maschine, von Dries sicher gesteuert, umflog die französische Küste, drehte nach Passieren von Brest nach Nordnordosten ein und näherte sich nun dem großen südwestenglischen Hafen Plymouth.

Bei diesem Einsatz nach Plymouth gelang es uns, in den Hafen hineinzuschleichen. Aus einer Höhe von 3 000 Meter über dem Ziel nahm Dries das Gas ganz weg, so daß unsere Mühle im schnellen Sinkflug fast geräusch-

Über der Nordsee: Ein feindliches Schiff wird gebombt.

los das Ziel ansteuerte. Wir erreichten sogar, wie von Dries vorhergesagt, die ideale Abwurfhöhe von 200 Metern. Ich löste die Minen von der Maschine, Dries schob die Pulle voll rein und drückte gleichzeitig kräftig nach. Dies gab eine ungeheure Beschleunigung. Aber das Aufbrüllen der Motoren war natürlich vom Feind gehört worden. Sekunden nach dem Aufblitzen des ersten Scheinwerfers strahlte bereits ein ganzer Lichterbaum von etwa 15 Scheinwerfern. Die Flak eröffnete das Feuer. Es gab ein Höllenspektakel, aber wir flogen tiefer und tiefer; nur wenige Meter über der See dahinjagend, verließen wir den Hafen, während hoch über uns die Scheinwerfer suchten und nichts fanden.

Dabei hieß es natürlich höllisch aufpassen, denn fast alle englischen Häfen wurden durch Schiffs-Sperrballone gesichert. Diesmal hatten wir Glück, wir waren draußen, ohne auch nur einen Kratzer abzubekommen, und über See gingen wir wieder auf die vorgeschriebene Höhe.

Nach 172 Flugminuten erreichten wir Nantes und landeten sicher. Wir machten unsere Meldung, wobei Flugkapitän Dries wieder einmal wegen seiner unmilitärischen Haltung unangenehm auffiel.

Am nächsten Tage erschien prompt Hauptmann Auerring, unser Staffelkapitän, auf unserer Stube und nahm sich den Flugkapitän vor. Es entspann sich ein Dialog, der für uns Zuhörer einfach umwerfend war, ohne daß wir unserer Heiterkeit freien Lauf lassen durften.

‚Hören Sie, Dries', begann der Staffelkapitän, ‚Sie sind ein großartiger Flieger. Sie könnten sehr schnell Offizier sein. Aber Sie müßten etwas zackiger werden.'

‚Ich bin nun einmal anders gebaut, Herr Hauptmann', erwiderte Dries geschickt. ‚Ich bin ein eher zurückgezogener Typ.'

‚Mann Gottes, kommen Sie doch einmal aus sich heraus, die Feldwebel- litzen wären zunächst doch ein ganz netter Lohn', beschwor der Haupt- mann den unwilligen Flieger.

‚Herr Hauptmann', meinte Dries behäbig, ‚dann bleibe ich doch lieber in mir drin!'

Das war das Signal, nun war das allgemeine Gelächter nicht mehr zu stoppen, und Hptm. Auerring grinste mit. Er machte nur eine Handbewe- gung, die andeuten sollte, daß er diesen zivilistischen Soldaten aufgegeben hatte.

Das Soldatische lag Unteroffizier Dries eben nicht. Dafür aber konnte er um so besser fliegen. Er hatte auch wohl recht mit seinem Vorsatz, ein unmilitärischer Flieger zu bleiben und sich kein Bein auszureißen. Schon wenige Tage später wurde seine Besatzung, die zugleich Chefbesatzung war, über London durch einen Flakvolltreffer abgeschossen.

Da hatte ich Glück gehabt, daß ich nicht in der Kiste saß. Um unseren liebenswürdigen Zivilisten mit dem großen Fliegerherzen aber trauerten wir sehr.

Neuer Staffelkapitän wurde Major Paul Claas. Dieser flog einige schnei- dige Einsätze, bei denen sich mancher fragte, ob dies Mut oder Herausfor- derung sein könnte. Aber er war ein großer Flieger und Staffelkapitän mit Herz für seine Männer; wenn man einmal von seiner Besatzung selbst ab- sehen will, die immer auf das härteste gefordert wurde."

Major Paul Claas flog als Kapitän der I./Kampfgeschwader 100 eine Reihe tollkühner Einsätze über Stalingrad und wurde am 28. Juli 1943 im Osten über dem Asowschen Meer abgeschossen. Seit dem 14. März 1943 trug er das Ritterkreuz. Er hatte 103 England-Feindflüge mit der Besatzung Gree- ven heil überstanden.

Als Beobachter der Besatzung Greeven

Die Besatzung, mit der Ludwig Havighorst nach Nantes gekommen war, wurde hier, obgleich voll aufeinander eingestimmt, wieder auseinandergerissen. Das war besonders schade, denn damit war die bereits geschlossene feste Kampfgemeinschaft wieder getrennt, und jeder mußte sich bei einer anderen Besatzung von neuem einleben und neue Kontakte schließen. Da wir „alte" Flieger waren, ging dies natürlich sehr rasch, denn nichts schweißt eine so kleine Gruppe von Menschen enger und schneller zusammen als gemeinsam errungene Erfolge und gemeinsam überstandene Gefahren.

Uffz. Ludwig Havighorst wurde als Beobachter der Besatzung Hugo Greeven zugeteilt, mit der er bereits im Sommer drei Feindflüge unternommen hatte.

Mit diesem großartigen Flieger, der bereits einige der schwersten Einsätze, die ein Flieger erleben konnte, hinter sich gebracht hatte, flog Havighorst weitere 24 Einsätze nach England.

Hugo Greeven gehörte zum Sonderverband der Kampfgruppe 126, die von Oberst Roth geführt wurde. Ernst August Roth, Weltkrieg-I-Flieger und Träger des Ordens Pour le mérite dieses Orlogs, führte am 19. Juli 1940 einen Mineneinsatz gegen Alnwik unterhalb des Firth of Forth. Als der Auftrag beendet war, flammten auch dort Scheinwerfer auf. Flugzeugführer Greeven steuerte direkt auf jenen Scheinwerfer zu, der sie genau erfaßt hatte, und Leutnant Labens, der vorn als Beobachter in der Kanzel lag, zerschoß den Scheinwerfer.

„Oberst Roth war noch nach unserer Landung blaß um die Nase", berichtete Hugo Greeven, um in seinem Brief an Ludwig Havighorst 46 Jahre nach diesen Ereignissen fortzufahren:

„Erst mein 20. Einsatz war ein Bombeneinsatz, und zwar mit einer 1800-Kilo-Bombe auf London am 7. August 1940, wie sie ja schon aus Wittmundhafen geflogen wurden, wo auch ich zum KG 26 gekommen war. Mein 13. Einsatz gegen London begann am späten Abend des 1. Oktober 1940. Wir sollten zum x-ten Male von Norden aus nach London hineinfliegen. In der Höhe der Küste des Wash schoß mir die Flak, die dort längst installiert war, weil wir stur den gleichen Kurs zu fliegen hatten, den ersten Motor zusammen, und wenig später erhielt auch der zweite Motor einen Treffer. Es ging mit den Luftschrauben in Segelstellung über See nach Osten, und um 2.00 Uhr war es soweit: wir fielen in den Bach.

Auf dem Heimflug wegen „Spritmangel" in den Bach gefallen

Unser Funker hatte genauen Standort und Uhrzeit mit der SOS-Meldung auf der Seenotwelle durchgegeben. Bliebe nur zu hoffen, daß die Retter rechtzeitig kamen.

Was dann folgte, war der Roman der dreitägigen Schlauchbootfahrt mit allen seinen Höhen und Tiefen bei Windstärken von 8 bis 10. Aber das weißt Du ja alles. Es folgten sechs Wochen Sonderurlaub, und dann kam Nantes, wo wir uns ja näher kennenlernten und wohin die Gruppe inzwischen verlegt hatte.

Ich erinnere mich besonders gern an die gemeinsamen Feindflüge. Da war der immer liebenswürdige, aber zackige Soldat Ludwig Havighorst. Immer aufnahmebereit und vertrauend, immer auf Draht und hilfsbereit. Er hat sich aber gewiß auch seine besonderen Gedanken gemacht über sei-

56

nen Piloten, der sich vom Draufgänger zum überlegenden Akteur gewandelt hatte.

Weißt Du noch, wie es war, wenn wir unsere Zielgebiete zugeteilt bekamen, die ja immer je nach der Lage und Größe der Hafenbecken mehr oder weniger stark abwehrbereit waren? Nun ja, wir haben es doch stets ohne große Komplikationen geschafft.

Es war mit Dir, Ludwig, eine schöne Zeit. Du warst ein guter Kamerad."

Was es nun mit Hugo Greeven auf sich hatte, das erfuhr Ludwig Havighorst bei einem der nächsten Feindflüge. „Es sollte wieder mit Minen nach Birmingham gehen, und alles verlief wie gewohnt. Der 1. Wart meldete die Maschine einwandfrei, und der Start verlief reibungslos. Beim Abbremsen hatte sich keine Minderleistung der Motoren ergeben. Ehe wir abhoben, war es beinahe bis ans Ende der Startbahn gegangen, aber dann kam der Vogel wunderbar raus! Die Maschine stieg und flog entlang der Küste nach Nordwesten, um über den Drehpunkt 50 Kilometer westlich von Brest einzuschwenken. Hugo Greeven zeigte sich hier über Wasser sehr nervös. Er kniff die Augen zusammen und riß sie dann wieder weit auf, so, als könne er etwas voraus entdecken." Uffz. Havighorst versuchte ebenfalls etwas voraus auszumachen, vergebens. Und dann plötzlich sagte Greeven:

„Du, Ludwig, sag mal, der Ladedruck schwankt doch!"

„Hugo, ich sehe nichts, alles läuft optimal."

„Unsinn, der schwankt!" betonte Greeven.

Havighorst als junger Flieger mußte sich wohl oder übel zur Ansicht seines erfahrenen Flugzeugführers bekennen. „Wenn du es meinst, dann wird es wohl so sein."

Der Auftrag wurde abgebrochen. Hugo Greeven gab der Besatzung bekannt, daß der Ladedruck schwanke und daß sie wieder umkehren würden.

Sie drehten und landeten sicher auf dem Platz in Nantes. Sofort machten sich die Männer um den 1. Wart an die Arbeit.

Am anderen Tage kamen Staffelkapitän Claas und der 1. Wart zur Besatzung Greeven aufs Zimmer.

„Ihr habt gestern den Auftrag abgebrochen", begann der Staffelkapitän. „Aber Brinkmann hat nichts gefunden. Die Maschine ist hundertprozentig in Ordnung."

Noch ehe Havighorst antworten konnte, war Greeven bereits aufgesprungen. „Das kann nicht sein! Wir hatten Ladedruck-Schwankungen; soviel steht fest. Havighorst kann dies bestätigen."

Zwar hatte dieser nichts gesehen, aber er nickte einigermaßen lahm, denn er konnte und wollte dem erfahrenen Piloten nicht widersprechen. Beim nächsten Feindflug gegen Birmingham am 11. Dezember 1940 ging alles klar. Diesmal kamen sie gut ans Ziel und warfen unmittelbar, nachdem eine vorausgeflogene Staffel ihre Bomben abgeladen hatte und die ausbrechenden Brände die Ziele ausgezeichnet ausleuchteten. Ludwig Havighorst, der seinen Piloten beobachtete, sah, daß dieser die Ruhe selber war und in gekonnten Schwüngen und Drehungen seine Mühle aus dem Feuerbereich der Feindflak herausbrachte und dann Kurs auf See nahm. Das war ganz der alte Greeven.

Insgesamt warfen in dieser Nacht 278 deutsche Flugzeuge 277 Tonnen Sprengbomben und 685 Brandschüttkästen auf Birmingham. Die angeflogenen Ziele wurden getroffen. Maschinenbaubetriebe und Fahrzeugbauwerke, die unter anderem auch Geländewagen herstellten, wurden lahmgelegt. Den größten Brand aber bot die Dunlop Rubber Fabrik, die ebenfalls getroffen wurde. Der Rückflug verlief ungestört.

Am 20. und 22. Dezember 1940 waren die Häfen Swansea und Liverpool an der Reihe. Es folgte der Hafen von Southend an der Südwestküste von England. Alle geworfenen Minen lagen in den angegebenen Sektoren, und die Flüge verliefen zufriedenstellend.

Bei den letzten Einsätzen aber gab es eine Besonderheit; da die Flugdauer fünf Stunden betrug, mußten 4 000 Liter Treibstoff getankt werden. Dies ergab mit den beiden Minen eine Last von 80 Zentnern, die von der He 111 auf Höhe gebracht werden mußte. Bei der verhältnismäßig kurzen Startbahn von Nantes mußte bei diesen Starts die Hilfe von Startraketen in Anspruch genommen werden. Ludwig Havighorst berichtet darüber:

„Die Raketen wurden an den Flächen angebaut. Sie durften nicht zu früh gezündet werden, weil sie dann die Maschine zerrissen. Erst wenn wir 120 Stundenkilometer Fahrt hatten, konnte ich als Beobachter die Raketen zünden. Der Flugzeugführer sagte mir ‚Eindrücken!‘, und ich drückte den roten Knopf, der beide Raketen gleichzeitig zündete. Die ersten Starts dieser Hilfsraketen wurden mit zwei verschiedenen Knöpfen getätigt, doch dabei kam es zu einer Reihe von Unfällen, weil sie ungleichmäßig gedrückt worden waren und ihr Schub, wenn auch nur Bruchteile von Sekunden, nur auf einer Seite wirksam wurde.

Dann aber hatte man die Zündvorrichtung gekoppelt, wodurch verschiedenzeitliches Drücken der Knöpfe vermieden wurde.

Sobald ich den roten Knopf gedrückt hatte, merkten wir, wie die Maschine mit einem plötzlichen Ruck loslegte, und der Flugzeugführer hob sofort ab. Wir gingen in einer Linkskurve über den Atlantik, wo die Raketen in gewisser Entfernung von der Küste abgeworfen wurden, damit sie nicht dem Gegner in die Hände fielen, wenn wir einmal über England abgeschossen wurden und man dann die Raketen, die ‚streng geheim' waren, gefunden hätte.

Dann erst gingen wir auf den vorher ausgerechneten Kurs und stiegen in die vorgegebene Höhe empor. Entlang der französischen Küste fliegend, paßten wir den richtigen Drehpunkt ab, der uns dann direkt zu den verschiedenen Zielen führte.

Am 23. Dezember 1940, wir waren für den Angriff von 171 Flugzeugen auf Manchester mit eingeteilt, stellte sich unmittelbar nach dem Start tatsächlich eine Motorstörung ein.

‚Wir müssen zurück', sagte Greeven, und ich konnte dies aus voller Überzeugung bejahen, denn dies *war* eine Störung. Wenn wir weiterflogen, konnten wir unterwegs in den Bach fallen, und das war keine Kleinigkeit.

Hugo Greeven brachte uns zum Platz zurück; ich hatte über Funk gemeldet, daß wir mit voller Bombenlast und ebensovoller Betankung landen würden.

Als wir einschwebten, sahen wir bereits die Platzfeuerwehr und einen Sanka dort stehen, wo wir ausrollen mußten. Wir setzten so weich auf wie noch nie und rollten aus. Daß wir auf heißen Kohlen saßen, war verständlich, aber unser Hugo hatte uns sicher wieder heruntergebracht. Das war eine Meisterleistung, zu der längst nicht jeder Flugzeugführer fähig war.

Wir wurden zum Einsatzraum gefahren und meldeten das Vorkommnis. Die Warte machten sich sofort an die Arbeit, und am nächsten Morgen wußten wir bereits, daß es diesmal ernst geworden wäre. Der Steuerbordmotor war nicht in Ordnung, wir hätten die Maschine keine halbe Stunde mehr halten können und wären dann nach unten gesegelt, denn mit voller Beladung war an einen Einmotorenflug nicht mehr zu denken.

‚Heute ist wieder Großkampftag', empfing uns Staffelkapitän Claas in der Besprechungsbaracke, in der wir uns gute zehn Minuten vor Beginn der Einsatzbesprechung eingefunden hatten. ‚Unsere Staffel fliegt geschlossen nach London. Es werden 250-Kilo-Bomben geladen. Unsere Ziele sind der Ölhafen und die petrochemische Industrie. Wir greifen diesmal nicht aus Norden an, sondern stoßen von Westen her nach Tilbury vor. Die Ausweichziele sind das Fordwerk in Dagenham und Maidstone.'"

Die Ziele wurden auf der Karte gezeigt, und die Beobachter erhielten die scharfen Abzüge der Aufklärerbilder, die diese Bauten deutlich zeigten.

„Wieder begann das Hineindenken ins Ziel, die Verteilung der Startfolge, und dann ging es zum Essen. Die Männer waren nicht sehr gesprächig. Ab und zu flog ein Scherzwort von einem zum anderen. Im übrigen konzentrierten sich die Startenden auf ihre Aufgabe. Hugo Greeven unterhielt sich mit dem Funker. Er wies ihn darauf hin, daß es darauf ankomme, gerade über London besonders nach Nachtjägern Ausschau zu halten, denn dort waren in den letzten Tagen mehrfach He 111 wirksam beschossen und einige heruntergeholt worden. Die Nachtjäger starteten unmittelbar nach dem Einflug der deutschen Bomber und warteten nicht erst ihre Rückkehr von den Zielen ab, sondern versuchten, sie schon vorher abzuschießen, damit sie eben nicht die ganze Bombenlast ins Ziel brachten."

Mit Hugo Greeven umrundete Ludwig Havighorst ihren Vogel, der nun wieder einsatzklar war. „Wie laufen die Motoren?" fragte Greeven den 1. Wart.

„Bestens, Hugo. Diesmal bringen sie euch gut hin und zurück."

„Nur nichts beunken", warnte Greeven.

Sie befanden alles in Ordnung und kletterten in die Maschine. Die oftmals geübten und auch oft genug im Ernstfall erprobten Handgriffe wurden getan, und der Vogel verwandelte sich dank der vier Männer und Gehirne in ein kampfbereites Ungeheuer, das nach der Kiste des Staffelkapitäns zum Start rollte. Sie sahen, wie die Maschine mit Major Claas abhob und mit rauschenden Raketen über See katapultiert wurde. Es war schon ein beeindruckendes Bild, wenn man als Nachfolgender dieses Schauspiel sah.

Die Startflagge ging hoch, als die He 111 des Staffelkapitäns raus war. Sie rollten an, wurden schneller und schneller. Als der Geschwindigkeitsanzeiger 120 Kilometer anzeigte, zündete Havighorst die Raketen. Wieder spürte die Besatzung, wie sie gegen die Sitze gedrückt wurde, die He 111 sofort abhob und ziemlich steil in einer weiten Linkskurve über den Atlantik jagte. Mit einem kaum wahrnehmbaren Ruck wurden die ausgebrannten Raketenhüllen abgeworfen, und mit einem Blick nach vorn sahen sie die Maschine des Staffelkapitäns bereits sehr klein vor sich.

„Wir müssen sehen, daß wir rasch herankommen", meinte Greeven und legte noch zu. Langsam wurde die Staffelmaschine größer, und als sie dichtauf waren, meldete der Flugzeugführer, daß er „dran" sei, und er drosselte den Flug etwas, um die nächste Maschine Anschluß finden zu lassen.

„Als wir uns dem Land näherten, sahen wir weiter nördlich aufflammendes Flakfeuer. Das galt einem anderen Verband, der möglicherweise von der Luftflotte 2 am Kanal gestartet war. Keine Minute später erhielten wir von den Küsten-Batterien von Rochester und Grays Feuer und wichen etwas nach Süden aus. Dies deutete an, daß wir nicht London, sondern möglicherweise Guildford oder Reading angreifen sollten.

Die erste Flaksperre war passiert, und wir flogen direkt auf Westkurs südlich an London vorbei, drehten 20 Kilometer weiter in einer Kurve nach Norden und Nordosten ein und erhielten ein zweites Mal von den um die britische Hauptstadt herum eingerichteten Flakstellungen mordsmäßiges Feuer."

„Staffelkapitän an alle: Ziel voraus!" – „Ziel erkannt", gab Havighorst zurück.

Die Bomben waren scharf gemacht. Havighorst starrte durch das Visier auf die schemenhaft aus der klaren Nacht herauskommenden Anlagen. Er sah die Ölbehälter, und dann kam wieder die Stimme des Staffelkapitäns: „Staffel, Achtung: ich werfe!"

Die Bomben fielen, und während die Staffelmaschine bereits mit einer Linkskurve aus dem Kurs herausflog, sich nun mit jeder Umdrehung der Motoren vom Ziel entfernte und jetzt Feuer aus den nördlichen Sektoren des Abwehrbereiches erhielt, sah Havighorst das Ziel genau im Visier. Er warf die Bomben in der vorgesehenen Reihenfolge. Sie verließen die Schächte und torkelten erst hinunter, um sich dann rasch zu stabilisieren und mit ohrenbetäubendem Heulen dorthin zu fallen, wo die ersten Einschlagsbrände aufgeflammt waren.

Einige Flakgranaten krachten zur Rechten auseinander. Ein harter patschender Schlag war in der Zelle irgendwo weiter hinten zu vernehmen. Dann drückte Greeven die Maschine und stieß in einem weiten Bogen, schneller und schneller werdend, nach Südwesten davon.

Als Havighorst sich umdrehte, sah er schon die aufflammenden Brände der eigenen Würfe, und noch war der Angriff nicht zu Ende, denn nun kamen aus Nordosten die nächsten Staffeln heran und warfen ihre Bomben auf die bereits brennenden Erdölanlagen, die für den Gegner wichtig waren.

Die Staffel löste sich wenig später auf, und jedes Flugzeug strebte für sich dem Heimathorst entgegen.

Als sie noch 20 Minuten bis zum heimischen Hafen brauchten, ließ Havighorst die Ankunftszeit durchgeben. Sie waren bis dahin 205 Minuten unterwegs, und in 20 Minuten würden sie aufsetzen.

Wieder folgte nach dem gelungenen Ausrollen, das erst das sichere Gefühl gab, wieder einmal davongekommen zu sein, das Ritual der Fahrt zum Gefechtsstand. Dort wurden sie von Hauptmann Schäfer empfangen und meldeten ihm, wo die Feindabwehr am stärksten gewesen war und was sie getroffen hatten.

Unmittelbar nach ihnen war auch Major Paul Claas mit seiner Besatzung gelandet. Er wurde mit einem tollen Hallo empfangen, ebenso die übrigen Kameraden. Diese aber erst in der Kantine, in die sie sich nach der Meldung begeben hatten.

Sie waren alle wie zerschlagen, denn knappe vier Stunden Feindflug waren kein Pappenstiel, selbst dann nicht, wenn es weniger Flakfeuer gegeben hätte, wie z. B. beim Flug auf London, der in dieser und der folgenden Nacht von insgesamt 244 deutschen Flugzeugen unternommen wurde, die insgesamt 238 Tonnen Sprengbomben und 941 Brandschüttkästen warfen.

Von diesem 27. Dezember 1940 an flog die Besatzung Greeven mit Ludwig Havighorst nacheinander 16 Einsätze. Es ging mehrmals nach Cardiff, Pembroke, Campletown, Liverpool, Paisley, London und Greenock und wieder nach Campletown. Jene Einsätze nach Greenock und Campletown dauerten wieder über sieben Stunden.

In dieser Zeit mußten sie zweimal nach kurzer Flugzeit den Auftrag abbrechen. Grund war wieder der Ladedruck und dann die Tourenzahl des Backbordmotors.

Als sie am 16. Januar 1941 nach knapp 15 Minuten Flugzeit zum Horst zurückkehrten, hatte Havighorst ein ungutes Gefühl, denn nach seiner Überzeugung waren die Motoren voll in Ordnung. Dennoch konnte er sich dem Befehl des Flugzeugführers nicht widersetzen, zumal er trotz der inzwischen gewonnenen Erfahrung nicht sicher war, wer von ihnen beiden recht hatte: er oder Greeven.

Wieder hieß es mit voller Betankung und mit zwei Tonnen Minen unter dem Rumpf landen. Da der Seitenwind sehr stark war, mußten sie zumindest die Minen, die zum Glück ja noch unscharf waren, loswerden.

Nachdem sie alles gemeldet hatten, wurden sie angewiesen, diese Teufelseier auf dem Scheinflughafen nahe der Stadt Nantes abzuladen.

Sie warfen die Minen aus geringer Höhe, so daß diese an Fallschirmen hängend ziemlich sicher niedergingen. Am anderen Morgen würden sie von den Feuerwerkern geborgen werden.

Dann kehrten sie zum eigenen Horst zurück, erhielten die vorzeitige Landeerlaubnis, und Greeven setzte, Könner, der er war, die Mühle wieder bombensicher auf.

In der Befehlsbaracke standen sie Major Claas Rede und Antwort. Diesmal, das ahnte Havighorst bereits bei dieser Besprechung, würde es Hugo

Greeven an den Kragen gehen. Und so war es auch. Der vermeintliche Motorschaden stellte sich als Fiktion heraus.

Die Befürchtungen von Havighorst sollten sich bewahrheiten, als am anderen Morgen die Besatzung aus dem Schlaf geweckt wurde und zum Staffelkapitän kommen mußte. Hier erfuhr sie, daß wieder einmal, und das zum drittenmal, die Motoren einwandfrei gearbeitet hatten. Als sie entlassen waren, behielt Major Claas den Flugzeugführer zurück.

Die drei Männer der Besatzung gingen über den Platz in Richtung Kantine. Ein eisiger Wind pfiff von See her, und sie machten, daß sie rasch ins Warme kamen. Im hintersten Winkel ließen sie sich nieder und beratschlagten.

„Ich kann es Hugo nicht übelnehmen, daß er immer über See so nervös wird. Wer einmal, wie es ihm passiert ist, seine ganze Besatzung auf See sterben sehen mußte und auch selber mit dem Leben abgeschlossen hatte, für den ist bereits die Möglichkeit, wieder in den Bach zu fallen, zu einer fixen Idee geworden."

Der vormalige Student, der Funker Conny Schmidt, hatte das gesagt, wovon Havighorst nur die Äußerlichkeiten wußte. Nun aber erfuhr er alles so, wie es gewesen war.

„Diesen 2. Oktober 1940 wird Hugo Greeven nie in seinem Leben vergessen, als er zuerst einen Treffer in den Backbordmotor und dann – bereits im Abflug – einen weiteren Treffer in den Steuerbordmotor erhielt. Aus 4 000 Meter Höhe ging er im langsamen Gleitflug, die Schrauben auf Segelstellung gebracht, herunter. Die Männer in der Maschine, so erzählte es mir Hugo, starrten auf die See, die mit Stärke 9 bis 10 aufgewühlt war. Wie sollte da ein Schlauchboot sich halten können?

Er hatte noch alle Befehle gegeben, die notwendig waren. Als die He 111 auf dem Wasser aufsetzte, machte sie fast einen Kopfstand. Die See überspülte das Flugzeug, und als Greeven sich aus der Maschine befreit hatte und mit dem Schlauchboot herausgekommen war, sah er sich allein. Die vier Kameraden – ein Oberleutnant war als Gast dabei, er sollte in seine zukünftige Aufgabe als Staffelkapitän eingewiesen werden – waren mit der He 111 untergegangen.

Es gelang Greeven trotz der hohen See, das Schlauchboot voll aufzublasen und sich hineinzuschwingen.

Der Funker hatte noch SOS funken können und auch Standort und Flugrichtung angegeben, so daß es der Seenotstelle möglich sein würde, ihn zu suchen.

Als es nach einer unerhört harten Nacht wieder Tag wurde, schwamm das Schlauchboot immer noch auf den hohen Wogenkämmen. Es wurde in die Wellentäler hinabgeschleudert. Eisiges Wasser überspülte den Flieger, der versuchte, sich warm zu halten, indem er das eingedrungene Wasser wieder ausschöpfte.

Der Tag verging. Eine trübe, sehr niedrig stehende Sonne sank bereits weit im Südwesten ins Meer, als Greeven Motorengeräusche hörte. Er schoß eine Leuchtpatrone ab, und als er die Maschine erkannte, die als winziger Punkt vor ihm auftauchte, riß er die Arme hoch und winkte wie verrückt. Dabei wäre er fast über Bord gegangen. Doch dann drehte die Maschine weg und verschwand wieder.

Die nächste Nacht war furchtbar. Der letzte Proviant war aufgebraucht. Wie er die Nacht überstanden hatte, das wußte er nicht. Aber als die Sonne am Morgen des zweiten Tages auftauchte und die ersten wärmenden Strahlen ihn erreichten, faßte er neuen Mut. Sie hatten seinen Notruf gehört und wußten den Kurs. Also *mußten* sie ihn doch finden.

Inzwischen waren auch mehrere Seenotmaschinen des Typs He 115 gestartet, um nach der Besatzung des Bombers zu suchen. Als am Nachmittag des zweiten Tages wieder eine Seenotmaschine in Sicht kam, hatte die See auf Stärke 8 abgenommen. Dennoch konnte die auf See niedergehende He 115 sich nicht halten. Schwere Schäden an den Schwimmern veranlaßten die Männer der Seenotbesatzung, in ihr Schlauchboot zu gehen. Beide Boote kamen nicht aneinander heran. Aber die Seenotmaschine hatte ebenfalls SOS gefunkt, und eigentlich war Hugo Greeven sicher, daß noch im Laufe des Nachmittags Rettung kommen würde. Als es finster wurde, als sich die dritte Nacht ankündigte, war der Unteroffizier derart geschwächt, daß er einigemal bewußtlos wurde. Immer wieder raffte er sich auf, kämpfte mit dem ‚inneren Schweinehund', der ihn einlullen wollte, sich einfach fallenzulassen und zu schlafen.

Nach Sonnenaufgang des dritten Tages – die See war weiter ruhiger geworden, und es bestanden große Chancen, ihn nun zu finden – dauerte es auch nicht lange, bis die erste Seenotmaschine auftauchte, die aber zum Schrecken von Hugo Greeven wieder kehrtmachte. Eine Stunde darauf tauchte sie aus dem entgegengesetzten Sektor des Himmels wieder auf, und diesmal klappte es. Sie hatte die Besatzung der einen Tag vorher notgelandeten Seenotmaschine aufgenommen, und diese hatte ihr den Weg gewiesen.

Die Maschine wasserte und rollte und schlingerte auf den Wellen in seine

Richtung. Die letzten Meter wurden für Hugo Greeven zu einer wahren Zerreißprobe. Dann hatte einer der Männer, der inzwischen auf den Schwimmer geklettert war, den Flugzeugführer geborgen, und mit vereinten Kräften wurde er emporgehievt. Der mitfliegende Arzt veranlaßte, daß er sofort abgerieben und in warme Decken gehüllt wurde. Dann verabreichte er ihm noch eine Spritze. Den Start der He 115 erlebte Hugo schon nicht mehr. Auch nicht das Ausladen auf dem Fliegerhorst der Seeflieger in List auf Sylt."

„Jetzt kann man verstehen, was Hugo durchmacht, wenn er über See fliegt und glaubt, daß irgend etwas nicht in Ordnung ist", sagte Havighorst.

Sie genehmigten sich ein Bier, und wenig später wurde Havighorst zum Staffelkapitän befohlen. Als er sich meldete, war Greeven nicht mehr dort.

„Schildern Sie mir noch einmal, was Sie bei dem gestrigen Feindflug erlebt haben", eröffnete der Staffelkapitän die Befragung. „Haben auch Sie ein Zurückgehen der Tourenzahlen bemerkt? Oder ist Ihnen sonst etwas aufgefallen?"

„Ich habe nicht feststellen können, daß die Tourenzahl zurückging, Herr Major." – „Und wie war es mit dem Ladedruck?" – „Der stand auch, keine Schwankungen", mußte Havighorst wahrheitsgemäß erklären.

„Das genügt", meinte Claas. „Hugo Greeven ist nervös, wenn er über See fliegt. Er hat dieses fürchterliche Erlebnis der drei Tage und Nächte im Wasser noch immer nicht verkraftet. Er geht jetzt sofort in Urlaub. Wenn er dann zurückkehrt, wird er wieder ganz der Alte sein."

Das war ein gutes Wort, und so kam es, daß Hugo Greeven die Staffel am nächsten Tage verließ. Er kam zunächst in das Luftwaffen-Erholungsheim im Harz. Als er sechs Wochen später nach Nantes zurückkehrte, war er wieder ganz der Alte, aber Havighorst hatte inzwischen eine eigene Besatzung erhalten und wurde deren Chef.

„Hugo Greeven", das erklärte Ludwig Havighorst später, „ist für uns alle zum Beispiel geworden, wie man trotz schwerster Bedrohung und daran anschließender großer Unsicherheit zu einem großartigen Kampfflieger wird, der nicht nur den Gegner, sondern auch sich selber überwand und zum As wurde. Er, der sich weder durch Scheinwerfer noch durch dichten Flakbeschuß aus der Ruhe bringen ließ, empfand über Wasser eine panische Angst und hatte dies nicht immer voll ausgleichen können. Als er aber zurückkehrte, war auch von dieser Unsicherheit nichts mehr zu merken. Er entwickelte sich zu einem der besonnensten Flugzeugführer, ob über See oder über Land. Er erreichte während des Zweiten Weltkrieges über

300 Einsätze als Kampfflieger, von denen eine ganze Anzahl Achtstunden-
flüge weit ins feindliche Hinterland hinein waren. Dies trotz achtmonatiger
Einsatzzeit als Fluglehrer in Deutschland.

Während der Luftversorgung für Stalingrad war Hugo Greeven einer der
besten Piloten, der bei jedem Wetter flog, vorausgesetzt, die Maschinen
sprangen bei der starken Kälte überhaupt an. Er landete als einer der *ganz
wenigen* 29mal in Pitomnik, überwand ebensooft die rote Flak, die einen
dichten Ring um die Stadt an der Wolga gelegt hatte, und überstand Dut-
zende sowjetische Fliegerangriffe.

Als schließlich Ende Februar 1945 das Kampfgeschwader 27 ‚Boelcke‘
zum Kampfgeschwader (Jagd) 27 zur Reichsverteidigung umgeschult wur-
de, kam er als einer der wenigen Kampfflieger zur Jagdfliegerei. Mit seiner
FW 190 schlug er sich noch am 28. und 29. April 1945, nur neun Tage vor
Kriegsschluß, hoch über der Reichshauptstadt mit amerikanischen
Mustangs herum.

Er hatte bis dahin auf der Krim und bei Kursk, bei Woronesch und im
Kaukasus erfolgreiche Einsätze geflogen. Von Nowotscherkassk war er
nach Stalingrad unterwegs gewesen und hatte in den Rückzugseinsätzen
um Rostow nach Jagdangriffen feindlicher Curtiss-Flugzeuge – die den
Russen auf der Konvoiroute des Nordens zugeführt worden waren – zwei
Männer seiner Besatzung verloren und die He 111 und seine beiden überlebenden Kameraden dennoch heil heruntergebracht.

Conny Schmidt, sein Funker, war durch dick und dünn mit ihm gezogen
und hatte vier anerkannte Abschüsse zu verzeichnen. Diese beiden Flieger
waren das, was man heute aufeinander eingespielt nennen könnte. Conny
gab dem Flugzeugführer bei Feindangriffen die Anweisungen, wie er aus-
zuscheren hatte. Und auch der Bordschütze, der hier an der Ostfront zur
vierköpfigen Besatzung hinzugekommen war, der unverwüstliche Fred
Hass, war aus dem gleichen Holz geschnitzt. Trotz Verwundungen schwerer
Art hatten beide Flieger nie aufgehört zu schießen, wenn ihnen einer der
schnellen Gegner der Roten Luftwaffe im Nacken saß. So konnten sie überleben: mit einer Besatzung, in der sich jeder auf jeden völlig blind verlassen
konnte.

Als die Maschine mit dem schwerverwundeten Fred Hass nach erfolgrei-
chem Abschuß des sowjetischen Verfolgers in Nowotscherkassk dennoch
sicher landete und Hugo Greeven seinem Bordschützen Mut zusprach, daß
er wieder zurechtgeflickt werden würde, sagte dieser nur: ‚Hugo, ich weiß,
ich schaffe es nicht mehr! Nur eine Bitte noch, grüß mir meine Frau und

mein Kind!' Leider konnte Hugo Greeven diesen letzten Gruß nur schriftlich ausrichten."

Doch zurück zu Ludwig Havighorst, dessen Einsätze die seiner Kameraden noch um ein Bedeutendes übertreffen sollten. Über seine letzten Einsätze gegen England berichtete er:

Gegen Liverpool, London und Greenock

„Der erste Flug mit meiner neuen Besatzung ging gleich nach London.
Diese Einsätze gegen die englische Hauptstadt waren wegen der ungewöhnlich starken Abwehr durch Flak und Jäger immer besonders gefürchtet. Wir
warfen wieder zwei tonnenschwere LMB-Minen in den Themsebogen und
die dortigen Dockanlagen. Diese Minen, die ursprünglich zur Verminung
von Häfen eingesetzt waren, hingen außenbords an der Maschine und wurden ohne Fallschirm abgeworfen. Diese so zu Bomben umgeschalteten
Minen wirkten durch ihre hohe Fallgeschwindigkeit und die damit verbun-
dene Schubkraft besonders verheerend. Sie wurden nun mehr und mehr
gegen große Ziele eingesetzt.

Der Einsatz am 11. Dezember 1940 erfolgte ebenfalls mit LMB-
‚Bomben'. Und alle folgenden Einsätze ebenfalls. Wieder mußte wegen der
Distanzen von fünf Flugstunden insgesamt und infolge der Höchstbela-
stung an Bomben mit Raketenhilfe gestartet werden.

Eine Minute lang war dann wieder das gewaltige Zischen der beiden
Raketen zu hören, ehe sie ausgebrannt waren und abgeworfen wurden.

In der Zeit vom 27. Dezember 1940 bis zum 7. April 1941 flogen wir 16 weitere Einsätze, und zwar mehrfach nach Cardiff, Pembroke, Campletown,
Liverpool, Paisley, London und Greenock und wiederum nach Campletown. Die beiden letzteren Einsätze erforderten eine siebenstündige Flugzeit.

Ein Flug gegen Pembroke zur Verminung dieses Hafens wurde mit dem
Einsatz anderer Einheiten gegen Avonmouth gekoppelt, um die britische
Flakabwehr, insbesondere aber auch die mehr und mehr auftretenden
Jägerangriffe zu spalten.

Dieser Flug war besonders problematisch, es herrschte schlechtes Wetter, und unsere Maschine, die 1 Toni Emil 1 wurde randvollgetankt. Dies war
– wie sich später herausstellen sollte, unser Glück.

Als wir unser Ziel nach der vorausberechneten Zeit erreichten, lagen dort

11. Mai 1941: Das Haus Nr. 23 in der Queen-Victoria-Street bricht zusammen.

dichter Dunst und Nebel. Diese Stadt in Wales an einer der zahlreichen Buchten der Milford Haven Bay lag um diese Zeit meistens unter den dichten Nebelschwaden, die vom Atlantik kamen.

Es galt, die dort arbeitende Leichtindustrie, die für Heer und Luftwaffe Geräte herstellte, zu vernichten.

Über eine halbe Stunde kurvten wir im Tiefflug über der Carmathen-Bucht, aber das ‚Krähennest', wie wir den Hafen von Pembroke nannten, in dem jetzt wieder britische Schiffe lagen, war nicht zu finden.

Flak und Scheinwerfer meldeten sich nicht, weil sie nur zu gut wußten, daß wir ihnen dann beikommen konnten.

Da wir nicht blindlings in die See werfen wollten, brachen wir den Einsatz ab und flogen mit unseren Minen wieder in Richtung Nantes zurück.

Kurz vor Erreichen des Hafens meldete ich die Landung in 20 Minuten. Sofort erhielten wir die Antwort: ‚Ausweichen nach Rennes!'

Als wir uns diesem Ausweichziel entsprechend genähert hatten, erbat ich auch von dort Landeerlaubnis, und wieder erhielten wir die Antwort: ‚Ausweichen nach Melun.'

‚Kommen wir denn noch bis dorthin?' fragte mein Flugzeugführer Heinz Gericke. Ich machte mich daran, mit Winkelmesser und Zirkel die Distanz auszuloten, und errechnete dann mit Hilfe des ‚Knemeyers' Kompaßkurs, Distanz und Flugzeit. Da war natürlich die Sache ziemlich düster, denn Melun lag südlich von Paris, und nach meinen Berechnungen hatten wir bis dorthin weitere 45 Minuten Flugzeit. Da wir seit dem Start schon sechs Stunden unterwegs waren und beinahe blind kutschieren mußten, kam nun unser Funker voll zum Einsatz. Er stellte die Verbindung mit Melun her. Dort antwortete man gleich mit ‚qbi', was soviel wie ‚Sicht gleich Null' bedeutete. Auch Melun konnte uns keine Landeerlaubnis geben. Die Flugleitung schlug ein Ausweichen nach Evreux vor. Dieses wiederum lag nordwestlich von Paris.

Jetzt aber wurde es bereits mit unserem Treibstoff kritisch. Nun mußten wir eine Entscheidung treffen, einen raschen Entschluß fassen. Sollte auch Evreux geschlossen sein, dann blieb nur noch der direkte Weg zur Seinebucht und hinein ins Wasser. Das war auf alle Fälle in Küstennähe sicherer, als mit dem Fallschirm durch die dichte Milchsuppe zu pendeln und irgendwo von einem Baum aufgespießt zu werden.

Beim Anflug auf Evreux fragte unser Funker ‚qdm?', was soviel bedeutete wie: Welchen Kurs muß ich fliegen, um direkt zum Platz zu kommen? Zeitverluste waren nun nicht mehr zu verkraften.

‚Frage Wolkenuntergrenze und Sicht?' lautete der nächste Kurzspruch unseres Funkers. Die Antwort darauf lautete: ‚Wolkenuntergrenze 45–50 Meter, Sicht 200 Meter.'

Wir gingen auf 45 Meter herunter und kurvten über dem Platz ein. Plötzlich rief unser Flugzeugführer: ‚Da ist der Platz!', und eine halbe Sekunde später sah auch ich ein Stück des Flugplatzes. Nach einer letzten Steilkurve in Richtung Landebahn bei gleichzeitigem Ausfahren des Fahrwerkes kamen wir richtig ein, setzten auf und rollten aus. Eine Meisterleistung des Piloten Heinz Gericke unter den gegebenen Umständen.

Noch während die Maschine ausrollte, blieb die rechte Latte stehen. Ich blickte auf meine Fliegeruhr. Es war 6.39 Uhr, und unser Einsatz hatte damit 414 Minuten gedauert. Sechs Minuten fehlten an sieben Stunden.

Nach der Meldung auf der Flugleitung in Evreux und nachdem wir auch in Nantes unsere glückliche Landung gemeldet hatten, feierten wir in der Kantine unseren ‚Geburtstag'. Erst am 19. Januar 1941 um 15.15 Uhr starteten wir zum Rückflug nach Nantes."

Soweit der direkte Bericht nach den Daten des Flugbuches von Ludwig Havighorst. Am 22. Januar 1941 flog die He 111 mit der Besatzung Havighorst erneut nach Pembroke. Diesmal klappte der Anflug, und die Sicht war gut, so daß die Minen genau an der vorgegebenen Stelle gelegt werden konnten. Nach 253 Minuten Flugzeit war dieser Einsatz beendet.

Am 7. April, Havighorst war seit dem 1. März 1941 Feldwebel, flog seine Besatzung mit Flugzeugführer Uffz. Heinz Gericke, Funker Uffz. Heinz Zwickler und Bordmechaniker Fw. Wilhelm Waschewski nach Greenock. Das war wieder einer der endlosen Flüge, bei denen es Stunden dauerte, ehe das Ziel in Reichweite kam. Hier, an der Westküste Schottlands, am Südufer des Clyde mit Schiffsbau- und Schiffsmaschinenbau-Industrie, sollten die Schiffsrouten zum Hafen vermint werden.

Als die 1 Toni Emil 1 das Zielgebiet erreicht hatte, war es derart neblig, daß nichts zu erkennen war. Sie stießen auf 250 Meter Höhe hinunter in der Hoffnung, diese dichte Nebel- und Wolkenschicht zu durchdringen – aber vergeblich. Offenbar reichte die Wolkenuntergrenze bis fast auf den Hafen hinunter. Auch diesmal erhielten sie keinen einzigen Schuß von der Flakabwehr, und Nachtjäger zeigten sich ebenfalls nicht.

„Wir müssen umkehren", meldete sich Havighorst, als er sah, daß nach seinen Berechnungen nur noch für den Rückflug und ein Ausweichen Sprit vorhanden war.

Die He 111 ging auf Gegenkurs und flog nach Nantes zurück, wo sie nach 500 Minuten Flugzeit mit den Minen, aber total leergeflogenen Tanks landeten.

Die Meldung beim Staffelkapitän dauerte nicht lange, denn in derselben Nacht waren bereits drei Maschinen der Staffel ohne Erfüllung des Auftrages wieder umgekehrt.

Der nächste Einsatz mit der neuen Besatzung, deren Kommandant Havighorst geworden war, weil er bereits als alter Hase galt, ging nach Falmouth. Seit dem 15. Februar 1941 trug Havighorst das EK II. Knapp zwei Monate später trug er bereits die Frontflugspange für Kampfflieger in Bronze.

Der Einsatz gegen Falmouth dauerte 5 Stunden und 6 Minuten. Es gab „keine besonderen Vorkommnisse", denn das hektische Flakfeuer war nor-

Feldwebel Ludwig Havighorst,
mit dem EK II ausgezeichnet

mal und auch die wenigen Angriffe britischer Nachtjäger. Anders war es beim nächsten Angriff am 15. April, zur Verminung des Hafens und vor allem der Hafeneinfahrt von Belfast in Nordirland. Andere Staffeln sollten die Belfaster Industrie angreifen.

Insgesamt starteten mindestens 150 Flugzeuge zu diesem Angriff. Die Vorbesprechung zeigte, daß der gesamte Hinflug unter Vermeidung des britischen Festlandes über den St.-Georgs-Kanal und die Irische See ans Ziel führen sollte.

Nach dem Start sammelten sich die Maschinen der eigenen Staffel. Andere Staffeln kamen hinzu, und als sie den St.-Georgs-Kanal passierten, flogen sie in einem etwas auseinandergezogenen, langgestreckten Pulk. Es schwirrte in der Luft von Stimmen, die Befehle gaben. Das Ziel kam näher und näher. Die eigene Staffel war vorn, und das war gut so.

Sie schlichen an das Ziel heran, flogen beinahe geräuschlos in den Hafen hinein und legten die Minen aus 230 Meter Höhe mitten in die Hafeneinfahrt. Erst als die Maschine zum Abflug drehte, flammten die ersten Scheinwerfer auf.

„Die müssen geschlafen haben!" rief Bordmechaniker Waschewski über

die Eigenverständigung. Es gab einige Flaksalven, die aber offenbar nichts trafen.

Die He 111 zog nun stetig wieder in die Höhe, und als sie nach einer Flugstunde und wieder in 4000 Meter Höhe den „gemütlichen Teil des Feindfluges" antreten wollten, „die Heimfahrt", wie man dies nannte, da schlugen plötzlich aus dem linken Motor Flammen.

Ein eisiger Schreck durchzuckte die Glieder jedes einzelnen Mannes in der Kiste, die weit von der Küste über See flog und deren Ende vorauszusehen war.

„Fertigmachen zum Aussteigen!" befahl Flugzeugführer Gericke.

„Moment mal, Moment!" fiel der Bordmechaniker dem Flugzeugführer ins Wort. „Stelle die Maschine erst einmal auf den Kopf. Vielleicht werden die Flammen von der Sturzgeschwindigkeit abgerissen."

„Also los, Heinz!" forderte Havighorst den Kameraden auf. Flugzeugführer Gericke nahm die beiden Gashebel ganz zurück und stellte die Maschine dann, steiler und steiler stürzend, fast auf den Kopf. Schneller und schneller wurde der Sturzflug. 500 Kilometer, dann 600 Kilometer zeigte der Tacho an. Und dann pendelte der Zeiger nahe der 700-Kilometer-Marke. Die Maschine schüttelte sich und ächzte. Die Flächen hielten noch aus, aber wie lange?

„Abfangen, Heinz!" befahl Havighorst, als die Sache zu kritisch zu werden schien.

Gericke fing die Maschine ab und schob langsam die Gashebel wieder nach vorn. Das Unwahrscheinliche war eingetreten: der linke Motor brannte nicht mehr, er lief sogar wieder ziemlich gut, wenn auch mit etwas verminderter Leistung.

„Sieht so aus, als wäre alles wieder in Ordnung", meinte Havighorst. „Sachen gibt's, die gibt's gar nicht", brachte Waschewski seinen besonderen Wahlspruch an.

Nach sieben Stunden und 15 Minuten Flugzeit landeten sie glücklich wieder auf dem Platz in Nantes.

Der nächste Start erfolgte am 17. April 1941. London, das seit Monaten unter starkem Bombardement lag, war das Ziel von insgesamt 685 Flugzeugen, die 890 Tonnen Sprengbomben und 151 Tonnen Brandbomben warfen. Auch diesmal wurde die Maschine ebenso wie alle anderen von Scheinwerferbündel zu Scheinwerferbündel weitergereicht. Durch ständiges Ziehen und Drücken versuchte Uffz. Gericke der Flak auszuweichen. Wenn die Detonationen sehr nahe an der Maschine krachten, versuchte er durch

Wegscheren Distanz zu gewinnen. Diesmal hämmerte es einigemal hart gegen die Kiste. Das mußten Flaksplitter sein. Der Lärm war ohrenbetäubend, und die Männer in der Maschine hatten wenig Hoffnung, jemals wieder aus dieser Hölle heil herauszukommen. Eine ungeheure Spannung lag über der Besatzung. Jeden Augenblick konnte ein Volltreffer die Maschine auseinanderfetzen, wie dies schon mehrfach Kameradenmaschinen zugestoßen war, die auch gegen London flogen. Unter der Sauerstoffmaske, die wegen der großen Höhe über 4 000 Meter aufgesetzt werden mußte, schwitzten alle, als säßen sie in einem Backofen. Erst als die Bomben fielen und sie abdrehen konnten und den Bannkreis der Flakabwehr hinter sich gelassen hatten, fiel diese gewaltige Anspannung etwas von ihnen ab. Doch die Gefahr war längst noch nicht vorüber. Jetzt kamen gleich die Nachtjäger, die besonders im Luftraum London mehr und mehr eingesetzt wurden.

„Als wir die Durchführung unseres Auftrages über Funk mit der dazu vorgesehenen Q-Gruppe gemeldet hatten, erhielten wir den Befehl unserer Bodenstelle, England nicht – wie sonst üblich – in südlicher Richtung zu verlassen, sondern nordostwärts zu fliegen und dann mit einem Schlenker nach Ostnordost direkt zum Amsterdamer Flugplatz Schiphol zu fliegen und dort zu landen.

Dies ging alles glatt. Südlich gerieten einige Maschinen unserer Staffel in ein Gefecht mit feindlichen Nachtjägern, wir aber kamen unbeschossen durch und landeten nach 243 Flugminuten in Schiphol."

Am 21. April 1941 erhielt Havighorst aus der Hand seines Gruppenkommandeurs, Major Holm Schellmann, das EK I.

„Manchmal", so berichtet Havighorst, „wenn wir glücklich von Englandeinsätzen zurückkehrten, ritt uns der Teufel. Dann flogen wir aus lauter Jux so niedrig über die Zuidersee, daß Segelschiffe vom scharfen Fahrtwind umkippten, was uns in unserer jugendlichen Unbekümmertheit – oder war es nur die Erleichterung? –, dem Tod wieder einmal von der Schippe gesprungen zu sein, auch noch Spaß machte."

Nach einem weiteren Minenauftrag gegen Plymouth folgten am 4., 5., 6. und 7. Mai vier Einsätze hintereinander. Es waren solche von der schweren Art mit sehr langer Flugzeit. Zweimal waren sie im Anflug auf Barrow und Greenock sieben und zwei weitere Male acht Stunden in der Luft. Die Nächte gehörten zu jenen, die sie nie im Leben vergessen konnten. In der dritten und vierten Nacht stellten sich Alpträume ein, die nicht enden wollten. Nach jedem Flug landeten sie erst nach Sonnenaufgang wieder im Einsatzhafen. Es folgten ein paar Stunden Schlaf, aus denen sie wirre Träume

21. April 1941. Verleihung des EK I durch Major Holm Schellmann in Nantes, zweiter von links Havighorst

aufschreckten. Und am Spätnachmittag erfolgten jeweils die Besprechungen für den nächsten Einsatz.

„Wir waren kaputt genug, um uns durch nichts vom Schlaf abhalten zu lassen, und als wir vom vierten Feindflug in ununterbrochener Folge zurückkehrten, wurden wir kurz nach Mittag geweckt. Wir hofften, daß nun wahr werden würde, was uns der Staffelkapitän vor zwei Tagen nach dem zweiten Fern-Feindflug angekündigt hatte: daß wir nämlich nach Rückkehr vom vierten Feindflug in einer Ju 52 nach Deutschland in den Urlaub fliegen würden.

Eine der Besatzungen, die dieses Glück auch haben sollte, wurde beim vierten Feindflug abgeschossen.

Als wir in die Besprechungsbaracke kamen, wurde uns erklärt, daß wir in der kommenden Nacht noch einmal gegen London eingesetzt werden würden."

„Sie erhalten dann morgen mittag eine Ju 52, die Sie nach Köln bringen wird. Von dort geht es dann in die Urlauberzüge und in die Heimat", versprach Major Claas.

Die vier Männer blickten einander an. Alle spürten, daß sie eisiges Entsetzen gepackt hatte. Sollten nun *sie* es sein, die vom Feindflug nicht zurückkehrten, nachdem ihnen der Urlaub versprochen worden war? Genauso wie die Kameraden-Maschine?

„Wir setzten uns ziemlich belämmert zusammen", berichtete Ludwig Havighorst, „um wie immer unseren Einsatz durchzusprechen. Dieser Anflug bedurfte besonderer Überlegungen. Ich war der Meinung, daß die Kameradenbesatzung, die draußen geblieben war, auf dem Rückflug von ihrem letzten Feindflug nicht richtig aufgepaßt hatte. Möglicherweise hatten sie sich nach Erledigung ihrer Aufgabe im Geiste schon zu Hause bei ihren Lieben gesehen. Und in dieser Phase der Erschlaffung mußten sie von einem Nachtjäger angegriffen und abgeschossen worden sein.

Am gefährlichsten war es immer während des Rückfluges über Südengland.

Wir beschlossen einstimmig, daß Heinz Gericke, unser Luftkutscher, beim Flug auf das Einschalten der automatischen Kurssteuerung verzichten sollte, wenigstens so lange, bis wir die englische Südküste weit genug hinter uns gelassen hatten und nicht mehr von Nachtjägern belästigt werden konnten.

Die eingeschaltete automatische Kurssteuerung ließ nämlich bei einem überraschend erfolgenden Jägerangriff – und diese kamen immer unverhofft und von überhöhter Position aus dem Rücken – viele wertvolle Sekunden vergehen, ehe auf die Handsteuerung und damit sofortige Reaktionen umgeschaltet werden konnte. Dieser Zeitverlust konnte tödlich sein.

Bis der Flugzeugführer dann die Maschine seitlich wegdrücken konnte, um aus der Schußlinie des Jägers zu kommen, hatte dieser dem großen Ziel bereits einige Salven verpaßt, die das Schicksal der Besatzung besiegelten.

Alle waren einig, daß sie es nicht an Aufmerksamkeit würden fehlen lassen, im Gegenteil: Bereits beim Hinflug übte Gericke auf Zuruf unseres Funkers über dem Kanal einige Male das Wegschlenzen.

Wenn der Funker rief ‚Jäger von oben links!', mußte Gericke sofort das linke Seitenruder treten, und beim Ruf ‚Jäger von oben rechts!' wurde kräftig ins rechte Seitenruder getreten.

Von Osten kommend, flogen wir diesmal das Zielgebiet an und warfen nach Überwinden der kräftigen Flakabwehr die Bomben ins angegebene Ziel. Danach gingen wir auf 180 Grad Südkurs. Der Flugzeugführer drückte die Maschine etwas an, um damit die Fahrt zu beschleunigen und möglichst bald die Südküste zu erreichen.

Mit 450 Kilometer Geschwindigkeit jagte unsere Maschine bei wolkenlosem Himmel nach Süden. ‚Alles aufpassen! Nicht nachlassen und gut beobachten!' rief ich Funker, Bordmechaniker und Flugzeugführer zu.

Jeder war nun angespannte Aufmerksamkeit. Der Funker beobachtete den Luftraum nach rückwärts und oben, der Bordmechaniker den seitlichen Luftraum, und Flugzeugführer und Beobachter starrten in die Sektoren von der Mitte nach halbrechts und halblinks. Auch wenn ein Angriff in der Regel von rechts oder links hinten und aus überhöhter Position erfolgte, war es nicht ausgeschlossen, daß man Nachtjäger im Anflug sah und dann bereits reagieren konnte.

Die Hauptverantwortung lag also in diesem Falle beim Funker. Er mußte nicht nur das MG zur Abwehr eines Angreifers bedienen, sondern auch dem Flugzeugführer blitzschnell die Weisungen geben, wie er zu fliegen hatte, um so schnell wie möglich aus der Schußrichtung des Angreifers herauszukommen.

Plötzlich sah ich schräg unter uns voraus am Boden vier oder fünf Lichter aufleuchten, die genau in unsere Flugrichtung wiesen.

War dies ein Zeichen für die lauernden Nachtjäger? ‚Wegdrehen, 30 Grad nach rechts!' befahl ich Gericke, und als dieser mich fragend anblickte, deutete ich nach unten. Auch der Flugzeugführer sah diese Lichter und drehte nach rechts aus dem Kurs heraus. Ich notierte den Beginn des Ausweichens und die Gradzahl, um später wieder zurückdrehen zu können.

Bereits drei Minuten nach unserem Kurswechsel leuchteten unter uns wieder die Richtungslichter auf. ‚Auf den alten Kurs zurückgehen!' befahl ich. Diesmal waren bereits zwei Minuten später erneut Lichter am Boden zu sehen, und wieder in der genauen Flugrichtung. Damit war eines klar: Der Feind hatte ein neues Verfahren entwickelt, das den Nachtjägern die Route der anzugreifenden Feindflugzeuge übermittelte.

Sekunden später rief auch bereits Heinz Zwickler: ‚Jäger von oben links!'

Sofort scherte Uffz. Gericke nach links weg, und ein vierfacher Feuerstrahl rauschte an der rechten Fläche der He 111 vorbei. Wir waren rechtzeitig aus der Schußrichtung herausgekommen.

Zwickler hatte das Feuer aus seinem MG eröffnet, und allen war klar: Hätten wir in diesen Sekunden von der Heimat geträumt, dann würde dies

Abb. S. 77
London nach den Großangriffen in den Nächten vom
7. bis 9. Mai 1941 – Kaskaden von Schutt

für uns alle eine schnelle Himmelfahrt bedeutet haben. Schon beim ersten Anflug wäre es diesem Nachtjäger gelungen, die Maschine in Brand zu schießen.

Nun griff der Jäger ein zweites Mal an. Diesmal von oben rechts. Und abermals gelang es Gericke, die Maschine rechtzeitig aus der Schußlinie zu bringen. Wieder rauschten die Feuerstrahlen der Leuchtspurgeschosse an uns vorbei.

Nun fiel auch das MG des Bordmechanikers Waschewski in das Abwehrfeuer ein, und Gericke drückte die Maschine kräftig an, um möglichst schnell die Küste Englands hinter sich zu bringen.

‚Getroffen!' rief wenig später bei einem neuen Feindangriff Funker Zwickler. Und Sekunden später drehte dieser Gegner ab und verschwand im Dunkel der Nacht.

Wir flogen noch einige Minuten im Tiefflug weiter, der französischen Küste entgegen, ehe wir wieder auf Höhe gingen. Die 1 Toni Emil 1 landete sicher auf dem Heimathorst, und als wir ausgerollt waren, stellten wir fest, daß wir über 40 Einschüsse in der Maschine hatten, daß aber zum Glück keines dieser Projektile lebenswichtige Teile der He 111 getroffen hatte."

Bevor die Besatzung am anderen Tage in den wohlverdienten Urlaub fliegen konnte, mußte sie noch das Lamento des 1. Warts Stubenrauch über sich ergehen lassen, der die Hände über dem Kopf zusammenschlug, als er sah, welchen Aufwand es kosten würde, diese Maschine wieder hinzukriegen.

„Reg dich ab", meinte Waschewski begütigend. „Du kannst von Glück reden, daß wir deine alte Mühle sicher zurückgebracht haben." – „Aber die Arbeit, die ihr mir gemacht habt."

„Ein Vorschlag zur Güte. Die nächste Tour nach England machst du, und ich mache das bißchen hier unten", meinte Waschewski und grinste breit, als er sah, wie der 1. Wart abwehrend beide Hände ausstreckte.

Am nächsten Mittag kletterte die Besatzung von Ludwig Havighorst in die nach Köln fliegende Tante Ju 52. Von dort aus ging es in den wohlverdienten Urlaub.

Leider war diese eine Woche der Besinnung zu Hause viel zu schnell vorbei, und sehr bald hieß es wieder Abschied nehmen von den Eltern und den Geschwistern, die noch nicht zur Wehrmacht gezogen worden waren.

Hilfeleistung für die „Bismarck"

Schon 24 Stunden nach der Rückkehr in den Horst Nantes hieß es für die Besatzung Havighorst wieder: „Morgen ist es soweit." Doch dann zeigte sich, daß diese Vorausmeldung nicht zutraf. Am Spätnachmittag bereits wurde die Staffel zu einem Einsatz gegen Häfen und Anlagen an der Südküste Englands benötigt. Für die Besatzung Havighorst wurde die Verminung des Hafens Falmouth an der Südwestküste befohlen.

Als seien sie nie weggewesen, rollten ihre Vorbereitungen zum Feindflug ab, und auch diesmal gelang es der Besatzung, sich an das Ziel anzuschleichen, beinahe lautlos hinunterzustoßen und aus einer Höhe von 200 Metern die Minen zu werfen.

Mit Vollgas ging es anschließend im Tiefflug aus dem Hafen hinaus, Flak und Scheinwerfer hatten bei dieser Methode keine Chance, weil sie Gefahr liefen, eigene Schiffe und Einrichtungen zu treffen, wenn sie ihre Waffen so tief hinunterdrehten.

Nach 300 Flugminuten setzte die He 111 wieder in Nantes auf der Landepiste auf und rollte aus. Die Meldung, das Frühstück und die anschließende Schlafenszeit folgten.

In den nächsten Tagen gab es keine Einsätze. Dafür wurde die Besatzung Havighorst ebenso wie alle übrigen schlafenden Männer des Horstes und der Staffel am 27. Mai noch lange vor Sonnenaufgang durch ungewöhnlichen Fluglärm und hektische Betriebsamkeit aus dem Schlaf gerissen. Die Männer schälten sich aus ihren Decken und eilten ins Freie. Sie erlebten den enormen Einfall von mindestens 80 Flugzeugen. Da landeten He 111 ebenso wie Ju 88 und Do 17 verschiedenster Typen.

„Was liegt denn an?" fragte Havighorst einen der Leutnants. „Hilfeleistung für die ‚Bismarck' soll geflogen werden, ich denke, daß wir auch gleich alarmiert werden. Die ‚Bismarck' schwimmt irgendwo westlich von uns im Atlantik, und eine ganze Meute feindlicher Schiffe macht Jagd auf sie."

Havighorst eilte in die Unterkunft zurück und weckte alle jene, die noch schliefen. Bevor er große Erklärungen abgeben konnte, heulte auch schon die Alarmsirene.

Die folgende Einsatzbesprechung brachte Havighorst die Bestätigung. Staffelkapitän Claas berichtete ihnen, daß das deutsche Schlachtschiff „Bismarck", das mit anderen Einheiten der Kriegsmarine zur Unternehmung „Rheinübung" am 18. Mai ausgelaufen war, sich in Schwierigkeiten befinde.

Sie hatte im Verein mit der „Prinz Eugen" am 24. Mai 1941 im Gefecht den britischen Schlachtkreuzer „Hood" versenkt. Dieses gewaltige Schiff war mit einigen Explosionen, darunter einer solchen der Haupt-Munitionskammer, in die Luft geflogen. Daraufhin machte die britische Flotte auf beide deutschen Schiffe Jagd. Diese hatten im Gefecht am selben Tage den Durchbruch durch die Dänemarkstraße erzwungen. Nun aber konzentrierten sich alle verfügbaren Streitkräfte auf die „Bismarck", welche die „Prinz Eugen" entlassen hatte.

Am 26. Mai war die „Bismarck" nach Einpeilen der Funksprüche erneut von der britischen Luftaufklärung erfaßt worden, und dies war das Signal. Großadmiral Raeder forderte die Hilfeleistung der Luftwaffe an.

Zum Schluß erklärte Major Claas noch, daß die „Bismarck" durch feindliche Torpedoflieger schwer getroffen worden sei.

„Ein Treffer in die Ruderanlage hat unser Schlachtschiff manövrierunfähig gemacht. Ihr sollt jetzt die ‚Bismarck', die von fremden Schiffen umzingelt ist, die ihr den Todesstoß versetzen wollen, heraushauen. Start ist um 4.30 Uhr. Die Standortangabe ist von der vergangenen Nacht, also noch genau die gleiche. Die Bombenwarte sind bereits bei der Arbeit. Sie laden 250-Kilo-Bomben. Es werden 4 000 Liter Treibstoff getankt. Die Strecke zur ‚Bismarck' ist zu schaffen. Sie liegt etwa 1 000 Kilometer westlich von Brest. Sie wird das Peilzeichen ‚Wilhelm' geben, dazu einen Dauerton von jeweils einer Minute. Und nun, Kameraden, Hals- und Beinbruch!"

Sie schlangen eine warme Mahlzeit in sich hinein, erhielten gefüllte Thermosflaschen mit Kaffee und die Verpflegung über See, denn eines war sicher: daß sie lange, sehr lange unterwegs sein würden, bis sie die „Bismarck" erreichten.

Havighorst ging mit seiner Besatzung zur Maschine. Sie war bereits einsatzbereit, und die Raketen waren ebenfalls montiert, denn sonst würden sie nicht aus diesem kurzen Platz herauskommen.

„Kameraden, dies ist unser erster richtiger Tagesflug. Seht euch das Gewimmel an!" rief Havighorst, als sie ihre Maschine erreichten.

Über dem Platz und in Richtung See war die Luft bereits voller Kampfflugzeuge, die schon fertig gewesen waren und nun der Reihe nach starteten. Ein Verbandsflug war nicht vorgesehen, die Staffel war darin auch gar nicht geübt, wenn man von dem einen oder anderen Einsatz absehen wollte, der dicht aufgeschlossen geflogen worden war.

Der Start war wieder einmal so rasant, wie er nur mit den beiden Startraketen sein konnte. Die Startfolge war diesmal dichter hintereinander.

Sobald die rollende Maschine abgehoben hatte und steil in Richtung Atlantik unterwegs war, folgte die nächste, während sonst die Startfolge beim Einzelflug etwa 4–5 Minuten dauerte.

Diesmal wollten alle so schnell wie möglich oben sein. Auch Havighorst schaffte es, und bald flogen sie über See in Richtung der „Bismarck".

Mit Jägern war nicht zu rechnen, denn der Weg englischer Jagdflieger von ihren Heimathorsten war viel zu weit, als daß sie dies schaffen könnten. Und im Zielgebiet war kein Flugzeugträger gemeldet.

„Wir mußten lange Zeit über dem Atlantik fliegen", berichtete Hauptmann Havighorst nach dem Kriege. „Vier Stunden befanden wir uns über See, aber wenn man meint, daß dies langweilig gewesen sein könnte, dann traf dies für uns nicht zu. Wir suchten ein Schiff. Und so groß es auch war und obgleich wir unseren Kompaßkurs genau nach den von der ‚Bismarck' gesendeten Peilzeichen ausrichteten, so war es dennoch ein schwieriges Unterfangen, unser Schlachtschiff zu finden.

In höchster Spannung suchten wir die einzelnen Sektoren ab. Immer wieder rechneten wir nach, ob wir auf dem richtigen Kurs waren, und maßen die Windgeschwindigkeit mittels der Schaumkronen.

Es ging mit direktem Kompaßkurs auf das Ziel los. Wir mußten uns voll auf die Meldungen der Wetterfrösche verlassen, denn zum großartigen Navigieren war keine Zeit mehr, wo die ‚Bismarck' in größter Not war und wir ihr vielleicht noch helfen konnten.

So weit wir sehen konnten: immer noch Flugzeuge, die den gleichen Kurs flogen. Nach etwa vier Stunden erreichten wir unser Zielgebiet. Ich öffnete die Bombenklappen, schaltete die Zündanlage ein und machte alles zum Bombenwurf fertig. Die ganze Besatzung war bereits etwas nervös, weil unsere Eindringtiefe erreicht war und wir sehr bald umkehren mußten, wenn wir den Hafen noch erreichen wollten. Aber es war immer noch kein Ziel auszumachen. Und was geschah nun mit den Bomben, die scharf geworden waren?

Plötzlich vor uns eine gewaltige Eruption. Flammen und Blitze schlugen am Horizont aus dem Meer, so sah es wenigstens aus. Es war die Flakwand vieler Schiffe.

Da hineinzufliegen, wäre Selbstmord gewesen, und es hätte auch keinen Sinn gehabt, denn in dieser Hexenküche von Flakdetonationen und Flakwolken, von Abschußrauch und Nebel, der künstlich gelegt wurde, war nicht das Geringste zu sehen. Nicht einmal das Wasser unter uns war mehr zu entdecken.

Wegen dieser Lage im Zielgebiet, insbesondere aber auch wegen des Treibstoffmangels, in dem wir uns befanden, brachen wir diesen so wichtigen Auftrag ab und flogen mit der Bombenlast wieder nach Hause.

Noch bevor die französische Küste in Sicht war, leuchteten die roten Lampen auf, die wie hämische Lichter vom Armaturenbrett glühten und uns signalisierten, daß wir noch etwa für 20 Minuten Treibstoff zur Verfügung hatten.

‚Falls wir notwassern müssen, beachtet die Reihenfolge, die wir abgesprochen haben‘, erklärte ich den Kameraden. ‚Das Schlauchboot und den Proviant, die Signalpistole und den übrigen Kram nicht vergessen! Funker macht rechtzeitig SOS; er wird sich die Standort- und Heimpeilung von der Bodenstelle geben lassen.‘

Alles wurde abgesprochen, mit einigen wenigen Worten war allen klar, was im Notfall getan werden mußte. Wir waren nicht ängstlich, aber Vorsicht war – wie immer, so auch hier – die ‚Mutter der Porzellankiste‘.

Nach einer Flugzeit von 8 Stunden und 15 Minuten erreichten wir nach einer Kurskorrektur durch die Peilung unseres Bodenfunks Nantes. Die Wetterfrösche hatten mit ihrer Vorhersage nicht recht gehabt. Wir wären bei weiterem Flug auf dem alten Kurs etwa bei Rennes herausgekommen.

Der letzte Tropfen Sprit war verbraucht. Als wir in den Besprechungsraum kamen, saßen dort schon einige Besatzungen, die etwas eher zurückgekommen waren. An den Gesichtern konnten wir erkennen, daß keine einzige Maschine zum Bombenwurf gekommen war.

Am nächsten Morgen – der Kalender zeigte den 28. Mai 1941 an – hörten wir über die ‚Zwischenparolen‘, daß die ‚Bismarck‘ gesunken war, und dann meldete der Wehrmachtsbericht:

‚Wie schon gestern bekanntgegeben, wurde das Schlachtschiff ‚Bismarck‘ nach seinem siegreichen Gefecht bei Island am 26. Mai abends durch den Torpedotreffer eines feindlichen Flugzeuges manövrierunfähig. Getreu dem letzten Funkspruch des Flottenchefs, Admiral Lütjens, ist das Schlachtschiff mit seinem Kommandanten, Kapitän zur See Lindemann, und seiner tapferen Besatzung am 27. Mai vormittags der vielfachen feindlichen Übermacht erlegen und mit wehender Flagge gesunken.‘

Später erfuhren wir, daß die zum Wrack zusammengeschossene ‚Bismarck‘ um 10.35 Uhr durch Eigensprengung auf Tiefe gegangen war. 115 Männer der Besatzung wurden geborgen, 2100 Soldaten der ‚Bismarck‘ gingen mit ihrem Schiff unter.

Der Fliegerführer Atlantik, unser alter Kommodore Oberst Harlinghausen, hatte alles versucht, um der ‚Bismarck' zu helfen. Es war zu einer Reihe von Fehlwürfen der II./Kampfgeschwader 1, der II./Kampfgeschwader 54 und der I./Kampfgeschwader 77 gekommen, die eher draußen waren als wir, die wir zuletzt alarmiert wurden."

Ganz erfolglos verlief diese großangelegte, aber zu spät kommende Rettungsaktion zwar nicht, denn Ju 88 des KG 77 versenkten am 28. Mai 1941 westlich von Irland den britischen Zerstörer „Mashona", und He 111 der Kampfgruppe 100 konnten den Zerstörer „Maori" schwer treffen. Die „Bismarck" aber, um deren Rettung es ging, war nicht mehr.

Minen vor Englands Küste

Am Abend des 28. Mai startete die Maschine des Kommandanten Havighorst wieder zu einem Feindflug. Minenlegen an der Südküste Englands war geplant. Aber nach 30 Minuten mußte der Auftrag abgebrochen werden. Die Motoren gingen „in die Knie", wie man im Fliegerjargon sagte.

„Auch am nächsten Abend mußten wir einen Feindflug mitten über dem Kanal wegen einer Motorstörung abbrechen. Unsere Mühle hätte für einige Tage zur Generalüberholung in die Werft gehört. Aber dafür war keine Zeit, wenngleich diese beiden Fehleinsätze schwerer wogen als ein zweitägiger Werftaufenthalt.

Am Abend des 1. Juni starteten wir nach Manchester. Außer den Maschinen unserer Staffel war eine Reihe weiterer Verbände hier im Einsatz, so daß insgesamt 110 Flugzeuge zum Bombenwurf kamen. Manchester war die zweitgrößte Stadt Englands. Der Flughafen südlich der Stadt, der Manchester-Schiffahrtskanal, der die Stadt mit Liverpool verband, und die Fahrzeugfabriken lagen auf den Zielkursen der Angreifer.

Dieser Angriff verlief reibungslos. Ich sah die Kette unseres Reihenwurfes mitten im Ziel aufflammen, als wir drehten und der See entgegenflogen. Die Flakabwehr war nicht besonders stark; anders wurde es, als wir die Küste erreichten, wo die schweren Batterien standen und uns noch eine Reihe Salven hinterherschickten.

Aber wir kamen durch. Danach wurde die Mühle tatsächlich von Grund auf überholt, und als wir am Abend des 4. Juni in Richtung Birmingham unterwegs waren, glaubten wir fast, in einer neuen Maschine zu sitzen. Doch hier war die Flak wieder einmal auf der vollen Höhe ihrer Feuerkraft. Sie hieb uns einige Sachen um die Ohren, die wir nur knapp verkraften konnten. Unsere Warte würden die helle Freude haben, denn nun brauchten sie sich ein weiteres Mal nicht über Arbeitsmangel zu beklagen.

Als wir noch unterwegs waren, erhielten wir den Befehl der Bodenstelle, Schiphol anzufliegen und dort zu landen. Auch hier war der übliche Betrieb, der sich in nichts von der Routine in Nantes abhob. Wir meldeten und gingen dann zum Abendessen.

Anschließend unterhielten wir uns über einige Dinge, die sich regten. Wir sprachen darüber, daß der eine oder andere der Männer bereits abgeflogen war. Vor allem jene, die seit Beginn an Tag für Tag in die Flakhölle über England einflogen und immer wieder ihre Haut zu Markte trugen. Uns war klar, daß die rätselhaften Abzüge einzelner Gruppen und Geschwader vom Kanal das Ende der geplanten Unternehmung ‚Seelöwe‘ bedeuteten. Erst viel später erfuhren wir, daß ‚Seelöwe‘ bereits seit dem Herbst 1940 kein Thema der Obersten Führung mehr war und daß die Feindflüge gegen England das geplante Ziel nicht erreicht hatten.

Was es nun mit den abgezogenen Verbänden auf sich hatte, das schwante uns nur. Wir dachten an Afrika, wo seit dem 12. Februar 1941 die ersten deutschen Soldaten im Einsatz standen, um dem italienischen Bundesgenossen die Schande einer vernichtenden Niederlage zu ersparen und diesen Kriegsschauplatz zu erhalten. Einmal, um britische Streitkräfte dort zu binden, und zum anderen, um nach Eroberung ganz Nordostafrikas von Ägypten aus in den Nahen Osten vorzustoßen und dann möglicherweise den Irak und die dortigen Erdöllagerstätten ausbeuten zu können. Derlei Pläne kursierten, und die Phantasie machte nicht einmal vor einem Einmarsch in Persien halt. Erst viel später sollten wir erfahren, daß deutsche Fronteinsatzkommandos den ganzen Nahen und Mittleren Osten mit einem Kleinkrieg überzogen, der bei einer sich bietenden Gelegenheit auch in einen offenen Krieg ausarten konnte, wie es die Ereignisse im Irak, die gerade spruchreif wurden, anzeigten.

Am nächsten Mittag flogen wir nach Nantes zurück. Kurz vor dem Start erfuhren wir in der Befehlsbaracke, daß der ehemalige deutsche Kaiser, Wilhelm II., am Vortage in Doorn gestorben war. Für uns war dieser Ex-Kaiser bereits so etwas wie eine Legende.

In den nächsten Tagen wurde wieder an der Maschine gebastelt, und am 13. Juni 1941 sollte der große Schlag gegen den Haupthafen der britischen Kriegsmarine, Chatham, erfolgen.

Während des Mittagessens erfuhren wir, daß der Tommy in der vorangegangenen Nacht den bisher schwersten Luftangriff gegen Duisburg geflogen hatte. Auch Bochum sollte eine Menge der 445 Tonnen Bomben abbekommen haben. Das motivierte uns wieder voll. Wenn uns Zweifel kamen, ob unsere Bomberei richtig war, bei der unvermeidbar auch immer wieder Zivilisten zu Schaden kamen, obwohl wir auf Industrieziele angesetzt waren, dann bedurfte es nur eines Hinweises, daß unser Gegner mehr und mehr ausschließlich Wohngebiete angriff und in einem sich ständig steigernden Maß mit Brandbomben und Phosphorkanistern arbeitete.

Der Angriff auf Chatham ostwärts von London gestaltete sich dramatisch. Wir warfen unsere Bomben auf alles, was nach Kriegsmarine und Werft, nach Docks und Treibstofftanks aussah. Und Chatham hatte schon eine Menge solcher Ziele zu bieten. Da waren die Bau- und Reparaturwerften, das riesige Arsenal und die Schiffe, die im Hafen lagen. Nicht zu reden von dem großen Treibstofflager.

Als wir anflogen, wurden wir von einer Feuerwand aus Flakgeschossen empfangen. Unser Kutscher steuerte uns stur hindurch. Wir kamen zum Ziel, und als ich das erste Arsenalgebäude im Visier hatte, drückte ich die Bombenknöpfe. Zweimal vier Bomben heulten der Erde entgegen, und Gericke zog den Vogel in eine starke Linkskurve, damit ich die Bombeneinschläge auch beobachten konnte. Ich sah sie aufzuckend nacheinander einhauen und eine grelle Stichflamme emporschießen.

‚Bomben im Ziel', rief ich der Besatzung über die Eigenverständigung zu, und Funker Zwickler meldete die Ausführung des Auftrages.

Diesmal wurden wir wieder von einem Nachtjäger verfolgt, der uns mit seinen Bordwaffen vom Himmel herunterholen wollte. Doch dann drehte er nach einigen Salven von Zwickler ab und verschwand. Zwickler meinte, daß er ihn getroffen habe. Doch das Ergebnis, Brand oder Rauch, war nicht zu sehen.

Wir kamen aus dieser Flakhölle heraus. Einige Flugzeuge aber stürzten hier vom Himmel herunter, von der Flak abgeschossen oder von Nachtjägern abgeknipst. Dennoch, die Zusammenfassung der Meldungen bestätigte einen großen Erfolg dieses Angriffs, der dem Gegner wichtige Einrichtungen zerstört und schwere Verluste zugefügt hatte.

Am Mittag des nächsten Tages erklärte uns der Staffelkapitän, daß wir wegen der langen und schweren Nachteinsätze, die uns doch stark zugesetzt hatten, für 14 Tage in Urlaub gehen sollten.

‚Wenn Sie zurückkommen, dann wird Ihre Maschine überholt und hundertprozentig klar sein. Und auch Sie werden wieder mit altem Elan zur Sache gehen.'

Das war eine gute Nachricht. Wir freuten uns wie Schneekönige, suchten schnell unsere Sachen zusammen und verpackten die schönen Dinge, die wir für unsere Lieben gesammelt hatten. Darunter auch solche, die zu Hause bereits zu den Seltenheiten zählten: Schokolade und Kakao, aber auch Parfüm und Seife und etwas Kaffee."

Feldwebel Ludwig Havighorst kehrte mit der Frontflugspange in Silber nach Hause zurück. Am 16. Juni 1941 hatte er sie aus der Hand des Gruppenkommandeurs erhalten.

Als die Besatzung Havighorst Anfang Juli nach Nantes zurückkehrte, fand sie nur noch Reste des alten Kommandos vor. Mit diesen verlegte auch Havighorst am 8. Juli nach Melun südlich von Paris.

An zwei Abenden hintereinander flog Havighorst mit seinen Männern einen Einsatz gegen den Hafen Great Yarmouth an der Ostküste von England. Beide Angriffe waren erfolgreich. Es gab nicht die geringsten Komplikationen. Maschine und Besatzung waren wieder voll aufeinander abgestimmt. Alles machte mit. Es galt, hier rasch fertig zu werden, um die im Osten kämpfenden und gewaltige Erfolge erzielenden Verbände zu ergänzen und den endgültigen Sieg eben dort im Osten zu erringen.

34 Minuten nach Mitternacht des 14. Juli startete Havighorst mit seiner Mannschaft zum Verlegen von Minen in der Themsemündung. Der Auftrag wurde erfolgreich durchgeführt. Beinahe lautlos glitt die He 111 mit den beiden Minen auf 200 Meter hinunter, ehe sie wieder mit Vollgas aus der Themsemündung verschwand und nach insgesamt 196 Minuten Flugzeit – ein besserer Spaziergang war das, wie Waschewski meinte – wieder in Melun landete.

Nach der Landung gab es eine freudige Überraschung. Zur Ehrung von Havighorsts 50. Englandeinsatz brachte ihm die Musikkapelle der Fliegerhorstkompanie ein Ständchen. Ähnlich, wie es auch für die von Feindfahrt zurückkehrenden U-Boots-Besatzungen üblich war. Doch lange währten Feier und Pause nicht, teilte doch der Staffelkapitän die Besatzung zu einem weiteren Einsatz am späten Abend dieses 14. Juli 1941 ein.

Der Start erfolgte um 22.58 Uhr. Es war einer jener Flüge, die Havighorst widerstanden, denn es ging mit Brandbomben gegen die Dockanlagen der Stadt Hull. Wenn es hierbei zu Fehlwürfen kam, dann konnten ganze Stadtviertel eingeäschert werden.

Die Humbermündung mit Hull und Grimsby galten als gefährliche Ziele, denn dort waren starke Flak-Verbände eingesetzt. Aber es gab wenigstens keinen Überlandflug.

Insgesamt wurden 1 444 Brandbomben geladen. Als die englische Küste in Sicht kam, verstärkte sich die Aufmerksamkeit der Besatzung. Der Flugzeugführer korrigierte den Kurs nach den Zurufen seines Beobachters, und Havighorst versuchte, die angegebenen Merkzeichen zu lokalisieren. Sie erreichten das 12 km lange Dockgelände, stießen bis nach Saltend mit seinen Tanklagern vor und überwanden den davor stehenden Flakriegel, indem sie etwa 1 000 Meter tiefer hinuntergingen und im rechten Augenblick den Reihenwurf der Brandschüttkästen dorthin setzten, wo einige Brände bereits das Wirken der Bomber anzeigten.

Die Sicht war sehr gut, und Havighorst beobachtete die aufzüngelnden Flammen. Der Funker meldete nach Hause: „Ziel brennt!"

Als sie abdrehten, kamen noch einige Maschinen der Staffel, die ebenfalls Bomben und Brandbomben geladen hatten, zum Wurf. Ein flammendes Inferno breitete sich aus. Die Dockanlagen mit den wichtigen dort lagernden Gütern standen in Flammen.

Nach Überwindung der Küstenflak erhielt Havighorst den Befehl, in Wittmundhafen zu landen. Havighorst gab nach kurzer Berechnung dem Flugzeugführer den neuen Kurs durch, und nun ging es nach Osten etwa 500 Kilometer über die Nordsee hinweg in Richtung Deutschland. Diese gefährliche Strecke, die immer wieder von dort wartenden britischen Nachtjägern abgeflogen wurde, erwies sich als nicht so schlimm, weil in etwa 3 000 Metern eine geschlossene Wolkendecke lag, so daß die Maschine, an der Wolkenobergrenze fliegend, jederzeit in die Wolken hinabtauchen konnte, wenn sich ein Feindjäger zeigen sollte.

Nach der errechneten Flugzeit durchstieß die He 111 die Wolkendecke, damit die eigene Flak sie nicht in der Annahme unter Feuer nahm, über den Wolken schleiche sich ein Gegner heran.

Die Koppelnavigation von Havighorst stimmte genau. Sowie die Maschine aus den Wolken herausstieß, sahen die Männer unter sich die ostfriesischen Inseln in der frühen Morgensonne liegen.

„Schaut euch das mal an, Männer!" machte Ludwig Havighorst die Besatzung auf diesen einmaligen Anblick aufmerksam. Gestochen scharf und wie gemalt lagen die Inseln im Morgenglast. Das große Rätselraten begann, wie diese Inseln doch hießen. Es war Havighorst, der sich der alten Eselsbrücke erinnerte, die sie auf der Navigationsschule gelernt hatten: „Welcher Seemann liegt bei Nanni im Bett?" Was bedeuten sollte, daß von Osten nach Westen gesehen diese Inseln Wangerooge, Spiekeroog, Langeoog, Baltrum, Norderney, Juist und Borkum waren.

Von der Bodenstelle Wittmundhafen erhielt die Maschine Weisung, nach Leeuwarden auszuweichen.

Dort landete die Besatzung von Havighorst um 4.25 Uhr nach einer Flugzeit von 5 Stunden und 27 Minuten sicher.

Am 17. Juli war erneut Besprechung zu einem Einsatz nach Hull. Niemand von der Staffel ahnte im entferntesten, daß dieser Feindflug ihr letzter im Westen sein würde. Alle waren davon überzeugt, „bis zum Kriegsschluß Bomben nach England zu kutschieren".

„Diesmal starteten wir nicht als ‚Anzünder' mit Brandbomben, sondern erhielten wieder acht 250-Kilo-Bomben an Bord. Der Start erfolgte um 23.01 Uhr. Wir kamen gut hin und konnten bei ebenfalls guter Sicht die Dockanlagen leicht ausmachen. Acht 250-Kilo-Bomben heulten auf diese Anlagen herunter, während wir schon wegdrehten. Ich sah die aufspringenden Trefferdetonationen, die mitten in die Hallen hineinschmetterten. Flammen stoben empor, und nun versuchten wir, etwas andrückend, um schneller aus dem Todesregen der Flakgranaten herauszukommen, das offene Meer zu gewinnen.

Wie nach dem Kriege zu erfahren war, hatte dieser Einsatz von insgesamt 130 Maschinen unter der Zivilbevölkerung von Hull 113 Todesopfer gefordert.

Wir landeten um 5.14 Uhr nach sechs Stunden und 13 Minuten sicher auf unserem Einsatzhafen. Dort erfuhren wir direkt nach Ankunft in der Besprechungsbaracke, daß die gesamte Gruppe nach Rußland verlegt würde.

Damit war also, wenn auch nur begrenzt, der Einsatz über England zu Ende, hofften wir."

Die Eskalation des Schreckens

Zu Beginn des Jahres 1941 hatte das Bombardement englischer Städte mit dem Angriff auf Cardiff am 2. Januar begonnen. Bristol, Avonmouth, Manchester und London waren gefolgt. Die Zahl der eingesetzten deutschen Kampfflugzeuge hatte zwischen 120 und 153 geschwankt, und als der Januar zu Ende gegangen war, hatte England 2 400 Einsätze gesehen. Diese Zahl sank im Februar 1941 auf 1 402 Einsätze ab. Wichtigstes Ereignis des Februar 1941 war die Führerweisung Nr. 23: „Richtlinien für die Kriegführung gegen die englische Wehrwirtschaft".

Diese Führerweisung wurde erst im März wirksam, mit Angriffen gegen London am 9., Portsmouth am 11. und Birmingham am 12. März. Gegen Liverpool-Birkenhead starteten in der Nacht zum 13. März 1941 erstmals wieder mehr als insgesamt 300 Flugzeuge. Glasgow-Clydeside wurde in zwei aufeinanderfolgenden Angriffen von 439 Maschinen angeflogen und gebombt. London, Bristol-Avenmouth, Hull, London, Plymouth-Devonport waren die nächsten Ziele. Bei diesen genannten Angriffen wurden 4 298 Menschen getötet; 4 794 wurden schwer verletzt.

Die Bilanz des Bombenkrieges, der von England angezettelt worden war, nahm immer schrecklichere Umrisse an. Im April starben in England 6 131 Menschen, 6 900 wurden verletzt.

Die britische Bomberflotte, die mit Berlin den Angriff gegen deutsche Städte eröffnete, hatte bereits am 21. September 1940 ihre neue Direktive ausgegeben. Sie lautete:

„Zielangriffe sollen jedoch stets in einem dicht bebauten Wohngebiet mit dem Schwerpunkt großer Materialzerstörung durchgeführt werden, die dem Gegner die Wucht und die Macht unserer Bomberstreitkräfte vor Augen führen."

Wie dies vor sich ging, haben viele Bomberpiloten des Bomber Command beschrieben: „Wir haben unsere Ziele angeflogen und wenn wir ungefähr darüber waren, einfach ausgeklinkt. Dieses System steigerte sich später bei unseren 1 000-Bomber-Angriffen derart, daß wir nur ein Stadtgebiet anflogen und dann weit auseinandergezogen im Flächenwurf abluden; ganz gleich, wohin die Bomben fielen."

Neben Berlin waren Hamburg, Bremen und Bielefeld die ersten britischen Ziele.

Am 4. Oktober 1940 hatte im britischen Bomber Command ein Führungswechsel stattgefunden. Für den verabschiedeten Luftmarschall Sir Charles Portal übernahm Luftmarschall Sir Richard Peirse die Führung.

In Berlin waren die berühmte Charité und das Robert-Koch-Krankenhaus in Flammen aufgegangen. Wenig später fielen auch Bomben auf das Virchow-Krankenhaus. Und immer wieder stand Berlin auf dem Angriffsplan. Und die Zielbeschreibung, die den Piloten bei der Einsatzbesprechung gegeben wurde, lautete schlicht: „Das Ziel für Ihren Angriff ist das Stadtzentrum!"

Zwar war man beim Bomber Command immer noch der Ansicht, daß die Besatzungen zielsicher seien. Erst der „Butt-Report" räumte mit diesem Vorurteil auf, als er erklärte:

„Die meisten Besatzungen sind froh, wenn ihre Bomben im Umkreis von fünf Meilen zum Angriffsziel fallen." (Siehe: Verrier, Antony: Bomberoffensive gegen Deutschland)

Am 25. November 1940 wurde Vizeluftmarschall Arthur Harris, bis dahin Chef des 5. Bomber Command und verantwortlich für den Einsatz dieses Verbandes gegen Deutschland, zum stellvertretenden Oberbefehlshaber des gesamten Bomber Command ernannt.

Nun zogen die Briten „die Handschuhe aus", wie er dies nannte, und gingen zu den *Flächenbombardements* über.

Bis Ende Dezember wurde Berlin mehrfach angegriffen, und die Besatzungen wurden eindringlich darauf hingewiesen, „auf das Stadtgebiet zu zielen", wie Verrier dies mitteilte.

Daß diese Angriffe auch an den britischen Bomberverbänden nicht spurlos vorübergingen, zeigt die Zahl von 1 671 Flugzeugen, die die Royal Air Force vom 10. Juli bis zum 31. Oktober 1940 verlor, und von jenen 995 weiteren, die schwer beschädigt vom Feindflug zurückkehrten.

Mit dem ersten Einsatz eines Bombers vom Typ „Lancaster Mark I" am 9. Januar 1941 und dem Volleinsatz der ebenfalls zur Truppe gelangten „Halifax" ging es nun ans Werk. Hannover erlebte den Angriff von 189 Bombern. Bremen folgte nach; Köln, Hamburg und Berlin und wieder Berlin waren die auserwählten Opfer, die Angriffe von 100 Bombern und mehr erlebten.

In der Nacht zum 31. März 1941 begann das Bomber Command jenen Sondereinsatz, der 10 Monate dauern sollte. Dieser Einsatz galt den in Brest liegenden deutschen Großkampfschiffen „Scharnhorst" und „Gneisenau" sowie dem Schweren Kreuzer „Prinz Eugen".

Auf Emden wurde in der Nacht zum 1. April – aber nicht als Aprilscherz – die erste 4 000-Pfund-Bombe geworfen. Träger dieser Bomben waren die modifizierten Vickers Wellington II-Muster der Staffeln 9 und 149 der 3. Bomber Group, die vor allem im Jahre 1941 immer wieder Ziele in Deutschland angriff.

In der Nacht zum 9. Mai 1941 erfolgte der bis dahin schwerste englische Luftangriff des Krieges. Zielgebiete waren Hamburg und Bremen. Von den anfliegenden 359 Bombern und drei Minenlege-Flugzeugen griffen 317 die beiden genannten Städte an.

Als am 22. Juni 1941 der Ost-Feldzug begann, richtete Winston Churchill eine Ansprache an das englische Volk, in der er unter anderem erklärte:

„England wird seinen Teil an der Zerschlagung von Nazi-Deutschland beitragen. Jeder Mann oder jeder Staat, der gegen die Nazis kämpft, hat die Unterstützung Englands."

Um den verschärften Luftkrieg gegen Deutschland zu erreichen, erhielt der Chef des Bomber Command eine neue Direktive. Darin kam zum Ausdruck, daß man nach bestmöglichen Wegen suchen müsse, den Feind zu vernichten. Diese vom Chef des britischen Luftwaffenführungsstabes, Vice Air Marshal N. H. Bottomley, erarbeitete und unterzeichnete Direktive enthielt die Kernsätze:

„Sir, ich wurde angewiesen, Sie davon zu informieren, daß eine umfassende Untersuchung der gegenwärtigen politischen, wirtschaftlichen und militärischen Lage Deutschlands ergeben hat, daß die schwächsten und verwundbarsten Punkte in der Moral der Zivilbevölkerung einerseits und in seinem Inland-Transportsystem andererseits liegen. Es liegen viele Anzeichen dafür vor, daß unsere neuen Angriffe einen großen Effekt auf die Moral der Zivilbevölkerung haben."

Damit war ausgesprochen worden, daß es nicht um die Vernichtung von Waffenfabriken oder Öldepots ging, sondern daß alles darauf ausgerichtet werden mußte, den Feind selber und vor allem seine Zivilbevölkerung zu treffen. Daraus entwickelte sich die Direktive der britischen Stabschefs, die direkt an das Bomber Command gerichtet war:

„Die deutsche Rüstungsindustrie muß an ihrer Wurzel ausgerottet werden. Die Wirtschaft, die sie stützt, die Moral, die sie aufrechterhält, der Nachschub, der sie nährt, und die Hoffnung auf den Endsieg, die sie inspiriert, müssen mit aller Kraft angegriffen werden."

Womit die bereits einsetzenden Flächenbombardierungen auch von oberster Stelle abgesegnet waren.

Die Vernichtung der deutschen Städte konnte ihren Lauf nehmen.

Nach der Luftschlacht - Erkenntnisse

Havighorst hatte mit einer solchen Entwicklung gerechnet. Am 22. Juni 1941 hörte er am Sonntag morgen, daß deutsche Truppen in die Sowjetunion einmarschiert waren.

„Konnte dies gutgehen?" fragte er sich immer wieder. Sie hatten nicht einmal England niederringen können. Längst war die Luftherrschaft über den Britischen Inseln und auch über dem Kanal an den Gegner übergegangen. Die eigenen Einsätze am Tage waren so verlustreich geworden, daß sie eingestellt werden mußten. Nur noch Nachteinsätze mit Bomben oder Minen konnten geflogen werden. Natürlich auch infolge der dauernden Abtransporte wichtiger Verbände; aber selbst vorher war es mit den vorhandenen Kräften nicht gelungen, den Gegner England auf diesem verhältnismäßig kleinen Raum zu beherrschen. Wie wollte man da mit dem Koloß Sowjetunion fertigwerden? Mit maximal der Hälfte der vorhandenen Maschinen! Dieses riesige Reich im Osten, konnte es jemals bezwungen werden? „Wir waren nicht einmal der Insel gewachsen", sagte sich Havighorst immer wieder, „und nun die Sowjetunion?" Im Innern ahnte er bereits, daß dies nicht gutgehen konnte. Oder doch? Sie wollten kämpfen und immer wieder kämpfen, damit sich diese bangen Fragen in nichts auflösten und daß die Sowjetunion ebenfalls in einem Blitzkrieg besiegt werden würde.

Seine Einheit sollte dann zum Kampfgeschwader 27 „Boelcke" gehören, dessen II. Gruppe sie werden würden.

Sie brauchten nur das Notwendigste mitzunehmen, denn sie würden nur an einigen Einsätzen gegen Moskau teilnehmen, zu denen die Luftflotte 2 Maschinen aus dem Reichsgebiet angefordert hatte. „Danach werden Sie wieder hierher nach Melun zurückkehren", erklärte der Gruppenkommandeur, Hauptmann Reinhard Günzel, der sich bereits mehrfach ausgezeichnet hatte.

Erkenntnisse aus der Luftschlacht um England

Diese Luftschlacht, die nach den deutschen Unterlagen vom „Adlertag", dem 13. August 1940, bis zum 22. Juni 1941 andauerte, sollte nach Hitlers Willen Englands Widerstand brechen und den Krieg zu deutschen Gunsten entscheiden. Dieses Ziel wurde nicht erreicht, im Gegenteil: die Luftschlacht um England verhinderte, daß England den Krieg verlor.

Hitler ließ von England ab und wandte sich der Sowjetunion zu. So wurden, nach dem Abzug von 210 Jägern, 400 Kampfflugzeugen und Stukas und 170 Aufklärern für den Balkanfeldzug, von den 44 Kampfgruppen der Luftwaffe im Westen 40 nach dem Balkan und an die Ostfront verlegt. Ganze vier blieben am Kanal zurück. Ähnlich erging es den Jagdgeschwadern.

Vom „Adlertag" an waren bis zum 31. August 1940 4779 Einsätze gegen England geflogen worden, in denen 4447 Tonnen Sprengbomben und 191 Tonnen Brandbomben geworfen wurden.

Die deutschen Verluste während dieser Zeit betrugen 252 Jäger und 215 Bomber. Englands Luftstreitkräfte verloren insgesamt 359 Maschinen.

Die Zerstörungen rund um die Kathedrale von Coventry

Die deutsche Jägerwaffe, die in einer Stärke um 700 Maschinen den Schutz der Bomberverbände sichern sollte *und* den Luftkampf gegen die britischen Jäger zu bestreiten hatte, konnte diese Aufgaben nicht lösen. Die britische Jägerwaffe, die zu Beginn ebenfalls etwa 700 Flugzeuge zur Verfügung hatte, verstärkte sich mehr und mehr. Von 66 Staffeln im November 1940 stockte sie sich auf 81 Staffeln im April 1941 auf. Der Abwehrsieg in der Luftschlacht um England war nicht nur der britischen Jägerwaffe, sondern „vor allem den Arbeitern in der Flugzeugindustrie zu verdanken" (Churchill).

Am 30. September 1940 hatte die deutsche Luftwaffe im Westen 899 Kampfflugzeuge, 375 Stukas, 730 Jäger und 174 Zerstörer einsatzbereit, das waren ungefähr die gleichen Zahlen wie im Vormonat. Am 31. Oktober

stellte sich die Zwischenbilanz des Luftkampfes um England folgendermaßen dar:

Abgeschossen wurden bis zu diesem Zeitraum 1733 deutsche und
915 britische Flugzeuge.

Die britische Zivilbevölkerung hatte 15 000 Tote und 21 000 Verletzte zu
beklagen.

Der November sah die deutschen Einsätze gegen Coventry, London, Birmingham und Southampton. Im Dezember wurden 3 850 deutsche Einsätze gegen England geflogen. Diese Zahl fiel im Januar 1941 auf 2 400 ab und
erreichte mit 1 402 im Februar den Tiefststand. Von Januar bis Mai 1941 starben in England 18 292 Menschen durch Bombenangriffe, 19 990 wurden
verletzt.

Die deutsche Jägerwaffe sollte sich von ihren hohen Verlusten an Flug-
zeugführern nie wieder erholen. Die britische Jägerwaffe jedoch hatte unter
schwersten eigenen Verlusten einen unvorhergesehenen Sieg errungen.
Der Preis, den sie dafür zu zahlen hatte, war sehr hoch, aber er brachte die
Entscheidung zugunsten Englands. Hitler ließ von England ab und wandte
sich der Sowjetunion zu. Die deutsche Luftwaffe war von diesem Tage –
dem 22. Juni 1941 – an im Osten engagiert. Die Bedrohung Englands durch
eine Invasion, nach Erringen der deutschen Luftherrschaft über der Insel,
war endgültig beseitigt.

LUDWIG HAVIGHORST

Eine Jugend in Deutschland

Am 16. Dezember 1914, nur wenige Monate nach Beginn des Ersten Weltkrieges, war Ludwig Havighorst in Ostbevern, Kreis Warendorf, geboren worden. Sein Vater war Schreinereiwerkmeister in einer Großsägerei in Osnabrück. Ludwig war das siebte Kind seiner Eltern. Sein Vater kam ebenso wie seine Mutter Katharina, eine geborene Bruns, aus Senden.

Beide Elternteile stammten aus bäuerlichen Familien, und da Clemens Havighorst als ältester Sohn seiner Familie sehr früh geheiratet hatte, mußte er auf den Bauernhof, den er erben sollte, verzichten. Aus diesem Grunde verzog die junge Familie Havighorst nach Ostbevern, wo Clemens Havighorst eine kleine Sägerei einrichtete.

„Als das jüngste Kind der Familie, Ludwigs Bruder Franz, geboren wurde und die ganze ‚Sendener Sippe' zur Feier der Kindtaufe nach Ostbevern kam, fragte mein Onkel August, ein jüngerer Bruder meines Vaters, der inzwischen von seinen Eltern den Hof übernommen hatte, wer denn nach Senden mitgehen wolle.

‚Hier seid ihr nun zehn Kinder, und bei uns sind es nur zwei.'"

„Ich will mitgehen", meldete sich der sechsjährige Ludwig. So kam er, da alle einverstanden waren, nach Senden auf den Bauernhof seiner Großeltern, den Onkel August führte. Es wurde ein guter Tausch, denn bei den Havighorsts in Ostbevern hing doch manchmal der Brotkorb bei insgesamt 12 Essern ziemlich hoch.

Ludwig fühlte sich sehr rasch in der ländlichen Umgebung wohl. Das erste Erlebnis aus Ostbevern, an das er sich immer noch erinnerte, auch als er schon lange wieder in Senden war, bezog sich auf einen Unfall im Sägewerk seines Vaters. Ein Arbeiter hatte sich infolge seiner Unachtsamkeit die rechte Hand abgesägt. Ludwig Havighorst darüber:

„Meine Mutter wickelte in völliger Unkenntnis, wie man eine solche schwere und stark blutende Wunde behandeln konnte, immer mehr Kindertücher um den blutenden Unterarm des Mannes. Mein Vater kam herbeigeeilt und schimpfte mehr schreckerfüllt als böse:

‚Wie kannst du dir nur die Hand abschneiden? So etwas ist doch einfach unmöglich.'

Die Antwort des Arbeiters aber lautete: ‚Ach, was schimpfen Sie so herum! Wer hat sich denn hier die Hand abgeschnitten, Sie oder ich?'

Mein Vater fuhr den Blessierten, der inzwischen doch blaß wurde, mit dem Dogcart in schnellstem Trab des Pferdes in das sieben Kilometer entfernte Ostbevern zum Arzt. Dort wurde der Arbeiter dann versorgt."

In Senden begann die Schule für Ludwig Havighorst erst Ostern 1922 als Siebenjähriger, weil der Weg dorthin vier Kilometer weit war und er nicht jeden Tag zur Schule gebracht werden konnte.

Dann aber kam Ludwig Havighorst gut zurecht und übersprang sogar eine Klasse, wegen seiner „besonderen Begabung", wie der Lehrer dies formulierte.

Als dann die ersten vier Schuljahre sich dem Ende zuneigten, bat der Klassenlehrer den Bauern Havighorst, Onkel August, wie Ludwig ihn nannte, zu einer Besprechung.

„Der Junge ist sehr begabt. Er müßte eigentlich aufs Gymnasium", meinte er, nachdem die Begrüßung vorüber war. „Ich würde es vorschlagen, und ich bin sicher, daß Ludwig es schafft."

August Havighorst mußte ablehnen, weil er diese Belastung nicht tragen konnte.

„Dann sollte er zu den Hiltruper Missionaren gehen", meinte Lehrer Anton Mangel, dessen Sohn Anton nicht nur Havighorsts Klassenkamerad war, sondern, Priester und Soldat geworden, litt er, eine Laune des Schicksals, in amerikan. Kriegsgefangenschaft im gleichen Zelt mit Havighorst. „Dort kann Ludwig umsonst studieren und Priester werden." – „Zum Priester ist ein Havighorst nicht geeignet", wehrte mein Onkel heftig ab.

So mußte Ludwig Havighorst auf das Studium verzichten. Im Jahre 1928 wurde er von seiner Mutter nach Haltern gerufen. Sie hatte für ihn eine Arbeitsstelle ausgemacht. Die Familie war inzwischen auf zehn Kinder angewachsen, die in alle Winde zerstreut waren. Das elfte Kind, der Bruder Albert, starb im Alter von zwei Jahren. Das kleine Anwesen in Ostbevern mit der Sägerei war vom Vater verkauft worden.

„Ich kam also nach Haltern und erfuhr dort, daß ich eine Stelle als Bäckerlehrling erhalten könne. Da ich aber noch bis zu Ostern 1929 die

Schule besuchen mußte, ging ich nun das letzte Jahr in die Schule zu Hullern.

Nach Beendigung der Schulzeit erhielt ich tatsächlich die Stelle als Bäckerlehrling in Haltern bei dem Bäckermeister Clemens Thole. Damit begann eine schwere Zeit für mich, denn ich war immer noch körperlich sehr schwach, mußte aber jeden Morgen um 4.00 Uhr aus den Federn, um die ersten frischen Brötchen rechtzeitig zum Frühstück der Bürger fertig zu haben. Von dieser Zeit an bis zum Nachmittag um 16.00 Uhr wurde gearbeitet, nur unterbrochen durch eine Frühstücks- und Mittagspause. Dadurch wurde ich auch kräftiger, denn auch das Brot mußte ausgetragen werden.

Als ich hier meine Freunde kennenlernte, Josef Glaw und Josef Kind, Anton Janlewing und seinen Bruder Berni, Josef Huth und einige andere, weniger nahe, kamen wir von selber auf den Sport als gute Freizeitbeschäftigung. Wir betrieben überwiegend Leichtathletik, schwammen aber auch sehr gern in der Lippe und tauchten im Halterner See."

Damit war dem jungen Ludwig Havighorst ein breites Feld der Betätigung gegeben, und er war sehr zufrieden mit der Wahl, die seine Mutter für ihn getroffen hatte, bis zu jenem Tage, an dem sich das Ekzem das erstemal zeigte, das wenig später von einem der Ärzte in der Umgebung als „Bäckerekzem" bezeichnet wurde; eine Berufskrankheit, die in den meisten Fällen nicht zu heilen war.

Die Havighorst behandelnden Ärzte konnten ihm nur den einen Rat geben: „Gehen Sie aus diesem Beruf heraus und fangen Sie einen neuen an!"

Da war guter Rat teuer. Ludwig Havighorst hatte nach drei Jahren Lehrzeit die Lehre zum Bäckergesellen erfolgreich abgeschlossen, und er war mit seinem Beruf zufrieden. Seine freundschaftlichen Gespräche mit Else Thole waren immer so etwas wie Lichtblicke im Alltag dieses seines Lebens. Die hübsche Tochter des Bäckers mochte ihn, und er mochte sie auch.

Die Arbeitslosigkeit war in den letzten Jahren der Weimarer Republik besonders hoch, neue Arbeitsplätze bei einem Millionenheer von Arbeitslosen lagen nicht einfach zum Aufsuchen auf der Straße. Zwar versuchte Havighorst das unmöglich Erscheinende, aber auch er hatte wie seine Millionen Schicksalsgefährten in Deutschland keinen Erfolg.

Da er körperlich inzwischen sehr gut trainiert und sportlich auf der Höhe war, kam er nach dem Machtwechsel schließlich auf die Idee, sich zur Landespolizei zu melden, denn dort wurden kräftige Männer gesucht. Aber bei einem ersten Gespräch bei der Annahmestelle der Landespolizei wurde ihm gesagt, daß er keine Chancen habe, wenn er nicht in der SA sei und das SA-Sportabzeichen erworben habe. Das seien unerläßliche Kriterien für eine Einstellung bei der Landespolizei.

Ludwig Havighorst trat in die SA ein. Um Politik hatte er sich bisher nicht gekümmert. Er sah nur, daß nach der Machtübernahme durch die Nationalsozialisten die Zahl der Erwerbslosen schlagartig zurückging, daß die wilden Straßenaufläufe verschwanden und Ruhe und Ordnung wieder einkehrten.

Es gelang ihm, das SA-Sportabzeichen mühelos zu erlangen.

Damit waren für ihn bessere Voraussetzungen gegeben, und so meldete er sich 1934 bei der Landespolizeistelle in Bochum, die taugliche Bewerber suchte. Wenige Tage darauf erhielt er die Einladung nach dorthin zu einem Eignungstest.

Der erste Prüfungstag in Bochum war dem Sport gewidmet. Havighorst schnitt sehr gut ab, gemessen an den übrigen Bewerbern. Er wurde zweiter im 3 000-Meter-Lauf, und im Kugelstoßen erreichte er etwas mehr als 10 Meter, für seine Statur und sein Gewicht immerhin eine achtbare Leistung, wenn man bedenkt, daß seine Technik nicht besonders gut war. So kämpfte er sich durch alle Übungen und gehörte zu den vier Anwärtern, die übriggeblieben waren. Dennoch wurde er nicht angenommen. Man stellte ihm anheim, in einem Jahr, wenn er kräftiger geworden sei, wiederzukommen; beste Aussichten habe er dann auf alle Fälle. Nun, beste Aussichten waren zwar gut, aber sie genügten nicht zur Einstellung, wie er am eigenen Leibe hatte feststellen müssen.

Als Ludwig Havighorst am Sonntag nach seiner Prüfung bei seiner Mutter war, erfuhr er von ihr, nachdem er von seinem Mißgeschick berichtet hatte, daß sich sein 13 Monate jüngerer Bruder in Münster beworben habe und bei der dortigen Landespolizeistelle angenommen worden sei.

„Ich fiel aus allen Wolken und sagte: ‚Das kann doch wohl nicht wahr sein! Werner hat doch gar nichts gelernt, er hat bei einem Bauern gearbeitet und noch nie Sport betrieben. Und außerdem ist er nicht einmal in der SA; er ist doch gar nichts.'"

„Er wird es dir gleich selber sagen können", erwiderte seine Mutter. „Er hat sich zum Kaffeetrinken angesagt."

Eine halbe Stunde darauf traf Werner Havighorst ein. Sofort wurde er von Ludwig bestürmt: „Wie weit hast du die Kugel gestoßen?" Er antwortete: „Ich habe sie nur auf acht Meter gebracht." – „Ich habe die Kugel über zehn Meter weit gestoßen", rief Ludwig verwundert aus. „Es ist doch nicht möglich, daß man dich bei dieser schwachen Leistung angenommen hat."

„Eigentlich habe ich sie gar nicht richtig gestoßen", gab Werner zu, „ich habe sie nur so geworfen, das hat dem Sportwart genügt. Ich denke, daß ich eben mehr Glück gehabt habe als du. Wir waren auch nicht so viele Bewerber", wiegelte Werner Havighorst ab.

„Auf jeden Fall hatte man ihn angenommen, und ich mußte weiter in meinem Beruf arbeiten und immer wieder neue Spezialisten aufsuchen, die sich vergeblich abmühten, mir das Bäckerekzem abzunehmen, was ihnen ausnahmslos mißlang. Mein ganzes Geld, das ich privat erspart hatte, legte ich an, um mich, nachdem die Allgemeinmediziner versagt hatten, von Naturheilkundlern behandeln zu lassen; aber auch unter ihren Händen verschwand diese hartnäckige Hautkrankheit nicht.

Ich beschloß, mich erneut bei der Landespolizei zu melden. Allerdings mußte ich dazu noch ein Dreivierteljahr abwarten. Als ich meine Bewerbung einreichte, erhielt ich erneut einen Bescheid, mich wieder vorzustellen. Es waren 45 Bewerber eingeladen worden, und ein harter Wettkampf im Sport begann. Doch ich hatte auf den Lippewiesen intensiv trainiert, und diesmal konnten sich meine sportlichen Leistungen sehen lassen. Beim 3 000-Meter-Lauf wurde ich erster. Die Kugel stieß ich auf 12,50 Meter, und das war für die damalige Zeit und für meine Figur und mein Gewicht eine erstklassige Leistung. Als ich mich verabschiedete, meinte der Aufsichtsführende scherzhaft: ‚Sie können sich schon mal neues Rasierzeug und neue Zahnbürsten kaufen. Sie dürfen sicher mit einer Einstellung rechnen.' "

Das war immerhin eine erfreuliche Aufmunterung, die alle Hoffnungsgeister weckte. Dennoch waren die vier Wochen, die ereignislos dahinschlichen, eine Zeit totaler Überdrehtheit. Wenn der Briefträger kam, wurde gleich die Post durchgesehen. Erst nach vier Wochen war ein „amtlicher" Brief eingetroffen.

„Es war die Mitteilung von der Landespolizeistelle Bochum, daß ich angenommen worden sei, ich aber den Dienst dort nicht mehr anzutreten brauche, weil ich – nach Einführung der Allgemeinen Wehrpflicht – nach Rendsburg zur Wehrmacht überstellt worden sei.

Das hätte ich natürlich auch einfacher haben können. Doch nun wartete ich auf meine Einberufung."

Als Rekrut in Rendsburg

Zum 1. Oktober 1935 erhielt Ludwig Havighorst den Einberufungsbefehl zur Deutschen Wehrmacht, und zwar zum Infanterie-Regiment 26 in Rendsburg.

Die uneingeschränkte Wehrhoheit Deutschlands, welche die durch das Gesetz geregelte Verpflichtung aller Angehörigen des Deutschen Reiches zum Wehrdienst festschrieb, war im Vollzug des Artikels 173 des Versailler Friedensvertrages durch die Weimarer Republik abgeschafft worden. Es gab also seitdem auch keine Wehrpflicht mehr. Dieses Gesetz vom 21. August 1920 wurde durch das Wehrgesetz aus dem Jahre 1935 (21. 5. 1935) abgeschafft und die Wehrpflicht wieder eingeführt. Im selben Gesetz verankert war die Umbenennung der Reichswehr in die Deutsche Wehrmacht, und zwar in die drei Wehrmachtsteile Heer, Luftwaffe und Marine.

Ludwig Havighorst kam zum Heer. Mit einigen Kameraden aus Haltern fuhr er im *ersten* Schub der „zu den Waffen Eilenden" und jener, die zu den Waffen „geeilt wurden", nach Rendsburg. Am dortigen Bahnhof wurden sie von Unteroffizier Pfullendorf empfangen, zur Kaserne geführt und in die Stuben eingewiesen.

„Packen Sie Ihre Sachen in die Spinde, aber ordentlich, versteht sich!"

Das war der erste Befehl, der Havighorst in der Rendsburger Kaserne gegeben wurde. Dazu Havighorst:

„Ich hatte mir ein Paar nagelneue Sportschuhe mitgebracht und legte sie in Ermangelung eines anderen Platzes auf den Tisch, um mit dem Einordnen zu beginnen.

Da sagte Uffz. Pfullendorf zu mir: ‚Haben Sie das zu Hause so gelernt, daß Sie die Sachen einfach auf den Tisch legen?'

‚Herr Unteroffizier', erwiderte ich, ‚das sind doch nagelneue Schuhe!' – ‚Sie wollen also auch noch Widerworte geben! – Na schön! Kommen Sie mit auf den Flur! Und nun hinlegen! – Auf, marsch-marsch! – – – Haaalt! – Vorwärts, marsch-marsch! – Hinlegen!'

Ich wurde über den Flur gejagt, daß mir – wie man so zu sagen pflegte – die Socken qualmten. Doch das machte mir nichts aus; ich war trainiert genug, so lange weiterzumachen, bis Herr Unteroffizier Pfullendorf heiser war.

‚So also geht es hier zu', dachte ich. Aber ich sah dies alles nur als eine Art von Sport an und kam bestens mit dieser Auffassung weiter."

Das Soldatenleben begann. Jeden Tag gab es infanteristische Ausbil-

Rekrut Ludwig Havighorst

dung. Der Start an jedem Morgen war der 2 000-Meter-Lauf mit angezoge-
nem Gewehr rund um den Kasernenhof. Und wenn die Kameraden fluch-
ten, daß sie schon um 6.00 Uhr aufstehen mußten, fühlte Havighorst sich
wie im Paradies, denn er hatte vorher im Beruf schon um 4.00 Uhr aufstehen müssen und war an Laufen und Schuften gewöhnt.

„Wenn es anschließend galt, unter dem Drahtverhau herzukriechen und
danach in voller Uniform und Ausrüstung über die Zweimeter-Eskaladier-
wand zu wetzen, war ich immer vorn dabei. Das machte mir nicht das
geringste aus, während einige andere Kameraden hier Schwierigkeiten
hatten.

Ich lag mit elf Kameraden auf einer großen Stube. Es waren feine Kumpels und saubere Menschen; das muß man sagen. Der interessanteste Typ
war der Schütze Hecht. Er trug seinen Namen, wie wir alle bald feststellen
durften, zu Recht. Bereits am vierten Tag seines Soldatseins hatte er sich in
Rendsburg verlobt. Ich hatte gerade Stubendienst und hörte schon den
Unteroffizier vom Dienst in den Stuben nebenan poltern und die Meldungen entgegennehmen, aber unser Hecht war immer noch nicht zur Stelle.

Gruppenfoto beim IR 26 – Havighorst, obere Reihe zweiter von links

Was sollte ich in diesem Falle tun? Sollte ich den Kameraden verpfeifen, oder sollte ich sein Fehlen überhaupt nicht melden?

Beides war gleich schlimm. Wenn ich Hecht nicht meldete, und es fiel auf, wartete der Bau auf mich. Meldete ich ihn aber, dann kam *er* mit Sicherheit in den Bau.

In letzter Sekunde kam unser Hecht angesaust, warf sich in voller Uniform in sein Bett und zog die Decke weit über sich, daß nur noch sein zerwuschelter Kopf herausragte.

Sekunden darauf kam der UvD hereingeschneit, und ich meldete: ‚Stube 11 mit 12 Mann belegt, alle anwesend!'

Mit einem Seitenblick zu Hecht hinüber sah ich plötzlich, daß Hechts Stiefel unter der Bettdecke hervorschauten. Ein Blick nach links, und der UvD hätte die ganze Bescherung bemerkt.

‚Ich bitte Herrn Unteroffizier etwas zeigen zu dürfen', sagte ich und spürte das Herz oben im Halse schlagen.

‚Machen Sie schon hin, Havighorst, zeigen Sie schon, ich habe nicht bis zum Wecken Zeit', knurrte der UvD. Ich führte ihn zur Tür, so daß er nunmehr dem Bett von Hecht den Rücken zukehrte, und zeigte ihm die Stelle, wo die Türfüllung so etwas wie Blaufäule anzeigte.

‚Was ist damit, Mann?' – ‚Dieser Fleck, Herr Unteroffizier, er muß ausgeschmirgelt werden und dann neu lackiert, sonst dringt die Blaufäule durch!' – ‚Sind Sie Schreiner?' fragte der UvD. ‚Nein, Bäcker, Herr Unteroffizier?' – ‚Dann kümmern Sie sich gefälligst um die frischen Brötchen und nicht um Blaufäule, verstanden!'

Sprach's und entschwand zu meiner Erleichterung. Als er gegangen war, fragte alles aufgeregt, aber im Flüsterton, was das denn zu bedeuten gehabt habe. Ich zeigte nur auf Hechts Bett, und da sahen alle den Stiefel, der unter der Decke hervorschaute.

Das Gelächter war groß, und alle mußten die Köpfe unter die Decke stekken, damit der UvD, der bereits in der Nebenstube herumwerkelte, nichts hörte und zurückkam. Als er in ausreichender Entfernung war, zog sich Hecht aus, und bald kehrte Abendruhe ein."

Solcherart Episoden gab es viele, und Ludwig Havighorst lernte schnell, daß das gleiche tun nicht immer dasselbe war.

Durch Uffz. Pfullendorf hatten sie den Rat bekommen, jeden Abend die Stiefel zu untersuchen, ob irgendwo ein Nagel fehlte. Er sei, so bemerkte er, sofort nachzuschlagen.

Bei einem Morgenappell befahl Pfullendorf nach dem Antreten: „Jeder zweite hebt den rechten Fuß hoch!" Als er zu Havighorst kam, stellte er fest, daß ein Nagel fehlte, und bemängelte dies sofort: „Sie, Havighorst, bei Ihnen fehlt ein Nagel! Sie melden sich heute abend nach Dienstschluß bei mir; aber im Sportanzug, ist das klar?" – „Jawohl, Herr Unteroffizier."

Nach dem Dienst meldete sich Havighorst im Sportanzug bei Uffz. Pfullendorf. Dieser musterte ihn angelegentlich, dann glitt ein Lächeln über sein Gesicht. Aber dieses freundliche Grinsen galt weniger Havighorst als der Tatsache, daß dieser „halbnackt" zu ihm gekommen war.

„Wollen Sie mich verarschen?" fragte er. „Sie haben hier einen Knopf nicht geschlossen. Schnell zurück auf die Stube! In fünf Minuten melden Sie sich im Ausgehanzug."

Havighorst rannte zurück, zog in Windeseile den Ausgehanzug an und lief dann zur Stube von Uffz. Pfullendorf zurück. Aber in der Eile hatte er vergessen, die Mütze aufzusetzen. Pfullendorfs Blick erfaßte dies sofort.

„Na ja, Sie sind mir vielleicht ein Würstchen. Das wird ja immer interessanter. Beim nächstenmal vergessen Sie noch die Stiefel. Wenn Sie so weitermachen, dann dürfen Sie mit drei Tagen Bau rechnen. Also marschmarsch zurück! In zwei Minuten will ich Sie hier wieder sehen. Aber im Arbeitsanzug."

„Helft mir in den Arbeitsanzug! Die Sachen hängt bitte auf, damit alles ordentlich ist, wenn Pfullendorf kommt. Macht den Spind wieder klar!"

Nach drei Minuten war Havighorst wieder bei Uffz. Pfullendorf. Der blickte auf die Uhr, fand wieder eine Unkorrektheit im Anzug, und der geplagte Soldat eilte zurück. So exerzierte er alle möglichen Anzugarten durch, und die Kameraden halfen nach besten Kräften, daß alles wieder ordentlich aufgehängt wurde, denn eine Spindprüfung würde sich Pfullendorf, das ahnte man, auf keinen Fall entgehen lassen.

Und so war es denn auch. Als der letzte Anzug einigermaßen klar war, meinte Pfullendorf:

„So, in genau fünf Minuten komme ich, dann wird der Spind nachgesehen. Ich werde euch helfen, einfach mit einem fehlenden Nagel beim Antreten zu erscheinen."

Als Pfullendorf kam, war der Spind bestens in Ordnung. Mißtrauisch äugte er von einem zum anderen. „Wohl ein bißchen geholfen, was?" fragte er. Alles blieb stumm, aber jeder war sich darüber im klaren, daß auch das Stummsein seinen Preis haben würde.

„Am nächsten Tag wurde der Stube 11 die Rechnung präsentiert. Es hatte in der Nacht geregnet. Es ging durch Schlamm und Pfützen, und als wir uns mitten durch eine große Wasserlache bewegten, die sich schon zu einem kleinen See ausgewachsen hatte, wurde ‚Fliegerdeckung!' befohlen, und wir warfen uns in das dreckige Wasser, daß es über uns zusammenschlug.

‚Ich werde euch schon beibiegen, daß ihr die Schuhe anständig versorgt!' knurrte Pfullendorf. ‚Auf, marsch!' "

Sie liefen einen Kilometer mal im Trab, mal im Schritt, und noch einige Male hieß es: „Volle Deckung!" oder: „In den Straßengraben rechts!"

„Aber ab dem zweitenmal war es nicht mehr tragisch. Eigenartigerweise ließen wir alle den Kopf nicht hängen. Diese kleinen Sondereinlagen von Pfullendorf schweißten uns fest zusammen. Wir wurden wirkliche Kameraden, die schon mal einen Puff vertragen konnten und nicht aufeinander wütend waren, wenn alle für einen ‚leiden' mußten."

Die Männer merkten dabei unvermeidbar, daß die Friedensausbildung in der Deutschen Wehrmacht nicht von Pappe war und sich in nichts von der harten Ausbildung der Reichswehr unterschied, die ein bekannter Eliteverband war.

Jeden Tag ging es hinaus ins Gelände. Aber man hatte auch keine Sorgen mehr. Es gab mit jedem Tage mehr feste Erfahrung, das Exerzierprogramm zu meistern und die gestellten Aufgaben zu erfüllen. Die Verpflegung war

Vor einem Appell in Rendsburg – in der Mitte Havighorst

gut, das wenige Geld wurde pünktlich gezahlt, und für Freizeit und Vergnügungen war ebenfalls gesorgt.

Hier entwickelte sich Havighorst sehr gut, wie einige seiner Kameraden, die den großen Orlog überlebten, versichern konnten. Er hatte ein gutes Ansehen in der Gruppe und nahm oftmals freiwillig Aufgaben auf sich, die anderen gegolten hatten. Der kleine Hermes wußte ein besonderes Lied davon zu singen, denn er profitierte immer wieder von Havighorsts sportlicher Einstellung, mit der er auch Aufträge übernahm, die Hermes kaum hätte ausführen können.

Ludwig Havighorst wurde schließlich Putzer; danach war er infolge seiner prächtigen Kondition Kompaniemelder, um schließlich zum Bataillonsmelder zu avancieren.

Havighorsts Kampaniechef, Hauptmann Richard Daniel, dem später als GenMaj. und Kommandeur der 45. Volks-Gren.-Div. noch das Eichenlaub zum Ritterkreuz des Eisernen Kreuzes verliehen wurde, nahm sich des Zwölfjährig-Freiwilligen Havighorst besonders an. Er erkannte in diesem drahtigen Soldaten, der immer als einer der Besten abschnitt, ohne sich als Streber vorzudrängen, den Unterführernachwuchs, den die Bataillone der Deutschen Wehrmacht nach der beschleunigten Aufstellung für die nächsten Jahrgänge brauchten.

So pendelte Havighorst also als Melder von der Kompanie zum Bataillon und schließlich vom Bataillon zum Regiment und lernte dabei viel, darunter auch die Binsenweisheit, daß man nicht alles zu wörtlich nehmen durfte.

Diese Haltung wurde bereits sehr früh in ihm gefestigt. Beim Eintritt in das IR 26 wurde den Männern befohlen, daß sie sich an ihrem Geburtstag zu melden hätten. Dazu Havighorst:

„Ich mußte mich also am 16. Dezember melden. Aber einen Tag vorher hatte ein Kamerad aus unserer Gruppe Geburtstag. Dieser 15. Dezember 1935 war ein Sonntag. Wir kamen gerade aus der Kirche zurück, und mein Kamerad meldete sich bei Hauptfeldwebel Schütze:

‚Bitte melden zu dürfen, daß ich heute Geburtstag habe!' – ‚Ja das ist ja schön! Herzlichen Glückwunsch!' erwiderte der Hauptfeldwebel und reichte dem Schützen die Hand. Als dieser einschlug, bemerkte Schütze: ‚Sie Schlappschwanz, wenn Sie mir schon die Hand geben, dann drücken Sie gefälligst feste zu! – Hinlegen! – Auf maaarsch! – Kehrt maaarsch! – Achtung!'

Der Schütze durfte wieder eintreten, aber ich wollte es besser machen, wenn ich mich am folgenden Tage meldete. Am nächsten Morgen also meldete ich nach dem Antreten: ‚Herr Hauptfeldwebel, ich melde, Schütze Havighorst hat Geburtstag!'

‚Schön', sagte er auch diesmal. ‚Herzlichen Glückwunsch!' und reichte mir die Hand. Ich schlug ein und drückte kräftig zu. Im selben Moment schrie der Spieß: ‚Aua! – Was fällt Ihnen ein! Sie quetschen mir ja die Hand kaputt!' Und dann folgte die gleiche Tour: ‚Hinlegen! – Auf, marschmarsch! – Kehrt marsch, eintreten!'

‚So ist das also!' dachte ich. Wenn es so ging, dann wollte ich mich auch entsprechend verhalten. Es gab kein freundliches Wort von Spieß Schütze, sondern nur einen Anschiß. Und einen Grund dazu fand er immer, wie ich später feststellen durfte. Man machte es also immer verkehrt.

Als wir erfuhren, daß wir unsere große Sommerübung am nächsten Tage antreten würden, war mir klar, daß der Weg nach Eckernförde nicht leicht sein würde, besonders nicht als Bataillonsmelder."

Das Infanterie-Lehr-Regiment

„Auf unserer großen Übung marschierten wir von Rendsburg nach Eckernförde. Der Marsch über 80 Kilometer war sehr schwer, besonders für mich, da ich ihn etwa zweimal zurücklegen mußte, wenn es galt, die Meldungen zu befördern.

Hier machte sich meine sportliche Betätigung bemerkbar. Ohne das dauernde Training hätte ich diesen Tag nicht heil überstanden.

Von der Kompanie ging es zum Bataillon und von diesem wieder nach vorn zur Kompanie, und als wir am Abend unser Ziel erreichten, dauerte es auch nicht lange, bis die meisten Kameraden der Kompanie ein stilles Plätzchen gefunden hatten und einschliefen.

Ich hatte einen Baumstumpf gefunden, hockte mich darauf und schrieb einen Brief nach Hause. Plötzlich stand Hptm. Richard Daniel – mein Kompaniechef – vor mir.

Er sah mich, kam zu mir herüber und fragte: ‚Nanu, was machen Sie denn da?' – ‚Ich schreibe einen Brief, Herr Hauptmann!' – ‚Sind Sie denn nicht müde? Schauen Sie Ihre Kameraden an, die sind alle eingeschlafen.' – ‚Nein, ich bin nicht so müde, Herr Hauptmann!'

Er blickte mich prüfend an, ich hielt dem durchbohrenden Blick stand, meinen Blick – wie dies immer geübter Brauch ist – stur auf die Stirn des Hauptmanns gerichtet. ‚Weitermachen', sagte er und verschwand.

Daß diese Begegnung nach dem langen Marsch für unseren eisenharten Hauptmann Anlaß sein sollte, mich einige Zeit danach zu sich rufen zu lassen, erfuhr ich erst später. Auf alle Fälle wurde ich ganz überraschend auf die Schreibstube gerufen, und Hptm. Daniel fragte mich:

‚Schütze Havighorst, sind Sie bereit, in das Infanterie-Lehr-Regiment in Döberitz bei Berlin einzutreten?'

Ich hatte von diesem Elite-Regiment gehört, das sich in der Aufstellung befand, und schmetterte mein ‚Jawohl!' hinaus.

Nun wurde ich darüber belehrt, wie dieses Regiment aufgestellt werden sollte. ‚Aus jedem Regiment der Deutschen Wehrmacht werden einige Soldaten zum Infanterie-Lehr-Regiment versetzt. Sie erhalten dort eine besondere infanteristische Ausbildung. Wenn Sie damit fertig sind, Havighorst, kehren Sie zu unserem Regiment zurück, um Ihr in Berlin erworbenes Wissen und Können an ihre alten Kameraden weiterzugeben. Machen Sie mir Ehre, Havighorst!'

Mit diesen Worten war ich entlassen, und einige Zeit später – es war

Hauptmann Grell, genannt „Knochen Karl"

*Das Olympische Dorf,
erster Standort des Infanterie-Lehr-Regimentes –
das Torhaus*

inzwischen August 1936 geworden, und die Olympischen Spiele in Berlin näherten sich ihrem Ende – erfolgte tatsächlich meine Versetzung ins Infanterie-Lehr-Regiment nach Berlin-Döberitz.

Das Regiment, welches ich erwartet habe, entpuppte sich wie beinahe alle bisherigen Neuaufstellungen nur als Bataillon, das sich aus drei Schützen-Kompanien und der schweren – der MG-Kompanie – zusammensetzte. Ich kam zur 3. Kompanie unter Hauptmann Karl Grell, genannt ‚Knochenkarl‘. Kommandeur der Infanterieschule in Berlin-Döberitz-Elsgrund (dem Olympischen Dorf) war der damalige Oberstleutnant, dann Oberst Hans Hube, der es später bis zum Generaloberst bringen sollte.

Hube wurde außerdem mit der höchsten deutschen Tapferkeitsauszeichnung, dem Ritterkreuz mit Eichenlaub, Schwertern und Brillanten, ausgezeichnet.

Das Bataillon wurde in Döberitz aufgestellt. Dort belegten wir zunächst mit 40 Mann ein Riesenzimmer. Dies war eine besonders unangenehme Zeit, denn bei 40 Soldaten war immer – ob bei Tag oder Nacht – etwas los.

An viel Schlaf war bei dieser Masse von Menschen auf engstem Raum nicht zu denken, es sei denn, man war *sehr* müde. Meistenteils war einer am ‚Spinnen‘, oder irgendein anderer hatte einen Alptraum und brüllte durch die Nacht, daß die Lampen wackelten. Wieder andere erzählten einander von den am vergangenen Tage gemachten Eroberungen, unterbrochen von schallendem Gelächter.

Besonders viel gab es zu erzählen, wenn es von Samstag auf Sonntag oder von Sonntag bis zum Wecken am Montag Nachturlaub gegeben hatte. Immerhin befanden sich in diesen Augusttagen des Jahres 1939 Hunderttausende fremder Menschen aus aller Welt in der Reichshauptstadt, um die Olympischen Spiele mitzuerleben.

Nachdem die Athleten der Teilnehmerstaaten das Olympische Dorf verlassen hatten, hielten wir endlich darin Einzug. Aus der Hölle kamen wir schnurgerade in den Himmel. Mit zwei Mann auf jedem Zimmer war dies das reinste Sanatorium, gemessen an der Hektik in den Gemeinschaftsräumen.

Vielleicht sollte ich an dieser Stelle etwas über das Olympische Dorf sagen, das zur Zeit der Sommerolympiade 1936 von 3 500 Wettkämpfern und Kampfrichtern bewohnt wurde.

Im Gegensatz zu den 1932 für die Olympiateilnehmer in Los Angeles aufgestellten Behelfsbauten mußte das Olympische Dorf schon wegen der klimatischen Verhältnisse in besserer Bauweise erstellt werden. Die Deutsche

Gesamtansicht des Olympischen Dorfes aus der Luft

Wohnhausgruppe im Lazarettgelände

Das „Hindenburghaus" – Hörsaalgebäude der Schule

Wehrmacht erhielt den Bauauftrag mit dem Hinweis, daß dort später einmal deutsche Soldaten einer Elitetruppe einziehen würden.

So entstand 14 km vom Reichssportfeld entfernt nach den Plänen des Architekten Prof. Werner March und des Gartengestalters Prof. Wiepking-Jürgensmann das Deutsche Olympische Dorf. Die 140 einstöckigen massiven Häuser waren von Birken- und Eichengruppen umstanden. In der Mitte lag die grüne ‚Dorfaue', an die sich der Waldsee anschloß. Am ostwärtigen Seerand nahe am Wasser lag das Blockhaus mit der finnischen Sauna. Jedes der Häuser verfügte über 10–12 Zweibettzimmer, Waschräume und Toiletten. Den Mittelpunkt eines jeden Hauses bildete der Tagesraum mit der offenen Terrasse, die jeweils zu den schönsten Aussichtspunkten hin gelegen war.

Alle Häuser führten den Namen deutscher Städte. Die Studenten der Kunstschulen hatten sie mit Wandbildern aus der deutschen Geschichte oder der jeweiligen Stadtgeschichte geschmückt.

Alles war so angeordnet, daß diese Städtenamen auch im Sinne einer Landkarte Deutschlands angeordnet waren.

Von der Zufahrtsstraße kam man direkt zu dem im Viertelkreis angelegten Kommandogebäude. Der obere Abschluß der Dorfaue war mit einem großen Bauwerk zum Speisehaus für die Athleten gebildet worden. Dieses Haus wurde unser Standort-Lazarett.

Auf der ostwärtigen Anhöhe der Gesamtanlage erhob sich das dritte Hauptgebäude mit der Ehrenhalle für den verstorbenen Reichspräsidenten Paul von Hindenburg, einem größeren Vortragssaal und einer Reihe von Übungssälen.

Im Nordosten des Olympischen Dorfes lag das Sportfeld, das nach den genauen Maßen des Olympiastadions errichtet worden war. An seinen Schmalseiten befanden sich einmal die Sporthalle und die Schwimmhalle mit einer zweiten Sauna, wie auch die Brausen und Wannenbäder.

Die dem Sportplatz zugewandte Glaswand des Hallenbades ließ sich bis zur Hallenhöhe öffnen, so daß das Bad direkt vom grünen Rasen aus betreten werden konnte.

In diesem luxuriösen Komplex waren wir nun untergebracht. In der Broschüre, die wir erhielten, lasen wir darüber folgendes:

‚Der ausgesuchten Truppe, die sich des Vorzuges, die schönste Kaserne der Welt zu bewohnen, wohl bewußt ist, sind Aufgaben besonderer Art gestellt. Es gilt hier, einen befähigten und tüchtigen Führernachwuchs heranzubilden und ihn den Stammtruppenteilen oder anderen Truppenteilen wieder zuzuführen.

Unter dem Gesichtspunkt, ein Gleichmaß der Anschauungen und Auslegungen der Vorschriften für die gesamte Infanterie zu schaffen, werden hier, auf Grund an Ort und Stelle im Verbande mit anderen Waffen gefundener Erfahrungen, neue Vorschriften erarbeitet.

Außerdem laufen Lehrgänge der verschiedensten Arten zur Schulung des Offizierskorps der Infanterie vom Fähnrich bis zum Bataillons-Kommandeur.‘

Ich gehörte im Olympischen Dorf zur 3. Kompanie, der Nahkampf-Kompanie. Neben dem normalen Gefechtsdienst mit Schießen und dem Exerzieren erhielten wir eine Nahkampfausbildung, zu der auch Fechten, Kampf mit aufgepflanztem Bajonett, Gewehrschießen und Pistolenschießen aus allen möglichen Stellungen gehörten. Eine besondere Art ist der sogenannte ‚Deutschuß‘; das war der Schuß aus der Hüfte mit nur angedeutetem Ziel. Diese Art des Schießens rettete mir einige Jahre später im Einsatz bei der Fallschirmtruppe das Leben.

Hauptmann Karl Grell, unser Kompaniechef, übte mit uns Tag und

Generaloberst Hans Hube,
Träger der höchsten deutschen
Tapferkeitsauszeichnung,
war als Kommandeur
des Infanterie-Lehr-Regimentes
Havighorsts Ausbildungschef

Nacht. Weil wir doppelt so viele Nahkampfübungen durchzuführen hatten als alle anderen Kompanien, vor allem bei Nacht, erhielten wir sehr bald den Spitznamen ‚Mondschein-Kompanie'.

Daß unser Bataillon auch im Verband übte, verstand sich von selbst, zumal es ja auch Lehrtruppe für die Oberfähnriche war, von denen alljährlich 2000 im Olympischen Dorf ausgebildet werden sollten. Zweimal im Jahr sollten große Gefechtsübungen durchgeführt werden, die nicht nur vor unserem Regimentskommandeur, sondern auch vor ausländischen Offizieren erfolgten, so auch vor einer japanischen Delegation.

Neben dem Olympischen Dorf lag das Jagdgeschwader ‚Richthofen', in dem auch mein Bruder Werner Dienst tat. Mit dem Geschwader zusammen probten wir oft den Fliegerangriff und seine Abwehr; vor allem die Abwehr von Tieffliegerangriffen wurde trainiert.

Immer wieder erlebten wir lange Märsche, bei denen verschiedene Schuh-, Stiefel- oder Uniformstücke erprobt wurden. Darüber mußten Berichte angefertigt, ausgewertet und weitergegeben werden.

Am 10. Oktober 1936 erhielt ich meine erste Beförderung, die zum Gefreiten.

Immer wieder war auch Adolf Hitler zu Besuch im Olympischen Dorf, um sich vom Fortgang unserer Ausbildung zu überzeugen. Daß dieser rasant war, dafür bürgte die Persönlichkeit des einarmigen Obersten Hans Hube, der später als einer der ersten mit seiner 16. ID (mot.) bei Stalingrad die Wolga erreichen sollte. Wenn Adolf Hitler auftauchte, war stets Hans Hube an seiner Seite, der dem ‚Führer' alles zeigte, was dieser zu sehen wünschte.

Mein Zugführer zu dieser Zeit war der damalige Leutnant Helmut Beck-Broichsitter, ein unwahrscheinlicher Draufgänger. Daß er gleich zu Anfang des Frankreich-Feldzuges als Chef der 14. Kompanie des Infanterie-Regimentes ‚Großdeutschland' das Ritterkreuz erhielt, wunderte mich nicht. Er hatte in seiner unnachahmlichen Art eine Reihe von Feindpanzern abgeschossen.

Allerdings wäre um ein Haar seine Karriere bei uns zu Ende gewesen, wenn nicht Oberst Hube seine schützende Hand über ihn gehalten hätte.

Es war im Spätsommer 1936, als unser Bataillon nach Großborn, einem Übungsplatz ostwärts von Berlin, verlegt wurde. Am dortigen See betrieben wir unseren Sport. Es galt, bestimmte Strecken im See zu schwimmen, und zum Auftakt ließ Leutnant Beck-Broichsitter die 3. Kp. der Reihe nach vom Fünf-Meter-Brett springen. Er ließ den Zug am Sprungturm antreten und erklärte:

‚Jeder springt vom Fünf-Meter-Brett. Wir machen den einfachen Abbrenner, das ist ein ganz leichter Sprung. Sie rennen einfach vor, legen am Ende des Brettes den Körper nach vorn und springen. So kommen Sie mit dem Kopf voraus ins Wasser. Dabei kann niemandem etwas passieren.'

Ich trat vor und meldete: ‚Herr Leutnant, der Schütze Moser ist Nichtschwimmer.'

‚Das spielt keine Rolle. Wir werden Rettungsschwimmer aufstellen. Sie suchen noch vier gute Schwimmer aus und stellen sich bereit, jeden herauszuholen, der nicht schwimmen kann.'

Ich dachte: ‚Wenn das nur gutgeht!' Schütze Moser ist nämlich so eingestellt, daß er das Schwimmen nicht erlernen kann. Ich hatte beim Schwimmunterricht schon alles versucht, ihm das Schwimmen beizubringen, weil dies die Grundvoraussetzung für einen Urlaub war. Nichtschwimmer bekamen im Infanterie-Lehr-Regiment keinen Urlaub.

Die fünf Rettungsschwimmer stellten sich im Kreis um das Schwimmbecken auf. Die übrigen, allen voran Leutnant Beck-Broichsitter, erkletterten den Sprungturm und sprangen ins Wasser. Es schien alles glatt zu verlaufen. Schütze Moser sprang auch. Er kam auch gut unten an. Gleich mußte er wieder auftauchen, und wir hätten ihn ans Ufer holen müssen.

Sekunden verstrichen, und plötzlich war ich sicher: der kommt nicht wieder hoch! Ich starrte zu unserem Leutnant hinüber. Der spähte noch einmal auf das Wasser, ehe er mir zurief: ‚Hinein!'

Wir sprangen ins Wasser, und ich wußte sofort: ‚Du mußt hinunter bis auf den Grund, sonst kannst du ihn nicht retten.'

Ich tauchte tiefer und tiefer hinab. Die Lungen schienen bersten zu wollen. Da sah ich ihn: Schütze Moser lag auf dem Grund des hier beinahe acht Meter tiefen Sees. Ich zog ihn mit letzter Kraft nach oben, und die übrigen Rettungsschwimmer halfen mir, ihn ans Ufer zu bringen.

Wir brachten ihn wieder zu sich. Er hatte diese Gefahr heil überstanden, brauchte aber nie mehr ins Wasser zu springen, und Urlaub erhielt er auch, denn schließlich war er ja gesprungen.

Dieses Ereignis, von dessen Brisanz sich eine Reihe weiterer anfügen ließen, zeigte, daß unser Leutnant keine Rücksicht nahm, weder auf sich selber noch auf andere. Er war einfach *der* vorbildliche Draufgänger.

Das Jahr 1937 brach an. Unsere Ausbildung ging zügig weiter. Wir beherrschten nun alle Kniffe, die den wahren Infanteristen ausmachten, und waren ‚alte Hasen' geworden, bewiesen dies auch während der großen Übungen, besonders bei den Angriffsübungen mit dem ‚Durchpreschen durch die feindliche Tiefenzone'. Immerhin kannten wir ja den Truppenübungsplatz bereits wie unsere Westentasche.

Als wir im Sommer 1937 abermals eine Großübung vor japanischen Offizieren abhielten, mit denen Adolf Hitler auf der Zuschauertribüne saß, galt es in Zusammenarbeit mit schweren Waffen, Jagdfliegern des Geschwaders ‚Richthofen' und anderen, einen Durchbruch darzustellen.

Meine Gruppe mußte im Zugverband das Einbrechen in eine Feindstellung vorführen, um sodann durch die feindliche Tiefenzone durchzustoßen. Alles geschah im scharfen Schuß.

Nach Ende dieser Vorführung kam ein japanischer Offizier zu mir und sagte in gebrochenem Deutsch: ‚Wenn Sie so machen im Krieg, kein Feind kann widerstehen.'

Ich wurde stellvertretender Gruppenführer, und nach meiner Beförderung zum Unteroffizier am 1. Oktober 1937 galt es auch, das Trinkritual durchzustehen, das Hptm. Karl Grell mit allen Unteroffizieren, die neu zu diesem Dienstgrad befördert worden waren, durchexerzierte. Einleitend dazu sagte er zu uns:

‚Ich verlange von einem Unteroffizier, daß er trinken kann. Er muß trinken können, ohne sich zu besaufen!'

Truppenübungsplatz Groß-Born.
Zu Pferde Hauptmann Grell. Erste Reihe links: Lt. Beck-Broichsitter;
rechts: Havighorst

Unteroffizier Havighorst neben „Rudi keine Ahnung" (mit Hut)
1938 im Olympischen Dorf

Es galt zunächst ein Glas ‚Ratzeputz' in einem Zug zu leeren. Das war ein höllisch scharfes Zeug. Es entwickelte sich ein fürchterliches Besäufnis, und sämtliche Unteroffiziere mußten anschließend abgeschleppt werden. Das verleidete mir für immer diese Art von ‚Genuß'.

Wir waren eine gute Gemeinschaft und hatten natürlich auch *unser* Original, wie dies in jeder Kompanie bei ‚Preußens' so üblich war. Der Mann hieß Rudi Schroth, und wir nannten ihn ‚Rudi keine Ahnung', weil dies sein ständiges Schlagwort war, das er bei passender und unpassender Gelegenheit benutzte. Er war auch zum Unteroffizier befördert worden und hatte – wie konnte es anders sein – wieder mal *keine* Ahnung, wie er ins Bett gekommen sein konnte . . . Da um 4.00 Uhr bereits wieder Wecken war, ging es uns ziemlich mies. Rudi aber hatte eine besondere Art, im Stehen und bei jeder Gelegenheit zu schlafen. Er lehnte an seinem Gefechtsfahrzeug, das zur nächsten Übung bereitstand, und schlief, ohne daß der ‚Alte' etwas gewahr wurde, obwohl er nur in etwa zehn Schritten Abstand vorüberging.

An diesem Übungstag, der eigens zur ‚Aufmunterung' für die frischgebackenen Unteroffiziere eingelegt worden war, stand mir noch ein freudiges Ereignis bevor.

Das IR 26 aus Schleswig-Holstein, in das ich als Rekrut eingetreten war, lag auf unserem Truppenübungsplatz, und unser Bataillon mußte gegen dieses Regiment antreten; das heißt, wir stellten für dieses den Feind dar.

Das IR 26 griff also an. Dabei wurde es von Schiedsrichtern begleitet, u. a. auch von Hptm. Daniel, der ja mein Kompanieführer gewesen war.

Ich lag mit meinem MG in einer günstigen Stellung. Meine alte Kompanie griff direkt auf mich zu an, und plötzlich tauchte auch Hauptmann Daniel auf, der hoch zu Roß, Knallkörper werfend, die Artillerieeinschläge markierte. Natürlich wollte ich sehr gern meinen alten Chef begrüßen. Aber durfte ich dies mitten im Gefecht tun?

Ich wagte es. Als er vor mir anhielt, stand ich auf, ging ein paar Schritte auf ihn zu, schlug die Hacken zusammen und meldete:

‚Bitte Herrn Hauptmann melden zu dürfen, daß ich 1935 in der 3. Kompanie gedient habe.'

Ganz verblüfft starrte er mich an. Dann stieg er offensichtlich erfreut vom Pferd, reichte mir die Hand und sagte: ‚Das ist aber wirklich wunderbar, daß Sie sich melden, Havighorst. Das freut mich *wirklich!* – Jetzt aber wieder schnell auf Ihren Platz, damit der Kampf weitergehen kann!' Er selbst saß auch wieder auf, und der ‚Krieg' ging weiter."

Hauptmann Richard Daniel war
Havighorsts Kompaniechef.
Als Generalmajor und Divisions-
kommandeur erhielt er das Eichen-
laub zum Ritterkreuz.

Helmut Beck-Broichsitter,
ein harter Ausbilder

Berliner Aktivitäten

„Der Dienst im Infanterie-Lehr-Regiment machte allen Männern Freude, auch dem einfachen Landser. Die Ausbildung war nicht nur interessant, sondern auch frontnah, denn stets wurde mit scharfer Munition geschossen, und unsere MG-Schützen erhielten 3 000–4 000 Schuß Munition anstelle der üblichen 200 Patronen in den normalen Infanterie-Regimentern.

Auch die Ausstattung des Infanterie-Lehr-Regimentes war besser als anderswo. Es verfügte bereits über das seinerzeit modernste MG 34, das in der Minute etwa 1 000 Schuß verschoß. Die einzelnen Züge waren mit jeweils drei Granatwerfern ausgerüstet.

Daß auch das Werfen scharfer Handgranaten alltäglich war und immer wieder geübt wurde, wobei insbesondere das Werfen im Liegen besondere Technik voraussetzte, wenn man nicht im Moment des Wurfes zu weit aus der Deckung herauskommen wollte, verstand sich von selber für ein Lehr-Regiment."

Im Jahre 1938 verließ Leutnant Helmut Beck-Broichsitter die Kompanie. An seine Stelle trat Oberleutnant Max Fabich, der den ersten Zug übernahm. (Er sollte es im Kriege bis zum Oberstleutnant bringen und am 19. April 1945 als Kommandeur des Panzer-Füsilier-Regimentes „Groß-deutschland" das Ritterkreuz erhalten.)

„Unter der Regie von Oblt. Fabich wurde von mir im Frühjahr und Sommer 1938 ein Film gedreht, der den Titel ‚Der Infanterist im Nahkampf' trug. In diesem Streifen wurden sämtliche Möglichkeiten des Nahkampfes gezeigt. Vor allem das Schießen aus der Hüfte.

Dieser Lehrfilm wurde den jeweiligen neuen Jahrgängen der bei uns eintreffenden Oberfähnriche gezeigt, ehe sie diese Dinge selber lernten.

Im Sommer 1938 verlegte unser Bataillon, inzwischen ein voll ausgebildeter und aufgestockter Kampfverband, zum Truppenübungsplatz Heuberg im damaligen Baden und Württemberg. Da sich dieser Platz vorzüglich zu Gefechtsübungen mit Panzern eignete, wußten wir, was unser harrte.

Es war vorgesehen, daß die Panzer uns, die wir in den selbst gegrabenen ‚Hube-Löchern' hockten, mit scharfer Munition angriffen.

Sommerfest beim Infanterie-Lehr-Regiment 1938 in Berlin-Döberitz

Das ‚Hube-Loch‘, eine Erfindung unseres Kommandeurs, Oberst Hube, hatte eine Länge von etwa 1,80 und eine größte Breite von 0,60 Metern. Es war so tief, daß der darin stehende Schütze seine Waffe im Kampf auf den oberen Lochrand auflegen konnte.

Wenn das Loch mit Brettern verstärkt war, konnte schon ein Panzer darüber hinwegfahren. Tödlich wurde es erst dann, wenn der Panzerfahrer dieses Loch erkannte und sich darüber drehte und den Schützen verschüttete.

Die Übung begann. Die Lage lautete: ‚Überlegene Feindkräfte greifen an!‘

Wir hatten uns vor diesem Angreifer hinhaltend kämpfend zurückzuziehen. Es wurde für uns ein hartes und verbissenes Kämpfen, ein Laufen, Wetzen und Jagen, das stundenlang anhielt.

Die Übungsleitung ließ es sogar in einem kleinen Dorf, das auf dem Übungsplatz aufgebaut worden war, zu Nahkämpfen kommen. Wir zogen uns immer weiter zurück. Etwa eine Stunde vor Einfall der Dunkelheit hieß es: ‚Halt und Eingraben!‘

Oberleutnant Fabich, der uns in allen Aufgaben begleitete, ermahnte uns: ‚Beeilen Sie sich, daß Sie in den Boden kommen! Morgen früh greifen die Feindpanzer an.‘

Wir buddelten und gruben fast die ganze Nacht hindurch. Erst gegen 3.00 Uhr in der Frühe waren wir mit unseren Deckungslöchern fertig. Wir verkrochen uns darin, zogen unsere Zeltplanen darüber und schliefen bis kurz vor Sonnenaufgang.

Als sich die Morgendämmerung zeigte, vernahmen wir bereits in der Ferne das Dröhnen der Panzermotoren. Dann hörten wir die Ketten rasseln; dies zeigte uns, daß die Stahlkolosse näherkamen.

Nervös, mit etwas zittrigen Knien erwarteten wir ihren Angriff. Die Panzer rollten heran und schossen mit scharfer Munition über uns hinweg. Einige unserer Löcher wurden von ihnen überrollt. Sie brachen nicht zusammen; alles ging gut, niemand wurde verletzt.

Die Gefechtsleitung war mit dem Ergebnis dieser Übung sehr zufrieden, wie der anschließende Urlaub bis zum Wecken bewies.

Während des ‚Reichsparteitages der Arbeit‘ 1937 in Nürnberg marschierten wir auf dem Märzfeld in feldmarschmäßiger Ausrüstung am ‚Führer‘ vorüber.

Gleiches geschah während der großen Geburtstags-Parade in Berlin ‚Unter den Linden‘ am 20. April 1939 zum 50. Geburtstag Adolf Hitlers.

Bereits Mitte März 1939 wurde unsere Kompanie des Infanterie-Lehr-

*Maximilian Fabich errang ebenfalls
das Ritterkreuz.*

*Die Geburtstagsparade am
20. April 1939 war die
größte Parade der Wehrmacht.*

Regiments darüber informiert, daß sie an den Feierlichkeiten zum 50. Geburtstag Adolf Hitlers teilnehmen solle. In einem Kompanieunterricht wurde uns diese Tatsache vom Chef mitgeteilt und gleichzeitig hervorgehoben, daß es eine große Ehre für uns sei, am ‚Führer' vorbeimarschieren zu dürfen. Es würde die größte Parade werden, die jemals stattgefunden habe. Auf der Tribüne des ‚Führers' würden die Militär-Attachés und Abordnungen aller bedeutenden Staaten der Erde teilnehmen.

Das Besondere in unserem Falle war, daß wir nicht im glänzenden Paradeanzug am ‚Führer' vorbeimarschieren sollten, sondern feldmarschmäßig. In den nächsten Tagen begannen die entsprechenden Vorbereitungen, die voll feldmarschmäßig auf unserem Paradeplatz durchgeführt wurden, bis jeder Schritt hundertprozentig klappte.

Zunächst paradierten wir immer vor dem Kompaniechef. Dann aber kam die große Generalprobe, als wir an Oberst Hube vorbeimarschierten.

In der Frühe des 20. April 1939 wurden wir auf Lastwagen zum Ausgangspunkt der Parade gefahren. Als es schließlich soweit war, ging es los. Da ich rechter Flügelmann unserer Kompanie war, marschierte ich als nächster an Adolf Hitler vorbei. Die Entfernung zu ihm betrug etwa vier Meter. Bereits

Die Luftwaffe auf dem Reichsparteitag 1937 im Formationsflug

Die ersten Panzer paradieren auf dem Märzfeld.

aus großer Entfernung sahen wir, wie der ‚Führer‘ den Arm zum deutschen Gruß erhoben hatte. Wir waren erstaunt, daß er diese Pose stundenlang aushielt und nicht erschöpft schien, denn wir sollten ihn an diesem Tage noch zweimal in dieser Haltung erleben, und das war Stunden später.

Ich konnte, als ‚Augen rechts!‘ kommandiert wurde, genau die hellen Augen Hitlers erkennen. Es war mir so, als blicke der ‚Führer‘ durch einen hindurch. Ein Eindruck, den auch alle übrigen Kameraden mit mir teilten.

Wir haben das Äußerste, was wir an Haltung zeigen konnten, gegeben und marschierten im Stechschritt am ‚Führer‘ vorüber. Das Erstaunliche war, daß wir nach 400 Metern weiteren Marsches herausgezogen und in eine Nebenstraße dirigiert wurden. Dort standen wieder die Lastwagen bereit die uns aufnahmen, zum Ausgangsort zurückfuhren, und nach gut einer halben Stunde traten wir dann wieder an, um erneut an Adolf Hitler vorbeizumarschieren. So paradierten wir dreimal am ‚Führer‘ vorbei. Und jedesmal war es für uns ein Erlebnis, das ich bis heute nicht vergessen kann. Erst Jahre später sollte mir klar werden, welchem ‚Führer‘ wir gedient hatten. Doch da war Deutschland schon ein Trümmerhaufen.

Auch beim großen Reit- und Fahrturnier 1939 in der Deutschlandhalle waren wir dabei. Unsere Kompanie sollte bei diesem Turnier eine Übung zeigen, die unter dem Motto ‚Infanterie auf dem Marsch‘ und ‚Infanterie bei der Fliegerabwehr‘ stand.

Auch bei dieser Veranstaltung war Adolf Hitler anwesend. Auf dieser Übung führten wir auch unser Spezialfahrzeug zur Fliegerabwehr vor, das uns schon seit etwa einem Jahr zur Verfügung stand. Es war ein pferdebespanntes Fahrzeug, auf dem zwei Zwillings-MGs auf Lafette montiert waren. Diese MGs waren um 180 Grad schwenkbar. Wenn ein Flugzeug in Marschrichtung oder in Gegenrichtung zum Marsch angriff, konnte es von vier MGs unter Feuer genommen werden.

Für diese Vorführungen in der Deutschlandhalle übten wir etwa drei Wochen, obgleich wir auch schon vorher Fliegerabwehr auf den sogenannten Fliegersack geprobt hatten, der von einem Flugzeug geschleppt wurde. Dabei hatten wir immer sehr gute Ergebnisse erzielt. Einmal hatten wir sogar das Flugzeug getroffen, was natürlich ein Donnerwetter heraufbeschwor.

Als das Reit- und Fahrturnier mit unserer Vorführung eröffnet werden sollte, standen wir vor dem Eingang angetreten. Adolf Hitler war bereits anwesend, als wir mit dem Liede ‚Es ist so schön, Soldat zu sein!‘ einmarschierten.

Tosender Beifall empfing uns. Als unsere Kompanie in der Halle war, erschien unter der Hallendecke ein Flugzeug, das über eine Laufschiene von einer Seite zur anderen gezogen wurde.

Unser Kompaniechef befahl: ‚Fliegerabwehr!'

Die vier Zwillings-MGs eröffneten das Feuer, diesmal mit Übungsmunition. Die Gewehrträger der Kompanie schossen dreimal geschlossen auf das Flugzeug. Danach verließen wir mit einem weiteren Lied die Halle.

Großer Beifall begleitete unsere exakten Vorführungen, die wir an fünf weiteren Tagen wiederholten. Danach gab es für die ganze Kompanie einen Tag Sonderurlaub.

Daß bei dieser Vorführung auch die übrigen neun MGs der Kompanie mitschossen, sei am Rande erwähnt. Auf jeden Fall gab es ein gewaltiges Getöse, das seinen Zweck voll erfüllte."

Während dieser Zeit erinnert sich Havighorst aber auch an folgende Episode: „Im gleichen Jahr wurden wir in Zugstärke zum UfA-Atelier in Neu-Babelsberg abkommandiert. Dort sangen wir zwischen den Nachrichten unter Feldwebel Gollasch Soldatenlieder über die deutschen Sender. An den Nachrichtensprecher kann ich mich noch gut erinnern. Hatte er doch Löcher in den Ärmeln des Pullovers, was uns Soldaten geradezu schockierte.

Im Frühjahr 1939 teilte Hptm. Grell uns in einer eigens dazu anberaumten Kompaniebesprechung mit, daß der einzige Sohn unseres Kommandeurs, der Schütze Hans Ulrich Hube, zur Ausbildung in unsere dritte Kompanie kommandiert werde. Ich wurde informiert, daß er in meine Gruppe kommen würde.

Dieser Umstand sollte uns noch viel Ärger einbringen. Aber im ersten Moment hob es mein Ansehen im gesamten Bataillon, daß ausgerechnet *ich* ihn bekommen sollte.

Bisher war ich mit meinen 1,75 m der größte in der Kompanie. Nun kam der baumlange junge Spund Hube zu uns, der uns alle der Größe nach weit überragte. Es war einfach unverständlich, warum er in unsere Nahkampf-Kompanie kam, da sich ja zum Zweikampf kleinere Männer besser eigneten als solche langen Latten.

Schon bei der ersten Nachtübung, an der Schütze Hube teilnahm, bemerkte ich, daß er nachtblind war. Dadurch war er eigentlich im vorhinein für die Infanterie nicht tauglich. Ich gab ihm den Rat, sich in dunklen Nächten am Koppel des zunächst stehenden Kameraden festzuhalten, damit er uns nicht verlorenging. Den einzelnen Kameraden der Gruppe sagte ich, sie möchten sich besonders um den Schützen Hube kümmern, der uns mit seinen 17 Jahren noch wie ein Säugling vorkam."

Die Meldung zur Luftwaffe

„Anfang Juli 1939 hatte Hptm. Grell für uns alle eine neue, diesmal jedoch unangenehme Überraschung parat. Er teilte uns mit Tränen in den Augen mit, daß unser Regiment im Falle eines Krieges *nicht* zum Einsatz kommen werde. Im Ersten Weltkrieg habe man den Fehler gemacht, das damalige Lehr-Regiment in den Einsatz zu schicken. Dadurch sei der Nachwuchs an Lehrmeistern zugrunde gegangen. Diesmal sollte sich ein solches Unglück nicht wiederholen.

Die Kompanie war sprachlos, besonders die Angehörigen des Unteroffizierskorps. Wir setzten uns nach Dienstschluß zusammen und berieten. Ich sagte meinen Kameraden, daß ich mich noch heute zum fliegenden Personal der Luftwaffe melden würde. Es bestand derzeit ein Befehl des Feldmarschalls Göring, daß jede Meldung zum fliegenden Personal der Luftwaffe binnen 24 Stunden weitergegeben werden mußte.

Gemeinsam mit mir meldeten sich noch fünf Unteroffiziere. Am anderen Morgen gaben wir unsere Meldungen auf der Schreibstube ab. Kaum hatten wir unseren Dienst begonnen, als alle sechs im Dienstanzug zum Kompaniechef befohlen wurden. Hauptmann Grell war in großer Erregung. Mit erhobener Stimme brüllte er uns an:

,Sie wollen die weiße Farbe der Infanterie verraten? Sie wollen Schlipssoldaten werden? Ich frage Sie, Unteroffizier Havighorst, wie kommen Sie dazu?' Ich antwortete:

,Herr Hauptmann, Sie haben uns gestern eröffnet, daß unser Regiment im Falle eines Krieges nicht zum Einsatz kommen wird. Ich möchte aber als Berufssoldat nicht zu Hause bleiben, wenn es darum geht, das Vaterland zu verteidigen. Und außerdem möchte ich nicht erleben, wenn Soldaten, die aus dem Krieg heimkehren, dann aber noch einige Zeit dienen müssen, mir bei der erstbesten Gelegenheit sagen: ,Was wollen Sie denn? Sie waren im Kriege ja zu Hause!' Ich glaube, Herr Hauptmann werden mich verstehen.'

Nacheinander fragte Hauptmann Grell alle Männer, was sie dazu meinten. Es waren die Unteroffiziere Eck, Burmeister, Deutsch, Schaufler und Herbst. Jeder antwortete das gleiche: ,Wir schließen uns den Ausführungen von Unteroffizier Havighorst an.' – ,Raus!' brüllte Hptm. Grell, um uns noch nachzurufen: ,In zwei Stunden sehen wir uns hier wieder!'

Als wir zwei Stunden später ins Geschäftszimmer befohlen wurden, versprach uns Hauptmann Grell: ,Wenn Sie Ihre Meldung zurückziehen, werden Sie noch im Oktober zu Feldwebeln befördert. Sie haben bis heute abend, 20 Uhr, Bedenkzeit.'

Auch ich dachte bei mir, daß eine solche vorgezogene Beförderung zum Feldwebel eine schöne Sache sein würde. Ich kannte meinen Hauptmann Grell. Er würde sein Wort sicherlich halten. Aber bei jeder sich bietenden Gelegenheit würde er uns vorhalten, daß er uns nur zu Feldwebeln gemacht habe, weil wir sonst Schlipssoldaten geworden wären, daß wir aber noch nicht die Reife echter Feldwebel hätten. Vor allem wollte ich meiner inneren Einstellung treu bleiben. Das heißt, ich wollte dabei sein, wenn es galt, das Vaterland zu verteidigen. Das war es, war wir damals alle fühlten, und ich sage dies auch heute noch offen, auch auf die Gefahr hin, mißverstanden zu werden. Damals im Sommer 1939 dachte man so und nicht anders, wenn man als Soldat diente. Mag dies heute auch als Negativum und Kriegslüsternheit bezeichnet werden oder schlicht und einfach als Dummheit, unser Denken und Handeln *damals* war so! Und wer es anders wissen will oder auch damals schon immer dagegen gewesen sein will, der ist schlicht unwahr und unlauter.

Am Abend wurden wir noch einmal zum Chef gerufen. Unteroffizier Schaufler und ich blieben bei unserer Überzeugung. Die anderen Kameraden zogen ihre Meldungen zur Luftwaffe zurück.

Wenige Wochen später mußten sich Schaufler und ich in Berlin zur Fliegertauglichkeits-Untersuchung melden. Wir bestanden beide die Prüfung.

Beim nächsten Gottesdienst, das Regiment hatte jeden zweiten Sonntag Gelegenheit dazu, und diese wurde stets von vielen Kameraden genutzt, betete ich darum, daß meine Meldung zum fliegenden Personal der Luftwaffe mir in meinem zukünftigen Soldatenleben nicht zum Nachteil gereichen, sondern mir Glück bringen möge.

Ein interessanter Dienst, zwar anstrengend, aber immer auch ereignisreich, war die Wache am Haupttor des Olympischen Dorfes. Diese Wache bestand aus dem wachhabenden Unteroffizier und 11 Mann. Die Gewehre waren auf Wache stets mit scharfer Munition geladen. Die Vergatterung zu den 24-Stunden-Wachdiensten wurde immer von einem Offizier vorgenommen. Täglich passierten hohe und höchste Offiziere das Tor. Dann hieß es vom Wachhabenden: ,Wache raustreten!'

126

Ein zackiger Gewehrgriff und eine nicht minder soldatische Meldung waren stets fällig. Oftmals kam unser Kommandeur, Oberst Hube, zu Pferde durch das Tor geritten, um auf der Reitbahn des Übungsplatzes seine Runden zu drehen. Manchmal geschah es dann, daß er bei seiner Rückkehr der Wache folgenden Befehl gab: ‚Holen Sie, bitte, meinen Arm von der Reitbahn!'

Wenn ihn dann – was immer wieder vorkam – der wachhabende Unteroffizier fragend anblickte, sagte er nur: ‚Meinen Holzarm meine ich, Mann!'

Oberst Hube war auch ein begeisterter Schwimmer. Von den Oberfähnrichen verlangte er als Mutprobe den Sprung vom 3-Meter-Brett in der Schwimmhalle des Olympischen Dorfes. Dabei sprang er immer zuerst, dann folgte seine Frau nach, und den Schluß machte seine bildhübsche Tochter. Danach gab es keinen der Oberfähnriche, der diesen Sprung verweigert hätte; nicht nach solchen Vorbildern. Daß nicht zuletzt die hübsche Rosemarie Hube der Anlaß dazu war, den inneren Schweinehund zu überwinden, war allen zusehenden Männern klar.

Hier bliebe noch ein Ereignis anzumerken, das sich bereits vorher, im Januar 1939, ereignet hatte. Damals hatte sich der Oberbefehlshaber des Heeres, Generaloberst Walter von Brauchitsch, angesagt. Wir waren als Ehrenzug angetreten, um den hohen Gast zu begrüßen. Es herrschten Temperaturen zwischen 10 und 15 Grad unter Null. Oblt. Fabich befahl zum Zeitpunkt des Eintreffens ‚Handschuhe aus!'

Der Generaloberst hielt sich jedoch am Tor noch eine Viertelstunde auf, um mit Oberst Hube einige Worte zu wechseln. Inzwischen erstarrten unsere Hände zu Eis.

Als der Oberbefehlshaber des Heeres endlich den Ehrenzug abschritt und das Kommando zum Präsentieren erfolgte, klappte der Präsentiergriff nicht so, wie er hätte ausfallen müssen.

Der Generaloberst nahm die Meldung von Oblt. Fabich entgegen und sagte dann: ‚Männer, nun greift doch mal anständig rein!' Dies war gleichbedeutend mit einem versteckten Tadel.

Nachdem wir abmarschiert waren, befahl Hptm. Grell sofortiges Strafexerzieren. Doch Oblt. Fabich nahm uns in Schutz:

‚Bitte Herrn Hauptmann melden zu dürfen, daß die Männer von dem langen Warten ohne Handschuhe auf meinen Befehl hin so kalte Finger hatten, daß sie nicht mehr richtig greifen konnten.'

Hauptmann Grell war Manns genug, den vorschnell gegebenen Befehl zu annullieren. ‚Abtreten!' befahl er statt dessen, nachdem wir noch einen

Werner Havighorst diente beim JG 1 „Richthofen".

ausgezeichneten Griff ‚hingelegt' hatten, der uns bei solchem Gelingen vor dem hohen Gast sicherlich einen Tag Sonderurlaub eingebracht hätte.

Doch nun zurück in den Herbst 1939. Es war inzwischen Oktober geworden. Der Polenfeldzug war siegreich überstanden; wir hatten jedoch Urlaubssperre, weil wir möglicherweise doch noch eingesetzt werden sollten. Nach einiger Zeit hielten wir diese Langeweile im Olympischen Dorf nicht mehr aus, wir zogen – wie schon oftmals vorher – in die kleine Waldschenke zur Oma Gladow, nachdem wir den Unteroffizier der Wache verständigt hatten, wo er uns im Ernstfalle erreichen konnte.

Nach einer übermütigen Zecherei marschierten gut gelaunt die Unteroffiziere Havighorst, Warmschmidt, Eck und Schroth querfeldein zur Kaserne zurück. Als wir am Zaun des Flugplatzes des JG 1 ‚Richthofen' vorbeikamen, rief uns der dort stehende Posten an:

‚Halt! – Wer da, Parole! – Stehenbleiben, oder ich schieße', rief er noch, als wir keinen Laut von uns gaben. Wir riefen ihm alberne Scherzworte zu, und dann begann er tatsächlich scharf zu schießen, und wir übten Hinlegen und Sprung auf marsch und wieder Hinlegen, gelangten schließlich wohlbehalten aus seinem Schußfeld hinaus und erreichten die Kaserne.

Dort war man bereits auf die Schießerei aufmerksam geworden. Major

Pauli, der zufällig dort war, empfing uns auf der Wache sehr ironisch: ‚Sieh einmal an! – Die Saufhelden von der 3. Kompanie.' Dann ließ er uns berichten, was vorgefallen war, und schickte uns zu Hptm. Grell, der sich allerdings verständnisvoll zeigte und sicherlich innerlich gelacht haben dürfte. Dennoch mußten wir bestraft werden.

Am anderen Morgen mußten wir beim Frühappell vortreten und wurden zu drei Extrawachen vergattert. Offenbar war Hptm. Grell mir nicht mehr gram wegen meiner Meldung zu den ‚Schlipssoldaten'.

Wir wußten, daß Hptm. Grell seit Beginn des Polenfeldzuges immer wieder im Kriegsministerium und im Generalstab vorstellig geworden war mit der Bitte, die 3. Kompanie im Westen gewissermaßen auf Probe einzusetzen, um in einer echten Aktion zu zeigen, daß die Nahkampfausbildung richtig war und sich auch gegen einen echten Gegner bewährte.

Im Westen hatte sich gleich nach der Kriegserklärung Englands und Frankreichs an Deutschland am 3. September 1939 eine feste Front gebildet, an der allerdings nichts anderes geschah, als daß ab und zu ein paar Artillerie-Feuerüberfälle stattfanden oder Spähtrupp-Unternehmungen durchgeführt wurden.

Nach vielen Anträgen und persönlicher Vorsprache in den Stäben schaffte Hptm. Grell es, daß unsere Kompanie ein Stoßtruppunternehmen durchführen durfte.

Wir erhielten den Auftrag, in ein feindliches Grabensystem einzubrechen und einige Gefangene zurückzubringen, die verhört werden sollten.

Dazu verlegten wir in den Raum Saarbrücken. Unser 1. Zug sollte als Stoßtrupp eingesetzt werden, während die Züge 2 und 3 als rechte und linke Sicherung fungieren würden.

Die Sturmausgangsstellung konnten wir nur bei Nacht beziehen, weil der uns gegenüberliegende Gegner in dem einzusehenden Gelände sofort auf jedes Lebenszeichen das Feuer eröffnete."

Das Stoßtrupp-Unternehmen und seine Folgen

„In der stockdunklen Nacht marschierten wir so geräuschlos wie möglich in die Ausgangsstellungen vor. Nur ab und zu blinzelte der Mond durch eine Wolkenlücke und gab uns etwas Licht. Plötzlich fiel mir die Nachtblindheit des Schützen Hube ein und daß der Sohn des Kommandeurs für unseren Stoßtrupp mit eingeteilt war.

Da er infolge seiner Nachtblindheit besonders gefährdet war, wollte ich dafür nicht die Verantwortung übernehmen und meldete dies Hptm. Grell. Der nickte zunächst, dann meinte er:

,Gut, daß Sie das melden. Wir lassen den Schützen Hube als Wache bei den Fahrzeugen zurück; damit ist er aus der Schußlinie und hat dennoch eine wichtige Aufgabe zu erfüllen.'

Das Unternehmen begann. Wir schlichen uns – wie wir dies in den vielen Nachtübungen gelernt hatten – an die französische Stellung heran. Nach Durchqueren von etwa einem Kilometer Niemandsland erreichten wir die ersten Hindernisse. Von jetzt an mußten wir uns kriechend vorwärtsbewegen. Ich hatte nach rechts hin zu sichern. Plötzlich hörte ich ein Geräusch und sah rechts vor mir einen Schatten. Sofort hob ich mit der rechten Hand das Gewehr als Erkennungszeichen. Der Schatten vor mir tat das gleiche. Es schien also alles in Ordnung. Wir dachten wohl beide, es sei der Nachbartrupp. Im nachhinein stellte sich jedoch heraus, daß wir einem französischen Spähtrupp begegnet waren. Da der Franzose mit dem Gewehr die gleiche Bewegung machte, schossen wir auch nicht aufeinander. Hätte er nicht so gehandelt, wäre ich aufgrund meiner gründlichen Ausbildung mit dem Deutschuß sicherlich schneller gewesen. Also robbten wir weiter und stießen sehr bald auf ein etwa zehn Meter breites Stacheldrahtverhau. Der mit Drahtscheren ausgerüstete Trupp bahnte uns allen eine breite Gasse durch dieses Hindernis, immer wieder beim Klicken der zerschnittenen Drähte eine kleine Pause einlegend.

Kriechend arbeiteten wir uns unbemerkt vom Gegner bis auf wenige Meter an den französischen Schützengraben heran.

Dann gab unser Zugführer das Zeichen, und geschlossen warfen wir die Handgranaten. 10–12 davon detonierten im feindlichen Graben.

Unmittelbar nach der Detonation stürmten wir, im Laufen aus MG und MPi feuernd, in den französischen Graben. Der Gegner wurde völlig überrumpelt. Er lief, was er konnte. Einige Franzosen erhoben die Arme und ergaben sich.

Wir schnappten uns zwei französische Soldaten. Das würde genügen. Nun ging es im Laufschritt zurück. Das wurde auch höchste Zeit, denn nun eröffneten die französischen MGs aus der Tiefe der feindlichen Stellung das Feuer auf uns. Sekunden später fielen Haubitzen darin ein, streuten das Niemandsland ab, und schließlich begann unsere Artillerie zu schießen und uns Feuerschutz zu geben.

Daß wir nicht verfolgt wurden, das erkannten wir. Denn die beiden Züge, die uns Flankenschutz zu geben hatten, traten nicht in Aktion. Wenn sich ein Gegner auf den Flanken gezeigt hätte, würde man uns unterstützen.

Ohne Verluste erreichten wir unsere Ausgangsstellung, wo wir uns erst einmal unsere Gefangenen ansahen. Wir hatten einen Leutnant und einen einfachen Soldaten erwischt. Der Leutnant war durch Handgranatensplitter am Hals leicht verwundet worden. Er wurde sofort versorgt und schien nicht eben glücklich darüber, daß es ausgerechnet ihn erwischt hatte.

Nach diesem gelungenen Handstreich, der zeigte, daß wir unsere Lektionen gelernt hatten, blieben wir noch etwa 14 Tage an der Saar. In dieser Zeit besetzten wir die dort ausgebauten Bunker. Aber es war auch hier nur ein ‚drolliger Krieg‘, wie es die Franzosen formulierten.

Die einzige Abwechslung im Einerlei zwischen Wacheschieben und Ausruhen bestand darin, daß Schütze Hube, wenn er einmal des Nachts Wache stand, blinden Alarm gab. Dann hatte er entweder infolge seiner ausgeschalteten Sehkraft ein paar auf der Saar aufflatternde Enten für ein feindliches Boot gehalten oder einen sich im Winde bewegenden Strauch als feindlichen Spähtrupp angesehen. Wir amüsierten uns darüber, waren aber gleichzeitig auch der Meinung, daß Schütze Hube aufgrund seiner Sehstörung nicht an die Front gehörte, weil er einfach nicht dazu in der Lage war, eine Gefahr rechtzeitig zu erkennen und dementsprechend zu handeln. Aber das konnten wir seinem alten Herren nicht erklären, denn Oberst Hube war wild entschlossen, aus seinem Sohn einen ebensolchen Helden zu machen, wie er einer war.

Nachdem wir ins Olympische Dorf zurückverlegt worden waren, wurde ich am folgenden Vormittag zum Kommandeur gebeten. Was ich bei Oberst Hube sollte, war mir gleich klar. Es konnte sich ja nur um seinen Sohn handeln.

Nachdem ich mich zur Stelle gemeldet hatte, nahm mich der Kommandeur zunächst gar nicht wahr. Er arbeitete ruhig weiter, um mich weichzumachen. Aber dieser Trick zog nicht mehr bei uns alten Hasen.

Nach einigen Minuten hob er ruckartig den Kopf. ‚Sie haben veranlaßt, daß mein Sohn nicht an dem erfolgreichen Spähtrupp teilnehmen durfte‘, sagte er mit gefährlich sanfter Stimme. ‚Warum haben Sie das getan?‘

‚Herr Oberst‘, lautete meine Antwort, ‚Schütze Hube ist nachtblind.‘ – ‚Das ist nicht wahr!‘ rief der Kommandeur wütend. Doch ich blieb stur dabei, daß es so sei, denn eines war mir klar: änderte ich hier meine Meinung, dann mußte ich mit einer Bestrafung rechnen; der Alte schien ganz schön fuchtig zu sein.

Plötzlich fragte der Oberst: ‚Ist Nachtblindheit heilbar?' Ich beeilte mich, dies zu bejahen, obgleich ich keine Ahnung hatte.

‚Das ist Ihr Glück', meinte Oberst Hube. ‚Sie haben jetzt von mir den Auftrag, wann immer dies möglich ist, jeden Abend nach Einbruch der Dunkelheit mit meinem Sohn Sehübungen durchzuführen, verstanden?'

‚Jawohl, Herr Oberst!' schmetterte ich hinaus, und damit war ich entlassen, ohne in den Bau gehen zu müssen.

Der Dienst ging in der gewohnten Härte weiter. Das Lehr-Regiment stand auf einem Ausbildungsniveau, das in der Deutschen Wehrmacht seinesgleichen suchte, aber es gab doch noch immer wieder neue Möglichkeiten, es noch besser funktionieren zu lassen.

Inzwischen hatte ich alle jene Auszeichnungen erhalten, die möglich waren. Nachdem ich im Jahre 1935 das SA-Sportabzeichen erworben hatte, legte ich im Jahre 1936 die Prüfungen für das Reichssportabzeichen ab und erwarb im Jahre darauf die Schützenschnur des Heeres, 1. Stufe. Im Jahre 1939 erhielt ich die Medaille für vier Jahre ‚Treue Dienste in der Wehrmacht'.

Ende Dezember wurde ich ins Geschäftszimmer gerufen. Dort eröffnete man mir, daß ich am 1. Januar 1940 in der Großen Kampffliegerschule 3 Lechfeld anzutreten habe. Damit war ich zur Luftwaffe versetzt und sollte zunächst als Land- und Seebeobachter ausgebildet werden."

Die Ausbildung zum Flieger

„Auf der Großen Kampffliegerschule 3 in Lechfeld erhielt ich auf der He 111 als Landbeobachter meine Ausbildung. Bereits Mitte Februar wurde die gesamte Ausbildungsgruppe nach Warschau verlegt, wo unsere Gruppe auch auf dem Gebiet der Seebeobachtung trainiert wurde.

Der Dienst in der Luftwaffe war im Vergleich zu unserer Sonderausbildung in Döberitz ein Kinderspiel. Es gab keine körperlichen Anstrengungen mehr, wenn man nicht selber tüchtig Sport trieb. Die Verpflegung war wesentlich besser und reichhaltiger, und als Stubenältester brachte es mich gelegentlich auf die Palme, wenn ich feststellen mußte, daß beispielsweise Wurst im Abfalleimer gelandet war. Ich fand dies unverantwortlich und sorgte für rasche Abstellung.

Erst viel später, als ich mit meiner Besatzung immer wieder über England oder der UdSSR weit hinter der Front im nervenzerfetzenden Einsatz stand und mir dessen bewußt wurde, daß ein Abschuß gleichbedeutend mit Gefangenschaft – wenn nicht Härterem – war, erkannte ich auch die Notwendigkeit einer sehr guten Verpflegung, wenn der Flieger, auf sich und seine Besatzung allein gestellt, seine Aufgaben erfolgreich meistern sollte.

Der Dienst in der Kampffliegerschule Lechfeld bestand mit der Ausnahme von vielleicht einer Stunde Sport am Tage nur aus Unterricht. Acht Stunden im Hörsaal waren jeweils zu überstehen, mit Navigationslehre, Bombenlehre, Schießlehre, Waffenlehre und Funken randvoll gespickt. Jeder Lehrgangsteilnehmer wollte brennend gern und so schnell wie möglich fliegen, doch daran war offensichtlich noch lange nicht zu denken, wenn man den Worten der Ausbilder Glauben schenken wollte.

Als wir dann im Februar 1940 nach Polen verlegten und uns auf dem Fliegerhorst Oketschi nahe Warschau einrichteten, hofften wir auf baldige Erfüllung unserer brennenden Wünsche. Doch auch dort gab es zunächst nur Unterricht bis zu jenem 26. Februar, an dem ich mit zwei anderen Flugschülern zum ersten Flug eingeteilt wurde. Das Ausbildungsprogramm lautete ‚Rudern'; dies wiederum bedeutete, die Maschine in der richtigen Fluglage zu halten.

Unser Fluglehrer war Uffz. Geisler. Wir starteten mit der FW 58, ich war als zweiter eingeteilt. Bereits nach einer Stunde war mir kotzübel. Aber als ich selbst den Steuerknüppel übernehmen mußte, war alles wieder in Ordnung. Schließlich kam der dritte Flugschüler an die Reihe. Es dauerte nicht mehr lange, und die Erbsensuppe vom Mittag bahnte sich ihren Weg aufwärts. Allen Flugschülern ging es ebenso wie mir. Wir mußten uns größte Mühe geben, die Maschine nicht zu beschmutzen, denn das kostete ‚für Reinigung', und sicherlich auch als Disziplinierungsmaßnahme gedacht, 50 Reichsmark. Wenn man bedenkt, daß ein Unteroffizier im Monat 75 Mark verdiente, war das schon ein ganz happiges Vergnügen.

Nachdem wir glücklich wieder gelandet waren, konnte ich zunächst im Hörsaal nichts mehr verstehen. Der Fluglärm in der alten Kiste FW 58 hatte mich vorübergehend beinahe taub gemacht. Das waren alles Schwierigkeiten, mit denen weder ich noch meine Kameraden gerechnet hatten. Was sollte werden? Was würde *noch* auf uns zukommen?

Mitte April fiel in Warschau eine Masse Schnee. Dies bedingte den Einsatz der gesamten Besatzung der Kampffliegerschule zum Schneeräumen. Wenige Tage darauf aber kamen 200 Menschen zu uns, die zum Schneeräumen eingesetzt wurden. Es waren Juden.

Als ich eines Tages von der Speisebaracke zum Unterrichtsraum ging, sah ich, wie ein Unteroffizier einen jungen Juden mit seiner Pistole zum Liegestütz zwang. Als der junge Bursche nicht mehr konnte, setzte der Unteroffizier die Waffe an dessen Kopf und rief dabei, sich künstlich in Wut steigernd: ‚Jude, wenn du nicht sofort weitermachst, dann drücke ich ab.'

Ich rannte auf ihn zu, brüllte ihn an: ‚Mensch, bist du wahnsinnig geworden? Du setzt eine geladene und entsicherte Waffe an den Kopf eines Menschen? Das ist eine Sauerei, Mann! Wie schnell kann ein Schuß losgehen!'

Der Unteroffizier setzte seelenruhig die Waffe ab und sagte ganz gelassen: ‚Ich sehe schon, du hast ja gar *keine* Ahnung.' – ‚Hau ab', rief er dem jungen Burschen zu, der sich aufgerappelt hatte, und trat ihn noch in den Hintern.

Ich vergaß diesen Vorfall. Erst lange nachher, der Krieg war bereits zu Ende, hörte ich von der blutigen Verfolgung der Juden und wußte nun, was der Unteroffizier mit seinen Worten gemeint hatte.

Auf dem Dienstplan stand nun mehr und mehr Flugausbildung. Wir starteten bis zu viermal täglich. Als Flugzeugmuster standen die FW 58, W 34, die Do 17 und die Ju 86 sowie die Heinkel 111 zur Verfügung. Schließlich kamen wir das erstemal zum Bombenwerfen, wobei es sich natürlich nur um Zementbomben handelte.

Danach folgte das Schießen aus der Luft, der Flug über Land und später auch über See als Navigationsübungen hinzu.

Der Frankreich-Feldzug begann am 10. Mai 1940, und als auch dieser Blitzkrieg im Sommer siegreich für uns zu Ende gegangen war, mußte ich erfahren, daß das Infanterie-Lehr-Regiment doch zum Einsatz gekommen war. Auch Unteroffizier Hube war dabei gewesen und hatte sich ausgezeichnet. Ein Jahr später, im Hochsommer 1941, las ich zufällig in einer Tageszeitung unter der Rubrik ‚Gefallen für Großdeutschland' auch den Namen ‚Ulrich Hube, Leutnant in einem Infanterie-Regiment'.

Ich war erschüttert. Armer kleiner, langer Ulrich Hube. Immer war er hungrig, immer hilfsbedürftig gewesen. Und nun ist er, erst 19 Jahre alt, gefallen.

Sicher, zigtausend Soldaten waren inzwischen gefallen, auch sie oft erst 18 Jahre alt. Aber im Falle unseres Ulrich Hube hatte ich das bedrückende Gefühl, daß er – weil sein Vater inzwischen General geworden war – unbedingt seine eigene Tapferkeit unter Beweis stellen *mußte,* daß er sich bewähren wollte. Und das, obgleich er nicht an die Front hätte gehen dürfen.

Im Juli 1940 verlegten wir von Warschau nach Quedlinburg am Nordhang

des Harzes. Hier wurde uns ganz besonders der Unterschied zu Polen bewußt. Hier die schönen Häuser, die gepflegten Ortschaften, ganz zu schwei-
gen von der Einmaligkeit der Landschaft. Nun, wir waren ja im Harz, einem
Schmuckkästchen unserer Heimat.

Bei den Flügen kurvten wir alle nur zu gern einmal über dem herrlichen
Luftkurort Thale im Bodetal und flogen auch mit Vorliebe über die Roß-
trappe hinweg. Und noch eines geschah in Quedlinburg. Wir wurden zu einer ständigen Besatzung zusammengestellt. Kommandant und Flugzeugführer war Leutnant Thiele, als Funker kam Uffz. Busch in die Besatzung.

Gleich bei unserem ersten gemeinsamen Flug, bei dem ungewöhnlich
bockiges Wetter herrschte, fiel unser Funker, der vergessen hatte, sich anzu-
schnallen, aus der Maschine. Er konnte mit dem Fallschirm sicher landen.

Als einige Tage darauf Lt. Sievert als Flugzeugführer eingeteilt war,
begann dieser mitten im Flug mit der Maschine zu ‚pumpen‘, worunter man
ein kräftiges Ziehen und Drücken des Knüppels in kurzer Abfolge verstand,
das zur Übelkeit reizte.

In diesem schwierigen Augenblick verließ unser Funker Uffz. Busch mit
Absicht die Maschine, nachdem er dies dem Flugzeugführer angedroht hatte, falls dieser nicht sofort mit dem Pumpen aufhören würde.

Auch bei dieser Fallschirmlandung kam Uffz. Busch wohlbehalten unten
an. Leutnant Sievert erhielt nach unserer Landung einen Verweis wegen
verbotener Flugweise.

Etwa zwei Wochen später führte unsere Besatzung einen Navigationsflug
durch, der uns etwa fünf Kilometer südlich am Berliner Sperrgebiet vorbei-
führte. Die Berliner Flak schoß eine Salve vor unseren Bug, um uns auf unsere Annäherung an das Sperrgebiet aufmerksam zu machen. Sofort verließ
unser Funker ein drittes Mal die Maschine. Diesmal erfolgte seine sofortige
Ablösung vom fliegenden Personal, weil er die Besatzung, die ja unter Umständen in einem akuten Notfall auf ihn als Funker angewiesen gewesen
wäre, ohne zwingenden Grund verlassen hatte.

Mitte August 1940 wurde unsere Besatzung zum Kampfgeschwader 26
nach Wittmundhafen kommandiert. Dort war Major Martin Harlinghausen
Geschwader-Kommodore. Dieses Geschwader war hauptsächlich zur
Schiffsbekämpfung und zur Verminung englischer Häfen eingesetzt. Sein
Kommodore, ein gebürtiger Westfale, in Rheda zur Welt gekommen, hatte
bis 1931 bei der Marine gedient, kam dann zu den Marinefliegern und wurde
am 1. Oktober 1933 zur Luftwaffe versetzt. Seit dem 1. April 1939 war er Ia
beim Luftflottenkommando 3 in Braunschweig, und im September 1939,

kurz nach Kriegsbeginn, ernannte man ihn zum Chef des Generalstabes des neugebildeten X. Fliegerkorps, dessen Kommandierender General GenLt. Hans Ferdinand Geisler war. Bereits am 4. Mai 1940 hatte er das Ritterkreuz des Eisernen Kreuzes erhalten, weil er – so meldet es die Verleihungsurkunde – ‚mit seinen Fliegerkräften einen schlachtentscheidenden Beitrag beim Kampf um Norwegen geleistet hatte'.

Vom Juli bis Dezember 1940 sollte er dann als Kommodore des KG 26 eine Reihe dramatischer Einsätze befehligen und wieder selber mitfliegen.

Damit war auch für mich die Zeit des ersten Lufteinsatzes gekommen."

Doch nun in einem großen Sprung zurück zu jenem Morgen am 18. Juli 1941 nach Melun, an dem Ludwig Havighorst und seine Besatzung erfuhren, daß auch sie nunmehr zur Ostfront in Marsch gesetzt werden sollten.

Bereits am 21. Mai 1941 hatte der Chef der Luftflotte 3, Generalfeldmarschall Sperrle, das Kommando im Westen allein übernommen.

Von den 44 Kampfgruppen der deutschen Luftwaffe, die etwa zehn Monate gegen England geflogen waren, blieben nur vier im Westen zurück. Darunter zunächst auch noch die in Melun liegende Gruppe des Kampfgeschwaders 28.

Alle übrigen waren entweder zum Balkanfeldzug oder zum Kampf in Afrika herausgezogen worden oder bereiteten sich – allmählich und unter großer Geheimhaltung nach dem Osten verlegt – auf den Angriff gegen die Sowjetunion vor.

Damit war der Anfang zum Zweifrontenkrieg gemacht, von dem jeder Militärexperte weiß, daß er gegen gleichstarke Gegner nicht zu gewinnen ist, weil man zu viele Soldaten und Waffen an seinen Grenzen verteilen muß.

Gedanken eines Generalfeldmarschalls zum Ost-Feldzug

„Zur Vorbereitung des Ostfeldzuges wurde unter der unmittelbaren Leitung des Oberbefehlshabers der Luftwaffe am 20. Februar 1941 auf der Luftkriegsschule in Berlin-Gatow ein kleiner Arbeitsstab gebildet, dessen Leiter, Oberst i. G. Löbel, mich von Zeit zu Zeit über den Fortgang der Ereignisse unterrichtete oder meine Entscheidungen einholte.

Anfang 1941 war ich bereits nach Warschau geflogen, um mich mit dem dortigen Oberbefehlshaber, Generalfeldmarschall von Kluge, auszusprechen und ergänzende Weisungen über den Ausbau der Bodenorganisation zu geben.

Albert Kesselring, der „fähigste
deutsche Verteidigungsstratege"
(Lord Alexander)

Ein zweites Mal flog ich im Mai 1941 die gesamte Entwicklungsbasis für meine Luftflotte 2 im Osten ab, stellte fest, daß die Arbeiten (vornehmlich wegen der Witterungs- und Bodenverhältnisse) nicht vor Anfang Juni fertiggestellt sein konnten, aber noch so rechtzeitig, daß der neu bestimmte X-Tag (der 22. Juni 1941) eingehalten werden konnte.

Die operativen und taktischen Überprüfungen ergaben, daß mit den vom Oberbefehlshaber der Luftwaffe vorgesehenen Kräften der Angriff der Heeresgruppe Mitte nicht in dem wünschenswerten Umfang unterstützt werden konnte." (Siehe: Albert Kesselring: Soldat bis zum letzten Tag)

Im Westen gegen England wurde nach den Worten von Albert Kesselring nur noch gekämpft, „um die Pause bis zum letzten Akt, der Rußland heißen würde, zu überbrücken.

In voller Anerkennung von Leistung und Wirkung unserer Fliegerwaffe mußte man jedoch sagen, daß wir wohl auf dem Weg zum angestrebten Ziel waren, es aber nicht erreichten. Daß diese Feststellung keine abträgliche Bewertung der Luftwaffe von der Führung bis zum letzten Mann der Bodendienste ist, wird jedem klar, der die zehn Monate andauernden Kämpfe der Luftschlacht um England mit der Dreijahresschlacht der alliierten Luftwaffe um Deutschland vergleicht". (Siehe Kesselring, Albert: Bilanz des Zweiten Weltkrieges)

DER LUFTKRIEG IM OSTEN

Vorbemerkung

Hitlers Plan, die Sowjetunion in einem neuen Blitzfeldzug niederzuringen, basierte auf seiner vorgefaßten Meinung, daß das sowjetische Staatssystem sehr bald unter den Schlägen der deutschen Luftwaffe und dem Vorwärtsdrang der Panzerwaffe zusammenbrechen werde.

Er schloß dies aus den Einsätzen sowjetischer Verbände in Spanien und vor allem in Finnland ganz entgegen den Tatsachen, die jene in der UdSSR ausgebildeten deutschen Offiziere zwischen 1923 und 1933 sammelten und der Führung zur Verfügung stellten. Diese stellten zwar das Gegenteil dieser Meinung dar, dennoch ging der Nachrichtendienst der Luftwaffe sogar so weit zu behaupten, daß die Sowjetunion nicht nur politisch labil sei, sondern daß sie im Kriegsfalle binnen wenigen Monaten zusammenbrechen würde. Diese Meldungen liefen sämtlich über den Chef der V. Abteilung des Generalstabes, Oberst Schmidt. Wenn dann der Luftattaché der deutschen Botschaft in Moskau, Oberst Heinrich Aschenbrenner, meldete, daß die sowjetische Luftwaffe sehr stark sei, wurden diese Meldungen nicht weitergereicht. Nach seiner Rückkehr aus Moskau wurde Aschenbrenner nicht einmal gehört.

Oberstleutnant i. G. Pasewaldt, der genaue Zahlen über die Stärke der Roten Luftwaffe vortrug, wurde von Göring offen ausgelacht.

Selbst als im April 1941 (!) deutsche Luftfahrt-Spezialisten und Luftwaffen-Ingenieure zusammen mit Oberstleutnant Aschenbrenner die sowjetische Flugzeugindustrie besichtigen durften und von dieser Besichtigungsreise aufsehenerregende Fakten mit nach Hause brachten, von Fabriken, in denen rund um die Uhr 30 000 Beschäftigte tätig waren, um Flugzeuge zu bauen, änderte sich nichts.

Als am Ende dieser Reise der sowjetische MiG-Konstrukteur Artem Mikojan, ein Bruder von Anastas Mikojan, den Gästen sagte: „Wir haben

Ihnen nun alles gezeigt, was wir haben und was wir leisten können. – Wir *können jeden* Angreifer vernichten", verstand man diese Warnung immer noch nicht.

Die deutsche Flugzeugproduktion war der Fertigung in der UdSSR zu dieser Zeit um genau die Hälfte unterlegen.

In der Führerweisung zum Unternehmen „Barbarossa" lauteten die der deutschen Luftwaffe gestellten Aufgaben: „Vernichtung der sowjetischen Fliegerkräfte auf dem Boden und in der Luft. Unterstützung der Heerestruppen direkter und indirekter Art."

Das deutsche Heer war zum Ostfeldzug in die drei Heeresgruppen Nord, Mitte und Süd und in das Armeeoberkommando Norwegen gegliedert. Entsprechend dieser Gliederung führte man den Heeresgruppen Luftflotten zu.

Die Heeresgruppe Nord erhielt die Luftflotte 1, während das Armeeoberkommando Norwegen etwas später die zahlenmäßig schwache Luftflotte 5 erhielt.

Stabsbesprechung im HQ des VIII. Fliegerkorps zum Angriff gegen die Sowjetunion – Mitte: General der Flieger von Richthofen

*Oberst Werner Mölders,
als Kommodore des JG 51
zu Anfang des Ostfeldzuges
dabei*

In der Heeresgruppe Mitte stand die Luftflotte 2, während die Heeresgruppe Süd über die Luftflotte 4 verfügen konnte. Von Norden nach Süden standen also mit dem beginnenden Ostfeldzug die Verbände der Luftwaffe bereit:

Luftflotte 5: Generaloberst Stumpf
Luftflotte 1: Generaloberst Keller
Luftflotte 2: Generalfeldmarschall Kesselring
Luftflotte 4: Generaloberst Löhr.

In diesen Luftflotten standen (ohne die Maschinen der noch nicht voll eingesetzten Luftflotte 5) insgesamt 1945 Flugzeuge, von denen am Morgen des 22. Juni 1941 nur 1400 einsatzbereit waren. Es waren dies 510 Kampfflugzeuge, 290 Stukas, 440 Jäger, 40 Zerstörer und 120 Fernaufklärer.

Der erste Schlag der Luftwaffe begann mit 30 Besatzungen, die blindflugfähig waren. Diese starteten noch vor Angriffsbeginn, um den Überraschungsmoment zu wahren. Ihr Angriff galt zuerst den Jägerhorsten. Stukas und Schlachtflieger unterstützten das Vorgehen der Infanterie.

Binnen 24 Stunden konnte die deutsche Luftwaffe im Osten den größten

Erfolg ihrer Geschichte verbuchen. Über 1 800 Feindflugzeuge wurden vernichtet, davon 322 durch deutsche Jagdflieger und Flakeinheiten sowie rund 1 500 am Boden. 35 eigene Flugzeuge wurden abgeschossen. Wenn die deutscherseits geschätzte Zahl an Flugzeugen der Sowjets stimmte, dann hätte die Luftstreitmacht des Gegners binnen weniger Tage vernichtet sein müssen.

Aber bereits nach wenigen Tagen mußte die angenommene Zahl von 6 000 Flugzeugen auf mindestens 8 000 erhöht werden. Diese standen allein in den westlichen Ländern der Sowjetunion. Mindestens einige Tausend mußten sich noch in den östlichen Landesteilen befinden.

Generalmajor Hoffmann von Waldau, Chef des Generalstabes der Luftwaffe, schrieb am Abend des 22. Juni 1941 in sein KTB:

„Das Timing dieses Luftangriffs gegen die russischen Flugfelder am ersten Feldzugstage war ein totaler Erfolg. Diese Angriffe eröffnen den Weg für Operationen gegen die gesamte sowjetische Luftwaffe."

Die Meldungen von den einzelnen Luftflotten und Fliegerkorps in den ersten Feldzugstagen lauteten alle gleich. So gab der OB der Luftwaffe folgende Meldung über das V. Fliegerkorps heraus, das auf der linken Flanke der HGr. Süd im Einsatz stand:

„Im Kampf gegen die Sowjetunion zerstörte das V. Fliegerkorps in der Zeit vom 22. Juni bis zum 3. Juli mehr als 1 000 Flugzeuge am Boden."

Bei den übrigen Luftflotten und Fliegerkorps lagen die Verhältnisse ähnlich. Besonders die Luftflotte 2 hatte im Abschnitt der Heeresgruppe Mitte mit dem II. und VIII. Fliegerkorps unter General der Flieger Loerzer und General der Flieger von Richthofen gewaltige Erfolge errungen.

Als die Luftflotte 2 die Vernichtung von 2 500 Feindflugzeugen am ersten Feldzugstag meldete, war selbst Reichsmarschall Göring nicht von der Richtigkeit dieser Meldung überzeugt und ließ eine genaue Überprüfung durchführen, nachdem sich die Flugfelder der Roten Luftwaffe in deutscher Hand befanden. Die Nachzählung ergab, daß es noch einige mehr gewesen waren.

Am 29. Juni 1941 meldete die Luftwaffe dem Oberkommando der Wehrmacht, daß insgesamt an allen Fronten des Ostens bis zu diesem Tage 4 990 Flugzeuge des Gegners bei einem Eigenverlust von nur 179 Maschinen vernichtet worden seien.

Nach diesem ersten Erfolgsschlag hatte die Luftwaffe die Luftherrschaft über dem Kampfgebiet errungen und wurde nun, getreu den Direktiven der Führerweisung, mit der zweiten Aufgabe betraut: „Unterstützung der vor-

*Generalfeldmarschall Kesselring (links) besucht das JG 51,
hier im Gespräch mit Oberst Mölders.*

prellenden Panzertruppen zur Überwindung des feindlichen Widerstandes
in der HKL."

Dies sollte zukünftig zur Hauptaufgabe der deutschen Luftwaffe im Ostfeldzug werden, denn direkte, aber auch indirekte Unterstützung des kämpfenden Heeres wurde immer mehr gefragt.

Dennoch war – und das muß an dieser Stelle betont werden – die völlige
Vernichtung oder die weitreichende Neutralisierung der verbleibenden
sowjetischen Fliegerkräfte nicht gelungen. Für die Luftwaffe wäre es richtiger gewesen, mit allen verfügbaren Verbänden den Kampf gegen die sowjetischen Fliegerkräfte fortzusetzen, um es ihnen zu verwehren, sich nach diesen vernichtenden Schlägen wieder zu regenerieren. Dies allerdings hätte
nicht nur den Vernichtungskampf gegen die feindlichen Luftstreitkräfte
und ihre Basen bedeutet, sondern *auch* und vor allem ununterbrochene Angriffe gegen die Flugzeugindustrie der Sowjetunion. Letzterer Einsatz war
jedoch wegen der zu geringen Reichweiten der deutschen zweimotorigen
Kampfflugzeuge und dem Mangel an Fernbombern – die von General
Wever lange vor dem Krieg gefordert worden waren – unmöglich. Deutsch-

land verfügte nicht über solche Fernbomber, welche die Flugzeugfabriken und anderen Waffenschmieden Sowjetrußlands hätten eliminieren können.

Jene großangelegte und geplante Operation, wie sie in der Denkschrift „Die Leitung der Luftwaffenkriegführung" angekündigt worden war und später vom OKL befohlen werden sollte, fand *nicht* statt.

Das deutsche Unvermögen, die Zentren der UdSSR-Flugzeugproduktion anzugreifen, erlaubte es den nicht gestörten Fabriken, in denen in immer größerem Umfang Frauen arbeiteten, die enormen Verluste der ersten Kriegswochen wieder auszugleichen und sogar zu übertreffen.

Bereits zu dieser Zeit der großen deutschen Luftsiege war es klar, daß die deutsche Luftwaffe die *beiden* Ziele und Aufgaben nicht gleichzeitig erfüllen konnte. Weder die Erzwingung der Luftherrschaft auf Dauer noch die hundertprozentige Erfüllung aller Forderungen nach direkter Unterstützung der Heerestruppen war zu erreichen, da die Verbände im Osten zahlenmäßig viel zu schwach waren, um in diesem gigantischen Luftraum auf einer Frontbreite von annähernd 2 000 Kilometern auch nur annähernd präsent zu sein.

Dies war die Lage, in der Feldwebel Ludwig Havighorst mit seinen Kameraden zum Osten kommandiert war.

Von Melun nach Terespol
Eine Truppenunterrichtung

„Mit dem Notwendigsten versehen, was man als Soldat benötigte, verlegten wir mit dem Rest der Gruppe im Einzelflug am 20. Juli 1941 in Richtung Osten.

Am Abend dieses Tages landeten wir in Terespol und wurden auf die vorhandenen Stuben verteilt. Wir waren, das wurde uns mitgeteilt, nunmehr Angehörige des Kampfgeschwaders 27, das den Ehrentitel ‚Boelcke' trug; es handelte sich um den berühmten Flieger des Ersten Weltkrieges, Hauptmann Oswald Boelcke, der als Schöpfer der ersten deutschen Jagdstaffel galt; er wurde im Frühjahr 1914 Flieger; sein Name war im Verlauf des Ersten Weltkrieges nicht weniger als viermal im Heeresbericht genannt worden. Boelcke holte so berühmte Einzelflieger wie Buddecke, Böhme und Richthofen in seine Staffel. Vom Kämpfer wandelte sich dieser großartige Flieger zum Organisator, der Systematik in den Luftkampf brachte. Als Sie-

*Generalfeldmarschall Kesselring (mit Marschallstab) zu Besuch
bei Generaloberst Hoepner*

ger in 40 Luftkämpfen fiel Oswald Boelcke unbesiegt. Er war mit dem Flugzeug eines Kameraden zusammengestoßen.

Das also war unser Vorbild, und wir wollten versuchen, ihm nachzueifern und unser Bestes im Ostkampf zu geben."

Am Nachmittag des 21. Juli 1941 sprach Generalfeldmarschall Kesselring zur versammelten neuen II. Gruppe des Kampfgeschwaders 27. Seine Ansprache war nur sehr kurz. Sie lautete sinngemäß:

„Ihr seid ungewöhnlich harte Einsätze gegen England geflogen, und an euren Auszeichnungen kann ich sehen, daß ihr alle altbeschossene Hasen seid. Über England hattet ihr es immer wieder mit Nachtjägern, starker Flak und Sperrballonen zu tun.

Das werden Sie hier nicht erleben. Dies alles hat die Rote Luftwaffe kaum. Jetzt sollt ihr einige Einsätze gegen Moskau fliegen. In vier Wochen ist die Wehrmacht in der Hauptstadt der Sowjetunion, und in fünf Wochen wird auch Leningrad unser sein.

Sie müssen heute abend nicht in so großer Höhe angreifen, wie Sie dies von England aus gewöhnt sind. Es wird ein kleiner Spaziergang für Sie.

Meine Herren Staffelkapitäne, halten Sie nun Ihre Einsatzbesprechung!" –

„Unser Staffelkapitän sprach nun die Ziele in Moskau an. Jeder einzelne Kommandant wurde mitsamt seinem Bobachter von ihm genau eingewiesen. Unsere Fernaufklärer hatten bereits ganze Arbeit geleistet und erstklassige Luftaufnahmen von der Stadt und den Werken am Stadtrand gemacht.

Wir sollten in 1500 Meter Höhe anfliegen. Als er das zum besten gab, blickten wir uns doch einigermaßen verblüfft, vielleicht sogar etwas erschrocken an. Das konnte einfach nicht stimmen! Man konnte doch überhaupt nicht, vor allem bei einer Beladung mit 2000 Kilogramm Bomben und 4000 Litern Treibstoff, den wir für diesen Langstreckenflug benötigten, in dieser niedrigen Höhe fliegen. Wenn in einer solchen Höhenlage ein Motor ausfiel, dann war die Maschine und damit die ganze Besatzung am Boden vernichtet, bevor die Bomben im Notwurf geworfen waren und auch nur ein Teil des Treibstoffes abgelassen war.

Wir widersprachen nicht, aber für uns war sicher, daß wir diese niedrige Höhe nicht einhalten würden."

Feindflüge gegen Moskau, Orel, Tula und anderswohin

Während die He 111 von der französischen Atlantikküste einzeln gestartet waren, geschah das hier von Terespol aus immer in der Kette nebeneinander. Dies natürlich nur im Tageseinsatz. Bei Nacht starteten die Maschinen nach wie vor einzeln, allerdings in sehr viel kürzeren Zeitabständen. Wenn alle drei Ketten einer Staffel starteten, wie dies beim Angriff gegen Moskau der Fall sein würde, dann kreiste die erste Kette nach ihrem Start über dem Platz. Sie nahm die nachfolgende zweite Kette auf, und dann warteten beide auf die dritte Kette, ehe der Flug – Staffelkapitän voraus – angetreten wurde.

Die herrlichen Zeiten in Frankreich wurden durch kargere Umstände im Osten abgelöst. Im ersten Halbjahr des Osteinsatzes erhielten die Besatzungen noch die volle Startverpflegung. Aber mit der Landeverpflegung dauerte es nicht mehr lange, bis sie verschwand und eine Milchsuppe an deren Stelle trat. Dies alles war insofern verständlich, weil man dort nicht – wie dies an der Atlantikküste notwendig war, um die großen Distanzen zu überwinden – einen Start am Tage unternahm, sondern oftmals dreimal, viermal, in Fällen sehr kurzer Anflugzeiten sogar fünfmal am Tage startete.

„Um 20.23 Uhr startete die 1 Tony Ida Kurfürst mit der alten Besatzung vom Platz in Terespol. Ich nahm es auf meine eigene Kappe und befahl die Flughöhe von 4000 Meter.

Als wir uns der Front bei Smolensk näherten, machte ich meine Kameraden auf diesen Umstand aufmerksam. Ich sagte ihnen, daß wir in etwa vier Minuten die Front überfliegen würden, und zeigte auf die Rauchwolken, die vor uns aufstiegen. Das *war* Smolensk. Die Stadt brannte. Sie war am Tage zuvor in deutsche Hand gefallen, und niemand wußte, daß um diese Stadt noch erbitterte Kämpfe ausgetragen werden sollten.

Diesmal würde unser Flugzeugführer die Bomben auslösen, während ich, vorn in der Kanzel liegend, mit der Bordkanone, über die wir jetzt verfügten, möglicherweise sich zeigende Ziele unter Feuer nehmen konnte, wenn es zum Zielanflug hinunterging. Dazu war es gut, daß der Flugzeugführer ja mit einem Knopfdruck die von mir bereits vorgewählten Bomben auslösen konnte.

Als wir Smolensk in 4000 Meter Höhe überflogen, befanden wir uns bereits im aufgestiegenen Dunst dieser Brände. Wir stießen rasch hindurch, und wenig später sah ich die Rollbahn Smolensk-Moskau, die sich wie ein weißer Strich durch das Land zog und gut zu erkennen war.

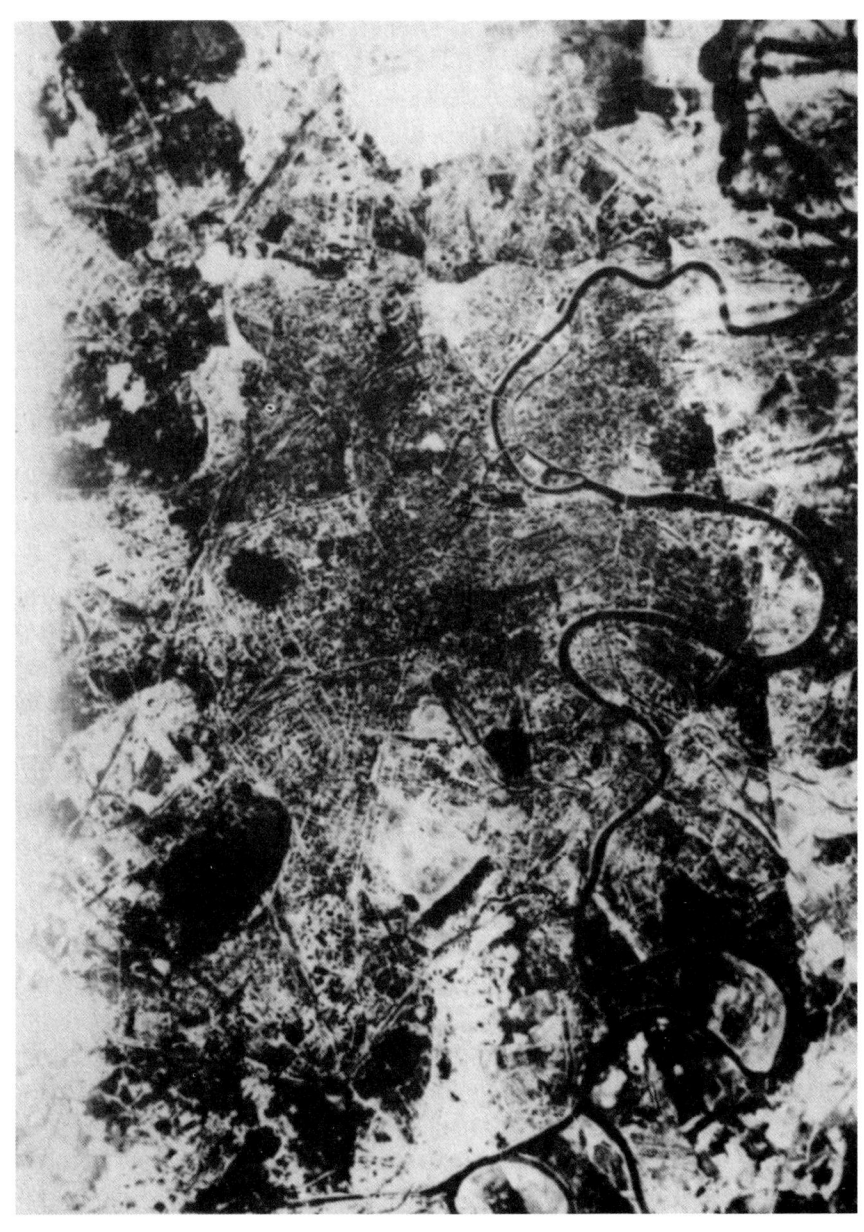

Die Moskwa, wie sie von Major Rowehls Fernaufklärer gesehen wurde

Schon bald begann der Zauber, auf den wir nach den Worten von Generalfeldmarschall Kesselring überhaupt nicht eingerichtet und vorbereitet waren: Zehn, zwanzig Scheinwerfer leuchteten auf. Einmal erwischte uns einer, wir standen im Scheinwerferlicht, und Gericke versuchte durch seitliches Wegscheren, Steigen und Sinken aus dieser gleißenden Helle herauszukommen.

Ich befahl ‚Flughöhe 4 500 Meter!' Schon längst hatten wir die Sauerstoffmasken angelegt. Es war nicht zu glauben: immer mehr Scheinwerfer flammten auf, und dann schoß auch schon die Flak. Wir hatten über London bereits mehrfach großen Feuerzauber erlebt, dieser hier aber übertraf alles bisher Dagewesene. Ich konnte die Flak-Batterien nicht mehr zählen und zeichnete sie einschließlich der Scheinwerferstellungen in meine Karte ein. Sehr schnell war die Karte voller Eintragungen.

Als wir uns zum Bombenwurf fertigmachten und kurz vor dem Ziel waren, sahen wir tief unter uns die Ju 88, die bereits im Sturzflug ihre Bomben warfen. Einige Staffeln mußten bereits geworfen haben, denn an einigen Stellen flackerten Brände empor. Diese Brände hatten eine viel größere Ausdehnung, als wir sie bis dahin in England beobachten konnten. Es mußte eine große Zahl an Maschinen diesen einen Zielraum angesteuert haben.

Gerade als ich mich zum Bombenwurf fertigmachte, rief der Funker: ‚Achtung, Sperrballon links!'

Ich hatte bereits eine spitze Bemerkung auf der Zunge, vom schönen Träumen oder so ähnlich, da erblickte ich selbst vorne links ebenfalls den Sperrballon.

Es war einfach nicht zu glauben! Über England war in Flughöhen über 2 200 Meter kein einziger Sperrballon mehr zu sehen gewesen. Aber hier tummelten sie sich noch in der doppelten Höhe herum.

Das Ziel genau im Visier, warf ich die Bomben, denn daran, ein solches unter uns mit der Kanone zu bekämpfen, war nicht zu denken, so daß ich dem Flugzeugführer diese Arbeit wieder abnehmen konnte, der ja genug zu tun hatte, um diesen Teufelsdingern mit ihren Stahlseilen auszuweichen.

‚Gehe noch 500 Meter höher!' befahl ich unserem Kutscher. Langsam stiegen wir höher, und unser Funker setzte neben unserem Erfolgsspruch auch noch die Warnung ‚Sperrballone über dem Zielgebiet: Höhe 4 500 Meter!' ab.

Sekunden darauf, wir wendeten in einer weiten Linkskurve, damit ich die Wirkung unserer acht 250-Kilo-Bomben im Ziel erkennen konnte, rief unser Funker:

„Jäger von oben rechts!' Und schon ratterten die Maschinenwaffen los.

„Jetzt wird doch der Hund mitten in der Pfanne verrückt', bemerkte Oberfeldwebel Waschewski. Die Ansprache des Oberbefehlshabers der Luftflotte 2 lag doch um etwa 180 Grad entgegengesetzt von jener Wirklichkeit, die wir hier oben über und auch bereits westlich von Moskau erlebten.

Von wegen keine Flak und keine Scheinwerfer; fehlende Jäger und Sperrballone, alles nicht wahr. Die Wirklichkeit sah ganz und gar anders aus. Das einzig Gute war, daß die Flak in dieser Phase des Kampfes längst nicht so sicher schoß wie die englische, was sich später ändern sollte. Aber der Nachtjäger, welcher uns im Nacken saß, war von der hartnäckigen Sorte. Ein Glück, daß wir durch unsere Jägerabwehr über England schon beträchtliche Erfahrungen im Abschütteln solcher lästiger Verfolger gesammelt hatten.

Funker und Bordmechaniker eröffneten gleichzeitig das Feuer, als der Jäger wieder einkurvte, um sich hinter uns zu setzen und uns den Todesstoß zu verpassen. Die Leuchtspursalven zogen sich genau zum Verfolger hinüber, und dann glühte dort, wo er wieder zum Angriff ansetzte, ein roter Feuerball auf. Schon prasselten uns die Splitter der auseinanderberstenden Maschine unseres Verfolgers um die Ohren; so meinten wir wenigstens. Brennend stürzten die Trümmer dieses Nachtjägers in die Tiefe. Wir hatten in der Sowjetunion auf dem ersten Feindflug den ersten Jäger abgeschossen.

Dieser erste Einsatz gegen Moskau brachte unserer neu auf diesem Kampffeld erschienenen II. Gruppe des Kampfgeschwaders 27 eine große Überraschung. Diese wurde durch die Tatsache verstärkt, daß unsere Oberste Führung – und Generalfeldmarschall Albert Kesselring gehörte sicherlich dazu – nicht völlig über die Abwehrkraft der Hauptstadt Moskau im Bilde war.

Beim Rückflug tauchte dann ein weiteres Problem auf. Wir würden mit dem Treibstoff kaum auskommen, denn schließlich waren wir bereits über vier Stunden unterwegs. Normalerweise flog eine He 111 voll aufgetankt nur acht Stunden. Tatsächlich landeten wir mit den letzten Tropfen Treibstoff nach acht Stunden und vier Minuten in Terespol."

Bei der nachfolgenden Gruppenbesprechung wurden die Meldungen der Besatzung Havighorst ebenso wie jene aller anderen Maschinen, die Scheinwerferzahl und die Zahl der Flak-Batterien betreffend, gründlich in Zweifel gezogen. Auch die Anlage der Sperrballone wurde mit Havighorsts Aufzeichnungen in seiner Navigationskarte überprüft. Allerdings

In Rußland:
von links Uffz. Denz,
Beobachter Havighorst,
Uffz. Helmut Wagner

Havighorst (links)
mit Wilhelm Waschewski

151

Die Besatzung Havighorst vor ihrer „Mühle"

zeigte sich sehr bald, daß alle übrigen Besatzungen ähnliche Erfahrungen gemacht hatten, und als dann einige Maschinen zurückkamen, die durch Sperrballone zum Teil schwer beschädigt wurden, da konnte kein Zweifel mehr daran bestehen, was über Moskau „Sache" war.

Und auf einmal war man auch von höherer Stelle mit einer Erklärung bei der Hand, die natürlich auch *vorher* hätte abgegeben werden können, wenn man sich nur darum bemüht hätte, den Kampffliegern beste Aussicht auf erfolgreiche Durchführung ihrer Flüge zu geben. Die Sperrballone der Roten Luftwaffe standen deshalb so hoch, weil hier in Rußland im Gegensatz zu England durch die interkontinentale Lage Moskaus so schwache Winde herrschten, daß zwei Ballone übereinander am Halteseil befestigt werden konnten, ohne daß sie abrissen.

Dies war natürlich auch vorher der Fall gewesen, und die nachträglich studierten Aufnahmen der Fernaufklärer bestätigten die Richtigkeit der entsprechenden Meldungen.

Welchen Erfolg hatte aber dieser erste Moskauangriff gehabt, welche Kampfverbände hatten daran mitgewirkt?

Die Feindflüge gegen Moskau: Hintergründe und Ergebnisse

Am 8. Juli 1941 hatte Hitler bereits befohlen, Moskau und Leningrad nicht zu erobern, sondern diese Städte durch die Luftwaffe dem Boden gleichzumachen. Dazu sollte die Luftflotte 2 alle verfügbaren Kampffliegerkräfte zusammenfassen und diese Angriffe fliegen. Dies, obgleich alle verfügbaren Kampfverbände im Großraum um Smolensk in erbitterten Einsätzen standen, um dem Heer voranzuhelfen, das bei Smolensk liegengeblieben war.

Über Smolensk aber verteidigten 339 Kampf- und Jagdflugzeuge der Abwehrfront der Sowjets unter Fliegeroberst Naumenko. So wurden nun Staffeln der Kampfgeschwader 3, 53, 54, 55, die Kampfgruppe 100 und die III./ KG 26 zusammengefaßt, um den ersten Großangriff gegen Moskau zu fliegen. Allerdings kamen am 21. Juli 1941 nur 127 Flugzeuge zusammen, die zum erstenmal die Metropole des Ostens angriffen. Die Kampfgruppe 100 war erst am 19. Juli über Terespol zum Einsatzort gelangt, sie hatte aus Chartres herangeflogen werden müssen. Ihr standen bei der Ankunft in Terespol aber nur 13 He 111 H-3 zur Verfügung, und nur die drei Maschinen der Stabskette waren nach der Landung in Terespol sofort wieder startklar.

Die III./KG 26 und die ersten Teile des KG 27 waren ebenfalls nach dem Osten verlegt worden, während das Gros noch im Westen lag und erst – wie dargestellt – am 22. Juli starten konnte.

Im Großraum Moskau hatte die Rote Armee in Erwartung der deutschen Angriffe 500 (!) Scheinwerfer im Umkreis bis zu 40 Kilometer um die Stadt herum in Stellung gehen lassen. Die Moskauer Flak schoß aufgrund ihrer dichten Massierung Planfeuer, das vermehrt deutsche Opfer forderte.

Als die ersten Kampfflieger unserer Wehrmacht den Sperr-Rand von Moskau erreichten, wurden sie von dem massierten Scheinwerfereinsatz und dem Einsatz Hunderter Flakgeschütze aller Kaliber verblüfft. Sie griffen dennoch an. 35 Maschinen des KG 55 unter der Führung von Kommodore Oberstleutnant Kühl stellten das Hauptkontingent. Das KG 53 war ebenfalls mit Teilen vertreten. Sie warfen ihre Bomben. Aus insgesamt etwa 200 Maschinen heulte der Tod auf Moskau herunter. Aber der Kreml, der nach den Meldungen getroffen sein sollte, zeigte sich einige Tage später noch voll intakt. Man hatte das ähnlich aussehende Sportstadion, in seinen äußeren Umrissen wenigstens jenes des Kreml gleichend, gebombt.

Am 22. Juli flogen dann 150 Kampfflugzeuge den Einsatz gegen Moskau.

Juli 1943: Nacht über Moskau

Unter ihnen auch die erst am Vortage angekommenen und nun zum Einsatz gelangten Einheiten des KG 27.

Generalmajor Gromadin, Kommandeur des Luftverteidigungsraumes Moskau, ließ noch am 22. Juli die Verteidigungskräfte verstärken. Eine Reihe weiterer Flieger-Regimenter tauchte im Blitztransport auf den Feldflugplätzen um Moskau auf. Hinzu kamen Flak-Batterien, die in Eiltransporten herbeigeschafft wurden.

Daß er gut daran getan hatte, zeigten die nächsten Nächte.

Weitere Angriffe auf Moskau, Mzensk und Kursk

Am 2. Juli startete die 1 Toni Ida Kurfürst unter dem Kommandanten Havighorst erneut gegen Moskau. Die insgesamt zum Einsatz gebrachten 150 Kampfflugzeuge erzielten abermals gute Wirkung. Doch, gemessen an dem riesigen Areal dieser Stadt und den weit verstreut liegenden Kriegswirtschaftsbetrieben, waren es nur Nadelstiche, die allerdings dort, wo sie trafen, sehr schmerzten.

Am Abend des 23. Juli war der dritte Flug nach Moskau fällig. Nun wußten sie bereits, daß sie die im Raume Smolensk liegende Flakfront südlich umfliegen konnten. Abermals erlebten sie im Anflug auf die sowjetische Hauptstadt einen blindwütigen Empfang, und Havighorst stellte bereits eine Reihe neuer Flak-Batterien fest, die er in die Karte eintrug.

Sie flogen nun auch offiziell in 4500 Metern Höhe.

Wären sie in 1500 Meter Höhe angeflogen, so hätten viele der Kampfflugzeuge diese Angriffe nicht überlebt. In dieser Höhe lag das Feuer noch dicht bei dicht, ein fast undurchlässiger stählerner Vorhang, der nichts durchließ.

Abermals wurden sie von einem Nachtjäger angegriffen. Waschewski und Zwickler schossen, was das Zeug hielt. Der Flugzeugführer ließ die schwere He 111 wie eine Ballerina nach rechts und links und dann im Sturz-

Mit dem Angriff auf wichtige Brücken und deren Vernichtung wurde dem Gegner der Rückzug abgeschnitten.

Erich Thiel
errang am 23. Juli 1941
das Ritterkreuz.

flug nach unten wegscheren. Sehr dicht, beinahe hautnah, flitzten sie an einem Sperrballon vorbei, und dann hatten sie diesen Gegner endlich abgehängt. Nach dem Wurf wurde der Rückflug angetreten, und diesmal gab es auch keine Probleme mit dem Sprit, der jetzt ausreichte.

„Am 25. Juli", so sagte Havighorst, „stand für meine Besatzung ein Sonderauftrag auf dem Plan. Und zwar sollten wir mit dem ersten Büchsenlicht den Bahnhof von Brjansk angreifen, wo reger Verkehr mit Truppen- und Material-Ausladungen gemeldet worden war. Dies bedeutete, daß wir zwar im Dunkeln anfliegen, über dem Ziel aber bereits Licht haben würden und bei vollem Tageslicht den Rückflug anzutreten hatten. Das aber wiederum ließ Feindjäger erwarten und sicherlich auch Flakabwehr, obwohl diese, gemessen an jener um Moskau, nur gering sein konnte.

Unser Bombenwart schaffte mit seiner Gruppe die drei 250-Kilo-Sprengbomben herbei, und weil dieser Einsatz ein Sondereinsatz war, kam noch ein Mann der Propaganda-Kompanie an Bord. Dieser erhielt gleich nach seinem ersten Erscheinen bei der Staffel den Kriegsnamen ‚Ssst-ssst!'. Beim Wecken der Staffel – er war als Stubenkamerad dem Staffelkapitän zugewiesen worden – benutzte er stets eine Dynamo-Taschenlampe, die dieses seltsam scharrende Geräusch von sich gab.

Alle Bomben liegen im Ziel.

Der Start erfolgte um 23.44 Uhr, und die Berechnung, die über Flugzeit und Sonnenaufgang angestellt wurde, stellte sich als richtig heraus. Im ersten Tageslicht erkannten wir aus unserer geringen Flughöhe von nur 2000 Metern voraus unter uns den Bahnhof. Ich hatte einen Bombenabstand von zehn Metern gewählt. Der Bahnhof war mit Transportzügen vollgestopft. Wir sahen Panzer auf offenen Waggons und Fahrzeuge, aber auch Geschütze und Kriegsmaterial aller Art.

,Ich werfe jetzt!' rief ich dem Kriegsberichter Dressler zu. ,Achten Sie darauf, daß Sie alles mit Ihrer Kamera mitkriegen!'

Dann fielen die Bomben im vorher ausgerechneten und eingespeisten Abstand. Und während wir abdrehten, hieben sie nacheinander wie in einer Kettenreaktion in die Wagen hinein, so daß hohe Flammenpilze emporstachen. Wir hatten, in der Längsrichtung über einen der voll beladenen Züge fliegend, sämtliche Bomben ins Ziel gebracht. Flammen, wohin wir blickten, und dazwischen in einem wütenden Stakkato die leichte Feindflak, die mit unerhört schneller Schußfolge auf uns feuerte, um uns vom Himmel herunterzuholen. Wir konnten sehen, wie die Geschosse frontal zu uns heraufstießen, und unser Flugzeugführer konnte mit schnellen Steuerausschlägen ausweichen. Kaum hatten wir diesen Gefahrenbereich verlassen, als unser Funker ,Achtung, Jäger!' rief. Es waren zwei Rata, kurze gedrungene und bullig wirkende Jagdmaschinen, die jedoch sehr wendig waren, wie wir feststellen mußten, denn welche Kapriolen auch unser Mann am Knüppel schlug, der Iwan machte sie mit. Erst als wir kopfüber in einer dicken Wolkenbank verschwanden, hatten wir diesen hartnäckigen Gegner abgeschüttelt.

Der Frontberichter Dressler, der beim Flug zwischen den Bombenschächten saß und somit das gesamte Geschehen gewissermaßen aus dem Logenplatz mitverfolgen konnte, schrieb einen spannenden Bericht über diesen Einsatz, aus dem wir entnehmen durften, was für tolle Kerle wir waren. Allerdings gehörte dieser Einsatz für uns zur alltäglichen Routine. Jedes Besatzungsmitglied erhielt einen Abzug dieses Berichtes, noch ehe er in einer der Frontzeitungen und auch in Zeitschriften in der Heimat veröffentlicht wurde.

Mein Exemplar ist bei einem alliierten Bombenangriff auf Haltern im März 1945 verbrannt."

Noch am selben Abend startete die Staffel wieder zum Moskauflug. Am 26., 28. und 30. folgten weitere Einsätze gegen die Hauptstadt, die immer wieder sehr scharfe „Rasuren" waren; die oft auch unter die Haut gingen.

Befehlsempfang zum Einsatz

Bemerkenswert war, daß die feindliche Flak nun bereits bedeutend besser schoß und auch einzelne Batterien unangenehm nahe an die Maschinen heranlangten und die zerschellenden Geschosse Splitter aus den Rudern und der Zelle herausrissen.

Am 28. Juli luden die Männer um die Staffel, jene „schwarzen Gesellen", ohne die auf keinem Horst irgend etwas lief, jeweils zwei MB-1000-Bomben. Da außerdem noch 4000 Liter Sprit mitgenommen wurden, kamen alle Maschinen der 2. Staffel nur sehr schwer heraus. Dennoch gelang der Start, und Ludwig Havighorst atmete auf.

Dieser Flug nach Moskau galt einem Flugzeugwerk am Stadtrand. Sie flogen in einem Bogen aus dem Süden an, und als sie über dem Ziel waren, rauschten die schweren Koffer der Erde entgegen. Sie fielen direkt in eine der großen Hallen und auf den Platz dahinter. Flammen stoben empor, dann explodierte ein Benzintank mit greller weißer Flamme, und die Feuerspitzen schienen nach der bereits drehenden Maschine hinaufzugreifen.

Keine Nachtjäger, aber reichlich Flakfeuer begleitete den Abflug von diesem Einsatz.

Als die Maschine die Nähe des eigenen Horsts erreichte, erhielt sie Weisung, in den Warteraum zu gehen. Danach folgte noch ein Zusatz: „Achtung, Bomber der Sowjets über dem Platz, Feindjäger möglich."

Die Maschine drehte ihre Warterunden, und als die roten Lampen anzeigten, daß die Spritreserven zur Neige gingen, fragte Havighorst:

„Landen in fünf Minuten?" – „Warten!" kam die Antwort der Bodenstelle herauf. Die nächste Runde schloß sich an. Nun wurde es höchste Zeit, die Landung durchzuführen, wenn sie nicht auf den Bauch fallen wollten.

„Platz anfliegen, Notsignal geben!" befahl Havighorst, als es zu kritisch wurde.

Der Platz wurde angeflogen; sie erhielten Landeerlaubnis, und die Platzbefeuerung leuchtete auf. Der Kutscher brachte die Maschine gut herunter, und als sie eben aufgesetzt hatten und im Ausrollen begriffen waren, erlosch die Landebefeuerung, und sie standen für Sekunden völlig im Dunkeln. Aber der Flugzeugführer hielt eisern den Kurs.

Mit den letzten Litern Benzin hatten sie es nach über achtstündiger Flugzeit wieder einmal in letzter Minute geschafft.

Am 2. August 1941 verlegte die gesamte II. Gruppe unter Führung von Hauptmann Günzel nach Bobruisk, wo der dortige Flugplatz der Sowjets inzwischen von den deutschen Truppen in Besitz genommen und voll eingerichtet worden war. Auf diesem Platz sollten die Staffel und Teile der Gruppe genau zwei Monate bleiben. Durch diese Verlegung wurden die Flugzeiten bedeutend verkürzt. Beispielsweise betrug ein Flug nach Moskau und zurück jetzt nur noch fünf Stunden Gesamtflugzeit, während vorher acht Stunden notwendig waren, wobei dann natürlich bei voller Ausschöpfung der Betankung *kein* Navigationsfehler gemacht werden durfte. Jetzt war also der Einsatz aus dieser Sicht leichter. Die Einsätze selber aber wurden schwieriger, und vom 11. August bis zum 1. September 1941 flog die Besatzung Havighorst 13 Einsätze auf die Bahnhöfe von Bachmatsch, Toropez und Mena. Diese Einsätze galten darüber hinaus noch der Vernichtung von Truppenzügen, Artilleriestellungen, von Marschkolonnen im Raume Ovrutsch, Tschernigow und Lojew.

Die Angriffe auf fahrende Transportzüge wurden so etwas wie ein Spezialauftrag für Havighorst. Die He 111 erzielte große Erfolge. Dann wurden auch noch gegen Moskau verstärkte Nachtangriffe geflogen.

Trotz dieser harten Einsätze ging der Humor der Flieger dennoch nicht ganz verloren. Havighorst erzählt davon in folgender Episode:

„Nicht wenige Herren vom Reichsluftfahrtministerium (RLM) in Berlin meldeten sich mehr oder weniger gerne zum sogenannten EK II-Einsatz.

Alles ist zum Verlegungsflug gepackt.

Links wartet auch Havighorst auf den Startbefehl.

*Ein russisches Dorf
wird überflogen.*

*Unten links:
Reinhard Günzel,
Ritterkreuz am
17. September 1941,
184. Eichenlaub
zum Ritterkreuz am
22. Januar 1943*

*Unten rechts:
Oblt. Wolfgang
Skorczewski von
der I./KG 27;
Ritterkreuz am
27. September 1941*

162

Sie wollten doch nicht vor ihren Frontkameraden ‚nackt‘, sprich ohne Orden, dastehen. Darum nahmen sie, wenn es sich irgendwie ermöglichen ließ, Gelegenheiten zu Gastfeindflügen wahr, um wenigstens das Eiserne Kreuz II. tragen zu dürfen.

Im Sommer 1941 in Bobruisk hatten auch wir einen solchen Gast vom RLM in unserer Staffel. Dieser, ein Major, war ein über alle Maßen trinkfreudiger Mann. Spätabends mußten wir ihn regelmäßig in sein Feldbett tragen, wenn er es auf allen vieren kriechend selbst nicht mehr erreichte. Eines Abends, er lag im Offizierskasino volltrunken schlafend unter dem Tisch, machte unser Gruppenkommandeur den Vorschlag, ihm beide Beine einzugipsen, so daß er nicht mehr laufen könne. Gesagt, getan. Am anderen Morgen, als der Major aufwachte, sagten wir ihm, er habe sich beide Beine gebrochen. Nach Aufklärung des Scherzes lachte das gesamte Kasino, und auch der so Genasführte lachte mit.

Auch diese Art von Humor brauchte der Landser, um mit den täglichen, oft grausamen Realitäten fertig werden zu können, wozu man ihn ungefragt zwang."

Am 2. September 1941 hieß es für Ludwig Havighorst, von seiner alten Besatzung Abschied nehmen. Uffz. Gericke erhielt einen neuen jungen Beobachter, und Havighorst kam zu der Besatzung des Leutnants Heinz Bussemer. Mit der Besatzung, von der er am Abend dieses 2. September 1941 Abschied nahm, hatte er über 60 Einsätze geflogen. Am 20. Oktober hatte Ludwig Havighorst für den absolvierten 100. Feindflug die Frontflugspange in Gold erhalten; das war für einen Kampfflieger bereits eine hervorragende Leistung.

Aus dieser Zeit berichtete Havighorst dem Autor: „Grundsätzlich flogen wir die Einsätze gegen Moskau nur bei Nacht. Die übrigen Einsätze fanden zum überwiegenden Teil am Tage statt oder in den frühen Morgenstunden mit dem ersten Büchsenlicht.

Vielfach flogen wir im kleinen Verband; fast immer erhielten wir für die Tagesflüge Jägergeleit, die uns die ärgsten und aufdringlichsten Feindjäger vom Leibe hielten. Dadurch konnten wir während der Flüge immer wieder Luftduelle zwischen unseren Geleitjägern und den angreifenden Maschinen der Roten Luftwaffe miterleben.

Manchmal flogen auch italienische Jäger unsere Einsätze mit. Und ich muß ihnen großes Lob aussprechen: Niemals ließen sie uns im Stich. Immer wieder gelang es ihnen, angreifende Feindjäger abzudrängen und auch eine Reihe von diesen abzuschießen."

Die alte Besatzung
Wagner, Waschewski, Havighorst, Dr. Denz, L. Denz und Schilling

Mit der neuen Besatzung des Leutnants Heinz Bussemer waren zunächst nur Tageseinsätze zu fliegen. „Ziele waren feindliche Truppenansammlungen und Lastwagenkolonnen, die im Tiefflug mit Splitterbomben und allen Bordwaffen beschossen wurden, bei denen ich die Bugkanone bediente; dazu kamen fahrende Züge und Artilleriestellungen. Tschernigow, Naschin, Priluki und Brjansk waren die Ziele.

In den Nächten vom 23. bis zum 27. September flogen wir vier Einsätze hintereinander gegen Moskau. Damit waren wir vom KG 27 jener Verband, der die größte Zahl an Feindflügen über der sowjetischen Hauptstadt zu verzeichnen hatte. Für unsere junge Besatzung – neben Leutnant Bussemer waren auch die drei weiteren Besatzungsmitglieder unbeschossene Hasen – waren diese vier Einsätze bei der gewaltigen gegnerischen Abwehr eine schwere nervliche Belastung. Da hieß es auszugleichen und mitzuhelfen, daß alles so ablief, wie dies sein mußte, wenn man überleben wollte. Zum Glück für uns alle dauerten diese Einsätze jetzt nur noch höchstenfalls fünf Stunden. Dennoch: es wurde eine harte Zeit, und die junge Besatzung mußte sich gleich im schärfsten Abwehrfeuer bewähren.

Danach waren bis zum 9. Oktober 1941 wieder Einsätze auf Bahnhöfe befohlen. Wir griffen Mzensk an und flogen nach Kursk, Orel und Suchinitschi. Es war eine Überlebensfrage für das Heer, daß die Luftwaffe ununterbrochen angriff, um die herankommenden Versorgungszüge der Roten Armee sowie die Waffen- und Truppentransporte niederzukämpfen.

Unsere Infanterie wartete auf unsere Hilfe, und wir mußten sie geben. So wurde jeder Einsatz für alle von uns zu einer selbstverständlichen Hergabe aller Kräfte. Wir konnten immerhin wieder zurück in unsere Horste, aber die Kameraden vom Heer lagen vorn in ihren Stellungen und wurden von frischen sowjetischen Kampftruppen berannt.

Aus Bobruisk ist mir ein Erlebnis in Erinnerung, über das ich hier berichten möchte. An einem heißen Sommerabend, wir hatten keinen Einsatz, war ich mit meiner Besatzung im Kino. Als die Vorstellung zu Ende war und wir das Kino verließen, stand plötzlich mein alter Freund, Berni Dreckmann, aus Haltern vor mir. Die Freude war groß, und dementsprechend fiel auch die Begrüßung aus dem Rahmen, denn wer traf denn schon einen Freund irgendwo im weiten Rußland, der aus demselben Städtchen stammte?

Ich lud Berni ein und bat ihn, zu mir auf die Stube zu kommen, damit wir uns ungestört unterhalten und uns etwas aus der Heimat erzählen konnten. Immerhin hatten wir sehr viele gemeinsame Freunde, und sicherlich hatten wir beide viele Dinge untereinander auszutauschen.

Wir gingen in die Steinbaracken, die mir und meiner Besatzung zur Unterkunft dienten. Diese Häuser waren vor unserem Einzug von Fliegern des Gegners bewohnt gewesen.

Als Berni eintrat, unsere Einrichtung sah und feststellte, daß wir nur zu fünft auf einer Stube lagen, schlug er die Hände über dem Kopf zusammen und rief:

‚Mein Gott, so wohnt ihr hier? Das ist ja nicht zu glauben! So etwas habe ich in meinem ganzen Kommißdasein noch nicht erlebt.'

Unsere Betten waren schneeweiß bezogen, und darüber war eine Art von Himmel gespannt, über dem die Moskitonetze hingen. Dies war auch notwendig, da wir hier am Rande der Pripjetsümpfe lagen, und das einzige, was es hier in rauhen Mengen gab, waren Stechmücken.

‚Was tust du denn hier? Und wie und wo wohnst du?' fragte ich den Freund.

‚Ich gehöre zur Luftwaffen-Baukompanie hier in Bobruisk. Wir müssen euren Platz bewachen, Splitterboxen und Splittergräben anlegen, die Start- und Landebahn in Ordnung halten und, was immer geschieht, ausbügeln. Wir hausen in den Bunkern am jenseitigen Platzrand, wo auch das Bodenpersonal der Sowjets gewohnt hat. Wie es dort aussieht, brauche ich dir ja wohl nicht zu beschreiben.'

Wir erzählten uns von der Heimat. Er fragte nach meinen Einsätzen, und ich wollte wissen, auf welchen verschlungenen Wegen er bis hierher gekommen war. Bernis Bericht endete mit dem Stoßseufzer: „Ja, hier möchte ich auch Flieger sein.'

Natürlich möchte er das, denn er hatte ja nur die Schokoladenseite unseres Einsatzes gesehen. Ich beließ ihn bei seiner Meinung.

Zwei Stunden unterhielten wir uns, dann mußte er zu seiner Einheit zurück. Ohne Sentimentalitäten, aber mit einem kräftigen Händedruck verabschiedeten wir uns voneinander und wünschten uns Glück während des Orlogs und ein gesundes Wiedersehen in Haltern. Aber ich sollte Berni Dreckmann nicht wiedersehen. Im nächsten Urlaub besuchte ich noch seine Mutter und berichtete ihr, daß es ihrem Sohn gutgehe. Sie war sehr erfreut, jemanden zu treffen, der Berni in der letzten Zeit gesehen hatte.

Durch die Wirren des Krieges und die dauernden Verlegungen hörten wir nichts mehr voneinander. Erst nach meiner Heimkehr aus der kurzen Kriegsgefangenschaft erfuhr ich, daß mein Freund noch in den letzten Kriegsmonaten vermißt wurde und daß man nichts mehr von ihm gehört hatte.“

Ebenfalls in Bobruisk ereignete sich ein Zwischenfall, der leicht böse hätte ausgehen können. Durch Staffel- und Gruppenmeldungen war den Fliegern bekanntgegeben worden, daß sich immer wieder Partisanen bemerkbar machten und daß es eine Reihe heimtückischer Überfälle gegeben hatte, bei denen es die Partisanen überwiegend auf das fliegende Personal der Luftwaffe abgesehen hätten. Es war vorgekommen, daß Partisanen bei Nacht in die Unterkünfte der Flieger eindrangen und im lautlosen Überfall Flieger erstachen. Damit waren natürlich die übrigen gewarnt, und alle schliefen von diesem Zeitpunkt an mit einer geladenen, aber noch gesicherten Pistole unter dem Kopfkissen, um im Angriffsfalle sofort abwehrbereit zu sein, so auch Feldwebel Havighorst.

„Eines Nachts, ich konnte nicht einschlafen", berichtete er, „lag ich wach auf meinem Bett. Im Raum herrschte eine gewisse Helle, durch den Mondschein verursacht, der durch das geöffnete Fenster hereinfiel. Plötzlich öffnete sich sacht die Tür zu unserem Raum. Mein erster Griff galt der Pistole, die ich unter der Bettdecke entsicherte und auf jene Gestalt hielt, die sich nun durch die Türöffnung ins Innere des Raumes schob. Natürlich war ich aufgeregt, denn was konnte dies anderes als ein Überfall sein? Der Mann blieb zunächst stehen und sah sich suchend um. Ich verhielt mich noch abwartend, denn einmal wollte ich natürlich nicht, daß dieser Eindringling irgend etwas Böses anstellte, zum anderen wollte ich auch nicht meine Kameraden unnötig wecken. Ich mußte also abwarten, was der Mann tat.

Dieser benahm sich in meinen Augen sehr auffällig. Er blickte sich um, ging einige Schritte nach vorn, peilte im Mondlicht von links nach rechts, beobachtete den gesamten Raum, offenbar, um sich erst einmal an das diffuse Licht zu gewöhnen und zum anderen möglicherweise ein Opfer auszusuchen. Das bildete ich mir jedenfalls ein.

Plötzlich ging er zielstrebig und mit sehr leichten Schritten auf ein Bett zu, in dessen oberem Stockwerk einer unserer Oberfeldwebel schlief. Der Eindringling hatte etwas in der Hand. Genaues zu erkennen war mir nicht möglich. Es *konnte* auch ein Messer sein. Ich richtete meine Pistole auf ihn, denn sobald er den Arm hob, um zuzustechen, mußte ich handeln und schneller sein; sonst war es um den Oberfeldwebel geschehen.

Als er bis an das Bett herangekommen war, richtete ich die Pistole auf ihn und rief laut: ‚Halt! – Stehenbleiben! – Wer da?'

Der Mann erschrak heftig, richtete sich kerzengerade auf und rief sofort: ‚Keine Aufregung, ich bin der UvD und suche Oberfeldwebel Brümmer. Er soll sofort zum Dienst kommen.'

‚In Ordnung!' brachte ich ein wenig heiser heraus, ‚aber beim nächstenmal meldest du dich vorher, wenn du nicht sehr bald die Gänseblümchen von unten wachsen sehen willst.'

Damit war mein Erschrecken bereits verflogen. Die Pistole wurde wieder gesichert und unter das Kopfkissen zurückgelegt. Als das Licht eingeschaltet war, stellte ich fest, daß alle meine Kameraden ihre Pistolen auf den Unglücksraben gerichtet hielten. Alle dachten daran, daß dies ein Partisan gewesen sein könnte und nur zu dem Zweck hier eingedrungen war, um einen von uns umzubringen."

Da man sie vor einem solchen nächtlichen Handstreich gewarnt hatte, ohne solche Situationen wie diese hier rechtzeitig einzubeziehen und den Dienstgraden, die die Flieger zu wecken hatten, bestimmte Verhaltensmaßregeln mit auf den Weg zu geben, konnte eine solche Lage eintreten. Daß Havighorst nicht geschossen hatte, war seiner Überlegung zu verdanken gewesen.

„Am 11. Oktober 1941 flog ich vom Flugplatz Setschinskaja, auf den hatten wir am Morgen des 10. Oktober verlegt, meinen 100. Einsatz. Der Gruppenkommandeur hatte mir bei der Einsatzbesprechung gesagt:

Im Verbandsflug zum nächsten Ziel unterwegs

‚Sie fliegen zur Feier des Tages mit unserem alten erfahrenen Oberleutnant Plümecke. Ziel sind zwei durch die Luftaufklärung entdeckte, mit Kriegsmaterial voll beladene Züge im Raume Kolomna. Da brauchen Sie nur der Bahnlinie entlangzufliegen und können dieses Ziel nicht verfehlen. Sie sollen einen guten Erfolgsbericht vom 100. Feindflug mitbringen.'"

Ludwig Havighorst bedankte sich bei seinem Gruppenkommandeur und wurde mit der Besatzung Plümecke zum Liegeplatz gefahren.

Der 1. Wart und der Bombenwart waren zur Stelle. Die Prüfung der Maschine zusammen mit dem Oberleutnant ergab keinerlei Beanstandungen, und das Abbremsen zeigte, daß sowohl Ladedruck als auch Drehzahl der Motoren in Ordnung waren.

Feindflüge über Rußland: Die Bomben fallen!

„Dann wollen wir mal, Havighorst!" forderte Plümecke seinen jungen Kameraden in aller Ruhe auf. Sie kletterten in die Maschine, rauschten diesmal allein vom Platz los und fanden den gemeldeten Zug auf Anhieb.

„Diesmal sollen Sie selber werfen und auch noch dazu schießen. Also fix ans Werk!" meinte Plümecke, als sie den Transportzug sichteten. Sie flogen in einer großen Kehre von hinten an, und als sie mitten über ihm waren, warf Havighorst die 32 Bomben und hielt zusätzlich mit der Bordkanone in den Zug hinein.

Die Lok entgleiste, Waggons rollten aufeinander und verkeilten sich, einige stürzten um. Flammen stoben aus den Spritwagen empor, und mit lautem Getöse barsten zwei Munitionswagen auseinander.

„Auftrag ausgeführt. Zug voll getroffen, Brände und Detonationen!" Sie drehten ab, und noch in 50 Kilometer Entfernung sahen sie die himmelauf quellenden schwarzen Rauchwolken.

Als sie im Besprechungsraum der Flugleitung eintrafen, hatten die Kameraden schon alles zur Begrüßung des neuen Mannes im Klub der 100-Feindflug-Männer vorbereitet. Es hagelte Glückwünsche, als Havighorst mit dem von seinen Warten gebastelten Schild mit der aufgemalten 100 auf der Brust eintrat.

Gruppenkommandeur und Staffelkapitän gratulierten dem Feldwebel. Und dann kam auch Eduard Skrzipek zu ihnen herüber.

„Gratuliere, Ludwig, bist damit auch in die Riege der Eisenbahnknacker aufgenommen", meinte er, der bereits an die 20 Transportzüge zerstört hatte und später als Oberleutnant und immer noch Flugzeugführer in der 5. Staffel des KG 27 am 16. April 1943 das Ritterkreuz erhielt, nachdem er nicht weniger als 45 Flugzeuge am Boden und drei im Luftkampf vernichtet hatte.

„Danke, Edi, von dir ist dieses Lob mehr wert als von allen anderen", erwiderte Havighorst. Er hatte recht, denn als Hauptmann und Staffelkapitän der 14. (Eisenbahnstaffel) des KG 27 wurde Eduard Skrzipek am 24. Juni 1944 als 509. deutscher Soldat mit dem Eichenlaub zum Ritterkreuz ausgezeichnet. Er fiel am 25. Februar 1945 im Kampf an der Ostfront.

Die folgenden Einsätze wurden wieder mit der jungen Besatzung unter Lt. Bussemer geflogen. Von Setschinskaja aus dauerte der Feindflug gegen Moskau und wieder zum Horst zurück nur noch knapp drei Stunden. Auch die jungen „Spunde" waren gesetzter geworden, und so flogen sie diesen Einsatz gegen Moskau und die drei weiteren folgenden in die Hölle der Flakabwehr hinein nicht mehr so voller nervlicher Anspannung wie zuvor, zumal ja auch – gemessen an den ersten Flügen in die Metropole – nicht einmal mehr die Hälfte der Flugzeit benötigt wurde. Damit hatte Ludwig Havighorst seinen 18. Feindflug gegen Moskau hinter sich gebracht. Dabei hatte er immer noch den Ausspruch von Generalfeldmarschall Kesselring im Ohr:

„Wir brauchen nur vier oder fünf Einsätze gegen Moskau zu fliegen, dann sind die Russen fertig. Die Abwehr ist gering und der Flug dorthin ein Spaziergang."

War es erst drei Monate her, seit er dies gehört hatte? Ludwig Havighorst war diese Zeit mit den beinahe ununterbrochenen Einsätzen wie ein halbes Leben vorgekommen. Nicht zuletzt deshalb, weil er mehrfach gezwungen

Heinz Klien
erhielt das Ritterkreuz
am 12. November 1941.

Unten rechts:
Erich „Bubi" Hartmann flog oft
Sicherung für die Kampfflieger.
Er ist der erfolgreichste deutsche
Jagdflieger mit 352 Luftsiegen.

Unten links:
Waldemar Stadermann erhielt das
Ritterkreuz am 12. November 1941.

worden war, seinen „Geburtstag" zu feiern, wenn er wieder einmal mit seiner Besatzung aus einer überaus großen Gefahr entkommen war.

Bis zum Ende dieses Monats flog Havighorst mit dieser Besatzung noch weitere 12 Einsätze. Ziele waren: der Bahnhof Stalinogorsk, Truppenansammlungen hinter der Front, Bereitstellungen von Truppen, die im Begriff standen, die Truppen des Heeres und Artilleriestellungen anzugreifen.

Vor allem galten die Angriffe Tula, Jeffremow und Kaschira, wo die Rote Armee versuchte, den deutschen Vorstoß zu stoppen, der soeben in Richtung Moskau wieder angelaufen war, nachdem sich für Wochen alles um Kiew und die sich dort entwickelnde Kesselschlacht gedreht hatte.

Hier wieder ein Bericht von Hptm. a. D. Ludwig Havighorst:

„Als wir eines Morgens – es war inzwischen Mitte November 1941 geworden – in unsere Maschine steigen wollten, gab es plötzlich Fliegeralarm. Fünf Bomber der Roten Luftflotte näherten sich dem Platz, und es wurde für uns höchste Zeit, in einen der Splittergräben zu springen. Die Bomben fielen. Das Heulen gellte uns in den Ohren. Es war schon ein dummes Gefühl, nun gezeigt zu bekommen, wie ein solcher Bombenangriff auf jene wirkte, die ihn zu überstehen versuchten. Einige Maschinen wurden von Bombensplittern getroffen, und die Warte hatten pausenlos zu tun, um sie flugklar zu machen. Aber die Sowjetflieger kamen nicht nach Hause. Der Jagdflieger Oberfeldwebel Hartmann stand hier mit seiner Me 109 in Bereitschaft. Er startete, flog den Feindverband direkt von unten her an und schoß den ersten der angreifenden Bomber ab. Wir sahen aus unseren Splittergräben, wie er sich in einem rasanten Flug hoch über die Bomber, die bereits wieder nach Osten zurückflogen, emporschwang und dann aus überhöhter und rückwärtiger Position auf einen zweiten hinunterstieß und auch diesen abschoß. Damit nicht genug, jagte er seine Me 109 ein weiteres Mal von unten herauf, schoß den dritten Bomber ab, und in dieser Art erledigte er mit einigen Kehren und Messerkurven alle fünf Bomber."

So etwas hatte die Besatzung Havighorst noch nie beobachten können. Sie waren sicher: das wäre ihren Kampfflugzeugen nicht widerfahren. „Die Sowjets hatten nicht den Versuch gemacht, sich enger zusammenzuschließen. Von unseren He 111 hätte ein Angreifer aus allen Bordwaffen mächtig Zunder bekommen. Wie auch immer: *wir* jedenfalls waren froh, daß ,Bubi' Hartmann so aufgeräumt hatte. Später sollten wir noch mehrfach von ihm hören. Aber dieses Schauspiel, das er geboten hatte, war einmalig für uns gewesen.

Wir flogen noch einige Einsätze, und dabei hatte ich auch den Staffelkapitän zu fliegen. Er war ein gemütliches Haus, und wenn der Flug mehrere Stunden dauerte, das stellte ich jetzt und auch später immer wieder fest, dann schwenkte er, nachdem wir oben waren, den Knüppel in seinem Gelenk zu meinem Platz hinüber und sagte: ‚Also Havighorst, jetzt übernimmst du mal den Knüppel.' Man konnte bei der He 111 den Knüppel vom Platz des Flugzeugführers zu dem des Beobachters hinüberbewegen. Er war auf einer Säule zwischen diesen beiden Plätzen montiert und mit einem Hebel auszuschwenken. Der Arm der Säule zweigte nach links ab zum Flugzeugführer, und daran war der Knüppel, der allerdings ein Rad war. Durch diese Technik war der Beobachter immer in der Lage, in Notfällen den Knüppel selbst zu bedienen und das Flugzeug zu steuern.

Da ich wie die meisten Beobachter eine Hilfsflugzeugführer-Ausbildung erhalten hatte, war diese Übernahme des Knüppels für mich problemlos. So sagte denn – wie in diesem Falle – der nach einer rauschenden Nacht noch etwas benommene Flugzeugführer einfach: ‚Nimm du das Ding!', wenn die Kiste oben war, und entschlummerte sanft.

Die Maschine des Staffelkapitäns war allerdings immer die erste, die zum Start rollte, und so flog ich dann den anderen voraus, in der einen Hand die Karte zum Navigieren und mit der anderen Hand am Knüppel, hinter mir die Staffel in Richtung zum Ziel. So etwas konnte natürlich nur dann geschehen, wenn es ein ruhiger Einsatz war und nicht, wenn es im Tiefflug über feindliche Kolonnen mit entsprechend dichtem Flakfeuer hinwegging. Daß es unterwegs nach Überfliegen der Front auch mal Flakfeuer gab, verstand sich von selber.

Sobald wir die Front überflogen hatten, mußte ich die Staffel informieren, damit alle Bescheid wußten, daß sie im Falle eines außergewöhnlichen Zwischenfalles, wenn beispielsweise der Motor ausfiel oder sie durch andere Defekte zu Notlandungen gezwungen wurden und deshalb ihre Bomben im Notwurf abwerfen mußten, diese scharf machten, sobald sie sich über Feindgebiet befanden. Solange man sich noch auf eigenem Gebiet befand, durfte unter keinen Umständen scharf geworfen werden.

Dies mußten die Besatzungen also wissen, damit es nicht zu falschen Entscheidungen kam. Sich erst im Ernstfalle nach solchen Dingen zu erkundigen, war zu spät. Bei Havarien, welcher Art auch immer, stand so wenig Zeit zur Verfügung, daß diese für die sofort zu treffenden Entscheidungen einer Notlandung voll in Anspruch genommen wurde. Für andere Überlegungen war dann kein Raum mehr.

Etwa 4–5 Minuten vor dem Ziel hatte ich als Beobachter über die Bord-zu-Bord-Verständigung die Staffelmaschinen zu rufen und ihnen mitzuteilen, daß es bald soweit sei. Dazu mußte ich ihnen markante Punkte aufzeigen, die für den Endanflug wichtig waren und den direkten Weg zum Ziel wiesen.

Ich selbst hatte meine Bomben bereits vorgewählt. Dann war der Staffelkapitän zu wecken, denn nachdem ich meine Bomben bereit hatte, mußte er sie auslösen, weil ich beim Zielanflug vorn in der Kanzel lag und nunmehr mit der Kanone und nicht wie noch in England üblich mit dem MG das Ziel zusätzlich unter Feuer nahm.

Wir hatten seit einiger Zeit auch das LOTFE-Zielgerät in unseren He 111 eingebaut, eine sehr präzise Zielvorrichtung. Das LOTFE arbeitete äußerst genau. Es rechnete den Winkel von vorn ebenso aus wie die Seitendrift. Es galt nur, die beiden Kontakte übereinander zu bringen, dann war der Auslösepunkt erreicht. Sobald man den Flugzeugführer in der Grobeinstellung eingewiesen hatte, etwas nach links oder etwas nach rechts zu drehen, lagen die beiden Kontakte nahe beieinander, und es waren nur noch sehr geringe Korrekturen notwendig; diese konnte man dann selbst einbringen. Das Fadenkreuz des LOTFE-Gerätes wurde auf das Ziel gelegt und mittels Knopfdruck Geschwindigkeit und Abwurfwinkel synchronisiert. Natürlich konnte es sein, daß in den verschiedenen Höhenlagen auch verschiedene Luftströmungen herrschten; dann lagen die geworfenen Bomben nicht richtig im Ziel, sondern landeten einige Meter seitlich, vor ihm oder dahinter. Sonst aber war dieses LOTFE eine hundertprozentige Sache.

Allerdings gab es auch einige amüsante Vorfälle in der Staffel, die durch das LOTFE eintraten. So hatte einer der Flugzeugführer einen Bayern als Beobachter, der ein sehr guter Mann war, nur mit dem LOTFE stand er anfangs auf Kriegsfuß. Dort konnte er folgende Kommandos an den Flugzeugführer geben: ‚A wengerl links! – A wengerl rechts! O weh, a wengerl zu weit!'

Eine andere Type im guten Sinne war unser kleiner Leutnant Sauer, der unter keinen Umständen damit fertig werden konnte, nicht fliegen zu dürfen oder gar nicht fliegen zu können. Er hatte sich durch den Wart Holzklötze auf die Ruderpedale montieren lassen, damit er überhaupt gut heranlangen konnte.

Beim Start war es ihm nicht möglich, den Knüppel ganz nach vorn zu schieben; dafür waren seine Arme zu kurz. Er schwenkte dann kurzerhand den Knüppel herum, und so mußten ich oder der andere Beobachter, der

Die ersten Maschinen starten.

Gegen Fliegersicht durch feindliche Aufklärer gut getarnt

gerade mit ihm flog, die ersten Prozeduren allein durchführen. Wenn es dann soweit war, daß ich den Knüppel zurücknehmen mußte und Sauer wieder herankam, rief er aufgeregt: ‚Komm, gibt her!'

Er übernahm dann das Ruder und flog nun selbst. Und wie er flog! Er war das unbestrittene As in der Staffel.

Immer war er vorne dabei, und als die Staffel von Bobruisk nach Setschinskaja verlegte, flog er im Fieseler Storch voraus, um die Lage zu peilen, wie er dies nannte. Dabei wäre er um ein Haar von ‚Schlächtern' der Roten Luftwaffe abgeschossen worden, die im Tiefflug über diesen Platz hinwegsausten, als er gerade dort landen wollte. Es gelang ihm jedoch, den Storch aus dem Feuerbereich herauszubringen, zwar mit einigen Löchern in den Flächen, aber am eigenen Leibe heil, zu landen und alles zu inspizieren.

Daß an diesem Abend nach dem provisorischen Einräumen Geburtstag gefeiert werden mußte, verstand sich.

Später sollten ihm noch andere Dinge zustoßen, aber er kam immer heil aus den ärgsten Situationen heraus. Einer unserer Warte, ein baumlanger Kerl, der schon zweimal durch feindliche Angriffe verwundet worden war, meinte: ‚Unser Sauer ist so winzig, der kann sich in ein Mauseloch verkriechen, wenn der Iwan kommt. Den zu treffen, ist ja schwieriger, als einen Hasen zu schießen.'

Am 1. Dezember 1941 erfolgte meine Versetzung zur 5. Staffel des Kampfgeschwaders 27 ‚Boelcke'. Geschwaderkommodore war hier Oberstleutnant Hans-Henning Freiherr von Beust, der im Juli 1941 in Rußland das Ritterkreuz erhalten hatte. Mit diesem Geschwader erlebten wir in Zukunft die ganz großen und sehr gefährlichen Einsätze über der Sowjetunion. Doch zunächst erfuhren wir nach der Rückkehr von einem Tiefflug gegen eine feindliche Marschkolonne, daß der allseits bewunderte Jagdflieger, Brillantenträger Oberst Werner Mölders auf dem Flug zur Beisetzung des Generalluftzeugmeisters Ernst Udet nach Berlin bei Breslau-Schöngarten am 22. November 1941 tödlich abgestürzt war. Diese niederschmetternde Nachricht bedrückte uns sehr. Erschwerend kam noch hinzu, daß die Maschine, eine He 111, von unserem Kameraden des KG 27, dem Flugzeugführer Oberleutnant Georg Kolbe, geflogen worden war.

Die gute Nachricht, daß unsere Besatzung Urlaub erhalten würde, war dadurch doch sehr getrübt. Wir sollten eine He 111 nach Nantes überführen, von dort aus in die Heimat fahren und nach dem dreiwöchigen Urlaub wieder nach Nantes zurückfahren und unsere dann völlig überholte ‚Kiste' mit den Sachen beladen, die wir bei der plötzlichen Verlegung im Juli in Nantes

Werner Mölders vor seinem Todesflug; links Major von Beust

Die Absturzstelle der Maschine Mölders'

Hans Henning Frhr. von Beust,
der Kommodore des KG 27, wurde
am 25. November 1943 als 336. mit
dem Eichenlaub ausgezeichnet.
Das Ritterkreuz wurde ihm bereits
am 7. Dezember 1941 verliehen.

Rudolf Kiel,
letzter Kommodore des KG 27,
Ritterkreuz am 20. Dezember 1941

hatten zurücklassen müssen, weil wir ja nur zu einer *Stippvisite* in den Osten kommen und bald wieder zurückkehren sollten.

Am 1. Dezember 1941 starteten wir bei dichtem Schneetreiben von Setschinskaja aus zum Flug nach Nantes. Am Nachmittag überflogen wir den Brocken im Harz, und dann sah ich anhand der Navigationskarte, daß wir bald mein Heimatstädtchen Haltern erreicht hatten. Wir würden daran vorbeifliegen, wenn keine Ruderkorrektur gegeben wurde.

‚Herr Leutnant', sagte ich zu Leutnant Bussemer, ‚zehn Grad kleiner!' – ‚Zehn Grad kleiner?' fragte Bussemer zurück. ‚Jawohl, zehn Grad kleiner!'

Und plötzlich lag Haltern unter mir.

‚Herr Leutnant, das da unten ist Haltern, meine Heimatstadt!' – ‚Aha', meinte Bussemer, ‚deshalb also zehn Grad kleiner?' – ‚Herr Leutnant, Sie merken aber auch alles, und so schnell!' hänselte ich den Kameraden, mit dem ich schon eine Reihe Feindflüge hinter mich gebracht hatte.

Leutnant Bussemer flog eine Kurve über Stadt und Stausee von Haltern. Dann legten wir genauen Kurs auf Schiphol, wo wir landen und übernachten sollten."

Der Urlaub – In der Flughafen-Kompanie

„In Nantes angekommen, lieferten wir die He 111 mit den Wartungspapieren ab, und nach einem gemütlichen Umtrunk mit den immer noch hier hockenden Kameraden des Stabes und eines Abwicklungskommandos fuhren wir in den Heimaturlaub. Es wurden unvergeßliche drei Wochen der Ruhe und Erholung. Nur die Meldungen des Wehrmachtsberichtes und die erwähnten Namen gaben Anlaß zur Besorgnis und zeigten mir, daß es zurückging. Moskau war nicht erobert worden. Alles war im seit Jahrzehnten tiefsten Frost festgefahren. Truppen der Roten Armee kamen in Eiltransporten aus Sibirien, nachdem der Spion Richard Sorge der Moskauer Führung mitgeteilt hatte, daß die Japaner nicht angreifen würden und sich dies dann am 6. Dezember 1941 durch den japanischen handstreichartigen Überfall auf Pearl Harbor bestätigte."

Das Wiedersehen mit Else Thole, der Tochter seines alten Meisters, war für Ludwig Havighorst eine besondere Freude. Die beiden jungen Menschen waren in den Urlaubstagen oft beisammen, und als Havighorst Abschied nehmen mußte, da hatte er ihr Versprechen, daß sie auf ihn warten würde. Sie waren verlobt.

Als die Besatzung nach Ende dieses Urlaubs wieder nach Nantes fuhr und sich Havighorst meldete, um zu hören, wie weit ihre He 111 überholt sei, erfuhr er dort, daß diese Maschine bereits von einer anderen Besatzung abgeholt worden war.

Auf die Frage, wie es mit ihrer Rückkehr zur Front sei, erfuhren die Männer um Havighorst, daß sie den Marschbefehl erhielten, sobald sie angefordert würden.

Sie wurden in die Flughafen-Kompanie gesteckt und machten den ganzen Winter und das kommende Frühjahr hindurch Infanteriedienst. Immer wieder wurde auch die Flughafenverteidigung und alles Nötige für den Fall geübt, daß Angriffe erfolgten und die Flak Helfer brauchte. Es gab zudem viel, sehr viel Sport.

Während also im Osten die Front an einem seidenen Faden hing, während die Infanterie in den Stellungen überrollt wurde und die wenigen Staffeln der Kampfflieger ununterbrochen ihre Einsätze flogen, hing diese kampferprobte Besatzung untätig in Nantes herum und schlug die Zeit tot, denn anders konnte man dieses Gammeln nicht bezeichnen.

„Bis heute noch ist es mir ein Rätsel", sagte Hptm. a. D. L. Havighorst, „warum unsere Besatzung erst am 27. Mai 1942 zum Kampfgeschwader 27

Carl-August Petersen von der
9./KG 27 errang am 7. März 1942
das Ritterkreuz.

Unten rechts:
Gerhard Krems zog am
25. Mai 1942 nach.

Unten links:
Walter Schalles, Flugzeugführer in
der 9. Staffel, war am 12. April 1942
an der Reihe.

an die Front zurückbefohlen wurde. Seit unserem Abflug aus Setschinskaja waren sage und schreibe sechs Monate vergangen. Mehrfach hatte ich an Kameraden und an die Staffel geschrieben, und mir ist immer wieder versichert worden, daß die Rückkommandierung veranlaßt worden sei.

Als wir fünf dann endlich in Poltawa angekommen waren, wurde unsere Besatzung auseinandergerissen. Ich wurde Kommandant einer neuen Besatzung. Der junge, noch unerfahrene, aber brillante Flugzeugführer Uffz. Ludwig Denz gehörte ebenso dazu wie der Funker Uffz. Helmut Wagner. Bordmechaniker war der alte Kämpe und Kamerad vieler Schlachten, Ofw. Wilhelm Waschewski. Diesmal wurde uns auch wegen der immer stärker werdenden Jagdabwehr des Gegners ein Fliegerschütze zugeteilt. Es war der ObGefr. Otto Blaß, der von nun an in der Bodenwanne nach rückwärts sicherte.

Wir fanden die 5. Staffel in voller Besetzung vor. Die Front hatte sich stabilisiert, und überall wurde gemunkelt, daß es bald wieder vorwärtsgehen sollte."

Zwischen Poltawa und Millerowo

„Am 10. Juni 1942 erfolgte der erste Einsatz unserer neu zusammengestellten Besatzung. Es ging in schnellem Flug in Richtung Front, wo feindliche Artilleriestellungen angegriffen werden sollten. Wir erreichten diese Ziele binnen einer halben Stunde und warfen unsere Bomben. Die Flakabwehr war beim erstenmal gering. Aber wir flogen am selben Tage noch weitere vier Einsätze gegen die sowjetische Front. Schon beim zweitenmal empfing uns heftiges Abwehrfeuer, und der erste Angriff eines Sowjet-Jägers zeigte mir, daß Obergefreiter Blaß ein As am MG war und daß Waschewski ebenfalls nichts von seiner Fähigkeit verloren hatte, sich den Gegner vom Halse zu halten. Qualmend zog dieser ab."

Wenn es in diesem Tempo weiterging, dann war schon jetzt der Zeitpunkt abzusehen, wann die Erholung wieder dahin sein würde. Und es sah wirklich so aus, als seien alle Stellen eifrig bemüht, die neue Besatzung so rasch wie möglich wieder zu verschleißen. Doch dies hatte nichts mit Schinderei zu tun, sondern entsprach der Lage an der Front vor Beginn einer neuen Offensive.

Sehr rasch merkte die Besatzung Havighorst den Unterschied zu den Einsätzen vor einem halben Jahr. Die Flak der Sowjets hatte dazugelernt. Sie schoß jetzt hervorragend. Man mußte schon alle Regeln der Fliegerkunst

Rupert Frost, mit dem Havighorst
ein halbes Dutzend Einsätze flog –
Ritterkreuz am 25. November 1944
in der Nachtschlacht-Gruppe 9 (gest.)

Major Rudolf Müller errang
das Ritterkreuz am 6. Juli 1942 –
I./KG 27 „Boelcke"

anwenden und auch noch Glück haben, wenn man heil aus ihrem Feuer-hagel herauskommen wollte.

Die gegnerische Jagdabwehr verfügte jetzt über neue, schnellere und noch wendigere Maschinen als zuvor. Daher mußten die He 111 auch im Verband fliegen, um sich dieser Gegner durch die Massierung der Abwehr-waffen erwehren zu können. Es wurde meistenteils zu drei bis sechs Maschinen geflogen.

Bis zum 23. Juli 1942 hatte Ludwig Havighorst mit seiner neuen Besat-zung 34 Einsätze geflogen. Es ging immer wieder gegen Truppenansamm-lungen, Artillerie-Stellungen, Flugplätze der Roten Fliegerwaffe und Bahn-höfe im Hinterland. Die Räume Alexandrowo, Lichnoj, Losowaja, Swo-boda, Powozino, Nufoki und immer wieder Woronesch waren die Ziele.

Während dieser Zeit flog Ludwig Havighorst sechs Einsätze mit seinem neuen Staffelkapitän, Hptm. Rupert Frost, der bereits überaus erfolgreich gewesen war und das Deutsche Kreuz in Gold trug. Diese Flüge gingen in den Raum Woronesch. Dort kam es darauf an, von den Russen geplante Gegenstöße gegen die angetretenen deutschen Verbände zu vereiteln und ihre Bereitstellungen gründlich zu bekämpfen, was mit 50-Kilo-Bomben und – falls Geschützstellungen darunter waren – auch mit 250-Kilo-Bomben geschah.

Bei Hptm. Rupert Frost lernte Havighorst noch einiges dazu. Frost war ein Flugzeugführer von hohen Graden, souverän in jeder kritischen Lage und von einer Herzlichkeit, die alle Männer der Besatzung für ihn einnahm.

Die Erfolge waren groß, und so war es der 24. Panzer-Division und der 16. ID (mot.) möglich, sich rasch auf Woronesch vorzuarbeiten und Teile der

Bomben auf den Bahnhof von Woronesch

Auf der Rückzugstraße der Roten Armee

60. Sowjetarmee vernichtend zu schlagen. Einmal halfen sie auch weiter im Norden aus, wo die Truppen des XXIV. Panzerkorps unter General von Geyr mit der 9. Panzer-Division und der 3. ID (mot.) im Angriff standen und über den Don und Woronesch-Fluß vorwärtsdrängten.

Der Sommer war nach dem verheerenden Winter glühend heiß. Am Boden sahen die Besatzungen der Feindflüge die dichten Staubwolken aufwirbeln, unter denen sich Kolonnen des Gegners verbargen, die sich nach Osten zurückzogen.

Was niemand wissen konnte, war die Tatsache, daß den Sowjets der deutsche Plan zur Sommeroffensive in die Hände gefallen war.

Der Verlauf dieses folgenschweren Vorganges sei hier knapp skizziert. Und zwar war der Ia der 23. Panzer-Division, Major i. G. Reichel, in Begleitung von Oberleutnant Dechant als Pilot eines Fieseler Storches am 19. Juni 1942 um 14.00 Uhr zum Gefechtsstand des XVII. Armeekorps geflogen, um sich von dort aus über den Vormarsch der 23. PD zu informieren, wie ihm der Divisionskommandeur, Generalmajor von Boineburg-Langsfeld, befohlen hatte.

Die Maschine verfranzte sich und flog über den Gefechtsstand des Korps hinaus in Richtung Front. Von dieser Zeit an hatte niemand mehr etwas von dem Storch gesehen oder gehört. Es bestand Gefahr, daß er mit seiner zweiköpfigen Besatzung abgestürzt war. Major i. G. Reichel hatte nicht nur seine eigenen Notizen bei sich, sondern auch die Divisions- und Korps-Einzeichnungen auf der Operationskarte für den Fall „Blau", wie die Sommer-Offensive genannt wurde.

Eine sofortige Nachfrage bei allen Divisionen in vorderster Linie ergab eine Meldung des Artillerie-Beobachters der 336. ID. Dieser hatte gegen 15.30 Uhr einen Fieseler Storch gesehen, der im Nachmittagsglast zwischen den sehr tief hängenden Wolken herumgekurvt sei. Er war, immer nach den Aussagen dieses Beobachters, bei dem unmittelbar danach niedergehenden Sommergewitter nahe der vordersten Linie des Gegners heruntergegangen.

General der Panzertruppe Stumme, Kommandierender General des XXXX. Panzerkorps, befahl, einen kampfstarken Stoßtrupp loszuschicken, um die notgelandeten Männer zu bergen. War der Feind schon vorher dort gewesen, sollten alle Spuren sorgfältig untersucht werden. Vor allem galt es, die beiden Männer zu finden, und wenn dies nicht möglich war, nach der Aktentasche und dem Kartenbrett zu suchen.

Der Stoßtrupp wurde mit dem ersten Morgenlicht des 20. Juni ausgeschickt, in der angegebenen Richtung zu suchen. Eine zweite Kompanie mußte auf der linken Flanke den Feind ablenken.

Eine Leuchtbombe erhellt das Ziel.

GFM Robert Ritter von Greim

Das Flugzeug wurde in einer Senke gefunden. Es war völlig leer und vom Iwan ausgeschlachtet worden. Von den beiden Männern und der Kartentasche fand sich keine Spur.

Die Umgebung wurde abgesucht. Etwa 50 Meter vom Flugzeug entfernt fanden sich zwei Erdaushübe. Das konnten nur die Gräber der beiden Gesuchten sein. Die Männer des Stoßtrupps zogen sich zurück. Sie erhielten wenige Stunden später den Befehl, ein zweites Mal zum ausgeschlachteten Storch zu gehen und die Gräber zu öffnen. Die Ordonnanz von Major i. G. Reichel ging mit, um notfalls ihren Chef zu identifizieren.

Die Gräber wurden geöffnet. Sie fanden die beiden Toten, ihrer Uniformen beraubt und verstümmelt. Aber der Bursche erkannte seinen Major nach langem Zögern wieder.

Über die gefundenen Leichen machte das XXXX. PzK. keine Meldung nach oben, weil nicht eindeutig festgestellt worden war, daß es Major Reichel und der Flieger gewesen waren. Immerhin bestand ja die Gefahr, daß die Sowjets Major i. G. Reichel lebendig gefangen hatten und nun auch alle weiteren Details der geplanten Offensive aus ihm herausquetschten. Der Tote war dann irgendein anderer, der so ähnlich aussah und vortäuschen sollte, daß die Rote Armee keine weiteren Einzelheiten über die Offensive kannte.

Immerhin gab es einen Befehl, der in der gesamten Roten Armee verbreitet worden war: daß kein Generalstabsoffizier getötet werden durfte, sondern zum nächsten Höheren Stab zu bringen sei.

Die Sache mußte an die Armee gemeldet werden, und General der Panzertruppe Paulus war gezwungen, sie dem Führerhauptquartier weiterzumelden. Hitler weilte in Berchtesgaden, und Generalfeldmarschall Keitel bearbeitete den Vorgang. Da Befehle für eine Offensive nur mündlich weitergegeben werden durften und Hitler insbesondere für seine Führerweisung Nr. 41, den Fall „Blau", ganz besondere Geheimhaltung vorgeschrieben hatte, wurden General Stumme, Oberstleutnant Franz, der Chef des Generalstabes des XXXX. PzK., und Generalmajor von Boineburg-Langsfeld ihrer Kommandos enthoben. General Stumme und sein Chef des Stabes kamen vor das Reichskriegsgericht, dem Reichsmarschall Göring vorsaß. Beide Angeklagten wurden zu Festungshaft verurteilt. Stumme zu fünf und Franz zu zwei Jahren.

Hitler erließ ihnen vier Wochen später diese Strafen in Anbetracht ihrer Tapferkeit und persönlichen Verdienste.

General Stumme und Oberstleutnant Franz kamen nach Afrika, wo Stumme Feldmarschall Rommel vertrat, der sich zur ärztlichen Behandlung in der Heimat befand. General der Panzertruppe von Geyr übernahm die Führung des XXXX. Panzerkorps.

Am Verlauf der späteren Ereignisse war klar abzulesen, daß Stalins Truppen seit diesem 20. Juni 1942 Plan und Aufmarsch der ersten Phase der Operation „Blau" kannten und wußten, daß die Deutschen durch einen Doppelstoß aus den Räumen Kursk und Charkow den Eckpfeiler ihrer Front, Woronesch, in ihren Besitz bringen wollten, um von dort aus weiterzustoßen. Allerdings wußten sie nicht, wohin dieser Weiterstoß gehen würde, weil dies aus den Unterlagen nicht zu erkennen war. Sie wußten nicht, daß die Armeegruppe Weichs anschließend vom Don den Fluß entlang nach Süden und Südosten vorstoßen wollte und daß als großes Fernziel einmal der Kaukasus und das andere Mal Stalingrad genannt war.

Es war der Vorstoß der 24. Panzer-Division, die aus der ostpreußischen 1. Kavallerie-Division hervorgegangen war; er wurde von den Fliegern des KG 27 unterstützt. Die 24. PD erreichte dieses Ziel, und nun waren alle Vorbereitungen getroffen, zu den endgültigen Zielen vorzustoßen und dem Gegner den Todesstoß zu versetzen.

Einsätze von Kursk aus

Am 23. Juli 1942 verlegte die 5./KG 27 nach Kursk. Wieder einmal flog der quicklebendige Leutnant Sauer als Führer des Vorkommandos voraus. Mit dem ihm zur Verfügung gestellten Fieseler Storch erkundete er die Gegebenheiten des neuen Flugplatzes, während die He 111 hinterherflogen.

Es galt wieder einmal, der Front nachzurücken, um eine so tiefe Eindringweite zu erhalten wir nur eben möglich.

Als die erste He 111, in der sich auch der seit dem 1. März 1942 zum Oberfeldwebel beförderte Beobachter Havighorst befand, den Platz erreichte, sahen sie plötzlich ein seltsames Karussell. Lt. Sauer war in seiner Waghalsigkeit so dicht an den Boden hinuntergegangen, daß sich das Fahrgestell seines Storches in einer Telegraphenleitung verfing, aus der er sich nicht aus eigener Kraft befreien konnte. Aus lauter Verzweiflung umkreiste er nun, wie in einem Karussell sitzend, den Telegraphenmast.

Bereits während des Landeanfluges wurde die Besatzung unter Hptm. Frost auf diese Notsituation ihres kleinen Leutnants aufmerksam gemacht. Sie landete, rollte dicht heran und befreite den Kirmesfahrer aus seiner mißlichen Lage.

Als der ziemlich blaß gewordene Karussellfahrer wieder festen Boden unter den Füßen hatte, konnte er auch bald in das losbrechende homerische Gelächter einstimmen und spendierte am selben Abend eine größere hochprozentige „Befreiungsrunde", wie er sie nannte.

Ludwig Havighorst, der am Tage des Abfluges nach Kursk bereits auch im Besitz des Ehrenpokals der Luftwaffe war, hatte bis zu diesem Tage 150 erfolgreiche Feindflüge hinter sich gebracht. Das war schon eine stolze Anzahl, aber die Zukunft würde noch sehr viele Flüge für ihn bereithalten.

Von hier aus wurden Einsätze nach Woronesch geflogen. Daran anschließend gab es eine Reihe Unterstützungsaufträge für die 6. Armee, deren Weg in Richtung Stalingrad freigekämpft werden mußte. Die Lufteinsätze im großen Donbogen trugen mit dazu bei, die 6. Armee voranzubringen. Zwischen Krimskaja im Norden und Potemskinskaja im Süden lagen die Angriffsschwerpunkte des Geschwaders.

Am 6. Oktober 1942 mußte die Staffel Kursk verlassen. Das neue Ziel war der Einsatzhafen Millerowo, etwa 300 Kilometer westlich von Stalingrad. Von hier aus würden sie sicherlich zur Wolga fliegen und dort die wichtigsten sowjetischen Ziele angreifen.

Sie kamen wohlbehalten dort an und richteten sich in einer der Bauern-

Der Bahnhof von Stary Oskol am 30. Juni 1942 um 12.35 Uhr

katen ein, in denen vor ihnen auch Flieger des Gegners gelebt hatten. Die
Kate, in die Ofw. Havighorst mit seiner Besatzung einzog, war noch von der
Frau eines sowjetischen Piloten bewohnt, die mit ihren zwei Kindern hier
zurückgeblieben war. Auch die übrigen Katen von Millerowo waren bewohnt.

„Hier machten wir nach langer Zeit wieder ordentliche Bratkartoffeln. Es
waren die besten Bratkartoffeln, die ich jemals gegessen habe. Natürlich
mußten wir uns diese Kartoffeln besorgen, und zu meiner Schande muß ich
gestehen, daß ich mit dabei war, als es galt, den Posten, der die Kartoffel-
miete bewachte, in ein Gespräch zu verwickeln, währenddessen sich Fw.

*Russische Kinder
spielen genauso
wie Kinder daheim.*

*Die Familie ist zum
Gruppenfoto bereit.*

Neuer Start in Rußland

*Horst Quednau aus der
III. Gruppe des KG 27
wurde am 3. September 1942
mit dem Ritterkreuz
ausgezeichnet (gest.).*

Wagner, ein ganz gewitzter ‚Besorger', von hinten an die Miete heranschlich und für uns fünf Männer der Besatzung die notwendige Kartoffelmenge stibitzte.

Während dieser wiederholten Unterhaltungen mit dem Posten steckten wir dem armen Kerl ab und zu schon mal eine Schachtel Zigaretten oder eine Dose Schoka-Kola zu. Speck mußten wir uns dann woanders besorgen, aber auch das klappte meistens.

Dann brieten wir die Kartoffeln. Es war eine Delikatesse. Oftmals gaben wir auch der Frau und den Kindern davon ab, die in dem Raum wohnten und schliefen, in dem der große Lehmofen stand.

Frau und Kinder waren von dieser Bratkunst ebenfalls begeistert. So wurde sehr rasch ein gutes Verhältnis untereinander hergestellt, das sich auf gegenseitigen Respekt gründete. Die Kinder hatten uns gern; das zeigte sich schon sehr bald, denn als wir von den ersten Feindflügen zurückkehrten, standen sie stets vor dem Haus und riefen uns ihre Grüße zu. Daß dies auch im Hinblick auf die leckeren Sachen geschah, die sie ab und zu bekamen, änderte nichts daran, daß wir uns darüber freuten.

Interessant war für uns folgendes Erlebnis. Wenn wir uns gewaschen hatten, gossen wir das schmutzige Waschwasser stets hinter dem Haus in den Garten. So etwas wie eine Wasserleitung oder gar Abflußrohre gab es in diesen Häusern nicht. Als die Frau dies das erstemal sah, rief sie uns ganz entsetzt ihr ‚Nix Kultura!' zu, was natürlich für uns etwas komisch klang angesichts der Tatsache, daß die beiden Kinder ihre Notdurft in ihrer Stube verrichteten, wo die Frau dann mit einer Schaufel Erde darüber gab und dies feststampfte. Nun, es waren eben andere Menschen mit anderen Sitten.

Millerowo sollte uns zu einer unvergeßlichen Fliegerheimat werden. Viele Monate verbrachten wir hier. Von hier aus flogen wir annähernd 150 Einsätze nach Stalingrad, in den Kaukasus hinein und bis nach Astrachan.

Es sollten nicht allzu viele Tage vergehen, bis wir von hier aus am 9. Oktober 1942 zu einem Sondereinsatz gegen Transportzüge im Raume Stalingrad fliegen würden.

Freilich war das nicht das Ende unseres Dienstes als Flieger. Es stand noch ganz anderes bevor. Aber das ahnten wir damals nicht, als wir unweit der unteren Wolga im Herzen des Sowjetlandes standen und flogen."

AM HIMMEL ÜBER STALINGRAD

Die Ausgangslage

„Seit dem 6. Oktober 1942 lag also unsere Staffel in Millerowo etwa 300 km westlich von Stalingrad. Für diesen neuen Einsatzort hatten wir folgenden Befehl erhalten:

‚Zerschlagen des fliehenden Feindes, Unterstützung des Heeres beim Sturmlauf auf Stalingrad.'

Wie war dort die Lage? Ausgangspunkt dieses Vorstoßes war eine Besprechung, die am 16. Juli 1942 im vorgeschobenen Führerhauptquartier ‚Wehrwolf' bei Winniza in der Ukraine zwischen Generaloberst Halder und Adolf Hitler stattfand.

Der Chef des Generalstabes des Heeres hatte Hitler vorgetragen: ‚Die Rote Armee weicht planmäßig aus!' Hitlers Antwort lautete: ‚Unsinn, der Russe flieht! Er ist nach den Schlägen, die wir ihm in den vergangenen Monaten versetzt haben, völlig am Ende.'

‚Die Masse der Heeresgruppe Timoschenko, mein Führer, ist sogar mit dem Großteil ihrer eigenen schweren Waffen nach Osten über den Don in Richtung Stalingrad zurückgewichen. Sie ist noch völlig intakt.'

Hitler hatte abgewinkt. ‚Die 6. Armee muß die russischen Restkräfte, die an die Wolga geflüchtet sind, im Raume Stalingrad stellen und ihnen den Todesstoß versetzen. Wir dürfen den taumelnden Feind nicht zur Ruhe kommen lassen.'

Hitlers Weisung Nr. 41 folgend, hatte die 6. Armee drei Tage vor Erreichen meines 150. Einsatzes gegen die Bahnanlagen von Losowaja und in den Raum Woronesch hinein mit ihrem XIV. Panzerkorps den Tschir nach Osten überschritten und war auch mit dem XXIV. Panzerkorps angetreten. Ziel beider schneller Korps war Kalatsch.

Kalatsch wurde überraschend bezwungen, und am 21. August hatten die Spitzen-Divisionen der 6. deutschen Armee den Don überschritten. Über

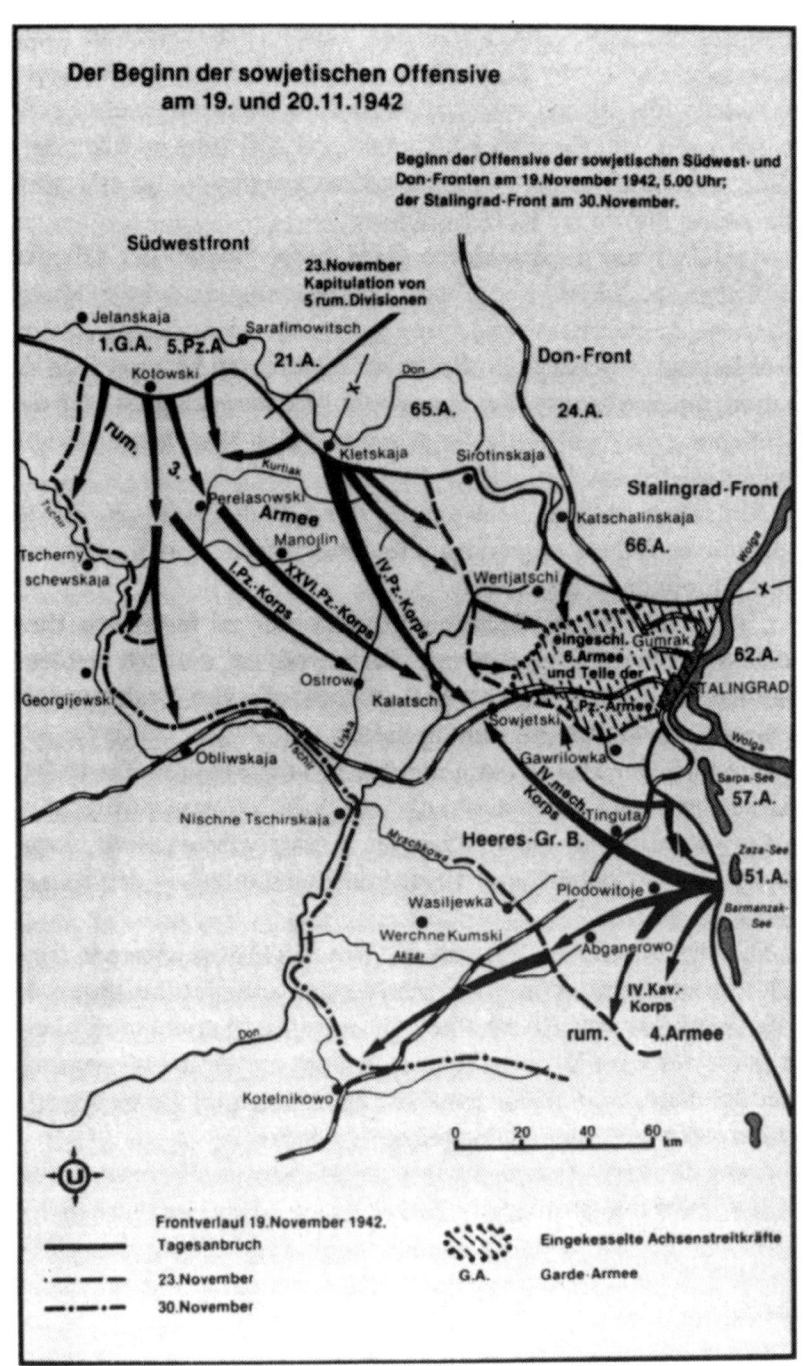

**Der Beginn der sowjetischen Offensive
am 19. und 20.11.1942**

Beginn der Offensive der sowjetischen Südwest- und
Don-Fronten am 19.November 1942, 5.00 Uhr;
der Stalingrad-Front am 30.November.

Südwestfront

Jelanskaja

1.G.A. 5.Pz.A

Sarafimowitsch

23.November
Kapitulation von
5 rum.Divisionen

Kolowski

21.A.

Don

Don-Front

65.A.

24.A.

Kletskaja

Sirotinskaja

Kurtlak

rum.

3.

Perelasowski

Armee

Manojlin

Katschalinskaja

Stalingrad-Front

66.A.

Tscherny-
schewskaja

Tschir

I.Pz.-Korps

XXVI.Pz.-Korps

IV.Pz.-Korps

Wertjatschi

Wolga

X

Georgijewski

Ostrow

Kalatsch

eingeschl. Gumrak
6.Armee
und Teile der
4.Pz.-Armee

62.A.

STALINGRAD

Obliwskaja

Liska

Sowjetski

Gawrilowka

Wolga

Sarpa-See

Nischne Tschirskaja

Myschkowa

Heeres-Gr. B.

IV.mech.
Korps

Tinguta

57.A.

Zaza-See

Wasiljewka

Plodowitoje

51.A.

Werchne Kumski

Aksai

Barmanzak-
See

Don

Abganerowo

IV.Kav.-
Korps

rum. 4.Armee

Kotelnikowo

0   20   40   60
                    km

U

Frontverlauf 19.November 1942.
Tagesanbruch

——————

–·–·–·–·–   23.November

–··–··–··–   30.November

Eingekesselte Achsenstreitkräfte

G.A.   Garde-Armee

Beobachter Havighorst und Flugzeugführer Denz

Stalingrad am 24. November 1942:
Generaloberst Paulus an der „Schere" – links GenLt. Seydlitz

Der „Tennisschläger" – die große Eisenbahnschleife

den Tatarengraben vorstoßend und nach Passieren der Bahnlinie Frolow-Stalingrad in offenes Gelände rollend, hatten die Panzerkommandanten, in den Türmen ihrer Kampfwagen stehend, rechter Hand voraus am Horizont die Silhouette von Stalingrad erkennen können.

Die Verteidiger in den Vorstädten dieser riesigen Industriestadt an der Wolga wurden niedergekämpft, wobei das PR 2 nacheinander 37 feindliche Feuerlinien zu überwinden hatte. Bis zum 10. September war auch die 24. PD zum Südwestrand von Stalingrad vorgestoßen. Die 71. ID hatte am Abend zuvor bei Beketowka die Wolga erreicht. Sie umging diese waffenstarrende Häusermasse und stand wenig später am Südrand der Stadt, die den Namen des roten Diktators trug.

Am 11. September hatte der Kampf um die Stadt selber begonnen, und bis zum Ende dieses Monats waren die Verteidigungszentren der Roten Armee, die Stützpunkte Krasny Oktjabr und der berüchtigte ‚Schnellhefter', im Häuserkampf unter schweren Verlusten für beide Seiten erobert worden. Der ‚Tennisschläger', der sich im Südteil der Stadt noch hielt, das noch nicht restlos in Besitz genommene gewaltige Areal des Industriekomplexes

‚Rote Barrikade' sowie das Traktorenwerk Dserschinsk wurden nun angegriffen.

Jenseits der Wolga aber, in den Urwäldern hinter dem tiefer gelegenen Ostufer des Flusses, standen die Fernkampf-Batterien der Roten Armee. Auf der Wolgainsel ostwärts der Stadt waren ebenfalls Artillerie- und Werferstellungen ausgemacht worden, die es niederzukämpfen galt, um unseren Kameraden vom Heer zu helfen. Von dort kamen auch in den dunklen Nächten Hunderte kleiner Boote, die gegnerische Entsatztruppen, Munition und Waffen in jene Lößschluchten schleusten, die sich in das steile Westufer gegraben hatten. In den Erdhöhlen dieser Schluchten fanden in den Nächten des September und Oktober 1942 jene unbarmherzigen Kämpfe statt, die Hekatomben Opfer kosteten."

Die Aufgabe unserer Luftwaffe für Stalingrad

„In der Führerweisung Nr. 41, die im Sommer 1942 den Schwerpunkt des Kampfes an der Ostfront in den Südabschnitt verlegte, hieß es in bezug auf die Luftwaffe:

‚Außer der Leistung direkter Unterstützung des Heeres ist die Mission der Luftwaffe darauf gerichtet, die Konzentration des deutschen Heeres in der Kampfzone Süd und in ihrem Aufmarschgebiet zu schützen. Insbesondere die Eisenbahnbrücken über den Dnjepr. Dazu wird sie zusätzliche Luftstreitkräfte abstellen.

Für den Fall einer Konzentration russischer Truppen werden ihre Hauptrouten und Eisenbahnverbindungen aus ihrem Bereitstellungsraum ins Kampfgebiet durch unsere Luftwaffe unterbrochen. Diese Luftangriffe müssen bis weit in das russische Hinterland reichen. In diesem Falle wird die Zerstörung der Don-Eisenbahnbrücke gefordert.

Die Luftwaffe wird ihre offensiven Operationen durch konzentrische Angriffe beginnen, wobei eigene Verbände massiert gegen alle sowjetischen Luftstreitkräfte und ihre Bodenorganisationen innerhalb des Angriffsstreifens einzusetzen sind. Bereitstellungen zur raschen Verlegung von Luftwaffenverbänden sichern die optimalen Kampfbedingungen in der Mitte und auf der Nordflanke der Heeresgruppe Süd. Die bestehenden Bodendienst-Einheiten, die für Vorverlegungen notwendig sind, werden in Einsatzbereitschaft gehalten.'

Das war also auch die Veranlassung für die Luftflotte 4 und damit für das

Warten auf den Einsatz

*Hauptquartier des OB der 6. Armee in Stalingrad – GenOberst Paulus mit
Offizieren seines Stabes*

ihr unterstellte VIII. Fliegerkorps, nach Millerowo vorzuverlegen. Das KG 27 sollte ebenfalls am Kampf gegen Stalingrad bis zur Eroberung der Stadt an der Wolga teilnehmen. Mit diesem Befehl für die Luftwaffe im Rahmen der Führerweisung Nr. 41 waren alle Vorkehrungen getroffen, die Luftwaffe stets frontnah einsatzbereit zu haben, um so von immer weiter vorverlegten Horsten starten zu können."

Die Kampfstärken der Luftflotte 4

„Die Luftflotte 4, der das IV. und VIII. Fliegerkorps und das Luftwaffenkommando Süd unterstellt waren, zeichnete für die Erfüllung der vorgenannten Operationen und organisatorischen wie taktischen Maßnahmen verantwortlich.

Mit dem I. Flak-Korps unter Generalmajor Otto Deßloch wurde Generaloberst Löhr, dem OB der Luftflotte 4, ein zusätzlicher starker Kampfverband unterstellt.

Neben der Unterstützung der Angriffe der 6. Armee nach Osten und später auch nach Südosten sowie des Vordringens der 2. Panzer-Armee wurde das VIII. Fliegerkorps noch zur Unterstützung der Offensive im nördlichen Sektor der Südfront eingesetzt.

Das VIII. Korps griff dabei überwiegend sowjetische Bahnlinien, Bahnknotenpunkte und mit Feindflugzeugen belegte Flugfelder an. Das IV. Fliegerkorps wiederum war für die Operation in den Kaukasus hinein zuständig, welche die HGr. Süd parallel zum Angriff auf Stalingrad durchführen sollte.

Das Kampfgeschwader 76 unter Oberstleutnant Dr.-Ing. Ernst Bormann und das Kampfgeschwader 27, das immer noch von Oberstleutnant Hans-Henning Freiherr von Beust geführt wurde, waren im taktischen Luftkommando Nord im Rahmen der HGr. Süd zusammengefaßt. Teile des Jagdgeschwaders 51 und eine taktische Aufklärergruppe unterstützten diese beiden Kampfgeschwader. Schließlich kam noch ein Stukaverband hinzu.

Seit dem 24. Juni erhielt die Luftflotte 4 in Generaloberst Wolfram Frhr. von Richthofen einen neuen Oberbefehlshaber, denn Generaloberst Löhr hatte eine andere Aufgabe erhalten. Nachdem wenig später auch Generalmajor Korten Kommandierender General des I. Fliegerkorps wurde, erhielt das VIII. Korps in Oberst i. G. Hans-Detlef Herhudt von Rohden auch einen neuen Chef des Stabes.

Dieses VIII. Fliegerkorps hatte seit dem 2. August die im Großraum von Stalingrad rollenden Feindkolonnen und Versorgungszüge bombardiert.

Generalleutnant Martin Fiebig, der als Kommodore des KG 4 bereits am 8. Mai 1940 das Ritterkreuz erhalten hatte, war am 24. Juni Kommandierender General des VIII. Fliegerkorps geworden.

Von den Bodendiensten und Pionieren wurden, immer weiter nach Osten gehend, Flugfelder und Landepisten vorbereitet und gewartet, damit sie für kommende Operationen aufnahmebereit waren.

Der erste schwere Luftangriff gegen Stalingrad wurde am 3. September 1942 geflogen. In einem Tages- und Nachtangriff warfen Ju 88- und He 111-Gruppen ihre Bomben auf die Stadt an der Wolga, während Stukaverbände im periodischen Wechsel ihre Sturzangriffe auf erkannte Feind-Widerstandsnester ansetzten.

Die Verteidigungsstellungen der Roten Armee, die ursprünglich schwach besetzt waren, verstärkten sich, je näher die 6. Armee an Stalingrad herankam. Auch das Abwehrfeuer der sowjetischen Flak im Großraum Stalingrad wurde von Tag zu Tag intensiver."

Die Gegenmaßnahmen der Roten Armee

„Bereits in den ersten Tagen, nachdem die Zielprojektion Stalingrad von seiten des Gegners erkannt war, arbeitete die Oberste sowjetische Führung darauf hin, diesen Raum mit allen verfügbaren und heranzuschaffenden Kräften zu verteidigen.

Aufklärer hatten bereits seit Anfang Oktober feindliche Versammlungsbewegungen nördlich des Don erkannt. Die sowjetische Bahnlinie, die von Norden durch Frolowo nach Stalingrad führte, war voll ausgelastet. Dort fuhren Transportzüge in ständig dichter werdender Folge. Eine große Anzahl neuer Kampfverbände des Gegners war von unseren Fernaufklärern gesichtet worden, die auf freier Strecke nördlich und südlich von Frolowo ausgeladen und nach Stalingrad weitergeleitet wurden.

Alle sowjetischen Verbände, die weiter entfernt standen, bewegten sich ebenfalls ständig auf den Don zu. Sie marschierten größtenteils bei Nacht und suchten am Tage Unterschlupf in den dichten Wäldern und tiefen Schluchten, um nicht von der deutschen Aufklärung erkannt zu werden. Sie näherten sich *genau* jenen Brückenköpfen der weit auseinandergezogenen Front, die noch von der Roten Armee gehalten wurden. Wie diese

*Generalfeldmarschall
Wolfram Freiherr von Richthofen,
OB der Luftflotte 4*

*Die Maschinen starten
zur Verlegung.*

Auf der Straße nach Stalingrad

Gefechtsstand der 6. Armee bei Golubinskaja. Von links: Generaloberst Heitz, General Schmundt (Chefadjutant Hitlers), Generaloberst Paulus

Feindbewegungen zuerst entdeckt wurden, das berichtete der Chef des Generalstabes der Luftflotte 4:

‚Eine Ju 88 der Luftflotte 4 befand sich auf einem strategischen Aufklärungsflug über der Bahnlinie nördlich der Donbiegung, die von Tambow nach Süden dreht. Die niedrige Wolkendecke war fast dicht. In geringer Höhe fliegend, durchbrach das Flugzeug diesen undurchsichtigen Vorhang und flog nur 50 Meter über Grund.

Im Abwehrfeuer der sowjetischen Flak bemerkte der Pilot dunkle Gruppierungen von Marschkolonnen und dazwischen die massiven Schatten der Panzer. Dieses Bild zeigte sich ihm eine ganze Weile. Hier, *das* war bald den Geschwader-Kommodores klar, konzentrierten sich die Verbände des Feindes zu einem gewaltigen Kampfverband. Nördlich des großen Donbogens sammelte sich eine riesige sowjetische Entsatzarmee zum Sturm auf Stalingrad.' (Siehe Herhudt von Rohden: Die Luftwaffe ringt um Stalingrad)

Die Rote Luftwaffe, die im Januar 1942 mit ihrer Reorganisation begonnen hatte, bemühte sich mit erstarkten Flieger-Divisionen seit Juli 1942, die deutschen Luft- und Bodenoperationen zum Don und nach Stalingrad nachhaltig zu stören. Die sowjetische Flugzeugindustrie hatte sich bis zum Sommer 1942 neu organisiert. Ein ständiger Strom neuer Modelle, La 5, Yak 7 und völlig neue IL 2-Muster, kam zu den fliegenden Verbänden an die Front.

Die STAWKA verstärkte den Aufbau der Roten Luftwaffe, um ihren Gegner ‚vom Himmel zu fegen', wie General P. S. Stephanow erklärte, nachdem er Marschall Stalins Befehl Nr. 227 vom 28. Juli 1942 bei allen Frontverbänden hatte verlesen lassen, dessen Kernsatz lautete: ‚Ni schagu nazad – Keinen Schritt mehr zurück!'

General Stephanow flog nach Stalingrad und inspizierte die Luftabwehr und die Luftstreitkräfte. Darüber schickte er einen Bericht an General Nowikow, den OB der sowjetischen Luftstreitkräfte. Dieser warf nun alles, was er an Kräften zur Verfügung hatte, nach Stalingrad, wo bis zu diesem Zeitpunkt lediglich die 102. sowjetische Jäger-Division mit 80 Flugzeugen stationiert war.

Aus der Fliegerreserve der STAWKA kamen frische Verbände mit neuen Maschinen nach Stalingrad. Und unter der Führung von General Falalejew, dem Chef des Generalstabes der sowjetischen Luftwaffe, kamen jene zentralen Luftoperationen in Gang, für die General Nowikow die Voraussetzungen geschaffen hatte.

Der Großteil der 220. Jäger-Division kam mit neuen Maschinen an die

Wolga. Am 20. August 1942 wurden fünf Fernkampfbomber-Divisionen von Moskau nach Stalingrad überführt. Und schließlich standen die 8. und die 16. Luftarmee im Großraum Stalingrad bereit, um den deutschen Ansturm zusammenzubomben und die deutschen Kampfflieger abzuschießen."

Unser Einsatz über Stalingrad

„Am 9. Oktober 1942 flog ich mit meiner Besatzung den ersten Einsatz im Großraum Stalingrad. Es war der 35., den ich in dieser Besetzung absolvierte.

Schon seit Mai 1942 war unsere junge Besatzung, deren Kommandant ich war, vereint. In Poltawa hatten wir uns bei der Auffrischung unserer Staffel zusammengefunden, um eine Kampfgemeinschaft zu bilden.

Am 10. Juni hatten wir unseren ersten gemeinsamen Einsatz nach Jurtschenkowo geflogen und waren am darauffolgenden Tage gleich viermal zu schnellen Einsätzen gestartet, die sämtlich der Unterstützung der Infanterie bei Woronesch dienten. Diese fünf Einsätze zeigten mir, daß wir bereits eine verschworene Kampfgemeinschaft geworden waren und daß sich die jungen Kameraden gut eingefügt hatten. Dies mußte auch so sein, denn der Erfolg einer Besatzung war stets das Ergebnis der Gemeinschaftsleistung aller Männer, die in der Enge eines solchen stählernen Riesenvogels hockten und – jeder an seinem Platz – das Optimale gaben.

Das reibungslose Funktionieren einer Besatzung sicherte das Überleben in Krisenfällen, wo es auf jeden Handgriff ankam. Allein das war das Geheimnis der erfolgreichen Kampfflieger-Besatzungen, die oftmals Hunderte von Einsätzen miteinander flogen, so daß sie sich *blind* aufeinander verlassen konnten.

Ob Flugzeugführer, Beobachter, Bordfunker, Bordmechaniker und Bordschütze, alle waren Teil eines Ganzen, das natürlich auch die Maschine, die geflogen wurde, einschloß. Und diese Schicksalsgemeinschaft mußte in technischer und taktischer Vorbereitung ebenso wie in der Durchführung des Angriffs aufeinander eingestellt sein, wenn sie überleben wollte.

An diesem 9. Oktober 1942, dem ersten Einsatztag über Stalingrad, ging es gegen Transportzüge, die im Raume südlich der Stadt durch unsere Aufklärer gesichtet worden waren.

Als wir einen dieser Züge sahen, drehten wir in einer großen Kurve ein, um ihn von hinten nach vorn überfliegend anzugreifen.

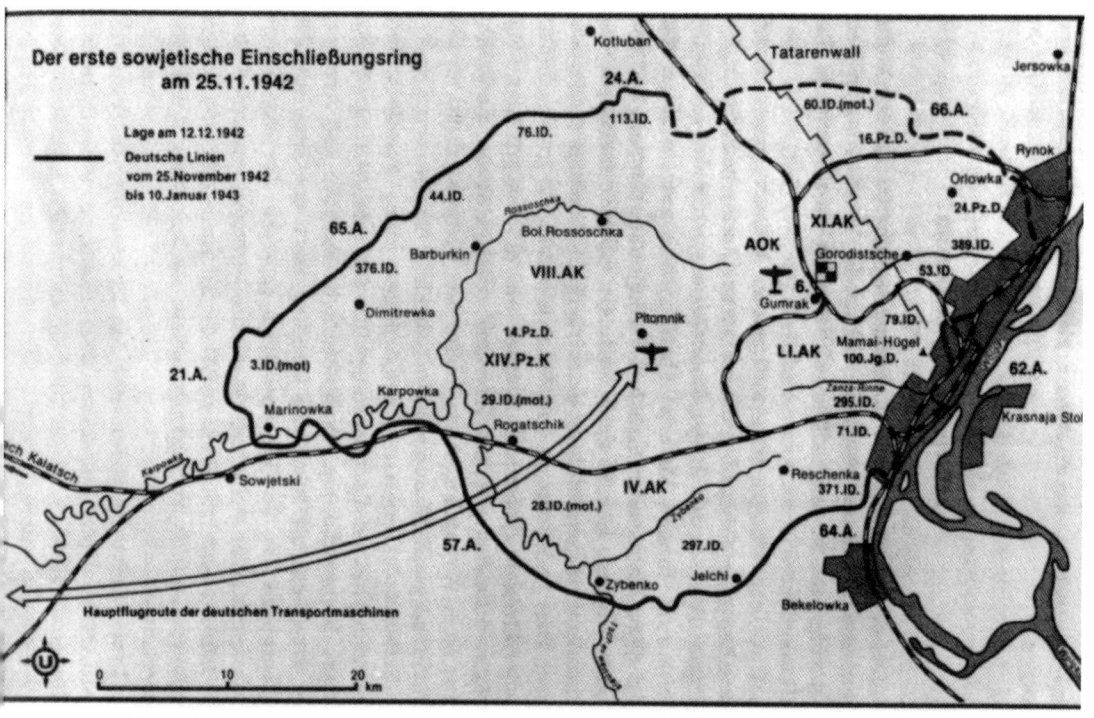

Der erste sowjetische Einschließungsring
am 25.11.1942

Lage am 12.12.1942

Deutsche Linien
vom 25.November 1942
bis 10.Januar 1943

Hauptflugroute der deutschen Transportmaschinen

Hauptflugroute deutscher Transportflugzeuge nach Pitomnik und Gumrak

Wir hatten die günstigste Abwurfposition erreicht, als die Bomben fielen. Unser Flugzeugführer meldete die Treffer, die ich ebenfalls beobachten konnte. Die ersten Flammen stoben aus den Waggons empor. Einer flog mit Donnergetöse in die Luft und riß einige weitere Waggons von den Geleisen. Die Lok blieb ebenfalls liegen, als Waschewski noch mit seinem MG hineinschoß.

Denz drehte ab, und Sekunden später meldete Waschewski: „Jäger von hinten links!'

Ich drehte mich rasch um, sah den Gegner sofort und bemerkte einen Sekundenbruchteil später die rotflackernden Abschußlanzen, die seine Bordwaffen ausspien und die zu uns herüberzogen.

Denz drehte in einem jähen Abschwung nach links aus der Spur dieser Leuchtspurpfeile heraus. Aber der Gegner ging mit. Nun schossen Funker, Bordmechaniker und der Fliegerschütze auf den Gegner. Dieser behielt dennoch stur seinen Kurs bei und feuerte weiter auf uns.

Ludwig Havighorst
auf Heimaturlaub
Ostern 1942

Auf Ferneinsatz
mit der Gruppe

206

GenOberst Paulus in der Stellung eines Artilleriebeobachters in Stalingrad (zweiter von links)

Hell knatternde Einschläge zeigten uns, daß er Treffer erzielte. Wir führten alle möglichen Abwehrbewegungen aus, die uns jeweils für Sekunden aus dem Feuerbereich der gegnerischen Waffen brachten. Doch spätestens nach einer halben Minute hing dieser zähe Bursche wieder hinter uns. Ob dies einer der ersten ‚Stalinjäger' war?

Das bullige Ungetüm hinter uns, diese wütende Hornisse, kam näher heran. Wieder klirrte und klatschte es in Leitwerk und Zelle von seinen Treffern. Das Mündungsfeuer seiner Waffen wanderte nach oben ins Leere, als Denz abermals drückte. Die Feindsalven drückten nach, kamen uns bedenklich nahe.

‚Sturzflug, Ludwig!' rief ich Denz zu. Der schaltete sofort, und die He 111 stellte sich binnen weniger Sekunden auf den Kopf und jagte in die Tiefe. Sie wurde schneller und schneller. Bei 600 Stundenkilometern begannen die Flächen zu flattern. Kurz darauf, wir hatten annähernd 700 Stundenkilometer erreicht, knackte und knirschte es bedenklich in der Zelle. Aber der Gegner war irgendwo hinter uns zurückgeblieben. Auf eine solche Reise schien er uns nicht folgen zu wollen.

‚Abfangen!' befahl ich dem Flugzeugführer. Denz fing den schweren Vogel ab, und wir jagten nun, ziemlich tief heruntergekommen, mit Vollgas dem heimatlichen Horst entgegen.

Der ganze Einsatz hatte – das stellten wir nach der Landung in Millerowo fest – 250 Minuten gedauert. Es war uns wie eine Ewigkeit vorgekommen. Wir atmeten tief die kühle Abendluft ein. Die Warte umkreisten unseren Vogel kopfschüttelnd so, als hätten wir uns diese Treffer mit Absicht und um sie zu ärgern, beibringen lassen, die sie nun auf die Schnelle wieder auszubessern hatten.

‚Die Mühle habt ihr ja schrottreif geflogen', meinte Schlüter, einer unserer ‚schwarzen' Männer, ohne die bei einer Staffel im Einsatz bald nichts mehr ging.

‚Das nächstemal fliegst du, einverstanden?' fragte ich Schlüter.

‚Nee, dann flicke ich ihr lieber den Bauch', meinte der Unteroffizier trocken.

Wir meldeten uns mit den anderen zurückkommenden Besatzungen beim Gruppenkommandeur, Major Reinhard Günzel: ‚Besatzung vom Feindflug zurück!'

‚Gott sei Dank! Ihr seid nach Leutnant Skrzipek die letzten gewesen. Wir hätten euch fast abgeschrieben. Aber es ging ja noch einmal gut.'

Alle Meldungen wurden im Staffelbericht für den Gruppenkommandeur

Feindflug im Staffelverband

zusammengefaßt. Den ganzen nächsten Tag über hatten wir Pause, weil unsere Mühle erst wieder flugtüchtig gemacht werden mußte.

Am 14. Oktober flogen wir dann drei Einsätze nacheinander und kamen vom ersten Flug heil zurück, ohne jeden Kratzer an der He 111. Wir hatten Zielzuweisungen direkt in der Stadt Stalingrad erhalten. Der zweite Anflug war dann auch anders. Jetzt erwartete man uns, und die Rote Luftwaffe zeigte uns mit ihrer Flak, was sie konnte. Die Wattebäusche der Flak-Detonationen lagen sehr dicht bei uns, und mehrfach klatschten Splitter der gesprengten Granaten in unsere Mühle hinein. Wir tauchten seitlich weg, durchstießen an der Flanke den Vorhang, den der Gegner schoß, und warfen unsere Bomben ins Ziel. Abdrehend und tief wegziehend, durch den

Abschwung an Fahrt gewinnend, flitzten wir zur Seite. Leuchtkugeln zeigten uns jenen Streifen, der schon in unserer Hand war.

Das große Industriegebäude wurde mehrfach getroffen, wie die ausbrechenden Brände zeigten.

An den folgenden Tagen flogen wir abermals Angriffe auf Transportzüge und Panzerkolonnen. Daß die Panzer oftmals Flieger-MGs auf und in den Türmen montiert hatten, wurde uns bald klar, als uns deren Salven umtanzten und Schäden verursachten. Dennoch kamen wir immer wieder heil davon, wenn auch die Maschine eine Menge Treffer erhielt, sehr zum Ärger unserer Warte.

Die ersten schmerzlichen Ausfälle waren zu verzeichnen. Eine Maschine unserer Staffel machte dicht vor dem Platz eine Bruchlandung. Die Besatzung konnte verletzt geborgen werden.

Nach diesem furiosen Auftakt flogen wir nach Morosowskaja, wo die Bodendienste einen neuen vorgeschobenen Horst eingerichtet hatten. Hierdurch waren wir noch näher an Stalingrad herangekommen, und dementsprechend wurde die Flugzeit kürzer, konnten wir Mehrfachstarts unternehmen.

Von unserem Einsatz am 22. Oktober zurückkehrend, erhielten wir noch in der Luft Weisung, in Millerowo einzufallen, um am 23. und 24. Oktober von dort aus wieder zu starten. Diesmal ging es mit der Bombe MB 1000, einem riesigen Brummer von einer Tonne Gewicht, direkt nach Stalingrad hinein, zum Niederkämpfen der starken Widerstandsnester in Krasny Barrikady, wo sich der Iwan noch in einem Teilkomplex hielt.

Die rasende Fahrt über das Flugfeld schien kein Ende nehmen zu wollen. Wenn wir nicht rechtzeitig vom Boden loskamen, würden wir an der vorausliegenden Baumreihe zerschellen.

Die Maschine stieß und schüttelte sich wie ein Lastwagen auf einer ausgefahrenen Landstraße. Dann hatten wir endlich die notwendige Startgeschwindigkeit erreicht und hoben ein paar hundert Meter vor Ende der Startbahn ab. Denz brachte die Mühle über die Bäume hinweg nach oben, und nach ein paar weiteren Kilometern hatten wir die vorgeschriebene Marschhöhe von 2000 m erreicht.

Die Flugstrecke nach Stalingrad und das Bild der Stadt aus der Luft kannten wir inzwischen wie unsere Westentasche. Rasch waren wir über dem Ziel. Diesmal mußte noch sorgfältiger angeflogen werden, denn unser Angriffsobjekt war zur einen Hälfte vom Gegner und zur anderen von unseren eigenen Truppen besetzt. Ich erkannte die Flieger-Sichttücher sofort und

Über Stalingrad: ein einziger Trümmerhaufen

dirigierte unsere He 111 zum Ziel. Dann waren wir in der günstigsten Wurfposition. Ein Druck auf die Auslösung, und der schwere Koffer löste sich aus seiner Halterung und fiel dem Ziel entgegen. Unsere Maschine schien wie ein Fahrstuhl in den Himmel fliegen zu wollen, als sie so abrupt um eine Tonne leichter wurde.

Wir erhielten tüchtig Zunder, als wir abdrehten. Nach einer weiten Schleife bekamen wir von der großen Wolgainsel und von den schweren Batterien jenseits des Flusses abermals Feuer. Ein paar Treffer klackerten auf dem Blech und stanzten ausgezackte Löcher hinein. Denz kurbelte wie ein Verrückter, und wir wurden durcheinandergeworfen. Im Sturzflug entzogen wir uns diesem Feuer, jagten, dicht über der Steppe fliegend, davon und erreichten 120 Minuten nach dem Start den Horst in Millerowo.

Unterwegs hatten wir gesehen, wie sich unsere Jäger eine Station über uns mit den Jägern des Iwan herumschlugen und einige vom Himmel herunterholten.

Noch zweimal flogen wir mit unseren 1 000-Kilo-Bomben nach Stalingrad, das bereits zu einer Ruinenlandschaft geworden war."

Am 23. Oktober 1942 erhielt die Besatzung Havighorst einen Sonderauftrag. Eine Flugbesprechung fand dazu nicht statt. Havighorst erhielt statt dessen einen verschlossenen Briefumschlag, der erst nach dem Start geöffnet werden durfte. Der vorläufige Kompaßkurs, nach dem gestartet und geflogen werden sollte, war 180 Grad. Der Einsatzoffizier erklärte dem Beobachter noch, daß sie unterwegs über Funk den Befehl zum Öffnen des Umschlages erhalten würden.

„Das ist vielleicht eine Geheimniskrämerei", beschwerte sich Bordfunker Wagner wütend, „als ob wir nichts Eiligeres zu tun hätten, als dem Iwan über Funk unsere Absicht kundzutun, damit sie uns auch sicher vorher abknipsen können."

„Das wird schon seine Berechtigung haben", fiel Denz ein, als sie vom Boden abgekommen waren und sich mit Kurs 180 Grad im Steigflug befanden.

Um 5.35 Uhr war die Maschine in Millerowo gestartet und hatte Südkurs eingeschlagen. Die Flughöhe war mit 4 000 Meter angegeben. Als sie erreicht war, wurden sie von der Bodenstelle gerufen. Havighorst meldete sich und erhielt den Befehl, den Brief zu öffnen.

Das Ziel waren die Erdölraffinerien von Grosny am Terek. Natürlich hieß es nun, sofort nachzukoppeln und den Kurs entsprechend dem Ergebnis dieser Koppelung zu korrigieren.

Gute Kameraden – von links: Denz, Wagner und Waschewski

Bomben auf ein russisches Panzerwerk

Die Maschine, es war die brave alte 1 GNN, die die Besatzung seit dem ersten Tag des Osteinsatzes im Sommer 1941 immer zum Ziel und wieder heimgebracht hatte, war mit acht Sprengbomben von jeweils 250 Kilogramm beladen und voll aufgetankt. Das Volltanken war notwendig, wenn man die Flugstrecke sah.

„Ich hatte Auftrag, alle 30 Minuten unseren Standort zu melden. Nach zwei Flugstunden tauchte vor uns der Kaukasus auf. Ich machte meine Besatzung auf diesen faszinierenden Anblick aufmerksam. Wie ein erhabener Kranz lagen die leuchtendweißen Spitzen dieses Gebirges vor uns. Die Gipfel schienen in die Fülle des hellen Lichtes emporgreifen zu wollen. Wir kamen uns wahrscheinlich alle bedeutend kleiner vor als gewöhnlich. Ein Bild von unwandelbarer Schönheit. Seit Jahrmillionen hatten diese Berge so in den Himmel zu greifen versucht.

Aber eines machte mich stutzig. Wir waren so nahe an den Kaukasus gekommen, daß wir glaubten, ihn fast schon greifen zu können, und dennoch zeigte mir die Karte, auf welcher ich den Kurs eingezeichnet hatte, noch 100 Kilometer Entfernung von diesem Gebirge.

Der Flugzeugführer fragte: ‚Wir müßten doch schon bald da sein!'

Unter mir erkannte ich ein Dorf, das an dem charakteristischen Flußknie lag, und wußte nun, daß es die unsagbare Klarheit der Luft war, die uns das Ziel so nah erscheinen ließ.

Wir flogen nach wie vor in 4 000 Metern Höhe. Nicht die geringste Wolke war am Himmel zu sehen. Als wir uns bis auf 60 Kilometer dem Ziel genähert hatten und ich mich meldete, erhielten wir den Befehl, den Kurs zu ändern und ein Ausweichziel anzufliegen. Das für diesen Tag in die Karte eingetragene Ausweichziel hieß Tschegem 1 am Kaukasus. Wir fanden es bald und luden über einer Chemischen Fabrik unsere acht Bomben ab, die mitten im Ziel lagen und Brände emporschießen ließen, welche wir nach dem Abdrehen noch lange beobachten konnten.

Nach fast achtstündigem Flug landeten wir sicher in Millerowo.

Immer wieder wurden wir vor dem Start von der Angst gepackt, zu versagen oder abgeschossen zu werden. Es war uns bekannt, daß der Iwan mit abgeschossenen deutschen Fliegern kein großes Federlesen machte. Die Angst hatte uns in ihren Klauen, bis sich das Schiebedach über uns schloß, wir die gewohnten Handgriffe zu tun hatten, mit der abgezirkelten Handhabung dieser Todesmaschine befaßt waren und nichts anderes mehr galt, als alles genau und zum richtigen Zeitpunkt auszuführen.

Daß wir alle insgeheim beteten, vom Soldatenschicksal verschont zu werden, erfuhren wir voneinander nicht oder doch nur in Andeutungen. Aber wir *wußten* es. Wenn uns die Zweifel ansprangen, ob wir das Richtige taten, dann verbissen wir uns in unsere Aufgaben: der Infanterie zu helfen, ihre Verluste so gering wie nur möglich werden zu lassen. Wir wollten und konnten auch nicht tiefer nachdenken, weil wir dazu einfach keine Zeit hatten. Einsätze und schlafen und wieder Einsätze, das war der Rhythmus, der uns gepackt hielt und nicht mehr losließ. Wenn wir von dem dritten oder vierten Feindflug am Tage zurückkehrten, dreimal oder viermal der Hölle entkommen, waren wir am Rande der totalen Erschöpfung angelangt. Dann wollten wir danach nur noch schlafen, bis uns der nächste Alarm wieder weckte und hochriß.

Jeder von uns war sich im tiefsten Innern seines Seins jener drohenden Konsequenz bewußt, daß er einmal für alles bezahlen mußte. Es war für jeden klar, daß man nicht unentwegt andere Menschen bekämpfen konnte, ohne am Schluß doch auch selber gepackt und vernichtet zu werden. Das zeigten uns jene Plätze, die nach jedem Feindflug leer blieben.

Stalingrad brannte an allen Enden. Es konnte nur noch eine Frage von Tagen sein, bis sich der letzte dort noch lebende Gegner ergeben mußte. Alles in dieser Stadt war in Rauch und Flammen gehüllt. Stalingrad war zum Tode verurteilt. Aber nicht weniger als 75 000 Einwohner und die 62. Sowjetarmee unter General Tschuikow, der den abgesetzten General Lopatin abgelöst hatte, hatten von Marschall Stalin strikten Befehl erhalten: ‚Keinen Schritt zurück! – Hinter der Wolga gibt es für uns *kein* Land mehr!'

General Tschuikow erklärte dazu weiter: ‚Die Preisgabe von Stalingrad würde die Moral unseres Volkes zerstören. Ich schwöre, die Stadt nicht zu verlassen. Wir werden Stalingrad halten oder sterben!'

Und es war seinen Truppen bitterernst mit diesen Verlautbarungen; das waren keine leeren Sprüche.

Der Kampf der Luftwaffe um Stalingrad ging weiter. Noch am selben Tage, als wir am 25. Oktober einen Sondereinsatz nach Maikop flogen, der um ein Haar zu unserem letzten Feindflug geworden wäre, weil zwei Sowjet-Jäger hinter uns hingen und uns den Laden vollspuckten, wurden wir nach unserer Rückmeldung auf dem Gruppen-Gefechtsstand auf einen neuen Einsatz vorbereitet und erhielten dazu die notwendigen Unterlagen. Es war wieder ein Flug in die Hölle von Stalingrad, wo sich ein großer Stützpunkt des Gegners hielt und von der Infanterie nicht zu überwinden war.

Wir flogen eine halbe Stunde später los, erreichten das vorgegebene Ziel,

Infanterie kämpft sich in Stalingrad-Mitte vor.

flogen durch den dichten Vorhang aus Stahl und warfen unsere große Bombe ins Ziel. Abermals entstanden schwere Schäden. Es war niemand bei uns, der sich angesichts dieser verheerenden Folgen der Bombardierungen nicht insgeheim gefragt hätte, wie es diesen Menschen zumute sein mußte, die alle die verheerenden Vernichtungsschläge über sich ergehen lassen mußten. Und so blieb es denn auch nicht aus, daß wir immer wieder die in uns aufsteigenden Zweifel über die Notwendigkeit solcher Angriffe unterdrücken mußten. Wenn wir aber Kameraden hörten, die von den Verzweiflungskämpfen unserer Infanterie in den Trümmern der Stadt an der Wolga berichteten, in die sie verstrickt waren, dann war dies für uns die Bestätigung, daß diese Bombardierungen sein mußten. Alle aufkommenden Zweifel verstummten angesichts jener Frachten, die uns das Fließband der Schlacht nach Millerowo oder Morosowskaja karrte, damit sie von hier aus schnellstens in die Lazarette weiterbefördert wurden. Das mußte doch rechtmäßig sein! Wir mußten uns doch auf unsere Oberste Führung verlassen können!

Während des Rückfluges von Stalingrad an diesem 25. Oktober 1942 landeten wir nicht wieder in Millerowo, sondern auf dem eben erst hergerichteten Platz von Tazinsjaka. Nach dem Auftanken verlegten wir in der darauffolgenden Nacht wieder nach Millerowo zurück, wo sich auch unser Gruppen-Gefechtsstand befand.

Die Einsätze der nächsten beiden Tage werden wohl in der Erinnerung aller überlebenden Beteiligten unvergessen bleiben. Das Ziel, das uns bei der Einsatzbesprechung genannt wurde, waren die Artilleriestellungen auf der großen Wolgainsel ostwärts von Stalingrad.

Als wir dieses Ziel fast erreicht hatten, stob uns aus mindestens 100 Rohren das Abwehrfeuer des Gegners entgegen. Wir mußten hindurch, wenn wir zum wirkungsvollen Wurf kommen wollten. Obwohl unsere Maschine eine Reihe von Treffern erhielt, warfen wir unsere Bomben mitten ins Ziel. Sekunden nach den aufflammenden Detonationen ging ein Munitionsstapel in die Luft. Es war ein grausiges Bild, die emporzuckenden Flammen und den darüber aufsteigenden dichten Rauchpilz zu sehen.

Die Flakwolken lagen dicht bei dicht nahe unserer Maschine. Plötzlich blitzten Scheinwerfer auf und rissen das dunkle Tuch der Nacht in Fetzen. Sie spießten uns förmlich auf. Die Maschine lag voll im blendendhellen Licht der Strahlenfinger, die uns nicht mehr ausließen und als gute Zielscheibe für die Flak präsentierten. Wir kurvten aus dem Scheinwerferbündel heraus, stießen steil hinunter, um an Fahrt zu gewinnen, und drehten dann so scharf weg, daß die Maschine jäh an Fahrt verlor und für Sekunden wie eine reife Pflaume am Himmel hing, ehe die Motorenkraft wieder voll wirksam wurde. Splitter von explodierenden Flak-Granaten aller Kaliber schlugen in die He 111 hinein. Das Leitwerk wurde zwar durchschlagen, aber wir flogen ohne große Behinderung weiter und kamen noch einmal zurück.

Am 28. Oktober wußten wir bereits Bescheid, was uns bei der Wolgainsel erwartete. Und diese bösen Erwartungen trogen nicht, wie uns vom Feindfeuer bewiesen wurde, das aufflammte, sobald wir in den Feuerbereich der schweren Flak gerieten.

Daß wir heil wieder herauskamen, grenzte an ein Wunder. Aber waren es

Die He 111 von Havighorst im feindlichen Flakfeuer
(von einem Frontberichter aufgenommen)

Trotz vieler Treffer sicher gelandet

Unterwegs zum 250. Feindflug

Die Wolga aus 1.200 Meter Höhe

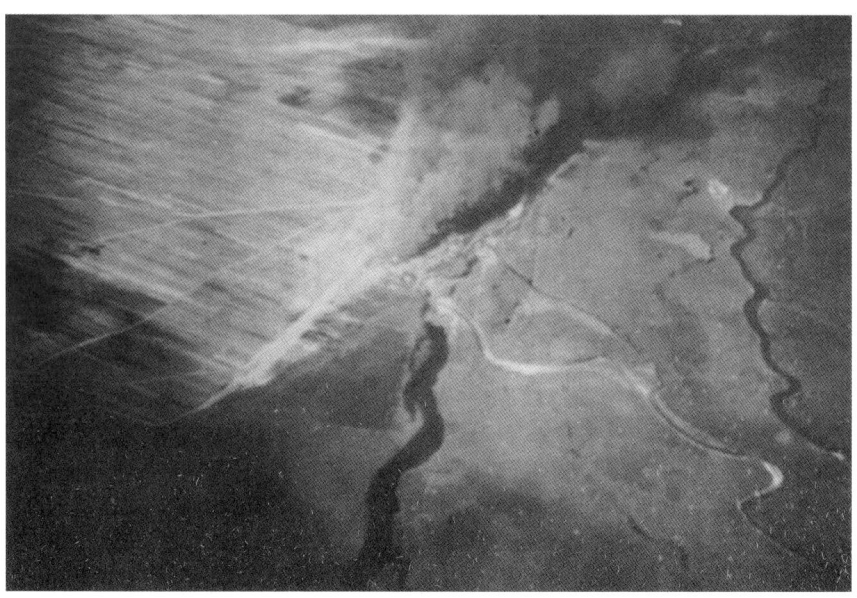

nicht immer neue Wunder, die uns entkommen und heil auf unserem Horst landen ließen? War es nicht ständig neu erwiesene Gnade, verdient oder unverdient, wenn wir endlich nach einer halben Ewigkeit die Landeklappen ausfahren und mit zerschossenen Flächen landen durften. Wenn wir ausgerollt waren, ohne daß die Mühle beim Aufsetzen noch zu Bruch ging, wenn die Einstiegsklappen zurückgeschoben wurden und die Anschnall- und Fallschirmgurte gelöst waren und wir aus der Kiste kletterten, dann waren wir zuerst wie benommen von dem überströmenden Gefühl des Befreitseins von einer Gefahr, die wie ein Damoklesschwert über uns gehangen hatte.

Vom 29. Oktober bis zum 1. November flogen wir vier Nachteinsätze als Störflugzeuge in den Raum Stalingrad. Einige Maschinen unserer Staffel waren für diesen Auftrag eingesetzt. Auch wir konnten bereits beim ersten dieser Einsätze jene Feststellung treffen, die vor uns bereits die Fernaufklärer gemacht hatten:

Der Iwan schob starke Kräfte an den Don heran. Seine Kolonnen waren bei Nacht als unendliche Lichterketten auf den beiden großen Rollbahnen zu erkennen, denn sie fuhren völlig aufgeblendet und in vermeintlich großen Abständen. Doch diese Abstände trogen. Als wir tiefer hinuntergingen, stellten wir fest, daß alle aufgeblendet fahrenden Fahrzeuge immer eine Gruppe abgeblendeter Fahrzeuge hinter sich herlotsten. Riesige Kolonnen, vollgepackt mit Kriegsmaterial, bewegten sich hier nach Süden ihrem Ziel Stalingrad entgegen. Als wir plötzlich tiefer hinunterstießen, hämmerten uns die Salven der Flak entgegen, die aus allen Rohren feuerte. Wir erhielten durch Nahdetonierer Splittertreffer in die Zelle und machten, daß wir aus dieser eisenhaltigen Atmosphäre herauskamen.

Zurückgekehrt gaben wir unsere über Funk vorab durchgetasteten Meldungen beim Gruppenkommandeur ab, der sie alle sammelte und weiterreichte. Andere Besatzungen unseres Geschwaders erlebten ähnliches während dieser nächtlichen Stör- und Erkundungsflüge. Alle waren nun gewarnt, was auf unsere Infanterie zukommen würde. Wollte man nun rechtzeitig aus Stalingrad herausgehen, um in einer rückwärtigen Stellung den Winter zu verbringen, wie dies von einigen höheren Kommandobehörden bereits vorgeschlagen wurde? Immerhin war dies jetzt noch ohne jeden Kampf möglich. Und es schien das einzig Richtige zu sein, nachdem erkannt war, daß die Rote Armee in Stalingrad so etwas wie das entscheidende Bollwerk zu ihrer Rettung sah und sich in die Trümmer eingekrallt hatte, als gelte es, hier die letzte Bastion ihres Riesenreiches zu verteidigen.

Über die Trümmer hinweg, in die wir die Stadt verwandelt hatten, versuchten unsere Soldaten vorstürmend die Entscheidung zu erzwingen. Es ging über zerfetzte Straßenzüge, durch ausgebrannte Fabrikhallen und Industriekombinate, deren Stockwerke einzeln erobert werden mußten. Immer wieder stießen unsere Stukas in dieses Inferno hinunter, um die in den Trümmern eingekrallten Rotarmisten hinauszubomben.

Vom 2. bis zum 8. November flogen wir sieben Einsätze in Zusammenarbeit mit vorgeschobenen Beobachtern einer deutschen Artilleriestellung, die für uns die Zielansprache durchführten und uns exakt einwiesen. So allein wurde es möglich, die gefährlichen Großkampf-Batterien der Sowjets auszuschalten.

Die Zielanflüge wurden bereits bis zu 150 km vor dem Ziel begonnen. Der VB rief uns: ‚Glucke an Küken, kommen!' Ich rief zurück: ‚Küken an Glucke, ich höre Sie mit qsa 4, kommen.'

‚Glucke an Küken: Sie fliegen genau richtig, wir führen Sie heran!'

Einige Minuten darauf wurden uns die ersten Weisungen für den Weiterflug zum Ziel anhand markanter Punkte übermittelt, die ich mir auch in den Flugplan eingezeichnet hatte. Als wir nahe genug herangekommen waren, leitete der VB die Direktführung ein:

‚Glucke an Küken: Sie sehen voraus eine Baumreihe. An deren rechtem Ende verläuft ein Bach in Richtung Nord-Süd. Dort, wo dieser Bach die Baumreihe erreicht, liegt die Artillerie-Stellung.'

Ich blickte auf meine Karte und dann hinunter, sah die einzelnen Punkte und antwortete zur Sicherheit: ‚Küken an Glucke: Ziel erkannt. Daumensprung ostwärts davon ein einzelner Kugelbaum vor dem Wald.'

‚Glucke an Küken: Jawohl, Ziel gesehen und erkannt!'

Die vor dem Ziel als Schutz stehende Flak begann wenige Sekunden darauf zu schießen. Für den Flugzeugführer kam es nach der Feuereröffnung darauf an, daß er unbeirrt sein Ziel ansteuerte, auch wenn rechts und links die Wattebäusche der Detonationen zu sehen waren und Splitter in den Vogel klackerten. Wer hier Angst bekam und Ausweichbewegungen ausführte, der kam nicht richtig ins Ziel, und die Gefahr, getroffen zu werden, verringerte sich nur unwesentlich oder kaum.

Wir huschten mitten durch das Flakfeuer, genau auf die Feind-Batterie zu; ich konnte das LOTFE ohne Weisungen an unseren Piloten Denz nachstellen, dann hatte ich das Ziel im Visier, und die Bomben fielen. Es waren diesmal acht 250-Kilo-Brocken, die auf die Batterie und ihren Troß herunterheulten.

‚Achtung, die Bomben fallen!' rief ich der Beobachtungsstelle am Boden zu, damit sie erkundete, was wir getroffen hatten.

Denz zog die Maschine in einer Linkskurve herum, und ich konnte sehen, daß und wo die Bomben einschlugen.

Schon war wieder die erregt und freudig klingende Stimme des VB zu hören: ‚Glucke an Küken, gut getroffen, mitten hinein!' Und nach einer kleinen Pause: ‚Vielen Dank und guten Heimflug!'

Von nun an würden die Kameraden in Stalingrad durch diese Batterie nicht mehr behelligt werden.

Alles klappte wie am Schnürchen. Sechsmal flogen wir Stellungen im Dschungel und auf der großen Wolgainsel an, und dabei sichteten wir einigemal auch Lastkähne, die versuchten, sich ins Ufergebüsch zu retten.

Vorn in der Kanzel liegend, feuerte ich mit der Kanone auf diese Kähne. Die beiden MG-Schützen fielen in das Feuer ein. Zweimal konnten wir Boote vernichten. Einmal wurde eines durch eine Benzin-Explosion zerrissen.

Auf dem Heimflug hieß es besonders aufmerksam sein, auch wenn diese Aufmerksamkeit bei 300 Kilometer Flug über eigenes Gebiet manchmal zu wünschen übrigließ. Diese Unaufmerksamkeit, dieses Gefühl ‚jetzt kann uns nichts mehr passieren!', wurde von den Jägern der Roten Luftwaffe oftmals ausgenutzt. Sie flogen einzeln und in sehr großer Höhe über dem nur schwachbesetzten Land und suchten nach solchen müden und zufriedenen Rückkehrern. Wenn sie eine einzelne Maschine entdeckten, dann stürzten sie sich darauf herunter und schossen sie ab.

Immer wieder wurden wir von der Staffel ebenso wie von der Gruppe darauf hingewiesen, daß auf diese Art und Weise Kameraden ihr Leben verloren hatten. Dieses Los durfte uns nicht treffen.

Am 8. November verlief der letzte Feindflug dieser Art anders als die vorhergehenden. Wir flogen auf eine hart ostwärts Stalingrads gelegene Artilleriestellung zu. Es war mein 200. Feindflug, wie mein Flugbuch ausweist. Diesmal erhielten wir so schwere Treffer, daß wir nach dem Bombenwurf nur noch mit Mühe abdrehen konnten. Denz brachte die Maschine, die kaum noch dem Seitenruder gehorchte, wieder in Trimm und steuerte uns sicher heimwärts. Zum großen Glück für uns wurde kein Mann meiner Besatzung verwundet.

Am selben Tage folgten – nach der Reparatur der Schäden – zwei weitere Störflüge. Jede Kiste wurde gebraucht, wenn sie nur fliegen konnte. Es ging bei Nacht nach Stalingrad-Stadt und hart nordwestlich davon.

Vom 9. bis zum 12. November folgten vier weitere nächtliche Störflüge in diesen Raum.

Alle diese Einsätze wurden in der Regel in etwa zweitausend m Höhe geflogen. Es ging gegen die sich Stalingrad nähernden sowjetischen Kolonnen, die wir wie bereits Tage vorher am Scheinwerferlicht der Fahrzeuge erkennen konnten. Beim Hinuntergehen stellten wir fest, daß wieder das gleiche System angewandt wurde: zunächst einige mit Licht fahrende Fahrzeuge, dann eine lange dicht aufgeschlossene Kolonne ohne Licht, der wieder mit Licht fahrende Fahrzeuge folgten.

Stets aber waren diese Kolonnen scheinbar unendlich lang, so daß ohne Übertreibung gesagt werden durfte, daß sich beim Iwan große Dinge taten; welcher Art sie waren, konnte man nicht übersehen, wenn man ihre allgemeine Marschrichtung verfolgte.

Wir meldeten diese Vorkommnisse immer wieder und diskutierten oft über unsere Beobachtungen, die zu größter Sorge Anlaß gaben. Alle waren dabei *einer* Meinung, daß die militärische Führung im Südabschnitt der Ostfront blind und taub zugleich sein mußte und darüber hinaus auch noch des Lesens unkundig, sonst hätten unsere Berichte dort doch eine Reaktion auslösen müssen.

Die 11. Armee unter GFM von Manstein – das erfuhren wir später – war zwar zur Verlegung in den Raum Stalingrad aus dem Verband der Heeresgruppe Nord abgezogen worden, wurde aber im Nordabschnitt der Heeresgruppe Mitte angehalten, um dort einen Angriff aus dem Raume Nowosokolniki – Welish – Welikije Luki zu starten und dem Gegner zuvorzukommen, der sich dort zum Angriff bereitstellte. Man wollte die Chance behalten, aus diesem Abschnitt mit dem nordöstlichsten Eckpfeiler Rshew noch einmal auf Moskau antreten zu können. Erst als es in Stalingrad lichterloh brannte, wurde die 11. Armee dorthin geworfen. Teile blieben bei Welikije Luki zurück.

In diesen Tagen flogen wir fünf Ferneinsätze nach Astrachan, die für Mensch und Maschine höchste Anspannung bedeuteten. Bei diesen Angriffen handelte es sich um die Verhinderung der riesigen Truppen- und Materialtransporte auf der Wolga ebenso wie auf der Eisenbahn, die ostwärts der Wolga nach Moskau verlief.

Diesmal aber flogen wir nicht etwa in Staffel oder Gruppenstärke, sondern im Geschwaderverband mit 70 Maschinen. Dies war das Dramatischste, was wir bis dahin erlebt hatten. Bevor alle Maschinen in der Luft waren und in geordneter Formation diesen Flug antraten, verging eine

*Generalfeldmarschall von Manstein bereitete „Wintergewitter",
die Entsatzoffensive, vor.*

Stunde. Für jeden Flugzeugführer, der in einem solchen Verband flog, bedeutete dies eine außergewöhnliche Belastung. Um stets dicht aufgeschlossen in Position zu bleiben, galt es immer wieder zu korrigieren. Einmal
mußte das Gas weggenommen, dann wieder voll hineingeschoben werden.
Die Maschine mußte gezogen oder gedrückt werden, um nicht mit dem
Vordermann oder den Seitenleuten zu kollidieren oder zu weit zurückzu-
hängen.

Unsere Besatzung flog die letzte Maschine des großen Verbandes. Es ging zunächst über die Kalmückensteppe. Von der Feindflak wurden wir kein einziges Mal unter Feuer genommen. Der Geschwaderkommodore flog über dem riesigen Pulk und gab seine Weisungen durch. Aus den FT-Kopfhauben hörten wir alles mit, wenn er beispielsweise der zweiten Staffel befahl, mehr nach links herauszuziehen, oder der vierten Staffel den Befehl gab, näher aufzuschließen.

Ein solcher Verband war im Luftkampf mit Dutzenden von Jägern nicht wehrlos, er war vielmehr ein gefährlicher Gegner. Seine MGs und Bordkanonen bildeten einen undurchdringlichen Vorhang aus Flammen und Stahl. Bei dieser geballten Abwehr wurde jeder Jägerangriff zu einem Todeskommando.

So geschah es denn auch, als die ersten Jäger des Gegners auftauchten. Es waren zunächst neun leuchtend rot angestrichene La 5-Stalinjäger, die nach umlaufenden Gerüchten Stalin selber unterstellt waren.

Aus 150 MGs und Bordkanonen schlug den Angreifern das Abwehrfeuer entgegen. Wie grellweiße Fäden zogen sich die Leuchtspurgeschosse zu den Jägern der gegnerischen Luftwaffe hinüber. Zwei von ihnen wurden von der ersten Vollsalve getroffen und gerieten in Brand. Sie drehten ab, und als sie uns die Breitseite zeigten, erhielten sie eine Vielzahl von Kanonentreffern. Flammen stoben aus den bulligen Maschinen heraus, und plötzlich explodierte eine in einem grellroten, weit auseinandersprühenden Feuerball, während sich eine andere steil auf den Kopf stellte und der Erde entgegenjagte, um dort unten mit einem Aufschlagbrand zu explodieren.

Die übrigen Feindjäger hatten ebenfalls abgedreht und überstiegen nun unseren Verband, um von rückwärts anzugreifen. Als sie nahe genug herangekommen waren, sahen wir ihre Abschußflammen. Wieder erhielten wir über die Bord-Bord-Verständigung den Feuerbefehl. Unsere Waffen bellten los, mit ihnen die Bordkanonen und MGs aller Maschinen, die freies Schußfeld hatten.

Einer der neuen Angreifer zog jählings hoch und erhielt eine Serie Treffer in die Unterseite. Wir sahen, daß er explodierte und seine Trümmer eine zu dicht aufgeschlossen fliegende zweite Maschine trafen, die steil abkippte und trudelnd der Erde entgegenstieß. Ein Fallschirm wurde sichtbar.

Auch dieser und zwei weitere Angriffe wurden erfolgreich abgewehrt. Wir hatten außer einigen Löchern in den Rümpfen keine Verluste.

Der Gegner drehte endgültig ab. Sieben seiner Maschinen hatten diesen Angriff mit ihrem Untergang bezahlt.

Die Nacht vor dem Angriff

Am Ziel angekommen, überflogen wir in größerer Höhe die Feindkolonnen. Dann erhielten wir Befehle zum staffelweisen Angriff und warfen unsere Bomben. Unter uns brach ein wildes Chaos aus. Unvorstellbar die Panik der dort unten auseinanderkurvenden Einheiten. Wagen wurden durch Volltreffer in flammende Benzinbomben verwandelt. Panzer stürzten um, Pferdegespanne rasten seitlich auf die Felder, wurden von den Bomben und Bordwaffen-Salven eingeholt und brachen zusammen. Die Straße war rasch ein einziger Trümmerhaufen.

Als wir nach dem Wurf abdrehten, war diese Kolonne zerschmettert. Sie konnte nicht mehr nach Stalingrad oder in die Sturmausgangsstellung zum Entsatz von Stalingrad herangeschafft werden.

Die Einsätze der nächsten Tage verliefen ähnlich. Am vierten Tag wurde aufgrund meiner dem Staffelkapitän vorgetragenen Bitte unsere Mühle aus der Position hinten links abgelöst, weil Flugzeugführer Denz heftige Schmerzen im linken Arm spürte. Diese hatten sich infolge des starken Gasgebens und Gaswegnehmens eingestellt.

An unsere Stelle wurde die Besatzung Gottschalk gesetzt, während wir Gottschalks Position auf der anderen Seite einnahmen. Dies rettete uns wahrscheinlich das Leben. Die Besatzung Gottschalk, die nun in unserer Position flog, wies zunächst mit den übrigen Maschinen einen starken feindlichen Jägerangriff ab. Doch plötzlich löste sich aus dem abdrehenden Feindverband ein einzelner Jäger, kurvte wieder auf uns ein und jagte mit Vollgas auf die letzte Maschine auf der linken Flanke zu.

Noch wollte es die entsetzte Besatzung nicht glauben, daß sie es hier mit einem Taran-Flieger zu tun hatte, noch hofften sie, dieser Jäger wollte nur näher herangehen, um dann zu schießen. Sie eröffneten das Feuer. Doch den Feindjäger schienen die flammenden Feuerschnüre überhaupt nicht zu stören; er jagte weiter auf Gottschalks Maschine zu. Es *war* tatsächlich ein Taran-Flieger, der bei Mißlingen seines Angriffes als letzte Möglichkeit, einen deutschen Bomber noch vor dem Bombenwurf zu vernichten, zum Rammstoß heranröhrte. Einen wertvollen deutschen Bomber zu vernichten, das war den Sowjet-Piloten gesagt worden, war wohl den Einsatz eines Jägers wert, dessen Pilot sich möglicherweise durch Fallschirmabsprung würde retten können.

Der Jäger stürzte auf Gottschalks He 111 zu, und mit einem mörderischen Krachen bohrte sich seine Nase in den Rumpf des Bombers. Beide Maschinen stürzten ineinander verkeilt ab und explodierten beim Aufschlag auf dem Boden.

Wären wir in dieser Position geflogen, *was* hätte verhindern können, daß wir das gleiche Schicksal erlitten?

Am 16. November 1942 flog meine Besatzung drei Einsätze nördlich von Kletskaja und südlich von Perekopskaja. Sie verliefen erfolgreich, und wir wurden nicht mehr als üblich beschossen. Unsere Maschine erhielt einige leichte Treffer, die jedoch nicht störten.

Der folgende Angriff auf Eisenbahnziele ostwärts von Stalingrad am 18. November war da schon turbulenter. Wir trafen beim Anflug in Zug-Gegenrichtung zuerst die Lok, die zischend Dampf abblies, zerstörten einige Waggons durch Volltreffer und brachten den Zug abrupt zum Stehen. Wagen stürzten um, gerieten aus den Schienen.

Die Flak, die auf den beiden letzten Wagen aufgebaut war, beschoß uns und erzielte einige Splittertreffer, mit denen wir aber mühelos Millerowo erreichten. Bei einem Volltreffer wäre es sicherlich anders gewesen.

Am 19. November 1942 herrschte völliges qbi-Wetter, so daß keine Maschine hinauskonnte. Alles blieb zu Hause und ruhte sich für den kommenden Einsatz aus, der gestartet werden würde, sobald sich die dichte, fast bis auf den Boden reichende Wolkendecke hob oder gar auflöste.

Generalfeldmarschall Milch,
Führer des Sonderstabes Stalingrad

Helmut Putz, Flugzeugführer
im KG 27, errang das Ritterkreuz
am 19. November 1942.

Als wir geweckt wurden, erhielt ich die Weisung, zum Gruppen-Gefechtsstand zu kommen, während sich meine Besatzung auf einen neuen Flug vorbereitete. Ich war sicher, daß wir trotz des miesen Wetters hinausmußten.

Auf dem Gefechtsstand angekommen, sah ich neben dem Gruppenkommandeur auch unseren ‚Alten’, den Geschwader-Kommodore Oberstleutnant von Beust. Ihm gegenüber stand ein General, der auf die an der Querwand befestigte Landkarte starrte. Ich machte meine Meldung, und unser Kommodore erklärte mir, daß der General (dessen Namen ich vergessen habe) mir etwas zu sagen habe.

Als ich mich zu diesem umwandte und Haltung annahm, winkte der General ab. ‚Dort unten’, begann er und zeigte auf die Stelle, die er meinte und die ich mit ‚dort oben’ bezeichnet hätte, ‚ist etwas los! Dort sollen die Sowjets mit stärkeren Kräften zum Angriff angetreten sein. Trauen Sie sich zu, unter den obwaltenden Wetterbedingungen zu starten? Wie mir Ihr Kommodore sagte, sind Sie ein erfahrener Flieger und würden auch blind herauskommen.’ – ‚Jawohl, ich werde starten, Herr General!’

In einem russischen Dorf

Bauernkaten im Winter

Bordfunker
Helmut Wagner
(rechts)

‚Sehr gut! Schauen Sie nach, was sich dort tut, und melden Sie immer genau, wo Sie sind und was Sie dort unten sehen. Das ist für die Marschrichtungsbeurteilung ebenso wichtig wie für die Erkenntnisse über Zahl und Stärke der Angreifer.'

Die Aufklärung ging in den großen Donbogen hinein, und ich war mir darüber klar, daß dort oben schon etwas los sein mußte, wenn unser Kommodore bei diesem Wetter eine Maschine hinausließ.

Nachdem wir startklar waren, rollten wir blind durch die dichte ‚Milchsuppe', die über dem Platz hing, wurden schneller und schneller und – hoben sicher ab. Ein einziges Hindernis im Weg, und es wäre aus gewesen.

Wir aber kamen heil vom Platz ab und stiegen durch die dichte Wolkendecke hindurch, die uns wie ein bergender Mantel umhüllte, und erreichten, über den Wolken fliegend, den Don, der uns von jetzt an als Richtungsweiser diente. Zwar mußten wir etwas tiefer hinuntergehen, um ihn immer im Blickfeld zu haben, aber es ging.

Nach Süden fliegend stellten wir bald fest, daß die Rote Armee mit starken Kräften bereits an verschiedenen Stellen den Don nach Süden überschritten hatte und in drei Marschsäulen in Richtung Stalingrad marschierte.

230

Wir meldeten die Zahl der gesichteten Kolonnen und ihre Dichte sofort an unseren Gefechtsstand. Dies wiederholten wir so oft, wie wir neue Erkenntnisse gewannen. Nach dem fünften Funkspruch war klar, daß dies nicht irgendeine kleine Verschiebung war, sondern daß es sich um einen Aufmarsch der Roten Armee zum Großangriff handelte. Wir erhielten vom Kommodore den Rückflugbefehl und drehten nun zunächst auf eine dichte Kolonne ein.

Im Steilflug flogen wir sie direkt an. Denz brachte die Maschine in gute Wurfposition, und unsere Bomben heulten auf eine Transportkolonne hinunter. Explosionen und Brände zeigten an, daß wir gut getroffen hatten.

Bei einiger Wetterbesserung wurden wir gut zum Platz gelotst und landeten sicher. Aus der Mühle geklettert, gingen wir langsam auf den Gruppengefechtsstand zu.

Der General empfing uns zur Meldung, und als ich berichtet hatte, was wir mit eigenen Augen beobachten konnten, regte er sich derart auf, daß man um seine Gesundheit fürchten mußte.

,Sind Sie wahnsinnig?' brüllte er mich an. ,Das gibt es doch gar nicht! Das ist doch unmöglich!' brüllte er weiter, und es kam mir so vor, als wollte er sich selber einreden, daß er dies alles nur geträumt habe.

Oberstleutnant von Beust sagte ruhig, aber mit aller Entschiedenheit: ,Herr General, wenn unser Oberfeldwebel Havighorst Ihnen meldet, daß sich dort ein riesiger Aufmarsch vollzieht, dann ist es auch so. Sie können sich felsenfest auf ihn verlassen.'

Der General sackte sichtlich zusammen und stieß dann hervor: ,Ja, möglich ist es schon! Da liegen die Rumänen und die Ungarn, und sie haben zu allem Übel keinerlei panzerbrechende Waffen, mit denen sie einem solchen Ansturm standhalten könnten.'

Ich wäre fast umgefallen. Das war eine Eröffnung, die mich daran zweifeln ließ, ob alles richtig gemacht wurde, wenngleich ich über die Große Lage ja nicht orientiert war. Aber schließlich hatten wir seit Wochen starke Truppenbewegungen des Iwan aus dieser Richtung gemeldet. Man hätte doch aufgrund dieser Meldungen den betreffenden Frontabschnitt verstärken müssen. Man mußte dort doch mit einem sowjetischen Angriff rechnen.

Bevor ich den Gefechtsstand verließ, teilte mir Oberstleutnant von Beust noch mit, daß es gleich Alarm geben werde.

Wir munitionierten und tankten in aller Schnelle wieder auf und flogen eine halbe Stunde später mit unserer Staffel los, um diese riesigen Transporte und Truppenverschiebungen zu zerschlagen und den Gegner noch vor seinem eigenen Einsatz zu stoppen.

Wegen der tiefhängenden Wolken konnten wir diesen Angriff auf die Marschkolonnen des Feindes nur im Tiefflug ausführen. Dies wiederum gab dem Gegner die gute Chance, uns mit seiner Flak abzuschießen. Es wurde einer der gefährlichsten Angriffe. Eine Maschine unserer Staffel und drei von anderen Staffeln wurden abgeschossen oder mußten im Niemandsland weit jenseits unserer Front notlanden. Wir fragten uns, ob es den Besatzungen gelingen könnte, sich nach Stalingrad durchzuschlagen. Auch wir hatten eine Kartenskizze angefertigt, nach der wir im Falle einer Notlandung in diesem Gebiet den Weg nach Stalingrad nehmen sollten.

Unsere He 111 erhielt eine Reihe Treffer. Das Seitenleitwerk wurde zerfetzt, und die Zelle bekam eine Menge Splitter ab. Die Maschine war nur noch schwer in der Richtung zu halten. Trotz der 152 Treffer kamen wir heim und landeten. Keiner von uns hätte sich gewundert, wenn wir auf dem Rückflug plötzlich abgeschmiert und runtergefallen wären.

Auch alle übrigen Flugzeuge waren von Treffern durchlöchert worden. Diese Abwehr des Iwan war die stärkste, die wir bisher erlebt hatten. Es mußten sich Flak-Einheiten dabei befunden haben, die schon im Feuer erprobt waren.

Eine Maschine unserer Staffel hatte diesen Angriff mit dem Abschuß bezahlt, und in den folgenden acht Tagen verlor unsere 5. Staffel auf diese Art und Weise sechs Maschinen entweder durch schwere Beschädigungen oder durch Absturz. Nur die Chefbesatzung und meine Maschine waren schließlich übriggeblieben.

Nach meiner Meinung bestand der große Fehler, den viele Besatzungen beim Tiefangriff machten, darin, daß die Maschinen bei Beschuß vom Boden stets nach oben zogen, um in den bergenden Wolken zu verschwinden. Dadurch aber verloren sie stark an Fahrt, so daß sie zu langsam wurden. Da sie außerdem auch noch bis tief in die Wolken hinein zu sehen waren, war es für die Feindflak einfach, sie anzuvisieren und abzuschießen, weil sie dazu Zeit genug hatte.

In dieser Zeit mußten wir auch Abschied nehmen von unserem allezeit fröhlichen Oberfeldwebel Schubert. Er war einer der tollkühnen Flieger. Seine Spezialität waren Angriffe auf Feldstellungen des Gegners.

Bei seinem letzten dieser Angriffe wurde er von einem sowjetischen Infanteriegeschoß getroffen. Die Kugel durchschlug sein Knie und die rechte Hand, die er auf das Knie gelegt hatte. Schubert hatte fürchterliche Schmerzen, aber er brachte die Maschine heil nach Hause, während der Beobachter unterwegs über Funk einen Sanka anforderte.

Als man den Flugzeugführer aus der Maschine hob, sagte er: ‚Wenn ich allein gewesen wäre, dann hätte ich die verdammte Kiste in den Boden gerammt!'

Wegen seiner Besatzung hatte er diesen unerträglichen Schmerz ausgehalten. Er wollte und mußte seine vier Kameraden sicher zurückbringen, und – er schaffte es auch.

Schubert wurde sofort ins Lazarett geflogen, und fünf Wochen darauf erhielten wir Nachricht, daß er an diesen beiden Verwundungen gestorben war. Eine Sepsis war hinzugekommen.

Diese und ähnliche Verwundungen traten immer wieder auf. Der Iwan in den Gräben schoß mit allem was er hatte. Irgendeiner würde bei diesen Riesenvögeln sicher treffen. Und ab und zu traf es auch die Besatzung oder eine Ölleitung, und in letzterem Falle mußte die Maschine auf alle Fälle nach unten und wurde – falls sie noch über der gegnerischen Front flog – eine Beute der Roten Armee.

Bis zum 28. November flogen wir fast ununterbrochen Einsätze gegen Panzerkolonnen, Truppentransporte und Artilleriestellungen bei Stalingrad. Einmal bei Blinoff, dann südlich von Kletskaja und südwestlich von Tschernoschewskaja, westlich von Kalatsch, nördlich dieses Schwerpunktes und anderswo. Truppen im Großen Donbogen nordostwärts von Ilowolinskaja wurden ebenso angegriffen wie jene Verbände, die sich bereits dicht an die Stadt herangeschoben hatten.

Wir flogen drei, manchmal auch vier Einsätze am Tage, immer wieder den Todeshagel der feindlichen Flak durchstoßend, feindlichen Jägern ausweichend, das Ziel im Reflexvisier und unsere Bomben werfend oder mit allen Waffen auf den Gegner einhämmernd.

Der Feind schoß aus allen Rohren zurück. Seine Jäger formierten sich, erzielten Erfolge, zumal wir nur wenige Geleitjäger hatten. Immer wieder gelang es uns, in die bergende Sicherheit unseres Horstes zurückzukehren.

Viele Kameraden blieben für immer draußen, vermißt oder abgeschossen. Die Hölle war los, und es war zweifelhaft, ob überhaupt einer von uns diesen Untergangswirbel überstehen würde.

Es war ein einfach unbeschreibliches Gefühl, das einen in den Klauen hielt, wenn man zwar beschossen, aber doch heil geblieben zurückkehrte und dann später auf seinem Strohsack lag und sich diese Situation wieder ins Gedächtnis rief."

Die sowjetische Gegenoffensive

In der unterkühlt nüchternen Sprache der Kriegshistoriker traten die Stoß-gruppierungen der Südwestfront unter Generalleutnant Watutin und jene der Donfront unter Generalleutnant Rokossowski in der ersten Phase der großen sowjetischen Gegenoffensive bei Stalingrad am Morgen des 19. November 1942 zum entscheidenden Angriff an.

Sie überrannten die hier stehenden rumänischen Divisionen und stießen bis zum Abend dieses Tages 40 km tief nach Süden durch.

Auf deutscher Seite setzte die HGr. Don das XXXXVIII. PzK. zum Gegenangriff nach Norden auf Kletskaja an, wo der 21. Sowjet-Armee der Durchbruch gelungen war. Doch noch bevor diese deutschen Kräfte zum Schlagen kamen, mußten sie umgruppiert werden, weil es nun als vordringlich galt, die ebenfalls durchgestoßenen Verbände der 1. sowjetischen Garde-Armee und der 5. Panzer-Armee zu stoppen.

Ziel dieses sowjetischen Angriffs war Kalatsch am Don. Sobald die Rote Armee diese Stadt erreichte, stand sie im Rücken der 6. Armee.

Gegen die 57. Sowjet-Armee mußte GenOb. Hoth die 29. ID (mot.) stellen, um diesen Zangenarm der Sowjets, der südlich von Stalingrad über die Wolga gesetzt hatte, in dem Bestreben zu stoppen, die 6. Armee einzuschließen.

Die Stoßgruppen der Stalingradfront unter Generaloberst Jerjomenko griffen am 20. November nach gewaltiger Artillerie-Vorbereitung an. Die Verbände der Generalmajore Tolbuchin und Trufanow durchbrachen die deutsche Verteidigungsfront und verschafften so den schnellen sowjetischen Verbänden Gelegenheit zum zügigen Vorstoß und zur Umfassung der 6. deutschen Armee.

Am 23. November vereinigten sich die Panzer-Kampfgruppen unter GenMaj. Wolski bei Sowjetski mit schnellen Truppen der Südwestfront. Teilgruppierungen der Stalingrader Front, welche die Hauptstoßgruppe nach Süden sicherten, erreichten die Linie des Don und des Aksai-Kurmojarski bei Umanzewo und bildeten hier, nach Süden gerichtet, die äußere Einschließungsfront.

Damit waren im Großraum Stalingrad 20 deutsche und zwei rumänische Divisionen sowie eine Reihe kleinerer Verbände und Einheiten eingeschlossen.

Was aber war mit der deutschen Luftwaffe?

Luftflotte 4 und VIII. Fliegerkorps

Seit Oktober 1942 hatte die Luftflotte 4 unter Generaloberst von Richthofen den geheimen, gut getarnten Aufmarsch der Roten Armee gemeldet, der besonders an der nördlichen Donschleife erkennbar war. Mitte November berichteten die deutschen Aufklärer von zahlreichen Pionierverbänden, die bei Kletskaja und nordwestlich davon einige Brücken über den Don schlugen. Am 19. November meldeten sie schließlich, daß die Rote Armee zwischen Kletskaja und Serafimowitsch in Richtung auf den Tschir angetreten sei.

Das VIII. Fliegerkorps unter GenLt. Fiebig versuchte diesen Angriff zu stoppen. In seinem Gefechtsstand in Obliwskaja mußte der Kommandierende General in dieser Lage feststellen, daß das schlechte Wetter mit Nebel, dichtem Schneetreiben und Vereisungen in größeren Höhen *jeden* Angriff stärkerer Verbände ausschloß. Lediglich Einzelangriffe konnten geflogen werden.

Erst einige Kilometer nördlich und ostwärts des Tschir konnte das VIII. Fliegerkorps mit Schlachtfliegern, Stukas und He 111-Bombern den Abwehrkampf der Infanterie unterstützen. Die im Großraum Kalatsch liegenden Frontflugplätze wurden jedoch vom Gegner überrannt.

Eine Naherkundung am Morgen des 20. November mit Fieseler Störchen aus der Festung Stalingrad heraus brachte die Erkenntnis, daß der Feind im Begriff stand, mit der Masse seiner Verbände die zwischen Don und Wolga stehende 6. Armee einzukesseln.

Am 21. November sprach GenLt. Fiebig mit dem Chef des Generalstabes der 6. Armee, GenMaj. Arthur Schmidt, über Telefon. Im Verlauf dieser Unterredung warnte Fiebig vor der Gefahr einer Überrumpelung der schwachen Kräfte an der Brücke von Kalatsch. Dann kam er auf die Frage der Versorgung der 6. Armee zu sprechen.

Dazu GenMaj. Schmidt: „Da alle Nachschubverbindungen bereits unterbrochen sind, muß die Armee aus der Luft versorgt werden."

GenOberst Paulus, der auf dem Neben-Apparat mithörte, vernahm Fiebigs ungläubig klingende Stimme: „Eine ganze Armee aus der Luft versorgen?" Als Schmidt dies bejahte, fuhr Fiebig fort: „Das ist völlig unmöglich! Unsere Transportflugzeuge sind in Afrika und an allen anderen Fronten stark in Anspruch genommen. Ich warne vor übertriebenen Hoffnungen."

Am nächsten Morgen rief GenLt. Fiebig ein zweitesmal bei der 6. Armee an und erklärte GenMaj. Schmidt:

Generaloberst Hermann Hoth,
OB der 4. Panzerarmee

Generalmajor Arthur Schmidt,
Chef des Generalstabes der 6. Armee

„Ich komme trotz mehrfacher Überlegungen zu dem einen Schluß, daß eine Luftversorgung der 6. Armee nicht möglich ist. Der Feind und die Wetterlage des russischen Winters sind unberechenbar. Ich sage Ihnen dies eindringlich, damit Sie diese Auffassung vertreten, wenn sie mit Generaloberst Hoth sprechen."

Um diese Zeit traf gerade GenOberst Hermann Hoth, der OB der 4. Panzerarmee, auf dem GefStand der 6. Armee ein. In dem folgenden Gespräch, zu dem auch GenMaj. Pickert, der einzige Luftwaffen-General in der Festung, hinzugezogen wurde, ging es definitiv um die Luftversorgung der 6. Armee und um die Frage, wie sie durchgeführt werden könnte. GenMaj. Pickert wurde als Luftwaffenexperte dazu befragt und erklärte:

„Wir müssen sofort nach Westen durchbrechen! Die Möglichkeit der Versorgung der 6. Armee aus der Luft ist eine Illusion." Aber Schmidt, der vom FHQ eigens nach Stalingrad geschickt worden war, um „den Paulus auf Schwung zu bringen", sagte:

„Es *muß* gehen! – Und außerdem können wir erst noch die vielen Pferde im Kessel aufessen."

236

Am 22. November 1942 meldete GenOberst Paulus dem Führerhauptquartier über Funk, daß Stalingrad eingeschlossen sei; er beabsichtige, mit
der Armee den bisher verbliebenen Raum von Stalingrad bis zum Don zu
halten. „Voraussetzung ist", fügte er an, „daß die Schließung der Südfront
gelingt *und* reichlich Verpflegung eingeflogen wird."

Der OB der Heeresgruppe B, GenOberst Frhr. von Weichs, ließ ins FHQ
funken: „Trotz der ungewöhnlichen Schwere dieses Entschlusses, dessen
Tragweite mir voll bewußt ist, muß ich melden, daß ich die Zurücknahme
der 6. Armee für notwendig halte."

Am 24. November war auch GenOberst Paulus von der Notwendigkeit
der folgenden Maßnahme überzeugt: „Der Durchbruch der 6. Armee nach
Südwesten ist die einzige Möglichkeit, den größten Teil der 6. Armee und
ihres Materials sowie der schweren Waffen zu retten."

Hitler antwortete: „Die 6. Armee ist vorübergehend von russischen Kräften eingeschlossen. Ich beabsichtige, die Armee im Raume Stalingrad zu-
sammenzufassen. Die Armee darf überzeugt sein, daß ich alles tun werde,
um sie entsprechend zu versorgen und rechtzeitig zu entsetzen. Ich kenne
die tapfere 6. Armee und ihren Oberbefehlshaber und weiß, daß sie ihre
Pflicht tun wird. – gez. Adolf Hitler." (Siehe KTB des Oberkommandos der
Wehrmacht)

Das Versprechen des Reichsmarschalls

Die führenden Männer der deutschen Luftwaffe, Reichsmarschall Hermann Göring und sein Chef des Generalstabes, General der Flieger Jeschonnek, waren noch nicht konsultiert worden, als diese ersten Gespräche geführt und Hitlers Weisung an GenOberst Paulus nach Stalingrad
übermittelt wurden. Erst am Nachmittag des Totensonntags 1942 fuhren
Jeschonnek und General Zeitzler mit dem Adjutanten des Reichsmarschalls, General der Flieger Bodenschatz, nach Berchtesgaden zum Berg-
hof. Dort trug General Jeschonnek Hitler vor, daß die Absicht, Stalingrad
aus der Luft zu versorgen, nicht durchführbar sei.

Dem Generalstabschef der Luftwaffe wäre es fast gelungen, Hitler von
der Richtigkeit dieser Aussage zu überzeugen, aber in einem Blitzgespräch
mit Göring hatte General Bodenschatz diesem gemeldet, daß Jeschonnek
dabei sei, die Luftwaffe „madig zu machen".

Göring ließ seinen Generalstabschef ans Telefon rufen und verbot ihm,

Auch in Salsk wurden Versorgungskisten und Bomben geladen.

„beim Führer weiter mieszumachen". Göring erklärte Jeschonnek, daß „die Versorgung der 6. Armee in Stalingrad durch die Luftwaffe selbstverständlich möglich" sei. Dies erklärte Jeschonnek anschließend auch Hitler.

Am Vormittag des 23. November fragte Hitler persönlich über die Telefonverbindung bei Göring an. Der Reichsmarschall erklärte, daß die Luftversorgung Stalingrads möglich sei. Noch am Nachmittag ließ Göring dann seinen technischen Stab zum Befehlszug „Asien" kommen, der in Berlin stand. Den Offizieren, Oberst von Seidel als Generalquartiermeister, Oberst Eschenauer, General Kleinrath und General Vorwald, dem Chef des Technischen Amtes der Luftwaffe, sagte der Reichsmarschall:

„Ich beabsichtige, die 6. Armee aus der Luft zu versorgen. Dies erfordert

die sofortige Zusammenfassung aller Transportflugzeuge. Ich stelle meine eigene Kurierstaffel ebenfalls zur Verfügung."

Damit war alles klar. Hitler hatte Görings Wort, auf das er fest vertraute. Die 6. Armee blieb in Stalingrad. Der Opfergang der Luftwaffe konnte beginnen.

Die Forderungen der 6. Armee – Die Lufttransportverbände

Die 6. Armee forderte zu Beginn der Luftbrückenaktion täglich 300 Tonnen Treibstoff und 30 Tonnen Munition. Sobald die Verpflegung im Kessel aufgebraucht war, kamen 150 Tonnen Verpflegung je Tag hinzu.

Da jede Ju 52 – der Standardtransporter der Luftwaffe – etwa zwei Tonnen Material überfliegen konnte, mußten also zunächst täglich 165 Transportmaschinen auf dem kleinen Flugplatz von Pitomnik nahe Stalingrad gelandet, ausgeladen, mit Verwundeten beladen und zum Rückflug gestartet werden. Selbst *ohne* Feindbeschuß und Bombenangriffe auf die Start- und Landeplätze, ohne technische Ausfälle und Abstürze durch das Wetter war dies eine schier unlösbare Aufgabe. Wenn dann noch 150 Tonnen Verpflegung hinzukamen, mußten täglich 240 Flugzeuge abgefertigt werden. Und das ohne Großgerät zur Entladung, beim Transport aller entladenen Güter durch Menschenhand von den Maschinen zu den Platzrändern.

Wenn man dazu die Faustregel beachtete, daß zum täglichen Einsatz von 240 Maschinen etwa 720 Flugzeuge benötigt wurden, weil die übrigen sich in Wartung, Reparatur und Ruhe befanden, wurde dieses Vorhaben noch unglaubwürdiger.

Mitte November 1942 standen im Bereich der HGr. A insgesamt fünf Transportflieger-Gruppen zur Verfügung. Das waren, wenn es hoch kam, 150 Flugzeuge.

Die Führung der Luftwaffenverbände in diesem Bereich lag bei der Luftflotte 4 unter GenOberst von Richthofen. Ihr waren der Fliegerführer Krim, das IV. Fliegerkorps (mit dem Einsatzgebiet Kaukasus), das VIII. Fliegerkorps im Großraum Stalingrad und das Luftgaukommando XXV in Rostow am Don für die Bodenorganisation unterstellt.

Das I. Flak-Korps unterstand mit zwei Flak-Divisionen direkt der Luftflotte 4, die 9. Flak-Division unter GenMaj. Pickert kämpfte in Stalingrad. Zunächst standen also fünf verschiedene Kampfgruppen z. b. V. für die ersten Transportaufgaben zur Verfügung. Bis Anfang Dezember, dies sei hier

vorgezogen, hatte sich deren Zahl mehr als verdoppelt. Es waren dies im einzelnen:

Kampfgruppe z. b. V.	9	Oberst Jäckel
Kampfgruppe z. b. V.	50	Major Baumann
Kampfgruppe z. b. V.	102	Oberstleutnant Erdmann
Kampfgruppe z. b. V.	105	Major Jacobs
Kampfgruppe z. b. V.	172	Major Zähr
Kampfgruppe z. b. V.	500	Major Beckmann
Kampfgruppe z. b. V.	900	Oberst Wübben
I./KG z. b. V. 1		Major Maess
II./KG z. b. V. 1		Oberstleutnant Neundlinger
(Alle Verbände mit Ju 52 ausgerüstet)		
Kampfgruppe z. b. V.	5	Major Uhl
Kampfgruppe z. b. V.	20	Major Schmidt
		(mit den Staffeln Glocke, Gaede, Gratl)
III./KG 4		Major Klosinski
Kampfgeschwader	27	Oberstleutnant von Beust
Kampfgeschwader	55	Hauptmann Bätcher
(Alle Verbände mit He 111 ausgerüstet)		
Kampfgruppe z. b. V.	21	
Kampfgruppe z. b. V.	22	
(Mit Ju 86 ausgerüstet)		
Kampfgeschwader	50	Major Schlosser (mit He 177)
Kampfgeschwader z. b. V.	200	Major Willers
		(mit FW 200, Ju 90 und Ju 290)

Am 25. November erklärte Reichsmarschall Göring im FHQ: „Die Luftwaffe wird im Tagesdurchschnitt 500 Tonnen Nachschub für die 6. Armee nach Stalingrad überfliegen und für diesen Zweck *jedes* erdenkliche Flugzeug zur Verfügung stellen. Die Versorgung der deutschen Truppen, die im vergangenen Winter drei Monate lang in Demjansk eingekesselt waren, beweist die Möglichkeit dieser Operation." (Dies war ein Trugschluß, denn zum einen war im Raume Demjansk nur ein Armeekorps und nicht eine Armee eingekesselt, und zum anderen waren die Anflugwege bedeutend kürzer. Drittens waren auch die hohen Anforderungen an die Transportgeschwader noch nicht durch die gewaltigen Forderungen für die Heeresgruppe Afrika verdoppelt worden.)

Die Luftflotte 4 erhielt am 25. November den Auftrag, die Luftversorgung der 6. Armee durchzuführen. GenLt. Fiebig wurde zum Lufttransportführer Stalingrad ernannt. Oberst Förster, Kommodore des KG z. b. V. 1, übernahm die Befehlsgewalt als Chef aller in der Luftflotte 4 stehenden Transportverbände. Der Flugplatz Tazinskaja wurde zum Stützpunkt dieser Verbände bestimmt. Die ersten dort eintreffenden Ju 52-Gruppen began-

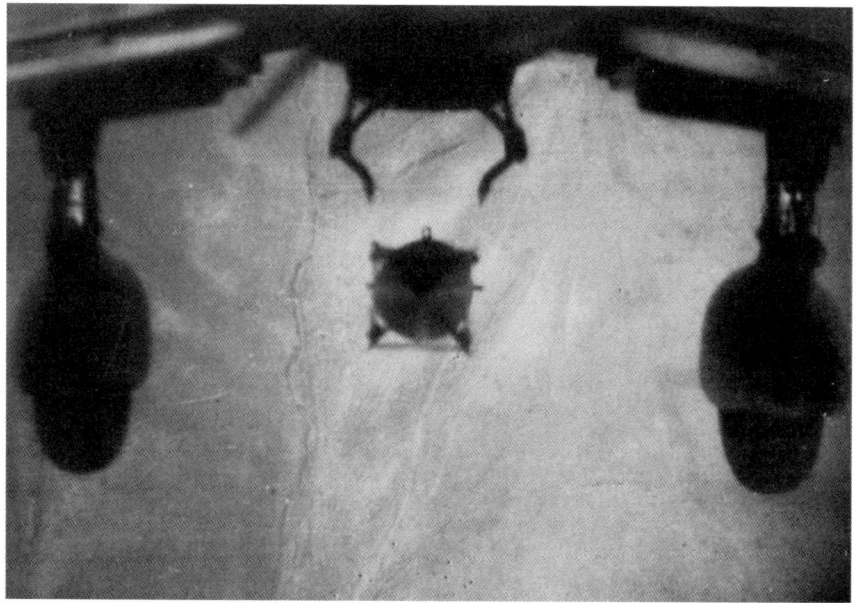

Eine Versorgungsbombe fällt.

nen am 26. November mit ihren Transportflügen. Sie hatten in den ersten Tagen erhebliche Schwierigkeiten; aber nicht nur sie, sondern auch der beim VIII. Fliegerkorps von GenLt. Fiebig ernannte Luftversorgungsführer Stalingrad, GenMaj. Carganico, konnte diese gewaltige Aufgabe mit seinem kleinen Stab nicht bewältigen. Am 29. November wurde dann das VIII. Fliegerkorps von seinen Kampfaufgaben entbunden und GenLt. Fiebig persönlich mit der Luftversorgung von Stalingrad beauftragt.

Nun wurden auch die Kampfgeschwader 27 und 55 zu Transportaufgaben eingeteilt. Ein Teil der Bomber mußte jedoch – entgegen der vorher erteilten Entbindung – für Kampfaufgaben abgestellt werden, wenn nicht die ganze Front der HGr. Don zusammenbrechen sollte.

Die in Morosowskaja zusammengefaßten He 111-Verbände wurden unter Oberst Kühl, dem Kommodore des KG 55, als Lufttransportführer Morosowskaja zusammengefaßt.

In Stalino übernahm wenig später Major Willers die Aufgabe als Lufttransportführer Stalino, wohin die ersten Großraumflugzeuge befohlen wurden. Der Einsatz aller Transportflieger und der dazu abgestellten Kampfflugzeuge nach Stalingrad konnte beginnen.

„Das hat hingehauen!"
Bildberichter Dressel nach
einem gelungenen Angriff auf
eine Feindstellung. Am
„Knüppel" Ludwig Denz.

In der Schneewüste des
Flugplatzes Morosowskaja

Das große, nicht zu beeinflussende Problem aber war das Wetter. Nebel, Schneetreiben und Vereisungen der Maschinen beschworen ständig neue Krisensituationen herauf, die mit den vorhandenen primitiven Mitteln nicht gemeistert werden konnten. Es kam immer wieder zu Startverzögerungen, weil die Motoren der im Freien stehenden Maschinen nicht ansprangen. Wärmewagen standen nicht zur Verfügung, und die Mechaniker hatten die Maschinen bei beißender Kälte im Freien zu warten.

Daß darüber hinaus mehrfach keine Landungsmöglichkeiten in Pitomnik bestanden, weil die Wolkendecke bis auf den Platz herunterreichte, machte die Sache noch schwieriger, denn für einen solchen Fall mußten die Versorgungsgüter in Abwurfbehälter verpackt, in die Ju 52 gewuchtet und ebenso über dem Ziel durch die Tür abgeworfen werden. Bei den He 111 war die Sache leichter, weil hier die Behälter in die Bombenschächte eingehängt werden konnten.

Zwischen den Horsten Tazinskaja und Morosowskaja mußten die Zeitabstände der einzelnen Starts genau abgesprochen werden, weil ja in Pitomnik die Möglichkeit zum Ausladen geschaffen werden mußte.

Auf der gesamten Strecke ihres Anfluges waren die langsamen und unzulänglich bewaffneten Ju 52 den Angriffen sowjetischer Jäger ausgesetzt. Die wenigen in Stalingrad stehenden Bf 109-Jäger des JG 3 waren nicht in der Lage, den gesamten Anflugraum zu überwachen. Diese Angriffe und die inzwischen in einem weiten Rund um Stalingrad aufgefahrene und in Stellung gegangene sowjetische Flak forderten ständig neue Opfer, die von der Luftwaffe nicht ersetzt werden konnten.

Aus der Heimat kamen schließlich einige neue Maschinen. Es waren Ju 86, Ju 90, FW 200 und weitere He 111, so daß bis Anfang Dezember die Lufttransport-Aktionen voll liefen.

Versorgungsflüge über und für Stalingrad

„Am 28. November 1942 wurden bei klarem Wetter alle einsatzbereiten Flugzeuge unseres Geschwaders zur Luftversorgung der 6. Armee eingesetzt. Wir von der 5. Staffel des KG 27 flogen von Millerowo am 29. November den ersten Einsatz. Als unsere Maschine in der Luft war und einige hundert Meter Höhe erreicht hatte, ließ sie sich nicht mehr steuern und auf Kurs halten.

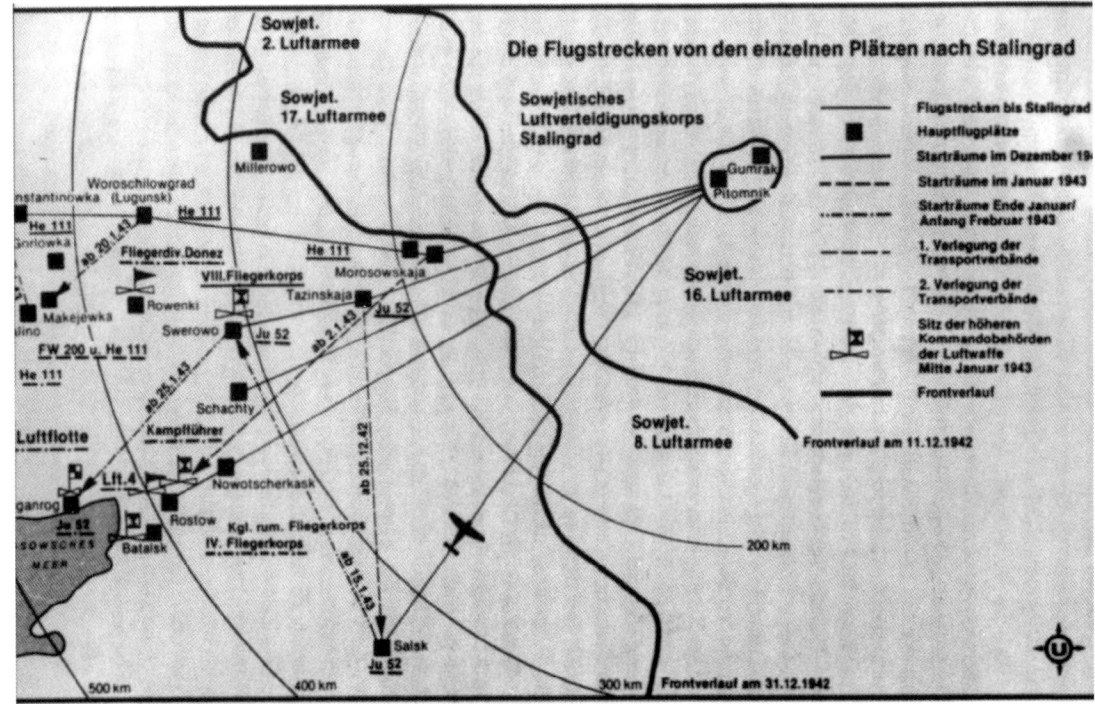

Alle Flugfelder, von denen Versorgungsflüge für die 6. Armee durchgeführt wurden. Von oben: Millerowo, Morosowskaja, Tazinskaja, Salsk. Dahinter von oben: Woroschilowgrad, Swerowo, Schachty, Rostow.

'Vereisung', meldete Denz. 'Wenn wir nicht umkehren, dann sind wir bald völlig unbeweglich und fallen runter!'

Das gleiche meldeten auch die übrigen Maschinen unserer Staffel, die ebenfalls gestartet waren. Wir mußten abbrechen, wenn wir dieses Abenteuer nicht mit dem Verlust unserer Kiste bezahlen wollten. Diesen Flug auf Biegen und Brechen durchzuführen, wäre eine Riesendummheit gewesen, denn wenn die He 111 hin war, hatten wir keinen Ersatz mehr dafür. Wir drehten ab und kamen wohlbehalten wieder in Millerowo an.

An diesem Tage waren von allen gestarteten Flugzeugen nur zwölf in Stalingrad angekommen. Dies hätte eine sofortige Untersuchung zur Folge haben müssen. Es wäre zu diesem Zeitpunkt noch möglich gewesen, den Ausbruch mit großen Erfolgsaussichten durchzuführen; und zwar gleichzeitig mit dem bereits angelaufenen Entsatzvorstoß der 4. Panzerarmee.

Am 30. November klappte es bei uns besser. Alle Maschinen – bis auf zwei, die nicht angelassen werden konnten – kamen vom Platz los. Wir flogen nach Stalingrad und wurden unterwegs von keinem roten Jäger angegriffen. Nach Durchstoßen des sowjetischen Flakvorhanges um Stalingrad erfolgte die Landung auf dem Rollfeld von Pitomnik.

Als wir ausgerollt waren und nun zum Platzrand gelotst wurden, stürzten aus den am Platzrand aufgestellten Zelten und Hütten Soldaten heraus, die einen Lkw bestiegen und zu uns herübergerollt kamen, um die inzwischen ausgeklinkten Versorgungsbehälter aufzuladen und wegzuschaffen.

Ein kurzer Feuerüberfall der gegnerischen Artillerie, der weiter rechts vom Platz niederging, zwang alles vorübergehend in Deckung. Danach trotteten wir zum Aufwärmen in eine Baracke, wo wir mit ein paar Kameraden von der Infanterie sprechen konnten. Alle waren sehr zuversichtlich, daß die Luftwaffe sie so lange versorgen würde, bis der Entsatzvorstoß sie befreite.

‚Hermann wird das schon machen!' erklärten sie einstimmig. Hermann, das war Reichsmarschall Göring. Wir alle waren mit ihnen dieser Überzeugung, auch wenn wir die Hindernisse des russischen Winters bereits am eigenen Leibe erlebt hatten.

Nachdem die zum Abtransport vorgesehenen Verwundeten eingeladen waren, starteten wir zum Rückflug und kamen ohne Beschuß durch Jäger in

Verpflegungsbomben sind eingehängt.

Vorbereitungen zum Start in den Kessel

Pitomnik: Stukas starten zum Nachtangriff auf Feindstellungen jenseits der Wolga.

Millerowo an, wo die ausgeflogenen Verwundeten sich mit Handschlag von uns verabschiedeten. ,Holt die anderen auch da raus!' bat ein Feldwebel, dessen Kopf und Arm dick verbunden waren.

,Was an uns liegt, das wird geschehen!' antwortete Helmut Wagner. Aber soviel lag nicht an den Männern des KG 27, wie diese bald erfuhren. Im Gegensatz zu den in Tazinskaja und Morosowskaja liegenden Verbänden, die ununterbrochen Versorgungsflüge nach Stalingrad unternahmen, wurden die Staffeln in Millerowo ab dem 1. Dezember wieder mit Kampfaufträgen bedacht. Diese richteten sich gegen sowjetische Verbände, welche die Tschirfront der 3. rumänischen Armee von Osten und Norden angriffen und sie zum Einsturz bringen wollten. Diese Front aber mußte gehalten werden.

So teilte sich das VIII. Fliegerkorps zum Nachteil für die Versorgung der 6. Armee in kämpfende und Versorgung fliegende Verbände auf.

Der eigene Brückenkopf Tschir – Werchne Tschirskaja mußte gehalten werden. Es gelang den Kampffliegern, die Sturmtruppen der Roten Armee in ihren Spitzenformationen zu treffen und sie festzunageln. Zwei Maschinen der Gruppe schmierten ab. Die übrigen kehrten trotz der schlechten Wetterlage wohlbehalten zum Horst zurück.

Am 3. Dezember konnten wir wegen des Eisregens, Schnees und dichten Nebels nicht starten. Die Versorgung von Stalingrad fiel an diesem Tage ebenfalls aus. Am 4. Dezember gelang es trotz der starken Vereisung 17 He 111 und etwa 50 Ju 52, mit insgesamt 140 Tonnen Material nach Stalingrad durchzukommen. Das war angesichts der Wetterlage zwar eine überragende Leistung, für Stalingrad aber reichte dies nicht aus.

Auch am 5. Dezember gab es für Pitomnik keine Landemöglichkeit. Dennoch schaffte es eine Reihe von Maschinen - oftmals erst im sechsten oder siebten Anflug -, den Platz zu finden, die Landebahn zu erreichen und sicher zu landen. Ein Großteil der anfliegenden Maschinen aber mußte nach Nowo Tscherkassk umgeleitet werden.

Bis zum 5. Dezember flogen die He 111 des KG 27 Kampfeinsätze und hatten einige Erfolge zu verzeichnen, als es uns gelang, einen sowjetischen Panzerverband zu stoppen.

Am 6. Dezember, es war der 2. Advent, starteten wir wieder zu einem Versorgungsflug nach Stalingrad. Trotz schlechtester Wetterlage kamen wir gut vom Platz ab und landeten im Kessel auf dem Flugplatz von Pitomnik. Als wir nach dem Entladen die Verwundeten aufnehmen wollten, um wieder zurückzufliegen, gab die Flugleitung bekannt, daß wir im Kessel über-

Die Sicht ist gleich Null – im Tiefflug gegen Stalingrad

Eine He 111 startet mit Verwundeten aus Pitomnik.

nachten müßten, um am anderen Morgen einen General der HGr. Don zurückzufliegen, der in Stalingrad mit GenOberst Paulus die Lage besprochen hatte. Die Verwundeten wurden in ihre Zelte zurückgeschickt.

In dieser Nacht schliefen die Männer meiner Besatzung nicht viel. Wir sprachen mit den Soldaten von Stalingrad und verteilten unsere Fliegerverpflegung, als wir hörten, daß sie bereits auf Ein-Drittel-Ration gesetzt worden waren. Sie wußten bereits, daß die 4. Panzerarmee am 8. Dezember aus dem Raume Kotelnikowo zum Entsatzangriff antreten würde und daß sie, wenn der Durchbruch der Entsatzkräfte gelungen war, aus dem Kessel heraus den Befreiern entgegenstürmen sollten, um hinter dem Rücken des Gegners, der gegen die 4. Panzerarmee Front gemacht hatte, die Feindlinien nach Südwesten oder Westen aufrollen zu helfen.

Am anderen Morgen waren wir schon früh auf den Beinen. Wir konnten die Mühle in Gang bringen, und bis 6.00 Uhr waren die Verwundeten eingeladen. Der General erschien pünktlich um 6.40 Uhr und kletterte in die Maschine. Ihm wurde der Platz zwischen den Bombenschächten zugewiesen.

Wir rollten anschließend in die Startposition und starteten um 6.45 Uhr. Es war ein schwieriges Unterfangen, aber die He 111 kam gut vom Boden los und drehte nach einer weiten Schleife auf Heimatkurs.

Unser Fluggast war der Chef des Generalstabes der HGr. Don, GenMaj. Friedrich Schulz, der von GFM von Manstein in den Kessel geschickt worden war, um dort nach von Mansteins eigenen Worten ‚in erster Linie einen Eindruck von der Lage in der Stadt *und* vom Zustand der 6. Armee und ihrer Führung zu bekommen. – Er sollte die Ansichten von GenOberst Paulus über die Erfordernisse der Lage mit den unsrigen abstimmen, denn es war klar, daß mangels einer Fernsprech- oder Fernschreibleitung die Einwirkung der HGr. Don auf das AOK 6 nur sehr bedingt möglich war und dies um so mehr, als die 6. Armee durch den Verbindungsoffizier des OKH nebenbei dauernd unter der Einwirkung der Gedanken und Befehle Hitlers stand'. (Siehe: Manstein, Erich von: Verlorene Siege)

Wir waren also um 6.45 Uhr gestartet, Denz hatte die Mühle in einem weiten Bogen hochgezogen, als plötzlich hinter uns ein Jäger der Roten Luftwaffe auftauchte. Dieser eröffnete das Feuer. Es klackerte in der Zelle, und als unsere eigenen MGs loshämmerten und das Getöse der Motoren noch übertönten, wandte sich Generalmajor Schulz an mich: ‚Was ist eigentlich los, Oberfeldwebel?'

Ich neigte mich weit zu ihm hinüber und brüllte, den doppelten Lärm

*General der Infanterie
Friedrich Schulz wurde
von Havighorst aus
dem Kessel ausgeflogen.*

übertönend, in sein Ohr: ,Feindlicher Jagdangriff, Herr General!' Er nickte
und blickte stur geradeaus.

Otto Blaß schaffte es, diesen hartnäckigen Gegner durch einige gut ge-
zielte Salven abzuschütteln. Qualmend drehte dieser ab, und das war gut so,
denn mit den Verwundeten an Bord konnten wir keine riskanten Flug-
manöver ausführen.

Um 7.40 Uhr landeten wir in Morosowskaja, und Generalmajor Schulz
verabschiedete sich durch Händedruck von uns.

,Ich habe durch diesen Flug einen tiefen Eindruck von Ihren Einsätzen
bekommen', sagte er ernst. ,Für Sie und Ihre Besatzung Hals- und Beinbruch!'

An diesem Tage starteten wir nicht mehr. Einige Reparaturen waren dringend erforderlich. Wir hauten uns auf die Strohsäcke und waren froh, dieser
Hölle entkommen zu sein, in der die Kameraden vom Heer bis zum bitteren Ende bleiben mußten."

Am Nachmittag dieses Tages erfuhren die Männer des KG 27, daß
GenLt. Fiebig in die Festung fliegen wollte, daß aber die He 111, die ihm zur
Verfügung stand, unklar war. Er startete wenig später in einem Fieseler

250

Eine Sanitäts-Ju 52 auf einem tiefverschneiten Platz

Morosowskaja: Flugzeuge werden beladen.

Storch zum XXXXVIII. PzKorps nach Tschirskaja, um danach von dort zur Kampfgruppe Stahel nach Obliwskaja weiterzufliegen, die in einem erbitterten Abwehrkampf stand.

Die Flieger empfanden besondere Hochachtung vor diesem General, der sich nicht scheute, wie in alten Tagen selber in die Kiste zu klettern und dort, wo es brannte, nach dem Rechten zu sehen.

An diesem Tage konnten – und das war ein Rekord – 100 He 111 und 60 Ju 52 insgesamt 350 Tonnen Versorgungsgüter nach Stalingrad schaffen. Es war einer der wenigen Tage, an denen die Minimalforderung der 6. Armee erfüllt werden konnte.

„Am Morgen des 8. Dezember starteten wir aus Morosowskaja zum Versorgungsflug in die Festung. Es ging alles glatt. Erst die nachfolgenden Pulks wurden von feindlichen Jägern angegriffen. Vor allem die Ju 52-Gruppen erlitten durch sowjetische Jägerangriffe Verluste. Nur etwa 70 Tonnen Versorgungsgüter konnten gelandet werden.

Als wir eine gute Stunde später wieder in unseren Stammhorst Millerowo zurückkehrten, erfuhren wir, daß unser Geschwader abermals aus den Versorgungsflügen ausgespart werden würde, um die feindlichen Einbrüche an der Nordwestfront der Festung bei Bogutschar, wo 45 sowjetische Panzer unsere Stellungen durchbrochen hatten, wieder auszubügeln.

Wir starteten mit 250-Kilo-Bomben. Sechs Tage nacheinander flogen wir täglich 3–4 Einsätze. Es wurden Tage, die uns durch die Hölle führten. Immer wieder erfolgte Beschuß aus vielen Rohren, beinahe ständig saßen uns Feindjäger im Nacken, mußten wir uns mit allen Waffen und unter Einsatz aller fliegerischen Fähigkeiten zur Wehr setzen.

Der Einsatz am 13. Dezember von Millerowo aus nach Bogutschar war mein 250. Feindflug. Er verlief ohne Verletzungen meiner Besatzung.

Schneefall, Vereisungen und dichter Nebel machten uns zu schaffen. Die sowjetischen Luftangriffe auf die Plätze Tazinskaja und Morosowskaja nahmen zu. Bereits am 8. Dezember hatte einer der feindlichen Bomber eine Luftmine direkt vor das Sanitätszelt geworfen. 15 Tote und eine große Zahl an Verwundeten waren zu beklagen. Unter den Toten befand sich auch Oberarzt Dr. Winter.

Am 10. Dezember wurden bei einem weiteren Angriff sowjetischer Bomber auf Tazinskaja vier Ju 52 vernichtet. Ein Volltreffer ins Versorgungsdepot ließ 75 m³ Treibstoff für die 6. Armee in Flammen aufgehen. Der dort liegende Munitionsstapel von 6000 Schuß Artillerie-Munition flog ebenfalls in die Luft.

Dies ist die „Ehrentorte" nach dem 250. Feindflug.

Vor dem Start zum 251. Feindflug

253

*Der Flugplatz von Millerowo. Von hier aus startete Havighorst
oftmals mit seiner Besatzung in den Kessel.*

Verwundete werden zurückgeschafft.

Am 11. Dezember begab sich GenLt. Fiebig in die Festung und besprach mit GenOberst Paulus und GenMaj. Schmidt die Lage. Fiebig erfuhr, daß die letzten Verpflegungsreserven am 16. Dezember ausgegeben werden mußten und daß sie bis zum 18. Dezember reichen würden.

Trotzdem mußte das VIII. Fliegerkorps abermals Kampfbefehlen der Luftflotte 4 folgen und weitere He 111-Gruppen aus den Versorgungsflügen herausziehen.

Am 14. Dezember flogen wir wieder trotz völliger qbi-Lage (Sicht gleich Null) Versorgungsgüter nach Stalingrad. Wir hatten diesmal Otto-Treibstoff und Verpflegung geladen. Die Landung gelang. Wegen des dichten Nebels, der in Pitomnik bis auf den Platz hinunterreichte, kamen wir jedoch nicht mehr aus Pitomnik heraus und mußten wieder in einem der Bunker am Platzrand übernachten.

Diesmal war es noch schlimmer als beim vorigen Mal. Der Winter hatte eingesetzt. Die Kälte ging bis auf 24 Grad unter Null. Am Platzrand und vor dem Platz stauten sich die Fahrzeuge, als wir am kommenden Morgen starten wollten. Verwundete und Kranke strömten selbständig auf den Platz. Alle Verwundeten wollten so schnell wie möglich dieser Hölle entkommen und irgendwo in verhältnismäßiger Sicherheit versorgt werden.

Als wir unsere Mühle vollgepackt hatten, standen immer noch verwundete Kameraden neben unserer He 111 und warteten auf das Einladen, das wir ablehnen mußten, weil wir einfach schon bis über das Maß des Vertretbaren vollgepackt waren.

Es war ein niederschmetternder Anblick, der einem bis ins Mark ging. Wir kletterten in die He 111 und verließen diese Stelle des nahenden Todes.

Am frühen Morgen des 16. Dezember flogen wir erneut einen Versorgungseinsatz. In 500 Meter Höhe stellte sich bereits Vereisung ein. Denz mußte alle seine fliegerische Erfahrung aufbringen, um die Maschine auf Kurs und Höhe zu halten. Ganz in unserer Nähe stürzten zwei Ju 52 infolge der Vereisung ab.

Als wir Pitomnik erreichten, war dort wieder alles dicht. Wir mußten die Verpflegungsbomben mit Fallschirmen abwerfen. Danach traten wir, von den Salven der sowjetischen Flak verfolgt, den Rückflug an.

In fieberhafter Eile – Wetterbesserung war angesagt worden – wurde erneut beladen, und wir starteten zum zweiten Flug. Feindliche Flak schoß aus allen Rohren. Auch sie hatte ja nun bessere Sicht als vorher. Wir erreichten Pitomnik, stießen durch den Feuervorhang auf den Platz hinunter und landeten sicher.

*Oberfeldwebel Engelbert Heiner
von der 9. Staffel
erhielt am 9. Dezember 1942
das Ritterkreuz.*

Es wurde ausgeladen. Wir hatten unsere Taschen voller Lebensmittel
und Süßwaren, die wir sofort verteilten. Dann sahen wir, wie die Sankas von
den Zelten und Bunkern starteten und zu uns herüberrollten. Die Schwerverwundeten wurden ausgeladen, die wir dicht bei dicht in die Maschine
pferchten.

Diesmal nahmen wir zwei Männer mehr mit, als wir durften. Das war
mein Geburtstagsgeschenk, das ich mir selber machte. Denz, der uns kutschieren mußte, murrte. Nicht ohne Grund, wie der beinahe schieflaufende
Start zeigte. Wir durften beim nächstenmal nur einen Mann mehr, als die
Höchstbelastung anzeigte, mitnehmen.

Nach der Landung feierten wir meinen Geburtstag. Es wurde kein rau-
schendes Fest, aber es gab zu essen und zu trinken, und wir waren in Sicherheit, wenigstens für die nächsten Stunden, bevor es wieder hieß: ‚Bremsklötze weg!' Die Kameraden der Staffel kamen herein und beglückwünsch-
ten mich.

In den nächsten Tagen folgten weitere Kampfeinsätze, um den Gegner
zum Stehen zu bringen, weil sonst die gesamte Südfront aufgerollt worden
wäre. Die Einsatzräume wurden bekanntgegeben. Es waren wieder Bogutschar und Kantemirowka.

Auch diesmal flogen wir in einem größeren Verband und konnten uns leicht der sowjetischen Jäger erwehren, von denen einige den Angriff mit ihrem Abschuß bezahlten. Wir stoppten den Gegner, und das waren jene entscheidenden Halte, die es dem OB der Heeresgruppe Don ermöglichten, die Front zu halten und zum Durchbruch nach Stalingrad anzutreten."

Flugplatz Tazinskaja: der Hölle von Stalingrad entronnen

Der Angriff zum Entsatz der 6. Armee hatte am 12. Dezember 1942 begonnen. Er trug die Bezeichnung „Wintergewitter". Bis zum 15. Dezember wurde Werchne Kumski erreicht. Dort aber blieb das Gros der Entsatzarmee liegen, während die Kampfgruppe von Hünersdorf bereits Wassiljewka erreicht hatte. Von dort aus bis zum Rande des Kessels waren es nur noch 48 Kilometer.

Hier aber kam die Gesamtoperation zum Stehen. Alle hofften, daß es bald weitergehen würde. Die Luftwaffenverbände flogen Angriff auf Angriff gegen jene Gegner, die sich möglicherweise den Entsatzverbänden entgegenstellen konnten. Am 19. Dezember richtete GFM von Manstein die dringende Bitte an das OKH, nunmehr die Operation Donnerschlag – den Ausfall der 6. Armee – freizugeben.

Hitler aber hob seinen Befehl, der die 6. Armee an Stalingrad band, *nicht* auf. Er befahl, daß ein Korridor zur 6. Armee freigeschlagen und offengehalten werden sollte, durch den sie versorgt werden konnte.

Der Kampf tobte hin und her. Die zum weiteren Nachstoßen eingesetzte 23. PD mußte sich anderer Gegner erwehren, und am Abend des 22. Dezember kündigte GFM von Manstein „entscheidende Maßnahmen" an. Hunderte sowjetischer Panzer rollten zu dieser Zeit auf den deutschen Absprunghorst Morosowskaja zu. Die linke Flanke der Armee-Abt. Hollidt lag völlig offen.

Die 6. PD, die sich gerade anschickte, zum entscheidenden Sprung nach vorn an den Kesselrand anzutreten, wurde herausgezogen und zur Verteidigung von Morosowskaja umgruppiert.

Damit war die Operation „Wintergewitter" endgültig beendet. Der Rückzug der übrigen Verbände nach Kotelnikowo wurde angetreten. Die 6. Armee blieb in Stalingrad: – für *immer!*

„Am 20. Dezember 1942 erfuhren wir über das Geschwader, daß die Sowjets sich mit der Absicht trugen, Millerowo durch einen Fallschirm- und Luftlandeeinsatz in ihre Hand zu bringen und uns auf diese Weise einen der wichtigsten Flugplätze zur Versorgung von Stalingrad wegzunehmen. Gleichzeitig wollten sie auch die beiden Plätze Tazinskaja und Morosowskaja in ihren Besitz bringen.

Millerowo war uns in den Monaten unseres dortigen Aufenthaltes so etwas wie eine Heimat geworden. Oftmals waren wir nur mit knapper Not dorthin zurückgekommen; das verband alle mit diesem Platz.

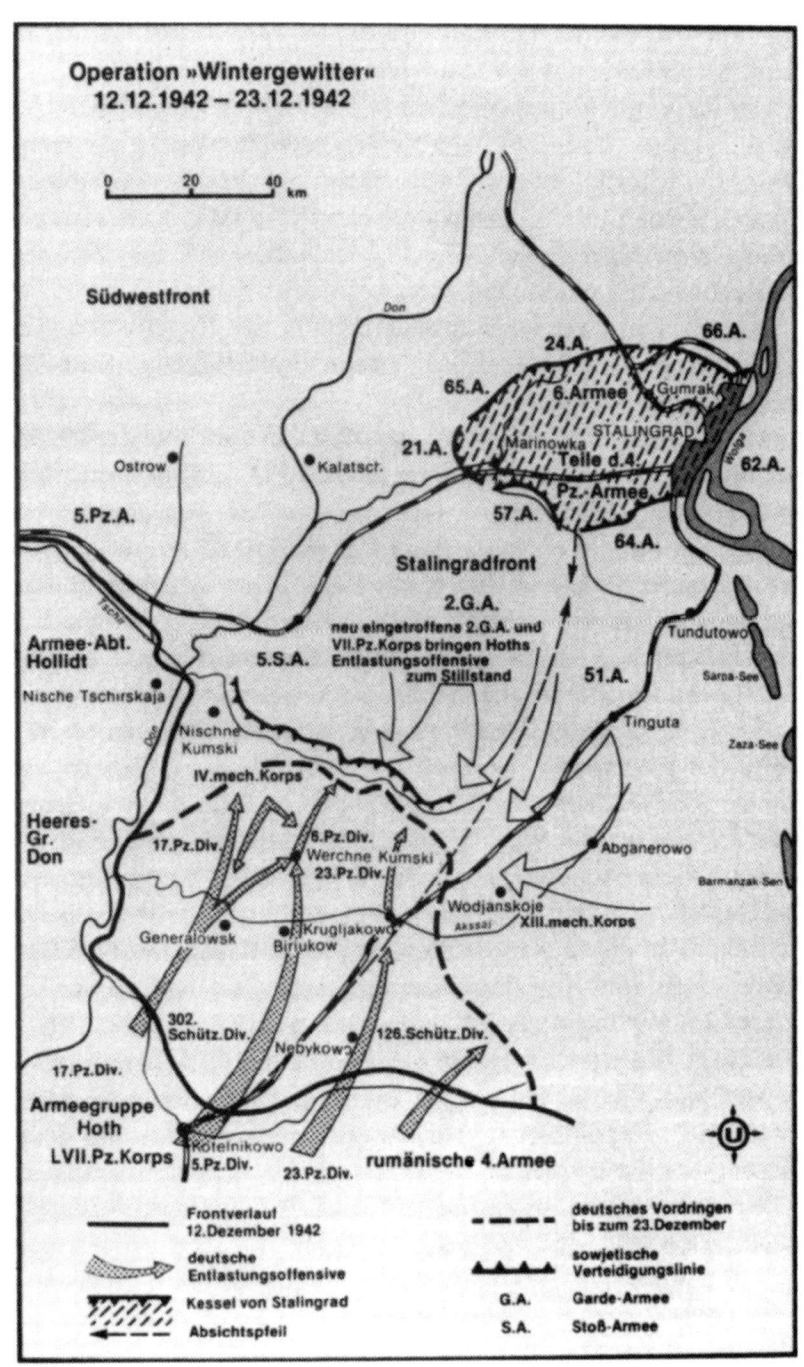

Operation »Wintergewitter«
12.12.1942 – 23.12.1942

0   20   40 km

Südwestfront

Don

24.A.   66.A.

65.A.   6.Armee   Gumrak

21.A.   Marinowka STALINGRAD

Ostrow   Kalatsch.   Teile d.4.   62.A.

5.Pz.A.   57.A.   Pz. Armee

64.A.

Stalingradfront

2.G.A.

Armee-Abt.   neu eingetroffene 2.G.A. und   Tundutowo
Hollidt   5.S.A. VII.Pz.Korps bringen Hoths
                     Entlastungsoffensive   51.A.   Sarpa-See
Nische Tschirskaja   zum Stillstand

Tinguta   Zaza-See

Nischne
Kumski

IV.mech.Korps

Heeres-   Abganerowo   Barmanzak-See
Gr.   17.Pz.Div.   5.Pz.Div.
Don   Werchne Kumski
                         23.Pz.Div.
                                    Wodjanskoje
Generalowsk   Krugljakowo XIII.mech.Korps
              Birjukow   Akssaj

302.   126.Schütz.Div.
Schütz.Div.   Nebykowo

17.Pz.Div.

Armeegruppe
Hoth   Kotelnikowo
LVII.Pz.Korps 5.Pz.Div.   23.Pz.Div.   rumänische 4.Armee

——— Frontverlauf 12.Dezember 1942	- - - deutsches Vordringen bis zum 23.Dezember
deutsche Entlastungsoffensive	sowjetische Verteidigungslinie
Kessel von Stalingrad	G.A. Garde-Armee
⟵ Absichtspfeil	S.A. Stoß-Armee

In der Eiswüste bei Stalingrad: Funktrupp unterwegs

Panzergrenadiere erwarten einen Feind-Stoßtrupp.

Wie die Gewalt der Schlacht sie hingemäht hat ...

Gefallener russischer Gardesoldat neben seinem MG DP 1928

Wir verlegten etwa 150 Kilometer weiter zurück nach Starobelsk. Einige Tage darauf – die Russen hatten Millerowo tatsächlich mit starken Panzerverbänden erreicht und in Besitz genommen und flogen nun ihrerseits von dort Einsätze gegen die übrigen deutschen Horste – erhielt die 5. Staffel den Befehl, den Flugplatz von Millerowo anzugreifen und zu vernichten. Damit sollte die große Gefahr abgewendet werden, daß die Sowjets von dort aus mit starken Jägerkräften die nach wie vor geflogene Versorgung für Stalingrad unterbrachen.

Bereits bei der Flugbesprechung wurde uns schwer ums Herz. Dies ging allen Kameraden so, mit denen ich sprach. Wir sollten unsere zweite Heimat, in der wir über Monate gelebt hatten, vernichten?

Natürlich dachten wir auch an die Menschen dort, denn obgleich die Hütten für uns *kein* Ziel waren, konnte es nicht ausbleiben, daß die eine oder andere Bombe dort niederging. Auf dem Flugplatz würden sich alle jene Menschen zur Arbeit befinden, die wir ebenfalls kannten und die oftmals geholfen hatten, den Platz wieder startklar zu machen.

Aber Befehl war Befehl. Wir starteten zum Angriff gegen Millerowo. Un-

Der von dem Kriegszeichner Ernst Eigener entworfene Stalingradschild. Der Schild war zur Verleihung vorgesehen.
Wegen des Untergangs der 6. Armee in der Stadt an der Wolga wurde das Vorhaben hinfällig.

Pitomnik: Landung einer Ju 52

sere Bomben lagen genau im Ziel. Von den Häusern dort haben wir keines getroffen.

Von Starobelsk aus flogen wir weitere Angriffe gegen die sowjetischen Kräftemassierungen, die die gesamte Heeresgruppe Don einzusacken drohten.

Am Heiligen Abend ging es von Starobelsk aus weiter nach Urasow. Wegen dieser Verlegung wurden in unsere He 111 jeweils 6–7 Soldaten gepfercht. Eine Maschine unserer Gruppe, die von einer jungen Besatzung geflogen wurde, war mit sieben Mann belegt. Sie setzte nach uns in Urasow zur Landung an, als wir soeben ausgerollt und zum Platzrand eingewiesen worden waren.

Wir sahen sie durch den dichten Schneeschleier herunterkommen. Sie setzte dicht neben der Landepiste auf, rollte in eine tiefe Schneeverwehung hinein und überschlug sich. Ein greller Flammendom stieg über den aufstiebenden Schneewolken empor. Wir konnten nichts tun, nur untätig zusehen, wie alle sieben Kameraden, darunter unser Kriegsberichter, den wir wegen seines Mutes und seiner selbstverständlichen Einsatzbereitschaft schätzengelernt hatten, den Tod fanden.

Generaloberst Friedrich Paulus,
der Oberbefehlshaber der 6. Armee
in Stalingrad

450 Kilometer von Stalingrad
entfernt liegt Taganrog.
Die letzte Chance, den Kessel noch
zu versorgen.

Es war ein niederschmetternder Anblick. Wir waren mit der gesamten Staffel in einem großen Gemeinschaftsraum untergebracht. Dennoch kam kein Gespräch auf. Jeder hing seinen Gedanken nach, die um diesen Unfall und die in Stalingrad langsam verhungernden Kameraden kreisten.

Die Leichen unserer sieben verunglückten Kameraden wurden uns vom Bergungstrupp vor die Tür gelegt. Welch ein erster Weihnachtstag 1942!

An diesem 25. Dezember flogen wir zwei Einsätze für eine südlich und südwestlich von Kantemirowka eingeschlossene Truppe. Diese erhielt Weisung, sich nach dem Abwurf neuer Munition und Verpflegung durch den Umklammerungsring nach Westen durchzuschlagen. Es gelang uns trotz des heftigen Flakfeuers, unsere Verpflegungs- und Versorgungsbomben direkt vor die Füße unserer Kameraden zu werfen, so daß keine zeitraubende Suche notwendig wurde. Damit hatten wir ihnen die Voraussetzung für einen erfolgreichen Durchbruch gegeben. Sie schafften es in der kommenden Nacht.

Bis zum 28. Dezember 1942 flogen wir insgesamt sieben weitere Kampfeinsätze. Stets wurden wir von sowjetischen Jägern angegriffen. Es gelang jedesmal, sie abzuschütteln oder durch zusammengefaßtes Feuer der Staffel abzudrängen. Wir sahen die Einschläge unserer Bomben in die Feindfahrzeuge, die wir zum Stehen brachten. Es war das ewig gleiche Bild des Grauens und der Verwüstung, das uns ansprang, nur gemildert durch die Tatsache, daß wir es aus der Distanz von oben sahen, während der Gegner versuchte, uns abzuschießen. Truppen der Roten Armee blieben hier standfest und hielten jeden Meter errungenen Geländes fest. Sie bekamen fast ununterbrochen neuen Nachschub an Truppen und Waffen, während die Divisionen der 6. Armee von Tag zu Tag schwächer wurden.

Zu zwei dieser genannten Einsätze starteten wir wieder von Urasow aus. Damit hatten wir in diesem Kampfraum über 100 Einsätze geflogen, mehr als an jedem anderen Ort in der UdSSR. Hier ging es gegen einen Feind, der bis zum letzten zum Aushalten entschlossen war. Wir aber mußten versuchen, den Kameraden im Kessel zu helfen *und* zugleich dem überwältigenden Feinddruck Paroli zu bieten. Aber zu beiden Aufgaben gleichzeitig waren wir nicht in der Lage."

Kriegsschule Fürstenfeldbruck

„In den letzten Dezembertagen erhielt ich die Mitteilung, daß ich am 1. Januar 1943 zur Kriegsschule nach Fürstenfeldbruck abkommandiert werden würde. Zwar wußte ich bereits seit längerer Zeit, daß ich einen Offizierslehrgang mitmachen sollte, aber gerade während dieser äußerst kritischen Lage war er mir nicht willkommen. Es sah fast so wie Fahnenflucht aus, wenn ich die Kameraden in ihrem schwersten Einsatz allein ließ.

Aber ich ging dennoch fort, denn wenn ein Zwölfender zum Offizier befördert werden sollte, dann hieß das schon etwas, und es erfüllte mich mit Stolz, daß ich einer derjenigen sein sollte und daß meine Vorgesetzten mich für würdig hielten, vielleicht später einmal selber eine Staffel zu führen.

Als Ersatzmann für mich kam der mit dem Deutschen Kreuz in Gold ausgezeichnete und in Braunau am Inn geborene Feldwebel Hans Wolfersberger zur Besatzung Denz.

Der Dienst auf der Kriegsschule fiel mir aus dem Grunde so schwer, weil ich meine Gedanken nicht von Stalingrad losreißen konnte. Über Tausende Kilometer von der Heimat entfernt flogen meine Kameraden ihre Einsätze, die über Sein oder Nichtsein einer ganzen Armee entschieden, und ich war nicht mehr dabei.

Im Kessel von Stalingrad bahnte sich ein Drama an, das erfuhren wir durch die spärlich zu uns durchsickernden Nachrichten und die Äußerungen jener Männer, die aus diesem Kampfraum durch Verwundung oder Versetzung in die Heimat kamen. Zigtausende Verwundete warteten im Kessel darauf, ausgeflogen zu werden. Wir hatten bereits die ersten Verzweiflungsausbrüche erfahren. Nun aber schien es noch schlimmer zu werden. Einzelne Besatzungen mußten von der Schußwaffe Gebrauch machen, um überhaupt jene Menschen loszuwerden, die sich derart an ihre Maschinen klammerten, daß sie nicht mehr starten konnten.

Flugzeuge zerschellten am Boden, wenn sie zuviel Männer transportieren wollten und nicht rechtzeitig genug vom Platz abkamen.

Die Stalingrad nahe gelegenen Flugplätze Tazinskaja und Morosowskaja waren in die Hand des Gegners gefallen. Nun flogen die Verbände von weiter zurückgelegenen Plätzen, was einen Mehrfachstart am Tage verhinderte und damit noch weniger Material nach Stalingrad brachte.

Auf der Kriegsschule waren alle von diesem Schicksal der Stalingradkämpfer zutiefst erschüttert. Da ich der einzige Lehrgangsteilnehmer war, der in Stalingrad gewesen war und dort über 100 Einsätze aller Art geflogen hatte, mußte ich einen Vortrag halten und meine und meines Geschwaders Einsätze schildern. Die gesamte Besatzung der Kriegsschule bis zum Kommandeur war versammelt und hörte gebannt zu. Es war so still im Saal, daß sich ein Räuspern im fernsten Winkel fast wie Donnergrollen anhörte.

Alle dachten nach dem Ende meiner Ausführungen das gleiche; das konnte ich ihren Gesichtern ansehen.

Auch ich mußte mich immer wieder fragen: ,War der ,Führer' im Bilde? War er richtig über den Zustand dieser eingeschlossenen Truppe informiert? Hatte er nicht auch diesmal wieder die Kraft der Roten Armee unterschätzt?"

Am 23. Dezember bereits hatte GenLt. Fiebig in sein KTB geschrieben: „Ich sehe, wir rennen in ein Unglück. – Aber Befehl ist Befehl! Man verkennt höheren Ortes die Lage gegenüber jener des Vorjahres. Gegen Infanterie, Artillerie und Kavallerie konnte man sich einigeln, nicht aber gegen Panzer, die bei Nebel alles überrollten. Aber *wer* kann überhaupt diese unglaubliche Lage beurteilen, der sie nicht persönlich erlebt und durchlitten hat?"

Und am 26. Dezember, dem zweiten Weihnachtstag, notierte der Kommandierende General des VIII. Fliegerkorps:

„Was für Gedanken mag der ,Führer' haben? Es geht doch um 250 000 Menschen. Wir können sie doch nicht so ohne weiteres opfern. Zuerst aus menschlichen Gründen und *dann* auch, weil wir sie nie wieder ersetzen können. Was wird der Russe mit diesen 250 000 machen, wenn sie vor ihm kapitulieren, was bereits jetzt schon unausweichlich scheint! Er kann sie doch nur in den Tod treiben. Verpflegung wird er für sie nicht haben. Es wird ein großes Sterben werden. Jeder nimmt die letzte Kugel für sich.

Alles dies muß doch einen Sinn haben, sonst könnte man ja allen Glauben verlieren." (Siehe KTB des VIII. Fliegerkorps Teil IV – Stalingrad)

„Ab und zu sickerten auch Details aus Stalingrad durch. So der Opfergang der Großraumflugzeuge FW 200 und Ju 290. Eine Ju 290 war es, die beim Rückflug von Stalingrad 80 Verwundete eingeladen hatte und von dem neuen Horst Gumrak mit seiner schlechten Piste zwar loskam, sich dann aber nach rückwärts überschlug, abstürzte und am Platzrand zerschellte. Von den Insassen kam nur ein verwundeter Unteroffizier mit Namen Alfred Lutz mit dem Leben davon. Er berichtete, daß bei dem rasanten Start, der notwendig war, alle Insassen nach rückwärts gerutscht seien, und als alle im Schwanz der Maschine angekommen waren, hatte sich diese steil

*Adolf Hitler
im Münchener Bürgerbräukeller:
„Stalingrad, da sind nur noch
ein paar Plätze feindbesetzt."*

aufgerichtet, und in der Emporbewegung war sie nach rückwärts über-
gekippt und abgestürzt."

So und ähnlich waren die Horror-Nachrichten, die aus jener Hölle hin-
ausgelangten.

Am 19. Januar 1943 hatte Geschwaderkommodore, Oberstleutnant Frhr.
von Beust, dem Führer des Sonderstabes Milch, dem eigens aus Berlin in
den Raum Stalingrad gekommenen Feldmarschall Milch, seinen Vortrag
über die Lage und die zu ergreifenden Maßnahmen gehalten. Es sei noch
immer nicht genügend Flugbedienungsgerät vorhanden, sagte er. Es gab
zwar einen Wärmewagen und einen oder zwei Tankwagen, von denen jeweils einer, einmal auch alle beiden, unklar waren. Die Reparaturen konnten nicht in einer Halle durchgeführt werden, weil die auf dem Platz in
Woroschilowgrad sitzenden Italiener keine einzige Halle herausgaben.

Und noch eines, das damals allen bereits große Sorgen gemacht hatte,
was aber auf dem Flugplatz von Woroschilowgrad zu einer Katastrophe zu
werden drohte, prangerte Oberstleutnant von Beust an:

„Die Flugzeuge sind wegen der schlechten Rollverhältnisse sehr eng aufgestellt und daher äußerst luftempfindlich. Es ist nur italienischer Flak-
schutz vorhanden, und die z. b. V.-Gruppe, die aus He 111 besteht, ist nicht
groß genug, um die ihr übertragenen Aufgaben zu erfüllen."

Auf Gumrak mußte auf dem Rollfeld entladen werden, wo nur drei Maschinen gleichzeitig Platz hatten. Wer vom Platz herunterrollte, steuerte unweigerlich in einen der dicht bei dicht dort aufgerissenen Bombentrichter.

Dann meldete von Beust noch, daß ein Kurier der 6. Armee ihm gemeldet habe, daß die Lage auf Gumrak nicht richtig wiedergegeben werde. „Die 6. Armee", sagte er, „ist über die Lage in Gumrak, was dessen Bodenorganisation und andere wichtige Voraussetzungen zur Durchführung der Versorgungsflüge anlangt, *nicht* informiert, da der Armeegefechtsstand zu weit entfernt liegt und die Lagebeurteilung aus Gumrak nur nach Meldungen von zum Teil Nichtfachleuten erfolgt."

GFM Milch erklärte, daß dies mit dem heutigen Tage anders sei, weil mit Major Thiel, Kommandeur der III. Gruppe des KG 27, ein Fachmann nach Stalingrad geschickt worden sei, der eine richtige Lagebeurteilung mitbringen würde.

Von Beust wie auch Oberst Kühl erhielten die Zusage des Feldmarschalls, daß vollzählige neue Besatzungen für 50 He 111 und 25 Ju 52 nach Stalingrad unterwegs seien, um die eingetretenen Verluste auszugleichen.

Am 20. Januar 1943 waren auch Major Thiel, Kommandeur der III./KG 27, und Hptm. Meyer, Staffelkapitän der 9./KG 27, mit insgesamt drei He 111 nach Stalingrad geflogen. Nach ihrem Rückflug hatten sie ihre Meldungen über das, was sie dort vorfanden, im Befehlszug der Luftflotte 4 GenOberst von Richthofen und GFM Milch vorgetragen. Major Thiel berichtete in seiner auch schriftlich abgefaßten Meldung folgendes:

„Die Landung in Stalingrad erfolgte am 19. Januar 1943. Es sind sehr viele Feindjäger über der Festung. Diese gehen aber nicht tiefer als auf 1000 m hinunter. Auf die gelandeten Maschinen erfolgt noch im Ausrollen Artilleriefeuer. Unsere Maschine wird getroffen, der Bordmechaniker fällt.

Die Landebahn ist nur am Tage zu benutzen. Hart südlich davon liegen drei Brüche. Am Ende derselben sind es zwei. Bei Bewegungen auf der Piste, auch bei der Landung von Flugzeugen, erfolgt sofortiger Bombenabwurf durch drei U 2-Maschinen, die ständig über dem Platz kreisen. Bei Sichtverschlechterung verschwinden die Russen.

Flugleiter ist Oblt. Kolbenschlag. Seine Befehle werden im allgemeinen schlecht befolgt, da die Soldaten bereits apathisch sind.

Unmittelbar nach meiner Ankunft melde ich mich bei Generaloberst Paulus und berichte ihm, daß Gumrak nicht nachtlandeklar ist. Der Generaloberst sagt dazu:

‚Die Flieger haben den Angaben meines Stabes keinen Glauben geschenkt und damit Verrat am Ganzen geübt!'

Ich weise gegenüber Generaloberst Paulus auf das Fehlen einer guten Bodenorganisation hin. Die um 11.00 Uhr gelandeten Maschinen sind um 16.00 Uhr noch immer nicht entladen." (Diese Meldung deckt sich mit allen Meldungen der in Gumrak landenden Flieger.)

„Da Landung, Entladung und Start (nach Übernahme von Verwundeten) von 25 Flugzeugen in der Stunde wegen der genannten Schwierigkeiten nicht möglich sind, können allein schon aus diesem Grunde die täglich geforderten 200 bis 300 Tonnen *nicht* mehr in die Festung eingeflogen werden.

Generaloberst Paulus ist sehr erregt. Er sagt wörtlich: ‚Sie sprechen hier mit toten Menschen. Wir sind auf Befehl des Führers hier geblieben. Die Luftwaffe hat uns im Stich gelassen und nicht das gehalten, was sie versprochen hat.'

Dennoch können drei Abwurfstellen hinter den Divisionsabschnitten verabredet werden. Dazu erklärt noch einmal der Generaloberst:

‚Es muß unbedingt gelandet werden! Abwurf allein ist der Tod der 6. Armee. Vor allem ist Betriebsstoff notwendig.'

Auf dem Flugplatz liegen viele ungeborgene Fallschirme herum. Die Schneehöhe beträgt 30 Zentimeter. Das Entladen der Flugzeuge ist *nur* auf der Landebahn möglich, da jede Maschine beim Rollen außerhalb derselben unweigerlich in einen der vielen nicht eingeebneten Bombentrichter gerät. Deshalb können höchstens drei bis vier Flugzeuge gleichzeitig auf dem Platz sein. Unsere Flugzeuge wurden nicht enttankt, da der Tankwagen nicht zur Stelle war. Dadurch wurde von uns wieder Benzin zurückgenommen, das der Festung hätte zugute kommen können.

Insgesamt liegen etwa zehn Brüche von dort gelandeten Flugzeugen auf dem Platz. Von meiner Kette von drei Maschinen können nur zwei zurückkehren."

Das war der gekürzte Bericht von Major Thiel, der in Stalingrad die größte Demütigung seines Fliegerlebens hinnehmen mußte. Daß man einen Major und nicht wenigstens einen Generalmajor nach Stalingrad schickte, war falsch. Ein Major hatte gegenüber einem Generaloberst nicht das geringste zu bestellen. Und selbst wenn er eine Koryphäe auf dem Gebiet der Versorgung eingeschlossener Truppen gewesen wäre, hier hätte er keine Chance gehabt. Er besaß einfach nicht die Autorität, auf die vielen unvorstellbaren Schlampereien und Versäumnisse so offen hinzuweisen, wie es

Wärmewagen standen nur in Einzelfällen zur Verfügung.

notwendig gewesen wäre. So war es ihm auch nicht möglich, ihre Abstellung kategorisch zu verlangen.

Der Flugplatz Pitomnik war am 16. Januar geräumt worden. Dies war der Grund dafür, die Piste von Gumrak in Betrieb zu nehmen, die viel kleiner und in keiner Weise ausgebaut war, obgleich die Luftwaffe dies bereits seit Monaten gefordert hatte.

Die in Pitomnik liegenden sechs Flugzeuge des Typs Bf 109 der „Schutzstaffel Stalingrad" mußten im Alarmstart dort weg. Sie flogen den Horst Gumrak an, der angeblich voll eingerichtet war. Die erste dort landende Maschine preschte in eine Schneewehe und überschlug sich. Die zweite raste in einen Bombentrichter, der nicht eingeebnet worden war. Die dritte, vierte und fünfte machten auf diesem unmöglichen Platz ebenfalls Bruchlandungen, und nur Oblt. Lukas gelang es davonzukommen, weil er rechtzeitig abgedreht hatte und außerhalb des Kessels auf einem der noch intakten Plätze gelandet war.

Die Rote Armee hatte Pitomnik besetzt. Dies war der Anfang vom Ende der Versorgungsflüge mit anschließender Landung. Nun wurde überwiegend Verpflegung abgeworfen, weil eine Landung größerer Einheiten unmöglich war.

Am frühen Morgen des 31. Januar 1943 ging ein Funkspruch aus dem FHQ im GefStand von Friedrich Paulus ein. Hitler hatte ihn zum Generalfeldmarschall befördert. Eine Minute später meldete GenMaj. Schmidt: „Herr Feldmarschall, der Russe steht vor der Tür!"

Am Morgen des 2. Februar trafen aus Stalingrad die letzten Funksprüche im FHQ ein. Noch am Morgen des 3. Februar wurden ein letztes Mal 27 He 111 nach Stalingrad beordert. Zehn dieser Flugzeuge erkannten noch Kampftätigkeit in den Trümmern. Danach wurde der Luftwaffeneinsatz für Stalingrad beendet. Er hatte die deutsche Luftwaffe 488(!) Flugzeuge gekostet. Das sind sieben ganze Luftgeschwader. Es blieb GenLt. Fiebig überlassen, den Einstellungsbefehl zu geben. Er ehrte in diesem Befehl auch die 3 000 Angehörigen des VIII. Fliegerkorps, die bei den Versorgungsflügen den Tod gefunden hatten.

In Fürstenfeldbruck hörte Ludwig Havighorst am Abend des 3. Februar 1943 den Wehrmachtsbericht:

„Der Kampf um Stalingrad ist zu Ende. Ihrem Fahneneid bis zum letzten Atemzug getreu, ist die 6. Armee unter der vorbildlichen Führung des Generalfeldmarschalls Paulus der Übermacht des Feindes und der Ungunst der Verhältnisse erlegen.

Hptm. Wilhelm Werlin, Gruppen-kommandeur der II./KG 27 (verungl.), erhielt am 30. Dezember 1942 das Ritterkreuz.

Generale, Offiziere, Unteroffiziere und Soldaten fochten Schulter an Schulter bis zur letzten Patrone. Sie starben, damit Deutschland lebe. Ihr Vorbild wird sich auswirken bis in die fernsten Zeiten, aller bolschewistischen Propaganda zum Trotz."

Havighorst zog sich in seine Stube zurück. Kaleidoskopartig zogen die Bilder an seinem geistigen Auge vorüber: all das Elend in der Festung, alle verzweifelten Bemühungen, den Kameraden zu helfen, die brennenden und abstürzenden Maschinen seiner Kameraden. Alles umsonst?

Stalingrad war zum Symbol für das Sterben einer ganzen Armee geworden. Die deutsche Luftwaffe hatte bis zur völligen Erschöpfung, ja bis zur Selbstaufopferung um die Erhaltung dieser Armee gerungen und – verloren. Sie hatte es nicht geschafft, trotz aller Opfer und Leiden.

Das Fazit Stalingrad bedeutete, daß mit den 488 Flugzeugen, die verlorengingen, letzte Reserven vor allem an fliegendem Personal, insgesamt über 1 000 Mann, für weitere Operationen fehlten. 266 Ju 52, 165 He 111, 42 Ju 86, 9 FW 200, 5 He 177 und 1 Ju 290 blieben in Stalingrad oder wurden in der Eiswüste vermißt, fünf Luftgeschwader der deutschen Luftwaffe hatte Stalingrad gekostet, *ohne* das Blatt wenden zu können. Die Gesamtverluste an Luftwaffensoldaten betrugen 3 000 Mann.

Neben den 20 Divisionen des Heeres gingen die 9. Flak-Division der Luftwaffe, die 1. rum. Kavallerie-Division und die 20. rumänische Infanterie-Division hier in den Tod.

Bis zum 24. Dezember, dem Tage des Falles von Gumrak, wurden aus Stalingrad 25 000 Verwundete und Kranke ausgeflogen. Einige hundert Spezialisten wurden ebenfalls aus der Festung fortgeschafft.

Am 29. Januar 1943 nahm die Rote Armee 16 800 Soldaten der 6. Armee gefangen. Vom 30. Januar bis zum 2. Februar 1943 gingen 91 000 deutsche Soldaten der 6. Armee in die Gefangenschaft. Damit waren von der Roten Armee 108 000 Soldaten gefangengenommen worden. Von ihnen gingen in den Sammellagern Beketowka, Krasnoarmeisk und Frolow im Frühjahr 1943 etwa die Hälfte an Fleckfieber zugrunde. Ein weiterer Teil davon blieb auf dem Wege in diese Sammellager hinein im Schnee liegen und erfror.

Am 7. November 1943 gab Marschall Stalin bekannt, daß im Großraum Stalingrad insgesamt 143 300 deutsche Gefangene gemacht worden seien. Von ihnen kehrten etwa 6000 in die Heimat zurück. Über 137 000 verschwanden spurlos.

Stalingrad wurde zum Synonym für das Sterben einer ganzen Armee. Für die Luftwaffe wurde diese Stadt, deren Namen man nur mit eisigem Grauen im Herzen aussprechen kann, zum Beispiel einer Selbstaufopferung ohnegleichen.

Der Kommandierende General des VIII. Fliegerkorps, Fiebig, ließ ein Fernschreiben an sämtliche Einheiten und Verbände seines Befehlsbereiches senden, aus dem zu ersehen ist, wer bis zuletzt an diesem gewaltigen Einsatz beteiligt war. Dieses Fernschreiben vom 3. Februar 1943 ging an den:

Lufttransportführer Kühl in Stalino (für das KG 55 und sämtliche z. b. V.-Gruppen),

Lufttransportführer Beust in Konstantinowka (für sämtliche z.b.V.-Gruppen),

Lufttransportführer Uhl in Stalino für die z. b. V.-Gruppe 5,

Lufttransportführer Morzik in Mariupol-West,

Lufttransportführer Jäckl in Taganrog-West,

Lufttransportführer Gillers in Saporoshje,

die I./Kampfgeschwader 100 in Saki,

II./Kampfgeschwader 27 in Poltawa,

I./Fernkampf-Geschwader 50 in Saporoshje,

III./Kampfgeschwader 4 in Bagerowo.

Die Madonna von Stalingrad wurde 1942 auf einer Landkarte von Pfarrer Dr. Kurt Reuber gezeichnet.

Nachrichtlich ging das Fernschreiben noch an das Jagdgeschwader 3, Stuka-Geschwader 77, Schlachtgeschwader 1, Zerstörer-Geschwader 1, die Nahaufklärungsgruppe 12, 3./Fernaufklärungsgruppe 10, 2./Fernaufklärungsgruppe 11; an das Luftgaukommando Rostow und an die Fliegerdivision Donez.

Der Text des Fernschreibens lautete: „Kameraden! Die 6. Armee hat ihren heroischen Kampf in Stalingrad ausgekämpft. Der Führer hat heute die Einstellung der Luftversorgung befohlen.

Männer des VIII. Fliegerkorps und der Transportverbände! Ihr habt in den vergangenen Monaten Euer Bestes hergegeben, um den Kampf der Festung zu stützen. Ich danke Euch allen: Den fliegenden Besatzungen, dem technischen Personal, den Flugbetriebs-Kompanien, den Werft- und Werkstattzügen, den Fliegerhorst-Kommandanturen, den Bau-Kompanien, den Nachrichten-Einheiten und nicht zuletzt den Stäben für ihren hingebungsvollen Einsatz.

Ihr habt Eure Pflicht getan, ungeachtet aller Schwierigkeiten. Euch allen gilt meine höchste Anerkennung!

Eingedenk des einmaligen Opfers unserer Kameraden von Stalingrad, insbesondere der 3000 Angehörigen des VIII. Fliegerkorps, die in diesem Ringen gefallen sind, werden wir weiterkämpfen, getreu unserem Fahneneid, bis zum Endsieg!

Ihre Treue sei unsere Treue!

Es lebe der Führer!

Fiebig, Kommandierender General des VIII. Fliegerkorps."

(Alle Daten und Gespräche aus und um Stalingrad sowie der Tagesbefehl des Generals der Flieger Fiebig sind dem Kriegstagebuch des Sonderstabes Generalfeldmarschall Milch vom 15. Januar – 3. Februar 1943 und dem Anlagenband Nr. 4 dazu entnommen.)

EINSÄTZE ÜBER DER UDSSR

Das neue Bombenzielgerät

Nach dem Ende in Stalingrad vergrub sich Ludwig Havighorst, der noch am 5. Dezember 1942 den Anhänger zur Goldenen Frontflugspange erhalten hatte, in seinen Dienst, um die Bilder zu vergessen, die er bei seinen Landungen in Pitomnik gesehen hatte, mit den vielen tausend Verwundeten, die nicht mehr aus dem Kessel hinausgelangen konnten und dem sicheren Tode überantwortet waren.

Am 16. Februar 1943 mußte er ins Geschäftszimmer kommen. Der Ausbildungsleiter und der Kommandeur der Kriegsschule waren anwesend.

Als Havighorst sich gemeldet hatte, erhob sich der General und nahm aus der Hand des Stabsoffiziers, der neben ihn getreten war, ein flaches Kästchen.

„Oberfeldwebel Havighorst, der Führer hat Ihnen in Anbetracht Ihrer vielfachen großartigen Leistungen das Deutsche Kreuz in Gold verliehen. Ich bin glücklich, es Ihnen jetzt überreichen zu dürfen."

Er trat an Havighorst heran, klappte das Kästchen auf, und das „Spiegelei", wie das Deutsche Kreuz genannt wurde, blinkte dem Oberfeldwebel entgegen.

Das war eine besondere Überraschung für Ludwig Havighorst, denn er hatte vorher kein Wort davon erfahren, daß er zu dieser Auszeichnung eingereicht worden war.

„Danke, Herr General!" brachte er etwas lahm heraus, und dieser nestelte die Auszeichnung an die Feldbluse des Fliegers.

Am Abend stieg eine große Verleihungsfeier, und die Stubenkameraden und Freunde versammelten sich in der Kantine um ihren erfolgreichen Kameraden, der so viel vom Einsatz im Osten zu erzählen wußte, ohne sich besonders herauszustellen, zu ehren.

Als am 31. März 1943 der Offizierslehrgang zu Ende ging, hatte Ludwig

Major Paul Claas wurde am 14. März 1943 mit dem Ritterkreuz ausgezeichnet.

Ludwig Havighorst im Sommer 1943 auf Heimaturlaub

Havighorst auch diesen neuen kurzen Abschnitt in seinem Leben hinter sich gebracht und erfuhr von dem Ausbildungsleiter, daß er als einer der Besten abgeschnitten hatte.

Nunmehr ging er zurück zur Staffel, die in der Zwischenzeit zur Auffrischung und Ausbildung nach Deutschland verlegt worden war und in Wunstorf Unterkunft bezogen hatte. Hier erfolgte die Ausbildung an dem neuen, hochmodernen Bombenabwurfgerät LOTFE 7 D, das vollelektronisch arbeitete und ein Wunderwerk der Technik war.

Zunächst ging alles in der Theorie und am Boden vor sich. Havighorst als altbeschossener Hase konnte sich natürlich alles gleich in der Flugsituation vorstellen, wenn auch dieses neue Gerät das alte LOTFE weit in den Schatten stellte.

Danach hieß es aus 5 000 Meter Höhe Zementbomben zu werfen. 5 000 Meter sei die günstigste Abwurfhöhe für dieses Zielgerät, wurde ihnen vermittelt, und nun sollten sie es in der Praxis selber ausprobieren, ob sie damit ins Ziel oder wenigstens dicht beim Ziel treffen konnten.

Daß Ludwig Havighorst wieder mit seiner alten Besatzung zusammentraf, als er aus Fürstenfeldbruck nach Wunstorf bei Hannover gekommen war, hatte ihm die größte Freude bereitet. Seine Kameraden, an die er oft gedacht hatte, waren aus den letzten Einsätzen um Stalingrad heil herausgekommen. Sie berichteten ihm vom Ende des Dramas, das noch eine Reihe Kameraden der II. Gruppe des KG 27 das Leben gekostet hatte.

Flugzeugführer Ludwig Denz war inzwischen auch mit dem EK I ausgezeichnet worden. Bordfunker Wagner, Bordmechaniker Waschewski und Fliegerschütze Blaß trugen ebenfalls diese Auszeichnung, die sie in bitteren und schweren Einsätzen verdient hatten.

„Meine Besatzung", berichtete Havighorst aus dieser Zeit, „hatte noch immer die meisten Einsätze der Staffel. Deshalb waren wir als erste an der Reihe, die Übungsbomben zu werfen. Etwas nervös waren wir schon, denn die jungen Besatzungen erwarteten von uns natürlich Höchstleistungen.

Wir starteten und kletterten auf 5 000 Meter Höhe. Natürlich hatten wir die Sauerstoffmasken angelegt. Jede Besatzung durfte vier Anflüge durchführen und dabei jeweils acht Bomben werfen. Daß es bei uns klappte, verstand sich, das wäre ja auch gelacht gewesen, wenn wir hier – ohne jede Beeinträchtigung durch Feindflieger und Flak – unsere Bomben nicht ins Ziel gebracht hätten. Alle Bomben trafen hundertprozentig.

Keiner einzigen anderen Besatzung gelang dieses Bravourstück. Natürlich hing dies nicht allein vom Bombenschützen, also von mir als Beobachter ab, sondern es kam vor allem darauf an, daß der Flugzeugführer ruhig und sauber anflog, ohne Sinken und Steigen der Maschine, und ohne daß eine Fläche hing.

Wochenlang flog ich anschließend als Bombenwurf-Experte und Lehrer bei den jungen Besatzungen mit, um ihnen die Anfangsgründe dieser Fertigkeit zu übermitteln und ihre Fehler auszumerzen."

Am 30. Mai 1943 war die Auffrischung der 5./KG 27 beendet. Die Staffel verlegte nach dem Osten. Es ging zunächst nach Lemberg, und von dort wurde der Transport nach Melitopol weitergeleitet.

Die allgemeine Lage an der Ostfront im Sommer 1943

Während der Abwesenheit der 5./KG 27 war die Front in Rußland bedenklich weit nach Westen gerückt. Auch Kursk war verloren, und der Gegner hatte eine tiefe Einbuchtung in die deutsche Ostfront gedrückt, den Kursker Bogen, von dem gemunkelt wurde, daß er das Ziel der deutschen Sommeroffensive sein werde, die eigentlich schon längst stattgefunden haben sollte.

Die Deutsche Wehrmacht sah sich im Frühjahr 1943 im Osten in einer langgezogenen Frontlinie, immer noch tief in Rußland, in heftige Abwehrkämpfe verstrickt. Die Front zog sich von Leningrad im Norden über Smolensk, Rylsk, Charkow nach Taganrog im Süden hinunter und führte von dort aus zum Ufer des Asowschen Meeres. Diese Linie galt es zu halten.

Bis April 1943 hatten sich die Flugzeuglieferungen für die Rote Armee aus den USA über die nördlichen Konvoirouten auf insgesamt 3 726 Flugzeuge belaufen. (Siehe Office of Statistical Control USAAF, Army Air Forces, Statistical Digest World War II)

Nach dieser Unterlage, das sei der Vollständigkeit halber angemerkt, wurden der Roten Armee zwischen 1941 und 1945 281 606 Fahrzeuge, 920 Kampffahrzeuge und 7 172 Panzer geliefert, wie in der World War II Statistic Land-Lease, herausgegeben vom Office of the Chief of Military History, zu erfahren ist. Hitler, welcher der Überzeugung war, daß die Sowjetunion nach einem Verlust von 14 Millionen Soldaten durch Tod, Verwundung und Gefangenschaft bald zusammenbrechen mußte, sah sich getäuscht. Die Lage des roten Kolosses wandelte sich seit 1943 langsam, aber sicher zugunsten der Sowjets.

Die deutschen Verteidigungssiege des Winters 1942/43 zwischen Donez und Dnjepr sowie bei Charkow hatten die Stabilisierung der Front von Taganrog entlang dem Mius und Donez bis nach Bjelgorod gebracht. Der Gegner aber hielt den großen Frontbogen von Bjelgorod über Sumy und Rylsk bis in das Gebiet südostwärts von Orel, den Kursker Raum. Dieses Gebiet gab der Roten Armee die Möglichkeit zu einem Angriff gegen die nördliche Flanke der HGr. Süd und ebenso gegen die südliche Flanke der HGr. Mitte. Dieser Frontbogen sollte nach dem Willen Hitlers ausgeräumt werden, und zwar durch einen Doppelangriff von Norden und Süden hinter diesem Frontbogen her. Gelang der Angriff, mußte er zur Einkesselung und Vernichtung aller im Kursker Bogen stehenden Feindkräfte führen. Diese Einbuchtung war etwa 190 Kilometer breit und 150 Kilometer tief.

Die beiden Angriffsverbände wurden von Generalfeldmarschall von

*Hptm. Joachim Petzold,
Kommandeur der I./KG 27,
erkämpfte die hohe Auszeichnung
mit dem Ritterkreuz am
18. Mai 1943.*

Manstein im Süden und von Generalfeldmarschall von Kluge im Norden geführt. Dazu Hitler:

„Dieser Angriff ist deswegen von entscheidender Bedeutung, weil er der erste der Angriffspläne dieses Jahres ist. Er muß erfolgreich, schnell und vollständig geführt werden und uns für dieses Frühjahr und diesen Sommer die Initiative zurückgeben.

Jeder Kommandeur und jeder Mann muß von der Bedeutung dieses Angriffs erfüllt sein. Der Sieg von Kursk muß ein Fanal für die ganze Welt werden."

Nach einer Reihe von Verschiebungen des Angriffstermins dieser voll verratenen Offensive, die weder für die Luftwaffe noch für das Heer etwas brachten, dem Gegner aber die Chance boten, seine eigene Offensive in diesem Raum vorzubereiten, ließ Hitler alle Befehlshaber und Kommandierenden Generale am 1. Juli 1943 in die Wolfsschanze befehlen.

Hier in Rastenburg legte der „Führer" den Beginn der Offensive endgültig auf den 5. Juli fest.

Die Luftwaffenkräfte für „Zitadelle"

Für diese Großoffensive befahl Reichsmarschall Göring, daß die Luftflotte 4 die unter dem VIII. Fliegerkorps vereinigten Angriffsgeschwader zu unterstützen habe und im Südabschnitt einzusetzen sei. Die Luftflotte 6 schloß ihre Angriffskräfte im I. Fliegerkorps zusammen. Dieses wiederum sollte im Nordabschnitt bei der 9. Armee zum Einsatz gelangen. Weitere fliegende Verbände wurden dem Nordabschnitt dieses Unternehmens durch die Luftflotte 1 der HGr. Nord zugeführt.

In ihrem Gefechtsstand in Dnjepropetrowsk bereitete sich das VIII. Fliegerkorps unter Generalmajor Seidemann, der sich im Hauptquartier in Mikonajewka, 28 km südlich Bjelgorod, befand, auf seine Aufgabe vor. Nach dem Abgang von Generalfeldmarschall von Richthofen als neuer OB der Luftflotte 2 nach Italien am 12. Juni 1943 war die Luftflotte 4 von General der Flieger Deßloch übernommen worden.

Die Verbände des VIII. Fliegerkorps und ihre Dislokationen hießen:

Aufklärungsverbände:

2. (F)/Fernaufklärungsgruppe 11	– in Charkow-Ost
6. Staffel mit 2 Bf 109, 5 Fw 189	
und drei Nachtjagdstaffeln	– südwestlich Mikojanowskaja

Jagdflieger:

Jagdgeschwader 3	
(3 Gruppen Me 109)	– Charkow-Ost
Jagdgeschwader 53	
(3 Gruppen Me 109)	– südwestl. Mikojanowskaja
IV./Schlachtgeschwader 9	
(mit vier Staffeln Hs 129)	– nahe Mikojanowskaja.

Jagdbomber:

Schlachtgeschwader 1	
(mit 1 Gruppe Fw 190 und	
1 Gruppe Hs 129)	– auf zwei Flugfeldern südlich Bjelgorod
Stukageschwader 2 (mit 3⅓	
Gruppen Ju 87)	– Charkow-Ost

Stukageschwader 77 (mit drei Gruppen Ju 87	– Flugfelder von Tolokonoje und Babarowka, südlich Bjelgorod

Kampfflugzeuge:

Kampfgeschwader 3 (mit zwei Gruppen Ju 87)	– Poltawa
Kampfgeschwader 27 (mit drei Gruppen He 111)	– Dnjepropetrowsk und Saporoshje
Kampfgeschwader 55 (mit drei Gruppen He 111)	– Charkow-Ost

Andere Luftwaffenverbände:

Gruppe Störflugzeuge verschiedener Typen	– Charkow-Nord
Mehrere Verbindungsstaffeln	– Charkow-Nord
2 Luftnachrichten-Regimenter	– Charkow-Nord

Das VIII. Fliegerkorps hatte gleichzeitig die taktische Kontrolle über die ungarische Flieger-Division übernommen, die in Charkow-Südost lag und sich aus folgenden Einheiten mit deutschen Flugzeugen zusammensetzte:

1 Aufklärungsstaffel (F) mit Ju 88
1 Nahaufklärungsstaffel mit Fw 189
1 Jägergruppe mit Me 109 (Bf 109)
1 Stukagruppe mit Ju 87 und
1 Kampffliegerstaffel mit Ju 88.

Insgesamt verfügte das VIII. Fliegerkorps Ende Juni 1943 über 1100 einsatzbereite Flugzeuge.

Die Luftflotte 6 unter Generaloberst Ritter von Greim, die im Nordabschnitt des Angriffs eingesetzt werden sollte, stützte sich bei der Luftunterstützung auf das I. Fliegerkorps unter Generalmajor Deichmann, dessen Gefechtsstand nahe dem Flugplatz von Orel eingerichtet wurde. Deichmann war direkt für die Kampfführung dieses Großverbandes verantwortlich, der Ende Juni 1943 über 730 Flugzeuge verfügte, von denen jeweils eine Aufklärungsgruppe der 9. und der 2. Panzerarmee zur Verfügung gestellt werden mußten. Daneben verfügte das I. Fliegerkorps über folgende Verbände:

Jagdgeschwader 51 (3⅓ Jägergruppen mit Fw 190)
Jagdgeschwader 54 (3 Gruppen Fw 190)
2 bis 3 Schlachtflieger-Staffeln verschiedener Verbände
Stukageschwader 1 (3 Gruppen Ju 87)
I./Kampfgeschwader 1 (1½ Gruppen Me 110).

Bomberverbände:
Kampfgeschwader 1 (3. Gruppe mit Ju 88)
Kampfgeschwader 4 (2 Gruppen mit He 111)
Kampfgeschwader 51 (2 Gruppen mit Ju 88)
Kampfgeschwader 53 (2 Gruppen mit He 111).

Hinzu kamen eine bis zwei Staffeln Nahkampfflieger, eine Staffel Verbindungsflugzeuge und zwei Luftwaffen-Nachrichten-Regimenter.

Eine solche Massierung von insgesamt 1 830 Flugzeugen auf verhältnismäßig kleinem Raum erforderte außerordentliche Vorbereitungen. Der Aufbau der Nachschubwege und der Sammelstellen für den Nachschub wurde vom Luftgaukommando Kiew für das VIII. FlK. und vom Luftgaukommando Minsk für das I. FlK. geführt.

Das VIII. Fliegerkorps verfügte für zehn Einsätze über Munition und für 15 Einsätze über Bomben. Als echter Engpaß zeichnete sich das Treibstoff-Problem ab. Es war äußerst schwierig, für eine Offensive von diesem Ausmaß genügend Flugbenzin herbeizuschaffen.

Die Luftflotte 6 verfügte im Juni über 5 722 Tonnen B-4-Luftwaffen-Flugbenzin, der Bedarf aber war 8 634 Tonnen. Das für die Fw 190-Verbände benötigte Flugbenzin C-3 konnte nur in einer Menge von 441 Tonnen geliefert werden, und das bei einem angegebenen Bedarf von 1 079 Tonnen. Diese allzu knappe Lage mußte unter allen Umständen verbessert werden. (B-4-Luftwaffen-Flugbenzin hatte eine Oktanzahl von 91, während das hochwertige Flugbenzin C-3 für die speziellen Flugzeugmotoren 97 Oktan haben mußte. Siehe: Die Betriebsstoff-Lage in Deutschland 1939–1944; C/I/Karlsruhe Document Collection.)

Am 4. Juli 1943 wurden alle Kommodore und Kommandeure der Geschwader und Gruppen ins HQ des I. Fliegerkorps zusammengerufen. Hier wurde ihnen erklärt, daß durch die Initialangriffe der Luftwaffe das Eindrin-

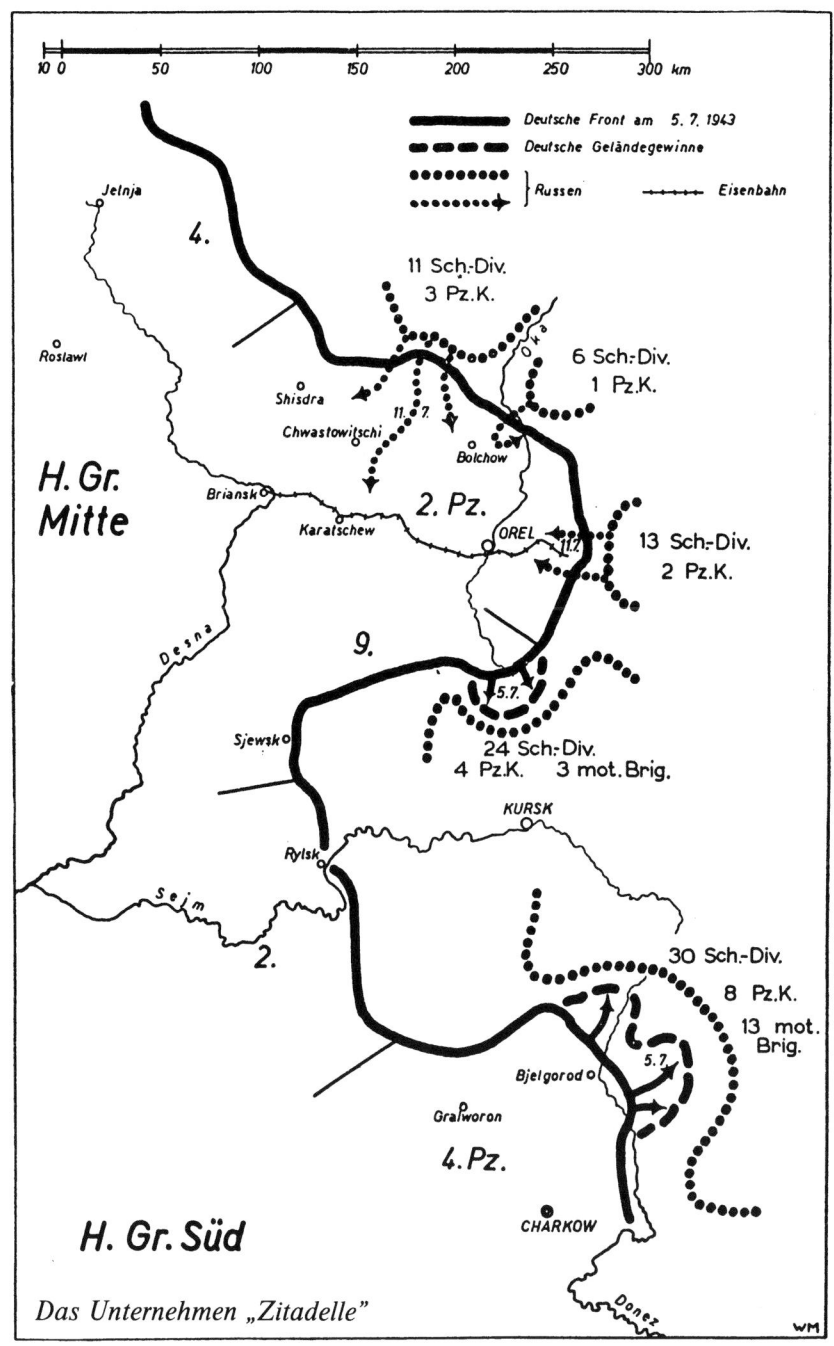

Das Unternehmen „Zitadelle"

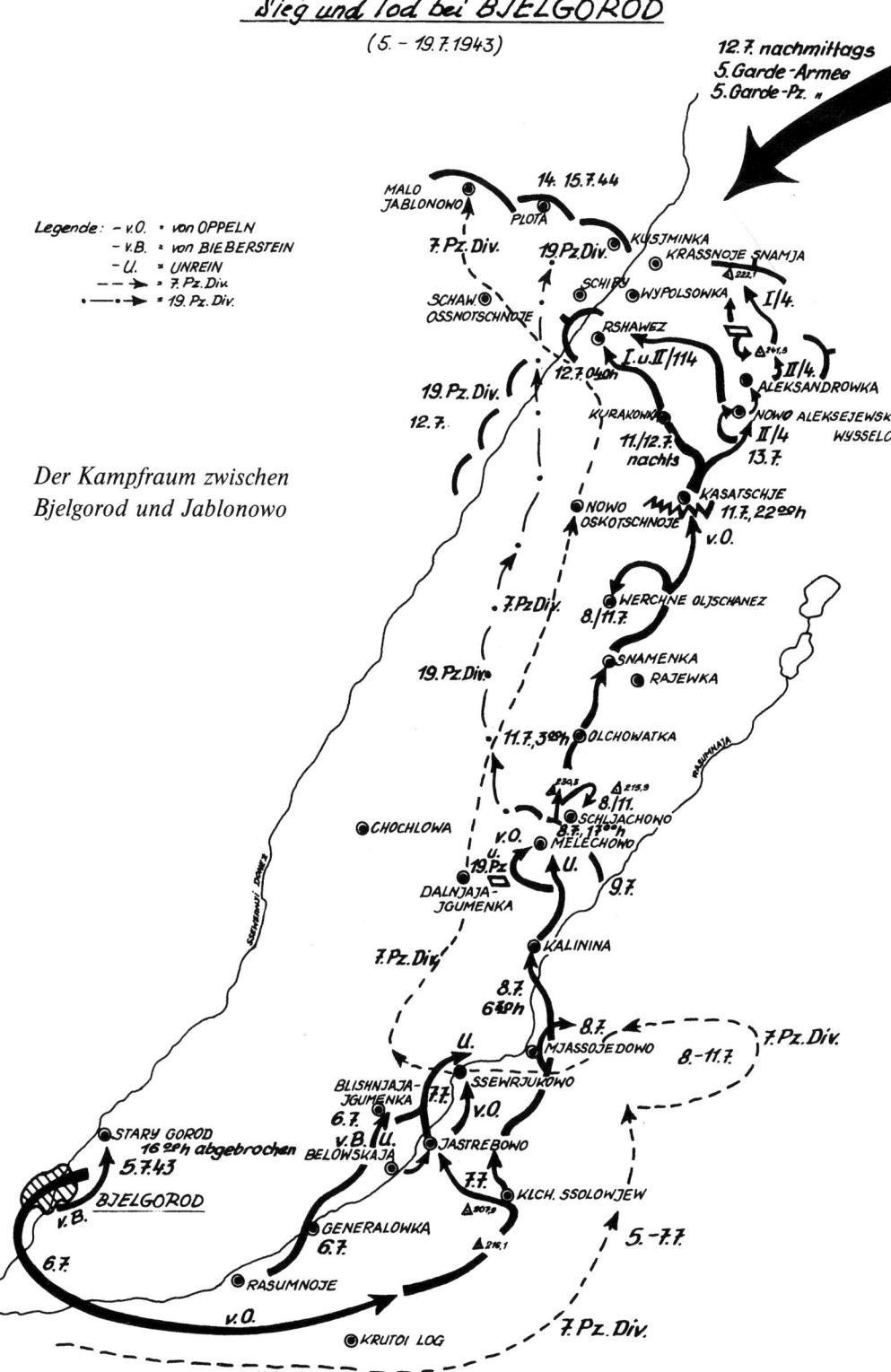

Sieg und Tod bei BJELGOROD

(5. – 19.7.1943)

Der Kampfraum zwischen Bjelgorod und Jablonowo

Legende: – v.O. = von OPPELN
– v.B. = von BIEBERSTEIN
– U. = UNREIN
– – ➤ = 7. Pz. Div.
– · ➤ = 19. Pz. Div.

gen des Heeres in die feindlichen Linien und das Durchbrechen durch diese erreicht werden müsse. Ähnlich wurden auch die Männer des VIII. Fliegerkorps unterrichtet.

1 830 Flugzeuge warteten auf den Befehl zum Losschlagen. Aber bereits vorher hatte die 5./KG 27, und mit ihr andere Einheiten, mit ersten Angriffen den Boden vorbereitet und die Aufmarschräume und Bahnanlagen der Roten Armee bombardiert.

Einsätze gegen Kursk, Gorkij, Jelezk und Bjelgorod

Der erste Einsatz eines kleinen Verbandes der 5./KG 27, an dem auch die Besatzung Havighorst teilnahm, führte zum Bahnhof Kursk. Zum ersten Male seit einem halben Jahr krachten wieder Flak-Salven um die Maschine herum auseinander. Die 32 Bomben von jeweils 50 Kilogramm wurden exakt auf stehende Züge und Gebäude geworfen. Der Rückflug verlief ohne weitere Störungen.

Es folgte ein Einzeleinsatz für die Besatzung Havighorst. Und zwar sollte der Bahnhof von Kursk erneut angegriffen werden. Vor allem jene Ziele, die Havighorst in seiner Einsatzmeldung als nicht zerstört genannt hatte: das große Stellwerk und das Bahnhofsgebäude mit der Auffahrt. Diese sollten mit acht 250-Kilo-Bomben vernichtet werden.

Der Flug verlief reibungslos. Auf eine einzelne Maschine, die sich in 5 000 Meter Höhe Kursk näherte, gaben die Sowjets nicht besonders acht. Dies sollte sich für sie rächen, denn als die Flak das Feuer eröffnete, befand sich die He 111 bereits über dem Ziel, und Havighorst löste die Bomben aus. Als sie in einer weiten Kurve nach links wegzogen, sah der Beobachter die aufzuckenden Flammenblitze der Einschläge seiner acht Bomben genau in den Zielen. Er meldete über Sprechfunk zurück und schaltete dann wieder auf Eigenverständigung.

„Wir haben es geschafft! Nun aufpassen, daß wir heil zurückkommen! Nur nicht überraschen lassen!" schärfte er seiner Besatzung während der Meldung ein.

Sie landeten sicher auf dem Platz und erfuhren, daß die Staffel nach Orel verlegen würde.

Bereits am 4. Juni 1943 flogen sie von Orel aus den ersten Einsatz gegen das sowjetische Panzerwerk Gorkij. Die Befehle für diesen Angriff lauteten: „Es darf nur vor dem Hellwerden geworfen werden, um die sowjetische

Der Bahnhof von Kursk nach schweren Verwüstungen im Juni 1943

Jagdabwehr an der Verfolgung der Maschinen zu hindern. Alle Besatzungen, bei denen feststeht, daß sie ihr Ziel nicht vor dem Hellwerden erreichen, haben Befehl, die genannten Ausweichziele anzugreifen und dann sofort den Rückflug anzutreten."

Am 5. und 6. Juni wurden diese Einsätze fortgesetzt, die sich von Tag zu Tag schwieriger gestalteten, weil der Gegner eine Reihe Nachtjäger ansetzte, die es zu passieren galt, um zum Wurf zu kommen.

Gorkij, an der Einmündung der Oka in die Wolga gelegen, hatte sich zu einer der größten Panzerwerkstätten der UdSSR entwickelt. Der Gorkijer Kreml, auf den Djatkowibergen gelegen, war auch in der Nacht zu erken-

288

nen. Im Mondlicht leuchtete seine Kuppel golden. Am Fluß lagen die Ziele, und diese wurden von der Besatzung Havighorst in drei aufeinanderfolgenden Nächten schwer gebombt. Keine einzige Bombe fiel vorbei. Diese Ziele waren nicht zu verfehlen, wenn man Nerven behielt und den dichten Flakring, den der Gegner um seine wichtigen Werke gelegt hatte, durchstoßen konnte.

Dreimal flogen Havighorst und seine Kameraden durch diese Hölle. Sie erwehrten sich auf dem Rückflug am frühen Morgen des 7. Juni einiger Feindflugzeuge und kamen mit mehreren Löchern im Vogel heil nach Orel zurück.

„Am 7. und 8. Juni", berichtete Havighorst, „hatten wir Einsatzruhe. Sowjet-Bomber erschienen plötzlich über dem Platz. Sie warfen Bomben und Flugblätter ab. Auf den Flugblättern stand zu lesen: ‚Ihr Mörder von Gorkij, wir werden euch vernichten!' "

Es hatte leider einige Fehlwürfe gegeben, die zwar nicht auf dem Hügel in die Altstadt heruntergegangen waren, aber die Arbeitersiedlung getroffen hatten, die dicht neben der großen Panzerfabrik stand.

Am 14. Juli 1943 absolvierte Ludwig Havighorst seinen 300. Feindflug aus Charkow in Richtung Bjelgorod.

Das Panzerwerk in Gorkij wurde schwer getroffen.
Luftaufklärer-Foto Juni 1943

Eine Verlegung am 8. Juni brachte die 5. Staffel, die von Hptm. Bormann geführt wurde, nach Olsufjewo. Von hier aus lag das bekannte Gummiwerk von Jaroslawl im Operationsbereich der He 111, und am 9. Juni flog die Staffel einen Nachteinsatz gegen dieses Ziel. In den Bombenschächten hingen 32 Bomben von jeweils 50 Kilo Gewicht. Die Stadt, am rechten Ufer der oberen Wolga gelegen, erstreckte sich auf etwa 30 Kilometer entlang des bei Jaroslawl in die Wolga mündenden Kotorosl. In dieser Fabrik wurden Gummiherstellung und Reifenfabrikation für sowjetische Flugzeuge und Fahrzeuge mit Hochdruck betrieben. Als Bahnknotenpunkt und wichtiger Wolgahafen war diese Stadt ebenfalls ein kriegswichtiges Ziel.

Die 32 Bomben schlugen in die Werksanlagen hinein und verursachten große Brände, die sich mehr und mehr ausbreiteten. Nachdem alle Flugzeuge geworfen hatten, stand eine der großen Hallen lichterloh in Flammen. Sowjetische Flak und Nachtjäger blieben hier ziemlich untätig. Unangefochten kehrten die Maschinen nach Olsufjewo zurück.

Schlimmer war es während des Angriffs auf Gorkij am 10. Juni, als sie bereits vor dem Ziel von einem dichten Feuervorhang der Flak empfangen wurden. Beim Durchstoßen durch diesen erhielt eine He 111 einen Volltreffer. Sie stürzte brennend ab. Was mit der Besatzung geschah, konnte nicht ermittelt werden.

Ofw. Johann-Peter Oeckenpöhler, einer der ganz großen Flugzeugführer; Ritterkreuz am 2. Juli 1943 (gest.)

Hptm. Heinrich Klein aus der zweiten Staffel des KG 27 trug sich am 10. Juni 1943 in die Liste der Ritterkreuzträger ein.

Ein Blick aus der Kanzel

Am 13. Juni folgte ein letzter Angriff auf das Panzerwerk von Gorkij. Diesmal erreichte die Besatzung Havighorst in letzter Minute vor der befohlenen Abwurfzeit das Zielgebiet. Unmittelbar nachdem die Bomben geworfen waren, meldeten Bordschütze und Bordfunker gleichzeitig den Angriff eines russischen Nachtjägers.

„Als Denz unsere Maschine nach links wegzog und der Nachtjäger an uns vorbeiflitzte, geriet er gleich darauf bei der ersten Salve von Uffz. Blaß in diesen Feuerstoß hinein. Die getroffene Maschine drehte weg. Flammen stoben aus ihrer Zelle heraus, dann stellte sie sich auf den Kopf und jagte schneller und schneller werdend der Erde entgegen. Beim Aufschlag erscholl eine mächtige Explosion. Ein hoher Feuerball stieg empor und begrub diesen Angreifer unter seiner Flammengewalt.

Dies war unser zweiter Nachtjägerabschuß in Rußland."

Am 19. Juni wurde ein Angriff auf den Bahnhof von Jelezk geflogen, der ebenfalls erfolgreich verlief. In den folgenden Tagen bereiteten sich die einzelnen Staffeln der II./KG 27 zu jenem Großereignis vor, das sich bis zu ihnen herumgesprochen hatte. Alle waren voller gespannter Aufmerksamkeit und verfolgten die Zusammenballung von Geschwadern, Gruppen und Staffeln auch in ihrem Großraum.

Am 4. Juli verlegte die 5. Staffel des KG 27 nach Charkow. Dort waren auch die anderen Staffeln der Gruppe untergezogen. Am nächsten Morgen begannen die Einsätze zur Unterstützung der Operation „Zitadelle". Bis zum 14. Juli flog die Besatzung Havighorst 20 Einsätze. Dies bedeutete, daß sie jeden Tag mindestens zweimal starten mußte. Zu den Zielen war es nicht weit. Es galt, die gegnerischen Truppenansammlungen im Raume nordwestlich von Bjelgorod zu zerschlagen. Festliegenden Truppen des Heeres wurde der Weiterstoß durch Angriffe gegen vorgeschobene feindliche Artillerie-Stellungen, Transportzüge und Bunkeranlagen ermöglicht. Bahnhöfe und sowjetische Panzerverbände, die sich der Front näherten, wurden immer wieder angegriffen. Die Bahnhöfe zermalmt und die Panzerspitzen gestoppt.

Im Tiefflug jagten alle He 111 nach Abwurf ihrer Bomben über Feindkolonnen hinweg und schossen aus ihren Bordwaffen. Feuer peitschte ihnen entgegen. Flak und MG ebenso wie Karabiner schossen auf die niedrig fliegenden Maschinen und erzielten starke Beschädigungen. Hier Ludwig Havighorst zu den Ereignissen jener Einsatztage:

„Am 14. Juli 1943 unternahm ich meinen 300. Feindflug von Charkow aus in den Raum nordwestlich Bjelgorod. Als ich mit meiner Besatzung zurück-

„Alarmstart!"

kam, wurde uns ein triumphaler Empfang bereitet, und ich mußte mir sagen lassen, daß dies mein 300. Feindflug gewesen sei.

In der Besprechungsbaracke war alles aufgereiht, was Rang und Namen in der Gruppe hatte, und in der Mitte stand die unverwechselbare Gestalt von Generalfeldmarschall Albert Kesselring, der gerade zu dieser Zeit seine alten Kameraden des VIII. Fliegerkorps und der Luftflotte 4 besucht hatte.

Nachdem unser Gruppenkommandeur einige Worte gesprochen hatte, überreichte mir Generalfeldmarschall Kesselring ein großes Ölgemälde, das den Titel trug: ‚Deutsche Kampfflugzeuge über London'. Es ist ein Bild, das heute seinen Ehrenplatz bei mir zu Hause hat. Es zeigt 3 He 111, und unter diesen die Themsebrücke am Tower.

Von meiner Besatzung erhielten in dieser Zeit Flugzeugführer Ludwig Denz, Bordfunker Helmut Wagner und Bordmechaniker Wilhelm Waschewski das Deutsche Kreuz in Gold. Unteroffizier Otto Blaß wurde zum Deutschen Kreuz in Gold eingereicht. Auch er sollte es später noch erhalten.

Daß unsere ganze Besatzung die Frontflugspange in Gold mit Anhänger trug, zeigt auf, daß wir fast alle Feindflüge gemeinsam unternommen hatten. Ohne diese Männer wären die Erfolge unserer Besatzung niemals möglich gewesen. Als Kampfflieger mußte man in einer verschworenen kleinen Gemeinschaft fliegen, um Erfolg zu haben.

Nach dieser besonderen Ehrung flogen wir noch am selben Tage einen zweiten Einsatz, dessen Ziel Prochorowka war."

Prochorowka wurde für den nördlichen Stoßkeil der großen Zange des Unternehmens „Zitadelle" so etwas wie ein Waterloo. Hier hatten die Panzerverbände des gegnerischen Generals Rotmistrow – die 5. Garde-Panzerarmee – den Angriff gegen das SS-Panzerkorps Hausser begonnen. Mit 850 Panzern, darunter schwerste sowjetische Sturmgeschütze, versuchte Rotmistrow, die 600 Panzer, die Generaloberst Hoth dagegensetzen konnte, zu vernichten. Die drei Waffen-SS-Panzer-Divisionen „Totenkopf" im Norden, „Leibstandarte Adolf Hitler" in der Mitte und „Das Reich" am Südflügel des von Südwesten nach Nordosten vorstoßenden Panzerkorps Hausser stießen an diesem legendenumwobenen 12. Juli 1943 auf die ebenfalls angetretenen Verbände des Iwan. In einer Panzerschlacht, wie sie die Geschichte des Zweiten Weltkrieges noch nicht erlebt hatte und auch nicht mehr erleben sollte, rollten 1500 Panzer und Sturmgeschütze aufeinander zu. Die Panzerschlacht von Prochorowka gestaltete sich zu gnadenlosen Gefechten der Tiger gegen T 34 und Josef-Stalin-SU-Sturmgeschütze.

*Rückkehr nach dem
300. Feindflug*

*Dieses Gemälde erhielt
Ofw. Havighorst nach dem
300. Feindflug von Generalfeldmarschall Kesselring.*

*Nach
schweren
Treffern
im Leitwerk
noch einmal
davon-
gekommen*

Über dem Gefechtsfeld aber tobte ein Luftkampf, wie er ebenfalls noch nicht erlebt worden war. Kampfflugzeuge, Schlachtflugzeuge und Jäger lieferten sich verzweifelte Duelle. Abgeschossene Panzer und abgeschossene Flugzeuge brannten nebeneinander auf dem Boden dieses gewaltigen Schlachtfeldes.

Am Abend wurden die Waffen-SS-Divisionen durch einen neuen Flankenangriff der Roten Armee erschüttert, dessen frontaler Druck nach wie vor anhielt. Die rechte Flanke der Division „Das Reich" wurde stark bedroht. Auf diesen Feind waren die Kampfflugzeuge der II./KG 27 angesetzt.

Jäger schirmten den Angriff der He 111 ab. Die Maschinen der 5. Staffel flogen dicht hintereinander. Sie waren im Kettenflug gestartet, und durch ihre geballte Feuerkraft konnten sie sich der auf sie herunterstoßenden feindlichen Jäger erwehren, bis diese von deutschen Jägern in Luftkämpfe verwickelt und abgeschossen wurden.

Unter sich erkannte Ofw. Havighorst die Feindpanzer und die vielen Brände. Er sah eine gegnerische Kolonne, und Sekunden später meldete der Staffelkapitän: „Auf die Feindkolonne, die sich aus Ostnordost dem Kampffeld nähert!"

Sie drehten nach Norden ein und flogen wenig später in das Feuer der leichten Feindflak hinein. Dann aber waren sie in Wurfposition gekommen.

Die Bomben heulten der Erde entgegen, und im Wegdrehen eröffnete Havighorst das Feuer mit der Bordkanone; seine beiden MG-Schützen fielen in das Feuer ein.

Rechter Hand hämmerten ihre Bomben in die Marschgruppe hinein. Stichflammen stoben empor. Grollende Detonationen klangen bis zu ihnen herauf. Panzer blieben getroffen liegen. Ein Panzerturm torkelte wie ein vorsintflutliches Flugwesen durch die Luft.

Rechts und links, vor und hinter ihnen war das Getöse der Duelle zu hören. Me 109-Jäger flitzten an ihnen vorbei, warfen sich auf die Feindjäger, kurbelten wild durch den Himmel.

Als die Staffel das Gefechtsfeld verlassen hatte, war dieser gepanzerte feindliche Stoßarm zum Stehen gekommen. Sie landeten und wußten, daß es am nächsten Morgen wieder in die gleiche Richtung gehen würde, und zwar mit dem ersten Büchsenlicht.

So war es denn auch. Nach der Besprechung mit den neusten Unterlagen der Nahaufklärer versehen, starteten sie ein weiteres Mal. Das neue Ziel lag südlich von Prochorowka. Auch diesmal fanden sie die Feindverbände, die es zu vernichten galt. Das Feuer der Sowjets war noch stärker als am vorhergehenden Abend. Aber sie mußten hindurch, wenn sie der Infanterie und den Panzermännern helfen wollten.

Hier kam es zu einem bedauerlichen und tragischen Zwischenfall, als eine Staffel He 111-Flugzeuge, die zum Einsatz in Richtung Donezufer geflogen war, auf dem Nordufer des Flusses Panzermassierungen sichtete. Der Angriff erfolgte. Aber es waren keine Sowjets, die hier gebombt wurden, sondern die Vorausabteilung der 6. PD unter Major Dr. Franz Bäke, dem Kdr. der II./PR 11, die im Handstreich das Nordufer des Flusses gewonnen hatte. Zwei Offiziere der 6. PD wurden getötet, Generalmajor von Hünersdorff und ein Teil seiner Offiziere, die dort zu einer Besprechung zusammengekommen waren, wurden verwundet. Von Hünersdorff blieb bei der Truppe. Am nächsten Tag wurde Generalmajor von Hünersdorff, an der Spitze seiner Division weiter nach Norden vorstoßend, durch die Kugel eines sowjetischen Scharfschützen getroffen. Er erlag drei Tage später dieser tödlichen Verwundung.

Doch zurück zur 5./KG 27, die nach einem weiteren Einsatz nach Isjum am Nachmittag des 15. Juli, der erfolgreich verlief, am folgenden Tage nach Setschinskaja verlegte.

Noch am selben Abend wurde von hier zur Eisenbahnjagd nach Kaluga gestartet. Diese Jagd ließ sich erfolgreich durchführen. Zwei Züge waren angegriffen und in Brand geworfen worden. Mehrere Waggons brannten. Am folgenden 17. Juli lief der Kampf gegen den Nachschub des Gegners im Raume Kaluga weiter.

In diesem Zeitraum wurde die 14./Eisenbahnstaffel des KG 27 zusammengestellt, in welche die bekannten „Zugknacker" zusammengezogen waren. Havighorst wurde ebenfalls gefragt, ob er in die neue Staffel kommen wollte. Aber er gab seiner alten 5. Staffel und seinen Kameraden und Vorgesetzten den Vorzug.

Die 14./(Eis.) KG 27 sollte in der Folgezeit große Erfolge erringen. Einer der hervorragenden Männer dieser Staffel war Feldwebel Günther Bierbrauer, der seit dem 17. Juni 1943 das Deutsche Kreuz in Gold trug und sich zu einem bekannten Bahnspezialisten entwickelte. In 171 Feindflügen als Zugjäger, fast alle bei Nacht und im Tiefflug ausgeführt, konnte er nicht weniger als 45 Züge mit insgesamt 2050 Waggons vernichten. Er wurde im Wehrmachtbericht genannt und erhielt nach seinem 430. Einsatz das Ritterkreuz.

Auch die 5./KG 27 wurde nach wie vor zu Einsätzen auf Bahnhöfen ein-

Dnjepropetrowsk
vor einem
Feindflug

Glückwünsche
nach
erfolgreicher
Rückkehr

Hptm. Quednau
mit seiner
Besatzung;
vorn links
Ofw. Hohmann,
dahinter Ofw.
Hartl als Funker
und Ofw.
Iffländer als
Bordmechaniker

Fw. Günther Bierbrauer errang am 17. April 1945 das Ritterkreuz. Er war der erfolgreichste Eisenbahnknacker.

Lt. Karl Schmid von der 14./KG 27 war am 19. August 1943 an der Reihe, nachdem er durch viele Erfolge von sich reden machte.

Ludwig Havighorst nach seinem 400. Feindflug. Dies hätte für ihn das Ritterkreuz bedeuten müssen.

Fw. Ludwig Denz war bei 251 Feindflügen als „Kutscher" dabei.

gewiesen. Am Abend des 18. Juli warfen die Maschinen dieser Staffel den Bahnhof von Belew in Brand.

Über die nächsten 100 Einsätze in Rußland konnte Ludwig Havighorst keine detaillierten Angaben mehr machen, weil sein Flugbuch darüber verlorenging. Allerdings ließ sich eine Reihe von Einsätzen rekonstruieren. Es ging immer wieder gegen sowjetische Truppenansammlungen, Eisenbahnzüge und Bahnanlagen. Artilleriestellungen und starke Verteidigungspunkte des Gegners wurden nach den Anforderungen der Infanterie zerbombt.

Am 4. Oktober 1943 startete Ludwig Havighorst mit seiner Stammbesatzung zum 400. Feindflug. Nach der Landung wurde die Besatzung feierlich empfangen. Es gab Bier und Sekt. Eine Musikkapelle spielte, und einige Nachrichten-Helferinnen der Luftwaffe wurden dazu eingeladen. Es wurde ein launiger Abend, und es sollte sich zeigen, daß dies zugleich auch der letzte gemeinsame Feindflug der Besatzung war.

Hauptmann Kurt Bormann trat nach der Feier an den Flugzeugführer Denz heran und sagte ihm, daß sie in Zukunft mit dem neuen Beobachter Uffz. Toni Herbst fliegen würden, weil er Havighorst für seine Maschine benötige. Dann erst schlug er Havighorst das Überwechseln als Beobachter in die Maschine des Staffelkapitäns vor. Dieser zögerte zunächst. Als er aber erfuhr, daß Denz damit einverstanden sei, sagte auch er zu.

Am 14. Oktober flog Ludwig Havighorst als Beobachter der He 111 des Staffelkapitäns, der zugleich stellvertretender Gruppenkommandeur war, zur Bombardierung einer feindlichen Salvengeschütz-Stellung, die der eigenen Infanterie schwer zu schaffen machte.

Fünf Maschinen der Staffel waren einsatzbereit. Sie starteten in zwei Rotten, und Havighorst in der Spitzenmaschine wußte, daß Denz und seine anderen Kampfgefährten in der hinteren Maschine links flogen.

Durch die Eigenverständigung meldete er allen Besatzungen, als sie die Front überflogen. Dann bat er Hauptmann Bormann, durch die Wolken zu ziehen. Als sie durch die Wolkendecke nach oben durchgestoßen waren, begegneten ihnen fünf Schlachtflugzeuge der Roten Luftwaffe, die von zwei deutschen Me 109 verfolgt wurden. Durch das plötzliche Erscheinen der deutschen Flugzeuge verwechselten die eigenen Jäger diese mit den Verfolgten und griffen die deutschen Maschinen an.

Da sie von rückwärts kamen, trafen sie zuerst auf die hinten links fliegende Maschine von Ludwig Denz. Diese wurde getroffen. Einer der Motoren fiel aus. Die Situation wurde kritisch, und Havighorst rief über die Bord-Bord-Verständigung:

Auf dem 400. Feindflug am 4.1.1943 im Raume Mogilew

Luftwaffenhelferinnen und Mitglieder eines anwesenden Fronttheaters bringen Havighorst ein Ständchen nach seinem 400. Feindflug.

„Deutsche Jäger greifen an! – Alle Besatzungen Feuer frei auf angreifende Jäger! Besatzung Denz Bomben abwerfen und nach Hause fliegen!"

Die beiden Me 109 hatten inzwischen ihren Irrtum bemerkt; sie stellten sofort das Feuer ein, wackelten mit den Flächen und drehten ab.

Die Besatzung Denz verabschiedete sich, die Maschine drehte in einer weiten Kurve und flog zum Horst zurück.

Mit vier Maschinen wurde der Angriff auf die Stalinorgel-Stellung fortgesetzt. Die Feindstellung kam in Sicht. Eine Flakbatterie, die sie schützen sollte, eröffnete das Feuer.

Die vier He 111 kamen gut heran, und alle Bomben – viermal jeweils acht 250-Kilo-Bomben – lagen genau im Ziel. Im Todeswirbel der Explosionen wurden die Stellung der Sowjets und die Flakstellung auseinandergewirbelt. Im Abdrehen schossen die Männer aus ihren Bordwaffen auf die aufzuckenden Feuerblitze der feindlichen Abwehr. Die Flugzeugführer zogen dann entschlossen höher, um den eigenen Platz wieder anzusteuern.

„Als wir auf unserem Horst landeten, sahen wir zuerst in betretene und seltsam ernste Gesichter." Unteroffizier Wagner, einer der Männer von der Maschine Denz, den Havighorst sehr gut kannte, kam ihnen aufgeregt entgegengerannt: „Alle tot!" rief er, und Tränen liefen über sein Gesicht.

„Was ist los?" fragte Havighorst scharf, weil er schon ahnte, was Wagner damit sagen wollte. Und Helmut Wagner, der Kamerad vieler Einsätze, berichtete.

„Ein Geschoß des deutschen Jägers ist in unserem Leitwerk oder dicht daneben steckengeblieben, ohne zu explodieren. Als wir den Heimathafen erreichten, explodierte das Ding und beschädigte unsere He 111 so schwer, daß diese abstürzte. Nur ich kam mit dem Fallschirm raus!" –

„Ich war erschüttert", berichtete L. Havighorst, „denn Ludwig Denz war nicht nur mein Kamerad, er war mein Freund. Er hatte 251 Feindflüge an meiner Seite durchgestanden, um nun auf so tragische Weise ums Leben zu kommen: von eigenen Jägern abgeschossen! Ich dachte natürlich auch an Uffz. Toni Herbst, der an meiner Stelle in die Besatzung gekommen war. Er hatte – das erfuhren wir später – ebenfalls noch die Maschine verlassen können, doch sein Fallschirm hatte sich nicht geöffnet, was doppelt tragisch war.

Und da war Oberfeldwebel Wilhelm Waschewski. Bereits als wir gegen England flogen, war er in unserer Besatzung. Immer gut gelaunt, heiterte er die düstersten Kumpels auf; stets hatte er ein aufmunterndes Wort auf den Lippen. Ich denke auch an Unteroffizier Otto Blaß, der mit seinem flinken

Stabsfeldwebel Ernst Köster wird geehrt
und erhält den traditionellen Begrüßungsschluck.

Mundwerk vom tollen Nachtleben seiner Heimatstadt Saarbrücken erzählte, wenn er aus dem Urlaub heimkehrte.

Wir alle hatten vor knapp Jahresfrist 150 Einsätze weit nach Stalingrad und darüber hinaus überlebt. Nun waren sie nicht mehr: von deutschen Jägern abgeschossen; aus Versehen gefallen!"

Die Einsätze des KG 27 aber gingen weiter. Das Geschwader flog erneut gegen Artillerie-Stellungen des Feindes, die der deutschen Infanterie im Großraum Mogilew arg zusetzten.

Es galt, sie zu schützen und ihre Vernichtung zu verhindern. So flog auch die Besatzung unter Hptm. Bormann am 18. Oktober den vierten Einsatz gegen die sowjetische Salvengeschütz-Stellung, die wieder einsatzbereit gemacht worden war. Die Feindflak schoß auch diesmal aus allen Rohren, und sie schoß hervorragend. Offenbar hatte man eine neue Batterie nach vorn gezogen, die nicht erst seit gestern im Einsatz stand.

„Unsere Maschine", berichtete Havighorst, „schüttelte sich unter den Flak-Detonationen, denen wir nicht ausweichen konnten, da wir uns gerade im Anflug befanden. Hauptmann Bormann hielt stur auf das Ziel zu. Wenn wir es treffen konnten, dann nur auf diese Art und Weise, und wir *wollten* es vernichten.

304

Das Ziel war erreicht. Mit dem LOTFE hielt ich es im Visier, drückte den Auslöseknopf und rief: ‚Bomben fallen!'

Sekunden später hörten wir alle einen mächtigen Knall. Unsere Maschine wurde aus dem Kurs geworfen, und unmittelbar darauf blieb der linke Motor stehen.

Hauptmann Bormann drehte sofort in einer Linkskurve weg, wie er dies gewohnt war. Aber das war in diesem Fall falsch.

‚Nicht über den stehenden Motor kurven, Herr Hauptmann! Sofort abfangen und austrimmen!' rief ich unserem Alten zu.

Hauptmann Bormann hatte offensichtlich einen leichten Schock erlitten, der angesichts dieses Treffers durchaus verständlich war. Aber er erholte sich sofort, als er mich hörte. Ich half ihm beim Austrimmen. Die Fluglage der Maschine wurde stabilisiert, aber bis dahin hatten wir über 1 000 Meter an Höhe verloren und kamen nun in den Feuerbereich der leichten Flak hinein. Diese schoß sofort, aber wir hatten Glück und konnten, zwar um einige Löcher in der Kiste reicher, doch ohne größere Mehrschäden, entkommen.

Die anderen drei Maschinen, die ich rief, kamen heran und nahmen uns in die Mitte. So waren wir zwar nicht gegen die Flak, aber auf alle Fälle gegenüber angreifenden Schlacht- und Jagdflugzeugen der Sowjets geschützt. Ein Ausweichen kam für uns nicht mehr in Frage, wenn wir nicht abschmieren wollten.

Bei der Einmotorenlandung wurde es wieder gefährlich, denn das gab meistenteils den sogenannten ‚Ringelpietz'. Wir wurden von Hauptmann Bormann sicher zur Erde zurückgebracht. Er setzte uns so weich auf, daß das Fahrwerk nicht brach, denn dann konnte die Maschine sich in den Boden bohren und explodieren. Aber nichts geschah, wir landeten sicher." Soweit Ludwig Havighorst.

Dieser Einmotorenflug und die glatte Landung danach erinnerte Havighorst an ein weit zurückliegendes Ereignis, das am 30. Juni 1942 stattgefunden hatte. Als Beobachter von Ritterkreuzträger Hauptmann Rupert Frost, dem damaligen Staffelkapitän, flog er sechs Einsätze. Derjenige, um den es am 30. Juni 1942 ging, war gegen den Bahnhof Staryj Oskol gerichtet.

Auf dem Heimflug fiel ein Motor aus, und wenig später, als die He 111 gerade richtig eingetrimmt war, wurde sie von zwei Jägern angegriffen. Das Leben der Besatzung lag bei diesem Flug in den Händen ihres Funkers, des Stabsfeldwebels Ernst Köster. Er war im Geschwader *der* Spezialist in der Abwehr feindlicher Jäger. Darüber hinaus war er ein hervorragender Schüt-

Bordfunker Helmut Wagner

Ernst Köster mit allem „Lametta"
(Er fiel am 22. Mai 1944.)

ze und ließ die Feindjäger in seiner unheimlichen Ruhe stets so nahe herankommen, daß er seine ersten Feuerstöße bereits voll ins Ziel brachte.

Auch diesmal drehten beide Feindjäger, nachdem sie aus Kösters MG Treffer erhalten hatten, sofort ab.

„Mein Freund, Stabsfeldwebel Ernst Köster, war bereits in der Legion Condor mit dabei gewesen. Er trug das Spanienkreuz mit Schwertern in Silber und das Deutsche Kreuz in Gold. Am 4. März 1941 wurde er mit seiner Besatzung im Wehrmachtsbericht genannt. Auch er sollte auf tragische Weise sein Leben verlieren. Als er sich im Mai 1944 im Luftwaffenerholungsheim Braunlage/Harz befand, meldete er sich am 22. dieses Monats freiwillig als Funker zu einem Werkstattflug. Die Vorschriften besagten, daß bei einem Werkstattflug entweder ein Beobachter oder ein Funker dabei sein mußte. Da gerade kein entsprechend ausgebildeter Flieger zur Verfügung stand, meldete er sich zu diesem Flug.

Bei diesem Werkstattflug stießen zwei US-Jäger, die auf Patrouille waren, aus überhöhter Position auf die einsame He 111 hinunter und griffen sie an. Beide Jäger eröffneten das Feuer und trafen die He 111 voll. Die Maschine stürzte ab, und Stabsfeldwebel Ernst Köster fiel. Er wurde in seiner Heimatstadt Rhynern bei Hamm i. Westf. bestattet.

Am 19. Januar 1943 war sein Sohn Wolfgang zur Welt gekommen, dessen Patenonkel ich wurde.

Bei der Schilderung dieses Einmotorenfluges fiel mir noch ein weiterer Einmotorenflug ähnlicher Art ein, den ich mit meiner alten Besatzung vor acht Wochen, am 20. August 1943 unter Hptm. Rupert Frost, durchzustehen hatte. Wir waren zu einem Hochangriff auf einen Bahnhof etwa 100 Kilometer hinter der Front gestartet, nachdem die Aufklärer dort starke Truppenausladungen gemeldet hatten.

Dort erhielten wir starken Beschuß aus Flakwaffen und Karabinern. Der rechte Motor fiel aus, und unsere Maschine war nicht mehr auf Höhe zu halten. Erst als wir langsam, aber ständig bis auf 200 Meter heruntergesackt waren, konnte unser Flugzeugführer die He 111 wieder in den Griff bekommen. Aber sie hing wie eine reife Pflaume am Himmel, und die Flak hätte sie nun mühelos ‚herunterpflücken' können. Selbst durch Infanteriebeschuß waren wir in dieser Höhe äußerst verwundbar. Aus diesem Grunde mußten wir Ansiedlungen und Truppenansammlungen umfliegen.

Funker Helmut Wagner beobachtete den Luftraum nach rückwärts oben. Wilhelm Waschewski besetzte – wie immer – das MG mit dem Schußfeld nach hinten. Unteroffizier Blaß sicherte nach beiden Seiten. Ich selbst lag vorn in der Kanzel hinter der Bordkanone, um sofort das Feuer eröffnen zu können, falls wir von vorn beschossen werden sollten.

Erstaunlich lange ging dies gut, bis wir – etwa 10 Kilometer von der Front entfernt – ein kleines Waldstück überflogen. Auf einer Lichtung dieses Wäldchens befand sich eine sowjetische Flakstellung. Die Kanoniere rannten zu ihren Flakwaffen. Ich eröffnete sofort das Feuer aus der Bordkanone und zwang die Gegner, volle Deckung zu nehmen. Sobald ich kein Schußfeld mehr hatte, versuchten sie abermals an ihre Waffen zu gelangen. Jetzt aber war Wilhelm Waschewski an der Reihe und hämmerte ihnen seine Salven entgegen.

Als wir unseren Platz erreichten, setzte Ludwig Denz die Maschine sanft und sicher auf.

Ich ahnte damals noch nicht, daß der zuerst geschilderte Einmotorenflug, der als 427. Feindflug registriert wurde, mein letzter gewesen sein sollte. Aber so war es."

*Beisetzung des gefallenen Kameraden Ludwig Denz;
vorn der Feldgeistliche, rechts Staffelkapitän Hptm. Bormann*

Letzte Erinnerung an Ludwig Denz

Zur lieben Erinnerung an unseren sonnigen, lebensfrohen

LUDWIG

Feldwebel und Flugzeugführer in einem Kampfgeschwader ⁄ Inh. des Deutschen Kreuzes in Gold, des Hermann-Göring-Pokals, der Goldenen Frontflugspange, des EK. 1. und 2. Kl.
der bei einem Luftkampf den Heldentod fand.

Geboren am 9. März 1919
gefallen am 14. Oktober 1943 in Rußland.

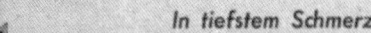

Für die erwiesene Anteilnahme d a n k e n h e r z l i c h s t :

In tiefstem Schmerz :

MINA DENZ geb. Fritz, Mutter
Leutnant FRITZ DENZ, Bruder
RESI SCHLECHT geb. Denz, Schwester
ELSE STEGER, Braut.

Mit dem Kraftwagen verunglückt
Lazarettaufenthalt

„Am 19. Oktober 1943 sollte die Beisetzung unserer vier gefallenen Kameraden stattfinden. Auf dem Heldenfriedhof von Mogilew würde die gesamte Staffel versammelt sein, um den vier toten Kameraden ein letztes Lebewohl zu sagen; so hatte es Hptm. Bormann angeordnet.

Auf der Ladefläche eines schweren Lastwagens nahm ich auf einer Winde Platz, um den Friedhof rasch zu erreichen. Als der Fahrer unterwegs auf der Rollbahn ein anderes Fahrzeug überholte, das nur so dahinschlich, kam er von der Rollbahn ab. Fast schien es, als könnte er den schweren Wagen noch halten und wieder nach rechts steuern, aber unter den linken Rädern brach der Straßenrand weg, und der Wagen stürzte, sich um seine Längsachse drehend, die Böschung hinunter. Ich wurde unter der Winde, auf der ich gesessen hatte, begraben. Was dann mit mir geschah, wußte ich nicht mehr."

Rasch hinzugesprungene Landser halfen die Winde beiseite zu wuchten, um den Oberfeldwebel mit dem Deutschen Kreuz in Gold und den übrigen Auszeichnungen zu bergen. Eilig brachte man Ludwig Havighorst direkt ins nächste Feldlazarett.

Als er hier wieder zu sich kam, konnte er weder den rechten Arm noch beide Beine bewegen. Es sah böse aus, aber Ludwig Havighorst verlor den Mut nicht. Er hoffte mit dem behandelnden Arzt, daß er wieder gesund werden würde.

Am nächsten Tag erschien Hauptmann Bormann im Feldlazarett, um seinen Beobachter zu besuchen. Er war erschüttert über die Lähmungen, die Havighorst erlitten hatte, verbarg sein Erschrecken jedoch hinter gespielter Forschheit.

„Havighorst, Havighorst", sagte er scherzend, „Sie sind nun weit über 400 Einsätze geflogen und wären bei dieser blöden kleinen Fahrt beinahe in den Fliegerhimmel gefahren, wohin Sie doch – wenn schon – hinfliegen müßten."

„Ja, Herr Hauptmann", stimmte der Oberfeldwebel zu, „dann hätte ich mich noch im Grabe umgedreht."

Havighorst hatte einen Abriß des rechten Schulterblattes sowie sieben starke Blutergüsse in der Wirbelsäule erlitten. So konnte er seinen braven Kameraden nicht die letzte Ehre erweisen.

Am nächsten Tage wurde Ludwig Havighorst in einer He 111 seiner Staf-

*Lt. Hans Haselbach kam aus der
14. Staffel. Am 12. November 1943
wurde ihm das Ritterkreuz
verliehen (gef.).*

*Oblt. Walter Grasemann,
am 9. Oktober 1943 nach einigen
hundert Einsätzen mit dem Ritterkreuz ausgezeichnet*

fel 200 Kilometer weiter nach Westen in ein anderes Lazarett geschafft und
von dort aus nach einigen Tagen der Ruhe am 1. November 1943 ins Reser-
velazarett Prachatitz im Böhmerwald verlegt, wo es Spezialisten gab, die der
Lähmungen Herr werden würden, wenn überhaupt Heilung möglich war,
an die Havighorst jedoch nach wie vor fest glaubte.

Während dieser Zeit des Lazarett-Aufenthaltes erschien dort der Staffel-
schreiber der 5./KG 27, um sich Havighorsts Einsätze zu notieren und die
bereits erhaltenen Auszeichnungen und alle Begleitumstände des Fliegerlebens dieses Mannes festzuhalten.

Auf die verblüffte Frage, warum er dies denn tue, wurde Havighorst erklärt: „Dies geschieht, um den Antrag von Oberstleutnant von Beust zur
Verleihung des Ritterkreuzes an Sie zu stützen. Der Kommandeur wird Sie
zum Ritterkreuz einreichen."

Zwar war auch Havighorst bekannt, daß ein Kommandant eines Kampf-
flugzeuges nach seinem 400. Feindflug mit dem Ritterkreuz ausgezeichnet
wurde, aber schließlich war das nicht Gesetz. Allerdings hatte er bereits 427
Feindflüge hinter sich gebracht, und zwar sowohl im Westen als auch im
Osten.

Dies war das erstemal, daß er zu einer so hohen Auszeichnung vorgeschlagen wurde. Vom Ergebnis dieser Einreichung zur Verleihung des
Ritterkreuzes hat Havighorst niemals etwas erfahren. Es ist durchaus möglich, daß dies im Trubel der Ereignisse an der Ostfront vergessen wurde und
daß man sich später nicht mehr an Havighorst erinnerte. Wäre er beim Geschwader geblieben, hätte diese Auszeichnung bereits zu jener Zeit erfolgen müssen.

Um dies vorwegzunehmen: Ludwig Havighorst wurde am 3. März 1945
zum zweitenmal, diesmal durch Oberst i. G. von Hoffmann, den Kdr. des
FJR 9, zum Ritterkreuz eingereicht. Aber Havighorst geriet am 5. März in
Gefangenschaft, und Oberst von Hoffmann verließ zwei Tage vorher aus
Krankheitsgründen das Regiment, womit alles wieder beim alten blieb.

Auf einem Feldflugplatz
bei Charkow

Fw. Hans Wolfersberger,
Kamerad vieler Feindflüge

Daß Oberst von Hoffmann Havighorst zum 1. April 1945 zur bevorzugten Beförderung zum Hauptmann einreichte, hat er als Kommandeur des FJR 9 selbst bestätigt und erklärt, daß diese Beförderung mit Sicherheit durchgegangen sei. Oberst a. D. von Hoffmann schrieb von Havighorst immer nur als Hauptmann.

Ob die Verleihung zum Ritterkreuz durchgekommen ist, kann ebenfalls nicht mit letzter Sicherheit bestätigt werden. Sie müßte spätestens am 28. April 1945 erfolgt sein.

In einem Feldpostbrief, den Havighorst nach seiner Rückkehr aus der Kriegsgefangenschaft vorfand, wurde ihm mitgeteilt, daß der Vorschlag von Oberst i. G. von Hoffmann genehmigt worden sei.

Dennoch besteht Ludwig Havighorst darauf, zu erklären, daß weder seine Beförderung zum Hauptmann noch die Verleihung des Ritterkreuzes an ihn offiziell gesichert ist.

Mitte November erhielt Ofw. Havighorst in Prachatitz die Nachricht, daß er rückwirkend zum 1. Oktober 1943 zum Leutnant befördert worden sei.

Wieder einige Tage darauf traf eine Nachricht ein, die ihn erschütterte. Beim Start zu einem Feindflug war sein Staffelkapitän und Kamerad, Hptm. Kurt Bormann, infolge Motorausfalles abgestürzt. Die Maschine fiel in die Halle, und die gesamte Besatzung kam bei diesem Unfall ums Leben.

Abermals war Ludwig Havighorst verschont geblieben. Zweimal war er bereits aus einer Maschine ausgestiegen, die anschließend verlorenging. Er war einmal mehr davongekommen.

Bei der ärztlichen Untersuchung in Prachatitz wurde der Abriß des rechten Schulterblattes festgestellt. Da dazu eine Operation mit Muskelverpflanzung notwendig war, die auch in Prachatitz nicht durchgeführt werden konnte, mußte er noch einmal in ein anderes Lazarett verlegt werden.

„Jetzt zeigte sich auch an mir der langsam arbeitende Bürokratismus der Wehrmachtsstellen im rückwärtigen Gebiet. Nacheinander wurde ich in die Lazarette Winterberg im Böhmerwald, Passau und zuletzt in das Krankenhaus der Barmherzigen Brüder zu Straubing verlegt.

Hier konnte die erforderliche Operation durchgeführt werden. Professor Dr. Angerer, der sie als Experte durchführen sollte, kam am Vortage der Operation zu dem Flieger und erklärte ihm alles. Er versprach nichts, dennoch stärkte er Havighorsts Zuversicht, daß es klappen würde. Er hatte jene Art, die auf die Patienten wie eine Wundermedizin wirkte. „Als er mir alles sachlich erklärt hatte, wußte ich: ‚Der wird es schon schaffen!' Und mit dieser Einstellung ging ich in diese Operation hinein."

Die Operation verlief erfolgreich. Die Heilung machte gute Fortschritte. Sämtliche Lähmungserscheinungen waren bereits vorher nach Abklingen der Blutergüsse verschwunden, und nachdem Havighorst wieder zu gehen gelernt hatte, fuhr er von Straubing nach Weiden, wo die Mutter seines Freundes Ludwig Denz wohnte. Er verriet der alten Dame nicht, daß ihr Sohn durch einen eigenen Jäger abgeschossen worden war, denn was hätte das anderes gebracht als neuen Schmerz?

Frau Denz hatte in einer Vision den Tod ihres Sohnes gesehen, und zwar auf die Minute genau. Dies war für Ludwig Havighorst nichts Neues, denn auch die Frau seines Kameraden, des Stabsfeldwebels Ernst Köster, und die Mutter seines Jugendfreundes Berni Janlewing berichteten, daß ihnen ihr Sohn bzw. Gatte im Traume erschienen seien. Berni hatte seiner Mutter eine Wunde am Kopf gezeigt. Er war durch Kopfschuß gefallen.

„Ich war froh darüber, daß ich nichts über den wirklichen Tod von Ludwig Denz gesagt hatte, denn kurz bevor ich Frau Denz verließ, zeigte sie mir den Brief, den sie als Todesnachricht von der Staffel erhalten hatte. Er trug das Datum vom 21. Oktober 1943 und war von Hptm. Kurt Bormann unterzeichnet. Der Wortlaut war:

Sehr geehrte Frau Denz!

Es ist mir eine traurige Pflicht, Ihnen mitteilen zu müssen, daß Ihr Sohn, der Feldwebel Ludwig Denz, am 14. Oktober 1943 bei einem Feindflug gefallen ist. Die Gruppe flog an diesem Vormittag einen Angriff im Raume südwestlich Welikije Luki. Durch einen Jagdangriff bekam das Flugzeug Ihres Sohnes schwere Treffer in den Rumpf, die linke Fläche und den linken Motor, so daß dieser abgestellt werden mußte. Die Besatzung war unverletzt geblieben. Nach etwa zehn Minuten Flugzeit fing die linke Fläche plötzlich Feuer, und als Ihr Sohn, der die Maschine im Einmotorenflug nach Hause bringen wollte, nunmehr eine Notlandung versuchen mußte, diese aber nicht durchführbar war, gab er den Befehl zum Fallschirmabsprung. Der Bordschütze, ObGefr. Hermann, sprang zuerst, ihm folgte der Funker. Fw. Wagner sah noch, wie Ihr Sohn zum Griff des Fensters langte. Aus unerklärlichen Gründen ist er ebenso wie sein Bordmechaniker nicht mehr herausgekommen und beim Aufschlag seines Flugzeuges auf den Boden herausgeschleudert worden. Der Beobachter, Uffz. Herbst, sprang ebenfalls, muß aber aus irgendeinem Grund bewußtlos geworden sein, denn er hatte seinen Fallschirm nicht gezogen und stürzte so ab. Fw. Wagner und ObGefr. Hermann landeten heil.

Die Toten sind dann in Särgen geborgen worden und am 19. Oktober 1943

Der Soldatenfriedhof von Mogilew

auf dem Heldenfriedhof in Mogilew unter militärischen Ehren beigesetzt worden.

Ihr Sohn ruht zwischen seinen beiden Kameraden. Sein Grab liegt in der Reihe T unter Nummer 1645.

Der tragische Umstand, unter dem Ihr Sohn gefallen ist, hat uns alle tief getroffen, war er doch einer unserer ältesten Flugzeugführer in der Staffel und durch sein ruhiges, kameradschaftliches Wesen allseits beliebt. Einsatzfreudig hat er mich durch die trüben Tage des vergangenen Winters begleitet, ebenso in den diesjährigen Sommermonaten. Er wird in der Staffel unvergessen bleiben.

Indem ich Ihnen zu dem Verlust meine persönliche herzliche Teilnahme ausspreche, versichere ich Ihnen, daß wir seinem Beispiel getreu weiterkämpfen werden bis zum Sieg.

Ich bleibe Ihr ergebener

Kurt Bormann, Hauptmann und Staffelkapitän.

Nachdem ich diesen Brief gelesen hatte, drückte mich die kleine Lüge nicht mehr, die ich Frau Denz sagen mußte, denn ich sah, daß dieser Brief sie getröstet hatte. Ich versprach sie bald wieder einmal zu besuchen, doch die Ereignisse waren stärker als dieses Versprechen."

Hochzeit in Haltern

Anfang Juli 1944 wurde Leutnant Ludwig Havighorst aus dem Lazarett Straubing nach Hause in den Urlaub entlassen. Inzwischen waren viele Briefe nach Haltern gegangen und wurden aus Haltern sofort beantwortet. Seine Braut Else Thole holte ihn am Bahnhof ab. Daß seine Mutter auch zur Stelle war, verstand sich.

„Den ganzen Monat Juli hatte meine Besatzung und ich mit ihr Urlaub. In meinem Heimatort Haltern am See verlebte ich eine schöne Zeit. Die größte Freude aber war nicht *mein* Urlaub, sondern die Ereignisse, die uns zu Hause einfach überrollten.

Als ich eben eine Stunde daheim war, traf mein Bruder Werner überraschend ein. Er diente beim Jagdgeschwader 1 ‚Richthofen'. Das freute natürlich vor allem unsere Mutter. Aber als habe das Schicksal ihr noch weitere Freuden zugedacht, klopfte es eine Stunde darauf abermals an der Haustür, und mein Bruder Bernhard, Leutnant im Infanterie-Regiment 25, stand vor der Tür. Abermals eine Stunde darauf tauchte Franz, Unteroffizier in einem Flakregiment, auf und begehrte Einlaß. Es war einfach nicht zu glauben: binnen vier Stunden kamen vier Soldaten der Familie Havighorst, die im Osten an der Front gestanden hatten, auf Urlaub nach Hause. Nichts war abgesprochen, alles war zufällig, wenn es solche Zufälle gibt.

Aber unsere Mutter hatte noch Sorgen genug, denn weitere fünf Söhne waren an der Front.

Ein paar Tage später berichtete die Halterner Zeitung in einem Artikel über die Soldatenmutter Havighorst von diesem Ereignis.

Meine Urlaubsfreude wurde nur durch die Meldung getrübt, daß mein guter Freund, Berni Janlewing, Unteroffizier in einem Bückeburger Regiment, gefallen war. Dies war der letzte der beiden Janlewing-Söhne. Der erste Sohn, Anton, war im Winter 1941 vor Moskau gefallen.

Von meinen Brüdern wurde Anton nach Kriegsende vermißt. Alle übrigen kehrten heim. Mein Bruder Heinrich durfte schon 1943 heimkehren, weil unsere Familie so viele Männer an der Front hatte."

Lt. Havighorst in der Halterner Kirche

Für diesen Urlaub war die Hochzeit vorgesehen. Alle Vorbereitungen zum geplanten Fest waren erfolgreich abgeschlossen, das Aufgebot bestellt, und am 11. Juli 1944 heiratete Ludwig Havighorst in der St.-Sixtus-Kirche zu Haltern. Daß er in voller Uniform erschien, obgleich ihm einige Bürger der Stadt rieten, eine solche Hochzeit in Zivil zu begehen, zeigte, daß er auch als Soldat seine Grundsätze behalten hatte und nach wie vor allen Menschen in Haltern zeigte, daß auch ein hochdekorierter Soldat Christ sein konnte.

In einem feierlichen Hochamt wurden sie durch Pfarrer Grüter getraut. Dieser bekundete in seiner kleinen Ansprache, daß Ludwig Havighorst während seines Urlaubes niemals versäumt hatte, am kirchlichen Leben teilzunehmen. Zu Ehren dieses Brautpaares ließ er von seinen jungen Helfern den roten Teppich bis hinten zum Turm auslegen. Dies war eine große Ausnahme, denn wegen der drohenden Luftangriffe des Gegners wurde der Teppich nicht sehr oft aus der sicheren Tiefe des Krypta hervorgeholt. Die Flieger von der anderen Feldpostnummer ließen sich denn auch an diesem Tage nicht über Haltern sehen.

Mitten in das fröhliche Kaffeetrinken dieser Hochzeitsfeier platzte der Telegrammbote der Post hinein. Er brachte einen Gruß von Rolf Schröder,

Die Frischvermählten

Die Hochzeitsgesellschaft

einem Lazarett-Stubenkameraden aus Ludwig Havighorsts Straubinger Zeit. Der Text lautete humorvoll und beziehungsvoll zugleich:

„Lieber Ludwig!
Bremsklotz weg,
Pulle rein!
Viel Glück
Für Flug über neues Gebiet.

Dein Rudolf Schröder."

Ludwig Havighorst erlebte einige Tage im Kreise der versammelten Familien beider Elternpaare, und am 20. Juli, dem Tage des Anschlages auf Adolf Hitler, erhielt er ein Telegramm, welches das Ende dieser schönen Zeit ankündigte. In diesem hieß es: „Sofort zur Einheit zurückkommen!" Am nächsten Tag nahmen die beiden Jungvermählten voneinander Abschied. Ludwig Havighorst kehrte zunächst zu seiner Dienststelle, der Frontflieger-Sammelstelle Quedlinburg, zurück. Dort angekommen, erfuhr er, daß er mit Wirkung vom 1. April 1944 zum Oberleutnant befördert worden sei. Dieser freudigen Nachricht folgte eine schmerzliche, denn Havighorst wollte so rasch wie möglich zu seinen Kameraden zurückkehren. Aber die Untersuchung auf Fliegertauglichkeit, der er sich unterziehen mußte, ergab, daß er nicht mehr fliegertauglich war. Dies bedeutete, daß er seine Kameraden nicht mehr wiedersehen würde. Es war ein schwerer Schlag für ihn, den „geborenen" Flieger.

Von der Navigationsschule zu den Fallschirmjägern

Zunächst wurde Oberleutnant Ludwig Havighorst an die Navigationsschule der Luftwaffe nach Straußberg, östlich von Berlin, versetzt. Dort sollte er seine umfassenden Kenntnisse an junge Flieger weitervermitteln.

Auf der Schule hatte er wenigstens mittelbar mit der Luftwaffe zu tun. Er bemühte sich nach besten Kräften, den jungen, völlig schimmerlosen Flugeleven das Einmaleins der Navigation beizubringen. Gespannt verfolgte er die Rückwärtsbewegungen seines Verbandes, hörte voller Entsetzen vom Zusammenbruch der Heeresgruppe Mitte und vom Vorstoß der Roten

Ritterkreuzträger des Kampfgeschwaders 27
1944–1945

Nach dem Ausscheiden von Ludwig Havighorst aus dem Verband des KG 27 errangen in den Jahren 1944–1945 neben den bereits im vorangegangenen Text genannten Soldaten Bierbrauer, Frost und Skrzipek sechs weitere Angehörige dieses Geschwaders das Ritterkreuz des Eisernen Kreuzes. Sie sollen an dieser Stelle genannt werden:

Oblt. Adolf Fischbach,
4./KG 27, am 29. Februar 1944

Ofw. Konrad Ellmer,
14./KG 27, am 9. Juni 1944

Hptm. Heinrich Günther,
7./KG 27 (gef.), am 9. Juni 1944

Ofw. Helmut Klimek,
14./KG 27, am 9. Juni 1944 (rechts)

Fw. Günther Kempin,
14./KG 27, am 17. April 1945

Oblt. Karl Zillich,
II./KG 27 (gef.), am 20. Juli 1944

9. Juni 1944: große Feier in Arnsbach;
von links: Skrzipek, Klimek, Klien und Ellmer

Armee bis zur ostpreußischen Grenze und vernahm durch kurze Gespräche und vor allem in der Korrespondenz von seinen alten Kameraden, von denen einige, die er gut kannte, hoch ausgezeichnet wurden (siehe Anlage 1: Die Ritterkreuzträger des Kampfgeschwaders 27), was alles im Osten geschah.

Doch seines Bleibens in Straußberg sollte nicht von langer Dauer sein. Er wurde von hier aus nach Liegnitz an der Katzbach in Niederschlesien kommandiert. Dort kam er in das Luftwaffen-Festungs-Bau-Bataillon XXX. Dieses sollte, was zunächst allerdings den Angehörigen dieses Verbandes nicht bekannt war, wenig später zur Aufstellung eines Fallschirmjäger-Regimentes verwandt werden.

Am 23. September wurde das Bataillon verladen. Niemand wußte, wohin die Fahrt gehen würde. Wegen der starken alliierten Fliegertätigkeit, auch und vor allem am Tage durch die 8. USAAF, wurde nur des Nachts gefahren. An seinem Kompaß konnte Havighorst ablesen, daß es immer nach Westen ging. Das Ziel war also die Westfront, und mit jeder Umdrehung der Räder des Transportzuges kam Havighorst auch der Heimat wieder näher.

In Hengelo in Holland wurde schließlich ausgeladen. Der Transportführer und zugleich BatlKdr. Oberstleutnant Gundolf Freiherr von Schenk zu Schweinsberg begab sich als erster in die Stadt, um sich nach den zugesicherten Unterkünften umzusehen.

„Ich erhielt den Befehl", berichtete Havighorst, „das Ausladen des Bataillons zu überwachen. Durch meine Ausbildung im Infanterie-Lehr-Regiment war ich dazu auch in der Lage. Sofort schickte ich in alle vier Himmelsrichtungen Fliegermeldeposten aus und befahl, daß das Bataillon im Falle einer Fliegermeldung sofort volle Deckung zu nehmen habe. Diese Maßnahme rettete vielen der unerfahrenen Soldaten, die ja zum größten Teil aus der Luftwaffe ausgesiebt worden waren, das Leben.

Bereits nach einer halben Stunde erhielt ich die Meldung: ,Sechs Kampfflugzeuge im Anflug aus Westen!' Ich befahl sofort: ,Fliegerdeckung, marsch!'

Die englischen Kampfflugzeuge griffen den Bahnhof an. Wir waren in voller Deckung sicher. Als wir uns hinterher den Bahnhof ansahen, mußten wir erleben, daß alle Bahnbeamten, die unter den Waggons Deckung gesucht hatten, ausnahmslos gefallen waren. Unsere Fahrzeuge und das gesamte Material, das noch nicht ausgeladen war, lag in Trümmern herum.

Oberstleutnant Freiherr von Schenk zu Schweinsberg kam angerast und

Oberst Helmuth von Hoffmann,
Kommandeur des Fallschirmjäger-
Regimentes 9 der 3. FJD

Gundolf Frhr. Schenk zu Schweins-
berg führte im Oktober 1944 das
FJR 9.

stellte zu seiner grenzenlosen Erleichterung fest, daß kein einziger Mann seines Bataillons gefallen war.

In den nächsten Tagen erfuhren wir auch, was es mit unserem Transport genau auf sich hatte. Wir wurden in das Fallschirmjäger-Regiment 9 eingegliedert, das im Raume Hengelo zur Neuaufstellung lag. Es gehörte zur 3. Fallschirmjäger-Division, die von Generalmajor Walter Wadehn vertretungsweise geführt wurde. Wenig später wurde diese Division von Generalleutnant Richard Schimpf übernommen.

Der Regimentsstab war bereits zur Stelle. Regimentskommandeur war Oberst i. G. Helmuth von Hoffmann, Kommandeur des I. Batl. Oberstleutnant Schenk zu Schweinsberg. Das II. Batl. führte Major Taubert, und den Befehl über das III. Batl. übernahm Hauptmann Buchholz." (Siehe Anlage: Stellenbesetzung des Fallschirmjäger-Regimentes 9)

In den nächsten Tagen traf mehr und mehr Personal ein. Darunter befanden sich – wie auch im Bataillon Havighorsts – viele ehemalige Flieger. Havighorst, hoch ausgezeichnet mit dem Deutschen Kreuz in Gold und der Goldenen Frontflugspange mit Anhänger, sah und begrüßte Unteroffiziere, Feldwebel und Oberfeldwebel des fliegenden Personals.

Als schließlich sogar das gesamte Personal der Flugzeugführerschule AB 112 beim Regiment eintraf, war Havighorst erschüttert. Dieser Ausverkauf der deutschen Luftwaffe war das Makaberste, was er im Kriege erlebt hatte. Hier wurden die Asse der deutschen Luftwaffe bei der Erdtruppe verheizt, während sie an der Ostfront zur Unterstützung der schwer ringenden Infanterie dringend gebraucht wurden.

Sie kamen - geübt und versiert im Bombenwurf und Luftkampf, aber unausgebildet für den Erdeinsatz - ins Regiment, und es war schon abzusehen, wie sie durch eigene Fehler, die sie ja nicht ausmerzen konnten, weil sie von den speziellen Gefahren des Erdkampfes keine Ahnung hatten, zu Tode kommen oder zumindest schwer verwundet werden würden.

Als schließlich Generalmajor Wadehn das aufgestellte Regiment begrüßte und die Offiziere ihm vorgestellt wurden, fragte er Havighorst: „Na, wollen Sie es auch bei uns versuchen?" - „Der Not gehorchend, Herr General!" antwortete Havighorst.

Der erfahrene Oberleutnant, immerhin hatte er eine ausgefeilte Ausbildung im Infanterie-Lehr-Regiment erhalten, wurde zunächst Zugführer des 1. Zuges der 4. Kompanie. Kompaniechef war Oberleutnant Grau.

Der Bataillonskommandeur, Oberstleutnant Schenk zu Schweinsberg, drängte auf eine intensive Ausbildung, damit der junge Nachersatz des in der Bretagne, in der Normandie und zuletzt im Kessel von Falaise aufgeriebenen Regiments nicht unvorbereitet in den zu erwartenden schweren Einsatz zu gehen brauchte. „Schweiß spart Blut." Nach diesem Spruch, dessen Wahrheitsgehalt unbestritten war, wurde Gefechtsausbildung betrieben. Glücklicherweise befand sich in jeder Kompanie doch noch eine Reihe Soldaten, die bereits in der Normandie dabeigewesen waren.

Die einzelnen Bataillone waren in den Ortschaften Ottmarsum, Almelo, Oldenzaal und Albergen untergebracht und erlebten hier eine turbulente Zeit.

Oberstleutnant Schenk zu Schweinsberg entpuppte sich als alter aktiver Infanterie-Offizier, bei dem das I. Bataillon in besten Händen war.

Während der ersten großen Übung führte Ludwig Havighorst die 4. Kp., da Oblt. Grau erkrankt war. Als die Übung beendet war, wurde Havighorst zum BatlKdr. befohlen. Er wurde von diesem gelobt, weil er als einziger seine Sache fehlerlos gemacht hatte. In dem nun beginnenden Gespräch erfuhr Oberstleutnant Schenk zu Schweinsberg, daß Havighorst vier Jahre im Infanterie-Lehr-Regiment gedient hatte. Bei weiterem „Ausholen" stellte er dann fest, daß er auch im Umgang mit Sprengmitteln und allem, was sich mit Pioniertechnik umschreiben ließ, versiert war. Er sagte abschließend: „Damit sind Sie ab sofort Chef unserer 15. Pionier-Kompanie!"

Oberleutnant Havighorst wurde zu einem einwöchigen Pionier-Lehrgang befohlen, um weitere Einzelheiten dieses schwierigen Dienstes zu erfahren. Anschließend übernahm er offiziell am 9. November 1944 die 15. Kompanie, die er bis zu seiner Gefangennahme führen sollte.

Er hatte das Glück, daß doch eine Reihe erfahrener Unteroffiziere und Feldwebel in der Kompanie waren, die das Pionierwesen von Grund auf beherrschten. Diese Soldaten setzte er als Zug- und Gruppenführer ein, um sicherzugehen, daß sie ihre Aufgabe hundertprozentig erfüllten.

Zugführer des 1. Zuges wurde Lt. Müller-Reichenau, ein sehr junger Offizier aus Königsberg, der beim Einmarsch der Sowjets nach Ostpreußen seine gesamte Familie verloren hatte.

Den 2. Zug führte Oberfeldwebel Schulze, Zugführer des 3. Zuges wurde Oberfeldwebel Düring.

Mitte November 1944 verlegte das FJR 9 in den Raum Köln. In vielen Nächten zuvor hatten sie den Abschuß von V 1-Raketen miterleben können, die in der Nähe des Aufstellungsortes der Fallschirmjäger von einer Abschußrampe abgeschossen wurden.

Mit donnerndem Getöse stiegen die V 1 in den Himmel und entschwanden rasch den Blicken der Männer in Richtung England.

Anlaß der Verlegung war die Tatsache, daß es amerikanischen Truppen im Großraum Aachen-Hürtgenwald gelungen war, die deutsche Verteidigung zu durchbrechen.

Westlich von Köln wurde ausgeladen. Oberst i. G. von Hoffmann war mit den ersten Teilen seines Regimentes dabei. Die Fallschirmjäger richteten sich in den Dörfern Lucherberg, Luchem, Frenz, Frenzerburg und Langerwehe ein. Regimentsgefechtsstand war ein Betonbunker unter einem Bauernhof in Lucherberg, der so getarnt war, daß er nicht aufgestöbert werden konnte. Die gegenüberliegende Kirche von Lucherberg war allerdings ein immer wieder angerichtetes Ziel der amerikanischen Artillerie. Vom ersten bis zum letzten Tag wurde die Ortschaft Lucherberg ununterbrochen mit Artilleriefeuer belegt.

Der Einsatz als Fallschirmjäger im Erdkampf konnte beginnen. Am 19. November 1944 lief im Bahnhof von Haltern ein Transportzug ein, in dem weitere junge Fallschirmjäger des FJR 9 zu den Aufstellungsorten zwischen Hengelo und dem Einsatzort westlich von Köln transportiert werden sollten.

Gefechtsstand des FJR 9 in Lucherberg

Nachdem Fliegeralarm gegeben wurde und die Fallschirmjäger Befehl erhielten, den Zug so schnell wie möglich zu verlassen und in volle Deckung zu gehen, rannten alle zur Straße, um im Straßengraben Deckung zu suchen. Als die Jabos die Burbrockstraße überflogen, eröffneten die Fallschirmjäger das Feuer auf die Jabos, die keine hundert Meter über die Straße hinwegfegten und aus allen Bordwaffen feuerten. Einer der Schützen, die versuchten, diesen Gegner zu vernichten, war der neunzehnjährige Fallschirmjäger Walter Kohl. Er schoß auf die heranröhrenden Jabos, sah, wie deren MG-Feuerstöße den Straßenrand perforierten. Dann wurde das Starkstromkabel einer Überlandleitung durch einige Treffer aus der Halterung herausgeschossen und fiel dem Fallschirmjäger Walter Kohl zwischen Daumen und Zeigefinger auf die linke Hand. Durch den Stromstoß verlor Walter Kohl das Bewußtsein. Kameraden trugen ihn ins Haus von Johannes Herberhold, Dragendorfstraße 5, weil dort ein Sanitätstrupp untergezogen war. Die Sanitäter unternahmen Wiederbelebungsversuche. Doch alle ärztliche Kunst erwies sich als vergeblich. Der Stromstoß, der Walter Kohl, den

Das Grab des Fallschirmjägers Walter Kohl

Bruder des derzeitigen Bundeskanzlers Helmut Kohl, getroffen hatte, war tödlich.

Der Fallschirmjäger Walter Kohl wurde auf dem St.-Sixtus-Friedhof in Haltern zur letzten Ruhe gebettet.

DER ENDKAMPF IM WESTEN

Zwischen Aachen und Düren

Als die westlichen Alliierten aus ihrem Landekopf in der Normandie ausgebrochen waren und zunächst nach Süden in den freien Raum Frankreichs hinein vorstießen, um später nach Südosten und Osten einzudrehen und als nächstes Ziel die deutsche Grenze zu erreichen, schlossen sie zunächst den Kessel von Falaise.

Schon am 18. August 1944 war dieser Kessel dicht. Von den darin eingeschlossenen 100 000 deutschen Soldaten blieben 10 000 Tote und 50 000 Gefangene zurück. Die übrigen konnten – größtenteils verwundet – entkommen. Divisionen waren zu kleinen Kampfgruppen zusammengeschmolzen.

Die Niederlage von Falaise wurde für die Wehrmacht im Westen zu einer Katastrophe. Die alliierten Bemühungen um die Gewinnung des freien Raumes zum Vorstoß in Richtung deutsche Grenze waren damit erfolgreich durchgeführt. Die Generale Bradley und Montgomery, letzterer wurde am 1. September 1944 zum Fieldmarshal ernannt, gruppierten nun um.

Am 1. September übernahm General Eisenhower den Oberbefehl über sämtliche alliierte Streitkräfte in Westeuropa. Damit unterstanden ihm:

die 6. Heeresgruppe unter Generalleutnant Devers,

die 12. Heeresgruppe unter General Bradley und

die 21. Heeresgruppe unter Feldmarschall Montgomery.

Der Sturmangriff der Westalliierten durch Frankreich nach Osten vollzog sich schnell, weil jene Divisionen zur Abwehr fehlten, die der Kessel von Falaise behalten hatte. Die Angloamerikaner gingen in Richtung Antwerpen vor und erreichten diese Stadt am 4. September 1944.

Die deutschen Verteidigungslinien zogen sich von Antwerpen über den Albertkanal und die Maas zum Westwall, dann am Westwall entlang bis hinunter zur Schweizer Grenze. Um diesen langgezogenen Sperr-Riegel zu

Die Großen der US-Truppen: Bradley, Eisenhower und Patton (von links) ...

halten und den Einfall der Westalliierten nach Deutschland zu verhindern, waren nach den Worten von Generalfeldmarschall Model 25 frische Infanterie- und sechs Panzer-Divisionen notwendig.

„Anderenfalls", so verkündete Model, „ist das Tor nach Westdeutschland hinein offen!" (Siehe Wilmot, Chester: Der Kampf um Europa)

Am frühen Morgen des 11. September 1944 überschritt ein amerikanischer Spähtrupp unbemerkt als erster bei Prüm die deutsche Westgrenze. Die Alliierten hatten das Tor nach Westdeutschland erreicht und schickten sich an, es aufzustoßen.

Die Schlacht um Aachen, die von deutscher Seite unter dem Führerbefehl geführt wurde, „den Westwall zu verteidigen und Aachen als erste

*. . . und ihre Wider-
sacher Hasso von
Manteuffel, GenLt.
Thomale und Walter
Model (von links)*

vom Feind angegriffene deutsche Stadt unter allen Umständen zu halten",
verlief dramatisch und für beide Seiten verlustreich.

Aus dem Raume Eupen antretend, stieß das VII. US-Korps unter GenLt.
Collins am Morgen des 12. September 1944 nach Nordosten auf Aachen vor.
Der südwestliche Stadtrand wurde erreicht. Dort blieb der Angriff liegen.

Die 2. Schlacht um Aachen verlief für den Angreifer ebenso ergebnislos.
Hier fand die entscheidende Schlacht statt, die den Krieg um mehrere
Monate verlängerte und Hitler die letzte Chance bot, alles für die große
Schlacht in den Ardennen vorzubereiten.

Luftbombardements, Panzer- und Infanterie-Angriffe, alles, was die
westlichen Alliierten gegen Aachen aufboten, war im Oktober 1944 nicht

*Aachen gibt
noch nicht auf*

imstande, Aachen zu erobern. Zwar gelang es den US-Truppen, die Reichsstraße 57 Aachen – Mönchengladbach zu sperren, doch die Reichsstraße 1, aus Düsseldorf über Jülich und Haaren nach Aachen führend, war noch frei.

Ab Sonntag, dem 10. Oktober, griffen die US-Truppen – darunter die 30. ID, die „Roosevelts Schlächter" genannt wurde – erneut mit starken Panzerkräften ostwärts von Aachen aus Süden nach Norden an. Die Verteidiger von Aachen wurden durch Flugblätter zur Übergabe aufgefordert.

Bis auf 3 000 Meter kamen die Angreifer an Aachen heran. Die Aachen verteidigenden Kräfte lehnten die Übergabe der Stadt ab und wurden am 11. Oktober von Jabos des 16. US-Kampfbombergeschwaders im Tiefflug angegriffen. Gleichzeitig damit eröffneten zwölf US-Artillerieverbände die Beschießung der Stadt.

In einer kritischen Phase dieses Kampfes war es die Waffen-SS-Kampfgruppe Rink und als zweite die Waffen-SS-Kampfgruppe Bucher, die nach Aachen durchstießen und die Verteidiger verstärkten.

Parlamentäre fordern Aachen zur Übergabe auf.

Mit Sturmgeschützen und Tiger-Panzern drangen sie bis zum Gefechtsstand des Stadtkommandanten im Quellenhof vor und bildeten hier einen Verteidigungsring.

SS-Gruppenführer Prieß, Kommandierender General des I. SS-Panzerkorps, ließ die 1. SS-Panzer-Division „Leibstandarte SS Adolf Hitler" antreten, die den Amerikanern noch bis zum 19. Oktober erbitterte Kämpfe lieferte.

Am 20. Oktober 1944 fiel Aachen, doch der Kampf in diesem Raum war noch nicht zu Ende. Dennoch hatte das alliierte Oberkommando in Versailles bereits am 22. September 1944 die Weichen für die Fortsetzung dieses Angriffs gestellt. Eisenhower und Montgomery waren übereingekommen, alle deutschen Truppen im Niederrhein-Gebiet in einer großangelegten Zangenbewegung einzukesseln und zu vernichten. Dazu sollten am 8. Oktober (Aachen war bis dahin noch nicht gefallen, dennoch hielten die Alliierten an diesem Plan fest) 3 000 alliierte Flugzeuge die Städte am Niederrhein zermalmen. Kleve und Emmerich wurden durch diese plangemäß durchgeführten Bombenangriffe dem Erdboden gleichgemacht.

Die Truppen des VII. US-Korps näherten sich nach ihrem Vorbeistoß an Aachen einem zweiten Widerstandspunkt der Westfront, dem Hürtgenwald. In diesem riesigen Waldgebiet zwischen Monschau im Südosten und Düren im Nordwesten tobte lange eine erbitterte Schlacht. In ihren ersten zehn Tagen gewann das VII. US-Korps 2 700 Meter an Boden und bezahlte diesen Geländegewinn mit 4 500 Mann an Verlusten.

Das Korps war kampfunfähig und mußte die Angriffe einstellen. Die deutsche 5. Panzerarmee unter General der Panzertruppe Hasso von Manteuffel war dazu ausersehen, mit dem abgekämpften Korps die 1. und 9. US-Armee zu stoppen. Die 1. US-Armee trat mit dem VII. US-Korps in Richtung Düren an. Ihr Ziel war es, nach Erreichen von Düren über die Rur zu setzen und direkt auf Bonn loszumarschieren.

Die 9. Armee wiederum sollte mit dem XXX. Korps nördlich an Aachen vorbei über die Rur hinweg auf Jülich vorgehen. Von dort aus würde sich dieses Korps den direkten Weg zum Rhein freikämpfen.

Am frühen Morgen des 16. November 1944 starteten von allen frontnahen Flugplätzen in Frankreich und Belgien, aber auch von der südenglischen Küste die RAF mit 1 888 schweren und 107 mittleren Bombern sowie die 8. USAAF mit 1 204 Bombern und 483 Schlachtflugzeugen zum Initialschlag für den Großangriff. Die Städte Düren, Jülich und Reinsberg wurden gebombt. 1 200 Bomber luden ihre Todesfracht allein über Jülich ab.

*Hasso von Manteuffel,
Oberbefehlshaber der 5. Panzerarmee in den Ardennen*

Dies war die Situation, in welcher die 3. Fallschirmjäger-Division und damit auch das Fallschirmjäger-Regiment 9 im Großraum Düren zum Angriff
antrat.

Im Kampfraum Düren – Frenzerburg

Am 27. November 1944 erhielt die 15. (Pi.)-Kompanie von Oblt. Havighorst
den Befehl, noch in der Nacht in Düren die vorbereiteten Kellerquartiere zu
beziehen. Ludwig Havighorst ließ Lt. Müller-Reichenau und zwei Feldwebel zu sich kommen und befahl ihnen, als Vorkommando Quartier zu
machen. Die drei Genannten fuhren auf Krädern los, während Havighorst
die Kompanie nachführte. Der Fußmarsch begann nach Einfall der Dunkelheit. Das schwere Pioniergerät war verladen worden, um den Marsch
schneller zu machen und die Männer zu entlasten. Unterwegs übte Havighorst mit der Kompanie, und während er sich an deren Ende aufhielt, kam
von vorn die Durchsage: „Kompaniechef nach vorn!"

„Ich dachte, die Burschen sind auf Draht. Sie wollen jetzt ihren Chef auf
den Arm nehmen", berichtete Hptm. a. D. Havighorst. „Als sich aber diese
Durchsage wiederholte, wußte ich, daß die Durchsage ernst gemeint war,
und lief nach vorn. An der Spitze angekommen, stieß ich auf einen Oberst-

leutnant, der mir befahl, eine Volksgrenadier-Einheit abzulösen, die in der Frenzerburg lag.

Angeblich waren US-Truppen bereits links und rechts an der Frenzerburg vorbeigestoßen und konnten jeden Augenblick vor uns an der Marschstraße auftauchen, über die wir nach vorn gingen.

Da ich den Offizier nicht kannte, weigerte ich mich entschieden, die Pionier-Kompanie, die ja hochspezialisiert war, infanteristisch einzusetzen, weil dies gegen die primitivsten militärischen Regeln verstieß. Ich verlangte einen schriftlichen Einsatzbefehl. Dieser wurde mir wenig später von unserem Regiment erteilt. Ich hatte also zu gehorchen.

Nun wurde es ernst. Ich gab meine Einsatzbefehle, und weit auseinandergezogen ging meine Kompanie in Richtung Frenzerburg vor. Durch Artilleriefeuer traten sehr bald die ersten Verluste ein. Bei der Ablösung der MG-Schützen, die von Fähnrich Krüger mit dem Oberjäger Bittner und dem Fahnenjunker Oberjäger Kranz durchgeführt werden sollte, wurden alle drei Männer durch die dicht bei ihnen einschlagende Salve einer Infanteriegeschütz-Batterie des Gegners verwundet. Fähnrich Krüger erhielt einen Bauch- und Oberschenkelschuß. Bittner wurde durch Brustschuß getroffen und Kranz durch einen Splitter am Kopf schwer verwundet. Der Oberjäger Böhnlein wurde ebenfalls schwer verwundet und geriet in Gefangenschaft. Oberjäger Heine wurde durch Granatsplitter am Auge verwundet.

Als die Ablösung soeben durchgeführt war, rollte ein Sherman-Panzer, nach allen Seiten feuernd, in den Vorhof der Frenzerburg hinein.

Ich rannte mit dem Ofenrohr und drei Mann der Bedienung desselben in die Burg hinein und baute diese Panzerabwehrwaffe in einem der Säle auf einem großen Tisch auf. Durch das Fenster hatten wir ausgezeichnetes Schußfeld nach draußen in Richtung der anrollenden Panzer.

Als wir gerade den Panzer durch das offene Fenster anvisieren wollten, schoß dieser eine Panzergranate über unsere Köpfe hinweg in die gegenüberliegende Mauer hinein. Steinbrocken polterten auf uns herunter. Wenn er jetzt die Kanone etwas senkte und erneut schoß, würde er uns vom Tisch herunterfegen.

‚Stellungswechsel in den Nebensaal!' befahl ich, und wir rannten dorthin und bauten das Ofenrohr wieder auf. Von hier aus hatten wir ein noch besseres Schußfeld, visierten den Sherman-Panzer an, und nach dem blaffenden Abschuß und dem dumpf polternden Einschlag sahen wir, daß dieser Gegner voll getroffen war. Flammen stoben aus seinem Heck heraus, die Besatzung bootete aus und konnte entkommen."

*Ein junger Fallschirmjägerkamerad,
wie Havighorst sie führte*

Der Kompanieführer der Volksgrenadiere war begeistert und freute sich,
daß die Männer der 15. Fallschirmjäger-Kompanie des FJR 9 die Lage so
rasch unter Kontrolle bringen konnten.

Die Übergabe-Formalitäten wurden getroffen, und als sich die Volksgrenadiere zum Abmarsch bereitmachten, tauchte völlig überraschend, mit einer weißen Flagge bewaffnet, ein amerikanischer Hauptmann als Parlamentär auf. Er sprach perfekt Deutsch, und Havighorst fragte ihn, wo er die
deutsche Sprache so präzise gelernt habe. Er war nicht sonderlich überrascht, als er hörte, daß dieser US-Hauptmann in Nürnberg geboren worden war. Er war im Jahre 1935 aus Nürnberg in die USA ausgewandert.
Havighorst fragte ihn: „Und warum kämpfen Sie gegen uns?"

Die Antwort des Amerikaners lautete: „Ich kämpfe nicht gegen meine
deutschen Brüder, sondern gegen das nationalsozialistische Unrechts-
system."

Dies hörte sich natürlich sehr gut an, aber die „deutschen Brüder", die er
heraufbeschwor, erhielten den vollen Segen der US-Artillerie und der Fliegerangriffe. Und nicht nur die Soldaten, sondern auch die Frauen und Kinder und Greise in den deutschen Städten bekamen von diesem „brüderli-
chen Fegefeuer" eine ganze Menge ab. Mit so lächerlichen Phrasen wollten
die Fallschirmjäger nichts zu tun haben.

Gefechtsstand des FJR 9 im Bauernhof Jumperts

Um die Männer zu ködern und um sie zum Überlaufen geneigt zu machen, versprach der Ami den Fallschirmjägern in US-Kriegsgefangenschaft den Himmel auf Erden. Wie zur Bekräftigung dieser Sprüche hatte er eine Stange Chesterfield-Zigaretten mitgebracht. Doch das änderte nichts an der Tatsache, daß von Deutschlands Gegnern die bedingungslose Kapitulation gefordert wurde. Und was danach kommen würde, das konnten sich alle an fünf Fingern abzählen, denn nicht umsonst hatte man sie darüber aufgeklärt, daß Deutschland nach dem bedingungslosen Untergang in eine Viehweide verwandelt werden sollte und daß auf dieser Weide 20 Millionen Deutsche zuviel seien.

Dennoch boten die Fallschirmjäger dem Parlamentär einen Doppelkorn an. Eine ganze Weile sprachen die Männer miteinander. Dann fragte Havighorst direkt, was er denn von ihnen wolle. Der Hauptmann erklärte, daß er es bedaure, nicht mehr mit den Volksgrenadieren verhandeln zu können, sondern nun in den deutschen Fallschirmjägern einen zäheren Partner zu haben. Dann aber ließ er die Katze aus dem Sack:

„Wenn Sie mit der gesamten Kompanie zu uns herüberkommen wollen, ist dies möglich. Zwischen 23 Uhr und 1 Uhr wird kein einziger Schuß fallen. Sie können ungehindert unsere Linien passieren. Vorausgesetzt, Sie sind waffenlos."

„Und wenn wir dieses Angebot nicht annehmen?" fragte Havighorst sofort.

„Dann werden wir starkes Artilleriefeuer auf die Burg legen und sie erstürmen. Wir sind bereits links und rechts an der Frenzerburg vorbeigestoßen und können Sie von allen Seiten packen."

„Besten Dank für diesen freundlichen Hinweis!" meinte Havighorst mit unverkennbarer Ironie in der Stimme, „wir werden uns darauf einrichten und Ihnen einen hübschen Empfang bereiten."

Mit verbundenen Augen wurde der Parlamentär zu den amerikanischen Linien zurückgeführt.

Vor der Frenzerburg herrschte eine gespenstische Stille. Kein Schuß fiel in den erwähnten zwei Stunden, wie der Ami dies versprochen hatte. Das war insofern eine nützliche Sache, als die Volksgrenadiere ungehindert die Stellungen verlassen konnten. Die Fallschirmjäger dagegen waren nun in der Lage, ihre Verwundeten zurückzuschaffen und das noch auf den Fahrzeugen liegende Pioniergerät sowie die Verpflegung herunterzuholen und in Sicherheit zu bringen. Oblt. Havighorst meldete über den Feldfernsprecher die Lage in der Frenzerburg und den US-Versuch, sie zur anderen Feldpostnummer abzuwerben. Die Antwort, die er erhielt, lautete: „Halten!"

Die gespenstische Stille hielt an. Die Frenzerburg brannte an verschiedenen Stellen. Kein Motorengeräusch war zu hören, das ihnen das Herannahen der amerikanischen Sturmtruppen verraten hätte.

Oblt. Havighorst schickte einen kampfstarken Spähtrupp nach hinten, der etwa 1000 Meter weiter rückwärts nach einer geeigneten neuen Stellung suchen sollte, falls der Befehl zum Absetzen kam.

Wie Havighorst vorausgesehen hatte, erhielt seine Kompanie zehn Minuten vor Ablauf der von den Amis gesetzten Frist den Befehl zum Absetzen. Die Zeit drängte. In letzter Sekunde verließ er mit dem Kompanietrupp und einem der Zugführer den Gefechtsstand.

Feldwebel Barnesen kam zu Havighorst und fragte, ob er nicht den von den Amis verlassenen Panzer sprengen sollte, damit sie ihn nicht mehr reparieren könnten.

„In Ordnung, Barnesen! Aber beeilen Sie sich, der Ami kann jeden Moment angreifen!"

Feldwebel Barnesen rannte mit einer geballten Ladung zum Panzer und setzte sie in dessen Innern mit Verzögerungszündung an. Als er wieder zurückgekommen war, dröhnte die wuchtige Explosion der Dreikiloladung TNT. Damit war der Panzer vernichtet.

Die Kompanie erreichte wenig später die erkundete Auffangstellung an der Bahnlinie etwa 1000 Meter ostwärts der Frenzerburg. Hier kam ein Melder des Kompanietrupps zu Havighorst und machte eine Meldung, die den Kompaniechef sofort handeln ließ:

„Herr Oberleutnant, drüben an der Brücke, nur 100 Meter von hier entfernt, liegt Leutnant Müller-Reichenau, ich glaube, er ist tot."

„Gruppe Fichtel sofort mit Zeltplanen los! Holen Sie den Leutnant!" befahl der Chef. Ein Sanitäter, der mitlief, stellte fest, daß der Zugführer durch einen Granatsplitter hinter dem Ohr tödlich getroffen worden war.

Erst jetzt erfuhr Ludwig Havighorst, welches Schicksal das Vorkommando erlitten hatte, das unter Lt. Müller-Reichenau von Düren aus in Marsch gesetzt worden war.

Gegen 3.00 Uhr erhielt die 15./FJR 9 den Befehl, in der Lucherberger Schule Quartier zu beziehen. Als sie sich dort notdürftig eingerichtet hatten und soeben schliefen, erfolgte ein alliierter Bombenangriff auf Lucherberg. Fluchend folgten die Fallschirmjäger dem Befehl, die Schule sofort zu räumen und im freien Gelände Deckung zu suchen. Sie waren der Meinung, daß sie in der Schule sicherer sein würden.

Als aber die Männer gerade die Schule verlassen hatten, erhielt diese einen Volltreffer und stürzte zusammen. Unter den Trümmern wurde der Leichnam von Lt. Müller-Reichenau begraben, der zurückgelassen worden war. Oberjäger Hackebracht und Jäger Bös fielen diesem Bombenangriff ebenfalls zum Opfer.

Nach einer Meldung zum Regiment erhielt die 15. Kp. Weisung, sich als Regimentsreserve auf das Gut Lützeler zurückzuziehen. Es lag nach schnellem Karteneinblick ostwärts der Erzbahn an der von Langerwehe kommenden und nach Lammersdorf führenden Straße am Wehe-Bach.

Die Kompanie hatte in den vergangenen 12 Stunden 37 Soldaten durch Tod und Verwundung verloren.

Am 29. November eröffneten die Amerikaner westlich von Lucherberg nach einer stundenlangen Artillerie-Vorbereitung einen Infanterieangriff, der von Panzerstoßgruppen vorgerissen werden sollte.

Nach mehreren Gegenangriffen wurde dieser US-Angriff zum Stehen gebracht. Dabei wurde auch die 15. Kp. in erbitterte Nahkämpfe verwickelt. Bei ihnen riß immer wieder Ludwig Havighorst als Vorbild seine Männer zu großen Abwehrleistungen mit. In diesen Nahkämpfen wuchs Havighorst über sich hinaus. Aus den Fenstern der Häuser, die in einem offenen Viereck gebaut waren, beschossen sich Amerikaner und Fallschirmjäger.

Hptm. Baron Alfred von Freyberg, der letzte Führer des FJR 9

„Zwischen einem amerikanischen Offizier und Oberleutnant Havighorst wurde wenig später ein Waffenstillstand vereinbart, damit beide Seiten unbeschossen ihre Verwundeten bergen und sie zur Versorgung zurückbringen konnten." (Siehe: Frühbeißer, Rudi: Opfergang deutscher Fallschirmjäger)

Die Verwundeten wurden zum Hauptverbandsplatz nach Jüngersdorf gefahren, wo sie versorgt wurden.

Am Nachmittag dieses Tages erlitt das FJR 9 durch einen überraschenden Bombenangriff der Amerikaner erneut schwere Verluste. Elsdorf wurde durch einen Flächenwurf schwer verwüstet, und da auch dort Regimentsteile in Quartier lagen, gab es weitere 24 Tote und 32 Verwundete. Dazu Havighorst:

„Es ist erschütternd und tragisch; ohne Kampf, ohne jede Chance, sich wehren zu können, wurden unsere Fallschirmjäger unter den Trümmern der Häuser begraben.

Meine Kompanie verlegte ihre Quartiere an den Westrand von Düren. Ich richtete den Gefechtsstand in einem Keller ein.

Hier kam die Kompanie nicht geschlossen zum Einsatz, sondern stellte immer wieder kleine Kampftrupps an die Bataillone des Regimentes ab, um ihre Pionierkenntnisse im Bunker- und Stellungsbau zur Verfügung zu stellen.

Unsere Unterkünfte wurden immer wieder von Feuerschlägen der Feindartillerie eingedeckt. Als ein Melder vom Regiment gerade den Gefechtsstand meiner Kompanie betreten wollte, schlug ganz in der Nähe eine Granate ein; der Mann wurde schwer verwundet.

Einer unserer Sanitäter leistete erste Hilfe. Der Mann wurde nach kurzer Versorgung in das Lazarett Frechen eingeliefert, wo er mit Erfolg operiert werden konnte. Ein paar Tage darauf erhielt ich jedoch die Nachricht, daß er bei einem Bombenangriff auf Frechen, von dem auch das Lazarett schwer betroffen war, getötet wurde."

Auf dem Gut Lützeler wurde die Gruppe unter ObGefr. Adenhäuser mit fünf Mann vermißt. Was mit ihm und seinen Männern geschehen war, ließ sich nicht ermitteln.

Am 3. Dezember wurde der Jäger Eismann der Kp. Havighorst westlich Düren verschüttet, als ein Artillerievolltreffer genau auf sein Deckungsloch niederging. Er konnte nur noch tot geborgen werden.

Im Keller des zerstörten Amtsgerichtes von Düren hatte inzwischen der soeben eingerichtete Regiments-Gefechtsstand den Regimentsstab aufgenommen. Düren war bereits am 16. November von Bombern der Alliierten schwer zerstört worden. Für die hier untergezogenen Fallschirmjäger hieß es, unter die Erde, in die Keller zu gehen.

Am 9. Dezember 1944 hatte Ludwig Havighorst seine Kompanie wieder vollzählig versammelt. Für diese bahnte sich eine neue Verlegung an, und in der Tat traf dieser Befehl noch am selben Tage ein.

Im Fußmarsch ging es nach Niederkyll, das bei Jünkerath lag. Wegen der starken feindlichen Fliegertätigkeit konnte nur bei Nacht marschiert werden. Am frühen Morgen des 13. Dezember 1944 wurde dieses Ziel erreicht, und die Kompanie bezog mehrere Bauernhöfe als Quartiere.

Mittags flog ein US-Bomberverband Niederkyll an. Havighorst fürchtete bereits das Schlimmste für seine Kompanie, aber die wenig später niedergehenden Bomben galten nicht Niederkyll, sondern dem Bahnhof von Jünkerath.

Am Abend des 15. Dezember wurden sämtliche Offiziere des Regimentes zu einer Besprechung nach Jünkerath befohlen. Zur größten Überraschung aller Anwesenden verkündete ein Stabsoffizier der 3. FJD den sprachlos dastehenden Soldaten, daß eine neue Offensive am nächsten Morgen beginnen sollte. Havighorst als Chef der Pionier-Kompanie wurde darauf aufmerksam gemacht, alles komme darauf an, daß er mit seinen Männern für das Regiment und die Division den Durchgang öffne. Danach wurde der Angriffsbefehl des Oberbefehlshabers West, Generalfeldmarschall Gerd von Rundstedt, verlesen. Er lautete:

Tagesbefehl des Oberbefehlshabers West vom 16. Dezember 1944:
Soldaten der Westfront!
Eure Stunde hat geschlagen!
Starke Angriffsarmeen sind heute gegen die Anglo-Amerikaner angetreten.
Mehr brauche ich Euch nicht zu sagen.
Ihr fühlt es alle:
Es geht ums Ganze!
Tragt in Euch die heilige Verpflichtung, alles zu geben und Übermenschliches zu leisten für unser Vaterland und für unseren Führer!
Der Oberbefehlshaber West
von Rundstedt, Feldmarschall.

Für die Soldaten, die hier versammelt waren, schien diese Offensive einfach unvorstellbar. Da wurde um Deutschland gekämpft, und sowohl im Westen als auch im Osten standen die Feinde vor den Toren dieses Reiches. Zur gleichen Zeit sollte eine Offensive stattfinden, von der noch vor einer Stunde niemand gehört hatte. War dies überhaupt möglich? Konnte so etwas stattfinden? Konnten derartige Vorbereitungen getroffen werden, *ohne* daß der Gegner rechtzeitig davon erfuhr?

Die „Wacht am Rhein" – Die Offensive in den Ardennen

Bereits in jenen schweren Krisentagen der erbitterten Schlacht um Aachen, der Verteidigungskämpfe im Elsaß und der Abwehr der alliierten Luftlandeeinsätze bei Arnheim hatte Hitler den Plan gefaßt, den Westgegner durch starke Gegenangriffe bei seinem Vorstoß in Richtung Reichsgrenze zu stoppen. Dabei rechnete er mit der Tatsache, daß das schwierige Herbstwetter die alliierte Luftwaffe wenigstens zeitweise am Boden halten werde.

Hitler vertrat die Auffassung, daß selbst die gezählten 70 kampfstarken Feindverbände *nicht* in der Lage sein konnten, die insgesamt 700 Kilometer lange Front voll zu besetzen, zumal der Gegner ja an verschiedenen Stellen

Königstiger auf dem Marsch zur Front

dieser Front in heftige Kämpfe verwickelt wurde. Er dachte zunächst an einen Überraschungsschlag durch die Burgundische Pforte, danach an den niederländischen Raum als Ausgangspunkt einer eigenen überraschenden Offensive.

Ende September stieß der „Führer" schließlich auf die alliierte Front ostwärts von Lüttich. Hier sollte der Gegner – das hatten die Erkundungen ergeben – sehr schwach sein. Die sofort von Hitler veranlaßten Aufklärermeldungen bestätigten eine sehr schwache Belegung, und der „Führer" erkannte, daß dies *der* Raum war, durch den auch im Mai 1940 der deutsche Durchbruch gelaufen war. Sofort ließ er die nach Liegnitz ausgelagerten Unterlagen der Westoffensive herbeischaffen, studierte die Geländebeschreibung vom Januar 1940, aus der hervorging, daß bei Schnee und Eis der Vormarsch durch Südbelgien und Luxemburg günstiger war als jener durch das weiter nördlich gelegene Gebiet.

Hitler plante nun den Angriff in allen Einzelheiten persönlich durch. Er ließ sich die Truppenstärken geben, die am 15. November und einen Monat später vorhanden sein würden, und was alles an schweren Waffen einschließlich der selbständigen Artillerie-Brigaden mot., der Sturmgeschütz-Brigaden und der schweren Panzerabteilungen bis zum 15. Dezember im Westen vorhanden sein konnte.

Am 1. November 1944 ließ der Chef des Wehrmachtsführungsstabes GenOberst Jodl die inzwischen fertiggewordenen Pläne zu dieser Offensive im Westen an den Chef des Generalstabes des OB West, General Westphal, schicken. Der Plan hatte bis dahin folgendes Gesicht erhalten:

„1. Ziel der Operation: Vernichtung des Feindes nördlich der Linie Antwerpen – Brüssel – Bastogne.

2. Hierzu wird die HGr. B mit der 6. Panzerarmee rechts, der 5. Panzerarmee in der Mitte und der 7. Armee links die feindliche Front nach stärkerer, aber kurzer Feuervorbereitung an mehreren taktisch günstigen Stellen durchbrechen." (Siehe KTB des Oberkommandos der Wehrmacht)

Die 6. Panzerarmee sollte die Maasübergänge beiderseits Lüttichs erreichen, um an der Vendre und in den nördlichen Befestigungen von Lüttich eine starke Abwehrfront aufzubauen.

Danach sollte von ihr der Albertkanal zwischen Maastricht und Antwerpen sowie der Raum nördlich Antwerpen gewonnen werden.

Die 5. Panzerarmee sollte die Maas zwischen Fumay und Namur überschreiten und in der Linie Antwerpen – Brüssel – Namur – Dinant die Einwirkung feindlicher Reserven von Westen her gegen den Rücken der 6. Panzerarmee verhindern.

Die 7. Armee wiederum erhielt den Auftrag, den Flankenschutz nach Süden und Südwesten mit dem Ziel zu bilden, zunächst die Maas und die Semois zu erreichen und im Raume ostwärts Luxemburg Anschluß an die Moselfront zu suchen. Dazu sollte ein möglichst weiter Raum nach vorn gewonnen werden, um durch Zerstörungen der Infrastruktur Zeitgewinn zu schaffen und weiter rückwärts eine feste Abwehrfront errichten zu können.

Später sollte der Durchbruch der HGr. B durch Angriffe der Heeresgruppe Student ergänzt werden, sobald der Gegner stärkere Kräfte entweder gegen den Riegel zwischen Rur und Maas, gegen den Albertkanal nach Süden oder aus dem Brückenkopf Venlo nach Westen oder Südwesten führte. (Siehe auch dazu: KTB des Oberkommandos der Wehrmacht)

Der Oberbefehlshaber West ließ durch seinen Chef des Stabes, General Westphal, einen Entwurf für den Aufmarsch ausarbeiten und erklären, daß der früheste Zeitpunkt für den Angriffsbeginn der 25. November sein könne.

GFM von Rundstedt betonte in diesem Entwurf, daß „die Verwendung stärkster eigener Luftwaffenkräfte entscheidend" sei.

Hitler unterschrieb den Befehl zur Bereitstellung am 10. November 1944 und erklärte, daß er durch diese Operation in den Ardennen „eine Wendung im Westfeldzug und damit vielleicht des ganzen Krieges herbeiführen" wolle. Er war fest entschlossen, diese Offensive auch unter Inkaufnahme des größten Risikos durchzuführen.

Nach langem Hin und Her wurde der Plan schließlich weiterverfolgt, nachdem Hitler eine „kleine Lösung" abgelehnt hatte.

Was die Geheimhaltung anlangte, so durfte beispielsweise über Funk nicht ein Wort über diese Offensive getastet werden. Damit schaltete er das ausgefeilte alliierte Funkhorchsystem und dessen Entschlüsselungsmöglichkeiten aus. Sämtliche mit dem Offensivplan befaßten Offiziere hatten eine Erklärung zu unterschreiben, in welcher festgelegt wurde, daß ihr Leben verwirkt sei, wenn sie – und sei es nur aus Fahrlässigkeit – ein Detail dieses Planes anderen mitteilten.

Die Geheimhaltung ging so weit, daß nicht einmal die beiden der HGr. B benachbarten HGr. G zur Rechten und H zur Linken etwas von dieser Offensive wußten.

Es gelang, den Aufmarsch zur „Wacht am Rhein" geheimzuhalten. Dies war um so bemerkenswerter, als dazu riesige Mengen an Nachschub und gewaltige Truppenverschiebungen notwendig wurden.

Einzig der G 2 der 1. US-Armee, Oberst Dickson, hatte General Hodges darauf aufmerksam gemacht, daß die Möglichkeit einer deutschen Offensive bestehe, weil sich drei deutsche Panzer-Divisionen gegenüber der Front der 1. US-Armee gezeigt hätten. Doch diese Meldung beunruhigte General Hodges nicht.

Als der G 2 – der die Feindnachrichten zu bearbeiten hatte – am 10. Dezember 1944 in seiner Armee-Lagemeldung Nr. 37 darauf hinwies, daß die 6. deutsche Panzerarmee in Bereitschaft liege und „möglicherweise etwas Unangenehmes" plane, hielt man Oberst Dickson für einen Phantasten.

Das deutsche Westheer setzte sich am 1. Dezember 1944 aus 426 713 Soldaten zusammen. Die Kräfte der Westalliierten beliefen sich am selben Tage auf 2 699 467 Mann US-Truppen, 925 644 Mann britischer Truppen und 100 000 französische Soldaten. Die Luftwaffe der Alliierten war der deutschen um das Zehnfache überlegen. Ähnlich verhielt es sich mit schweren Waffen, insbesondere mit Panzern.

Am 12. Dezember 1944 berief Adolf Hitler eine Besprechung aller Kom-

*General Hodges, seine Soldaten
nannten ihn einen „harten Knochen"*

mandeure vom Divisionskommandeur aufwärts in den Adlerhorst nach
Bad Nauheim ein. Hier wurden alle Anwesenden über die neue Offensive
orientiert. Hitler trug ihnen vor, was beabsichtigt war und wer welchen Part
in diesem Überraschungsschlag zu spielen hatte. Das Unternehmen erhielt
die Codebezeichnung „Wacht am Rhein".

Interessant ist jene Passage in Hitlers Rede, in der er verkündete: „Es gab
in der Weltgeschichte niemals Koalitionen, die wie jene unserer Gegner aus
so heterogenen Elementen mit so völlig auseinanderstrebenden Zielrich-
tungen zusammengesetzt waren.

Ultrakapitalistische Staaten auf der einen Seite, ultramarxistische auf der
anderen. Auf der einen Seite mit England ein sterbendes Weltreich, auf der
anderen eine ‚Kolonie', die auf die Erbschaft erpicht ist: die Vereinigten
Staaten von Nordamerika. Diese wollen die Erbschaft Englands antreten.

Sowjetrußland wiederum bemüht sich, den Balkan, die Dardanellen, den
Iran und den Persischen Golf in die Hände zu bekommen. England ist be-
strebt, seine zusammengestohlenen Besitzungen zu halten und im Mittel-
meer stark zu bleiben."

Zum Schluß rief Hitler seinen Generalen zu: „Wir dürfen keinesfalls den
Augenblick verstreichen lassen, ohne dem Feind zu zeigen, daß er niemals,

was er auch tun mag, auf eine Kapitulation Deutschlands rechnen darf! –
Niemals! – Niemals!"

250 000 deutsche Soldaten standen entlang der 140 Kilometer breiten
„Geisterfront" in den Ardennen angriffsbereit. Kurz nach Mitternacht des
16. Dezember 1944 wurde von allen Kommandeuren der Angriffsbefehl von
Feldmarschall von Rundstedt verlesen.

Die Schlacht in den Ardennen konnte beginnen.

Mit der 3. Fallschirmjäger-Division im Einsatz

Unter dem Generalkommando des I. SS-Panzerkorps packte die 3. FJD,
links neben der 12. Volksgrenadier-Division und rechts von der 12. SS-Panzer-Division „Hitlerjugend" stehend, am Morgen des Angriffstages zu.

Noch in der Nacht war der Oberbefehlshaber der 6. Panzer-Armee, SS-
Oberstgruppenführer Sepp Dietrich, auf dem Regimentsgefechtsstand des
FJR 9 erschienen und hatte mit Oberst i. G. von Hoffmann ein längeres
Gespräch geführt. In seiner Begleitung befand sich der zur Brigade Skor-
zeny gehörende SS-Sturmbannführer Willi Hardieck, der als taktischer
Offizier den Fallschirmjägern beigestellt werden sollte. (Bei Honsfeld fuhr
Willi Hardieck am nächsten Tag auf eine Mine und erlitt dabei tödliche Ver-
wundungen.)

An der Spitze seiner Kompanie vorgehend, erreichte Oblt. Havighorst in
der Nacht die Sturmausgangsstellung zum Angriff nach Westen. Alle Straßen waren dicht verstopft, und die größte Schwierigkeit für die 15. Kp. bestand darin, das schwere und sperrige Pioniergerät mit nach vorn zu bekommen.

„Ich habe den Fehler gemacht, das Gerät zu verladen, um schneller vorwärts zu gelangen. Aber das erwies sich als aussichtslos.

Da wir noch etwas Zeit hatten, kamen nacheinander die Feldwebel und
Zugführer zu mir nach vorn, um mir zu meinem 30. Geburtstag zu gratulie-
ren. Dann erschien auch der Spieß und gratulierte im Namen aller Kompa-
nieangehörigen. Er war es auch, der meinen Geburtstag verraten hatte, wie
er auf Befragen eingestand. Es hat mich gefreut, diese Welle von Zuneigung
und Vertrauen zu erfahren. Sie ermunterte mich, das Beste für diese Kompanie zu geben, die mir anvertraut war.

Endlich kamen wir durch und konnten – nachdem wir bereits einen Pan-

SS-Obergruppenführer Josef „Sepp"
Dietrich, OB der 6. Panzerarmee in
den Ardennen

Otto Skorzeny führte in den
Ardennen das Geheimunternehmen
„Greif" durch. Sie sollten Eisen-
hower gefangennehmen.

zer auf eine Mine hatten rollen sehen – die vom Feind verlegten Minen räumen und einen Durchgang für das Regiment schaffen."

Es war 5.30 Uhr, als die „Geisterfront" in den Ardennen Feuer spie. Aus
Feldgeschützen, Haubitzen und DO-Werfern – letztere den „Stalinorgeln"
vergleichbar – wurde ein Feuerzauber eröffnet, wie ihn die Fallschirmjäger
seit den Tagen in der Normandie nicht mehr erlebt hatten. Es wurde so hell,
daß Taschenlampen zum Lesen der Karten überflüssig waren. Nun sahen
die Fallschirmjäger auch die V 1 wieder, die mit einem dumpfen Georgel
über sie hinweg ihren Weg zogen. Sie flogen so niedrig und erschienen
derart langsam, daß sie von der US-Flak unter Feuer genommen wurden.
Doch die Geschwindigkeit wurde um etliches unterschätzt.

Der Angriff ging nun zügig vorwärts. Die Kompanie Havighorst erreichte
Hüllscheid. Im Vorgehen auf diese Ortschaft lief Ludwig Havighorst links
vom Regimentskommandeur und rechts vom Ordonnanzoffizier, Oberleutnant Günter Luther. (Nach dem Kriege wurde Günter Luther in der Bun-

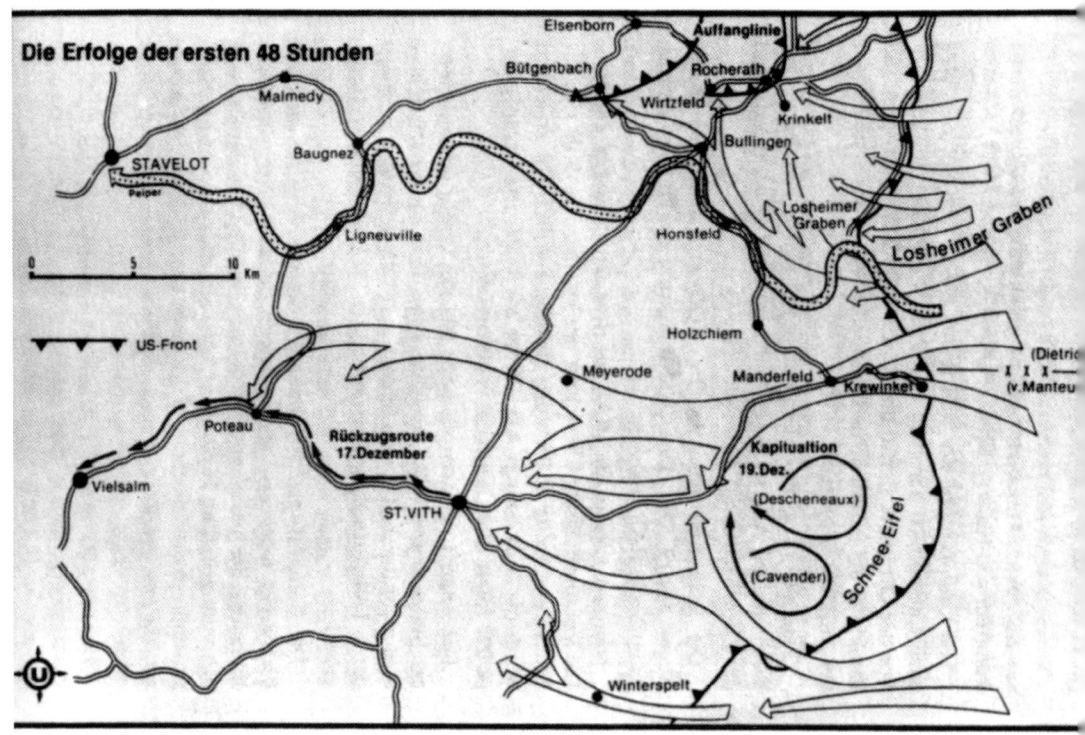

Die Schlacht in den Ardennen: nach 48 Stunden.

deswehr einer der Kommandierenden Admirale der Bundesmarine und als Admiral Stellvertreter des NATO-Oberbefehlshabers in Europa, General Bernhard W. Rogers.)

Als das dichte feindliche Artilleriefeuer einsetzte, sah Havighorst, daß eine Gruppe seiner Kp. viel zu dicht aufgelaufen war. Er rief ihr noch zu, auseinanderzuziehen, doch da hieb bereits ein Volltreffer mitten in diese Gruppe hinein. Eine Reihe Männer ging zu Boden, der Stabsgefreite Hermann, die ObGefr. Wittig und Pfau und der Jäger Mittelmann blieben tot auf dem Gefechtsfeld liegen. Sekunden darauf wurde Jäger Eder durch einschlagende Infanterie-Geschütz-Granaten tödlich getroffen.

Im Vorwärtsstürmen über Merlscheid nach Hüllscheid kam es immer wieder zu kurzen Nahkämpfen. Havighorst sah, daß auch die alten Hasen unter den Fallschirmjägern den Deutschuß aus der Hüfte beherrschten.

Der Gegner floh. Es sah so aus, als hätten sie ihn tatsächlich völlig überraschend erwischt.

Am Abend erreichte die 15. Kp., die ebenso wie die 13. und 14. dem Regiment direkt unterstellt war, als erstes Angriffsziel Lanzerath. Auch hier waren die Amis Hals über Kopf geflohen und hatten alles zurückgelassen. Ihre Verpflegung stand noch auf den Tischen in den Häusern herum. Die ersten amerikanischen Beutezigaretten schmeckten den Fallschirmjägern gut. Die US-Konserven wurden verzehrt. Eine riesige Menge an Kriegsmaterial war erbeutet worden.

Schwerer als die 15. hatte es die 1. Kp. des I./FJR 9 erwischt, die mit schwachen US-Kräften aus Lanzerath ins Gefecht trat. Hptm. Schiffke, Chef der 1. Kp., erhielt einen Streifschuß am Oberarm, der von SanFw. Otto verbunden wurde.

Beim II. Batl. war der Chef der 6. Kp., Hptm. Theetz, gefallen. Der auf der Höhe von Lanzerath liegende Schnee ließ die Fallschirmjäger in ihren gefleckten Knochensäcken deutlich für jeden Scharfschützen der Amis sichtbar werden.

Im Morgengrauen des 17. Dezember hielt vor dem RgtGefStand in Lanzerath, dem einzigen Gasthaus im Ort, ein wuchtiger Königstiger. Kommandant dieses überschweren Panzers und Kommandeur der Kampfgruppe war SS-Obersturmbannführer Jochen Peiper, der Kommandeur des SS-Panzer-Regimentes 1 der Division „Leibstandarte SS Adolf Hitler"; er hatte die Spitze übernommen.

Jochen Peiper sprach mit Oberst i. G. von Hoffmann und erwirkte, daß das I. Bataillon des Regimentes seine Panzer begleiten sollte. Während Peiper dieses Bataillon für immer haben wollte, genehmigte Oberst i. G. von Hoffmann nur die Sicherung der Panzerkampfgruppe bei der Durchfahrt durch den feindbesetzten Bühlinger Forst.

Das I. Bataillon wurde um 6.00 Uhr alarmiert und saß auf den Panzern auf. „Donnernd", so berichtete Havighorst, „ging die Fahrt vorwärts. Bei Hellwerden rollten wir in einen Ort hinein; es war Hünningen. Wir merkten sofort, daß wir in das Quartier eines amerikanischen Regimentes hineingefahren waren.

Die Führer und Unterführer der Kompanien reagierten blitzschnell. Auch wir saßen ab, stürmten in zwei der Häuser hinein und holten die Amis aus den Betten. Nachdem wir allen ihre Waffen abgenommen hatten, schickten wir sie nach hinten in die Gefangenschaft. Eine Reihe Offiziere war darunter.

Vorstoß auf
Losheim

Vorstoß der
Fallschirmjäger
auf Honsfeld

Jochen Peiper trifft in Lanzerath ein.

Die 3. US-Army stößt vor.

Jochen Peiper führte die Spitze seiner Division bis dicht an die Maas heran.

US-Gefangene marschieren an einem Tiger vorbei in die Gefangenschaft.

*Auf der Vormarsch-
straße im Forst
von Büllingen*

Honsfeld ist trotz starker Gegenwehr erreicht.

Kurz darauf versteifte sich der Widerstand. Offenbar waren die Amerikaner aufgewacht. Es kam zu nur noch kurzen Sprüngen nach vorn. Jochen Peipers Panzer schossen mit ihren Langrohrkanonen die Widerstandsstellungen zusammen, und wir stürmten zu Nahkämpfen in die Häuser und Schuppen hinein und schlugen den Feind hinaus.

Wie sich sehr rasch herausstellte, war unsere Kampfgruppe in ein Ruhelager der 99. US-ID und des 349. Infanterie-Regimentes hineingerollt.

Auf beiden Seiten hatte es Tote und Verwundete gegeben. Der Ort sah wüst aus. Wir haben etwa 100 Amerikaner gefangengenommen. Wiederum wurde eine Menge an Kriegsmaterial erbeutet."

Das diesige, neblige Wetter hatte den deutschen Angriff bis zu dieser Zeit begünstigt. Die geschlossene Wolkendecke ließ den Einsatz der alliierten Luftflotten nicht zu. Jetzt aber wurde die Sicht langsam besser, und von nun an flitzten Jabos im Tiefflug über die Front hinweg und warfen ihre Raketenbomben. Danach schossen sie aus ihren Bordwaffen auf alles, was sich zeigte.

Da der Regimentskommandeur irgendwo hängengeblieben war, übernahm Oberstleutnant Schenk zu Schweinsberg die Regimentsführung.

Das folgende Ringen um Honsfeld entwickelte sich zu einem Kampf Mann gegen Mann. Verbissen wehrten sich die Amerikaner. Aber sie wurden auch hier überwunden. Über 150 US-Soldaten gingen in die Gefangenschaft. Die Beute an Fahrzeugen und Treibstoff war riesig, aber die Ortschaft sah fürchterlich aus. Gefallene Amerikaner lagen neben toten Fallschirmjägern und SS-Panzergrenadieren. Fahrzeuge brannten, darunter auch ein deutscher Panzer, der von einem Bazookaschützen abgeschossen worden war.

In Honsfeld wurde der RgtGefStand eingerichtet. Aber am Abend, als alle auf eine kurze Rast und etwas Schlaf hofften, erhielt das I. Bataillon den Befehl, weiter vorzugehen. Ziele waren die Ortschaften Büllingen und Bütgenbach.

Während der nächsten Tage traten die Fallschirmjäger der 3. FJD auf der Stelle. Der Vorwärtsschwung der ersten Tage war zu Ende gegangen. Der Widerstand der Amerikaner hatte sich gefestigt. Sie stoppten die schwachen deutschen Kräfte, deren Überraschungs-Effekt verpufft war.

Die 15. Kp. wurde nun von allen Seiten aufgefordert, beim Bau von Bunkern und Stellungen behilflich zu sein.

Am 24. Dezember 1944 – die Schlacht in den Ardennen hatte sich an den Brennpunkten der Front bereits festgefahren, obgleich sehr große Erfolge

US-Gefangene in Honsfeld

*Die verdiente Zigarette
nach der Eroberung der
Ortschaft*

errungen worden waren – gab es auch für die 15. Kompanie sehr viel Post. Einige der Männer erhielten bis zu fünf Päckchen, die mit einem Bindfaden untereinander verbunden waren.

Mit seinem Kompanietrupp und dem 1. Zug der Kompanie lag Oblt. Havighorst in dem Schulgebäude des kleinen Dorfes Ondenval. Viele seiner jungen Männer erlebten hier ihr erstes Weihnachtsfest fern von ihren Familien, denn etwa 50 Prozent der Fallschirmjäger dieses Regimentes waren nicht über 18 Jahre alt.

Ab und zu ging ein Feuerüberfall auf den Vorpostenstand herunter, aber es traten keine Verluste ein. Auch der 1. und 2. Weihnachtstag verliefen ruhig. Aus den erbeuteten amerikanischen Ausgaben der Frontzeitung „Stars and Stripes" lasen die Fallschirmjäger, daß die deutschen V 1 und V 2 in London schwere Zerstörungen hervorgerufen hatten.

Trotz dieser ruhigen Frontlage waren alltäglich einige Verwundete und auch Tote zu beklagen. Die Tage und insbesondere die Nächte waren bitter kalt. Es gab sogar Ausfälle wegen Erfrierungen an den Füßen, was durch das nasse Schuhwerk verursacht worden war.

Havighorst weiter: „Einem jungen Jäger meiner Kompanie mußten beide Füße amputiert werden, weil er nicht darauf achtgegeben hatte. Das war für

Abgeschossener US-Panzer vor der Kirche von Rocherath

Eine V1 wird zur Abschußrampe gebracht.

alle ein mahnendes Zeichen, sich dieser Kälte zu stellen und Gegenmaßnahmen zu ergreifen.

Nach Weihnachten wurden die V 1-Abschüsse wieder zahlreicher. Wie
stets wurden die Flügelbomben beim Überqueren der amerikanischen
Front von einem wilden Gebelfer aller Waffen empfangen. Doch wir erlebten kein einziges Mal einen Abschuß. Offenbar waren die V 1 doch schneller, als die Amerikaner glaubten.

Am 30. Dezember 1944 erhielt ich von Oberst von Hoffmann, mit dem
ich jeden Tag zusammen war, den Befehl, die 15. Kompanie nach Einbruch
der Dunkelheit von ihrer Aufgabe beim Bunker- und Stellungsbau abzuzie-
hen und in die Häuser von Ondenval zu verlegen. Dort sollte sie sich darauf
vorbereiten, am Abend des 31. Dezember die Kämpfer in der vordersten
Linie abzulösen.

Endlich hatte ich mal wieder die Möglichkeit, mit allen Soldaten meiner
Kompanie zu sprechen. Wegen der ruhigen Lage wagte ich es, sie alle in
einem großen Raum zusammenzurufen und mir ihre Sorgen und Nöte an-
zuhören, um dort helfend einzugreifen, wo mir dies möglich war. In vielen

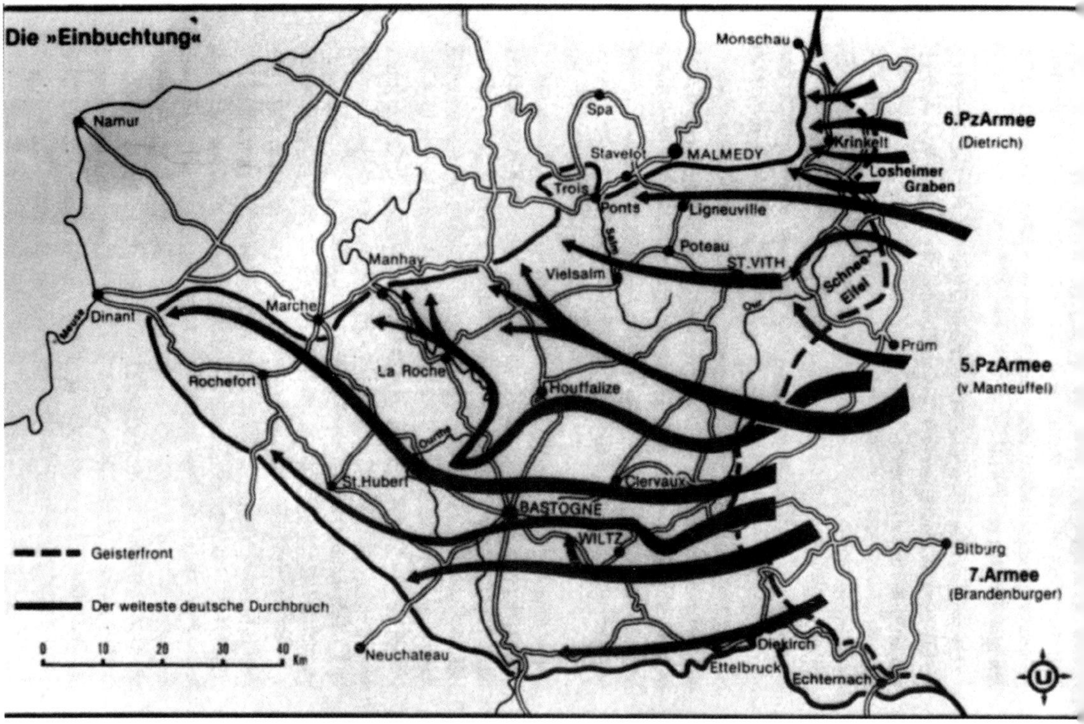
Die »Einbuchtung«
Monschau
Namur
Spa
Stavelot
MALMEDY
6.PzArmee
(Dietrich)
Krinkelt
Losheimer Graben
Trois
Ponts
Ligneuville
Poteau
Salm
ST.VITH
Manhay
Vielsalm
Schnee-Eifel
Our
Marche
Dinant
Meuse
Prüm
La Roche
5.PzArmee
(v.Manteuffel)
Rochefort
Houffalize
Ourthe
St.Hubert
Clervaux
BASTOGNE
WILTZ
Bitburg
Geisterfront
7.Armee
(Brandenburger)
Der weiteste deutsche Durchbruch
0 10 20 30 40 Km
Neuchateau
Diekirch
Ettelbruck
Echternach

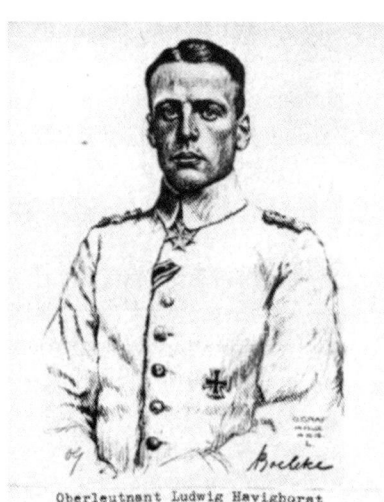

„Das Ei – Die Einbuchtung". Der von den drei deutschen Angriffs-Divisionen erreichte Raum. Es waren nur noch wenige Kilometer bis zur Maas.

Boelcke
Oberleutnant Ludwig Havighorst
widme ich in Würdigung seines Einsatzes bei
V./Kampfgeschwader Boelcke Nr.27
das Bild meines Sohnes Oswald.
Kriegsweihnacht 1944 Mathilde Boelcke

Mathilde Boelcke schenkte Oblt. Havighorst das Bild ihres Sohnes, nach dem das KG 27 „Boelcke" benannt wurde.

Fällen konnte geholfen werden. Dies schweißte die Männer zu einer verschworenen Gemeinschaft zusammen. Alle wußten: du kannst dich auf jeden deiner Kameraden felsenfest verlassen."

Der Silvesterabend – „Hasenjagd"

Am nächsten Tag, der Kalender zeigte den 31. Dezember 1944 an, gab Oblt. Havighorst schon sehr früh am Nachmittag den Anmarschweg und die auszubauenden Stellungen bekannt und erteilte seinen Zugführern Weisungen, alles zu erkunden. An der gesamten Front war es ruhig. Kein Schuß fiel. Die Kämpfe spielten sich mehr und mehr im Südabschnitt der Ardennenfront bei der 5. Panzerarmee und bei den vorgestoßenen Kampfgruppen der 6. Panzerarmee ab.

Die Ablösung am Abend klappte so, als wäre sie ein dutzendmal geübt worden. Kein Laut war zu hören, kein Schuß fiel. Der Amerikaner, der nur 100 Meter vor ihnen lag, merkte offenbar nichts. Havighorst besuchte alle Stellungen seiner Kompanie und kroch zu jedem MG-Nest vor. Mit zwei Männern seines Kompanietrupps nahm er Verbindung zum Nachbarn auf. Auch dies ging ohne Feindbeschuß vor sich. Die Verständigung klappte tadellos.

Eine klare, sehr kalte Nacht zog herauf. Auf einem kleinen Bauernhof, etwa 100 Meter hinter der HKL, richtete Havighorst seinen Gefechtsstand ein. Die letzten Stunden des Jahres 1944 vergingen. Pünktlich um 24.00 Uhr hörten die Fallschirmjäger in weiter Entfernung Kirchenglocken läuten.

Havighorst berichtete: „Ich wartete noch zwei Minuten, bevor ich mich mit zwei Soldaten meines Kompanietrupps auf den Weg zur vordersten Linie machte, um meinen Kameraden ein glückliches neues Jahr zu wünschen. Als wir die Hälfte der 100 Meter durchmessen hatten, sahen wir plötzlich vor uns das Aufblitzen von Abschüssen mehrerer Feind-Batterien. Der Gegner eröffnete das Feuer, und die ersten Granaten schlugen dicht vor unseren Stellungen ein. Wir warfen uns zu Boden, und ein paarmal hieben die Granaten so dicht bei uns ein, daß die Splitter gegen unsere Stahlhelme klirrten.

Mir war sofort klar: Der Ami hat uns überrumpelt! Er war schlauer gewesen als wir und hatte nicht verraten, daß er uns erkannt hatte. Etwa 15 Minuten lang schossen die Batterien in unsere Stellungen hinein. Dann brach das Feuer plötzlich ab.

Wir beeilten uns, nach vorn zu kommen, und stellten erleichtert fest, daß keine Ausfälle eingetreten waren. Nun wurden wir auch unsere Glückwünsche los, und jeder Mann war mit mir einig in dem Wunsche, daß auch die letzte Etappe dieses langen Ringens für ihn und für seine Lieben glücklich zu Ende gehen möge."

Auch die nächsten Tage waren beängstigend ruhig. Zwar wurde ab und zu geschossen, aber ein feindlicher Angriff erfolgte nicht. Es schneite fast ununterbrochen. Alles wurde unter einer dichten Schneedecke begraben. Die 15. Kompanie vorn in den Stellungen wurde regelrecht zugedeckt.

Oberleutnant Havighorst schärfte seinen Männern höchste Aufmerksamkeit ein, denn dieses dichte Schneetreiben brachte die Gefahr mit sich, daß sich der Feind unbemerkt unter der weißen Tarnkappe anschlich und sie überfallartig zu überwältigen versuchte. Der befürchtete feindliche Handstreich blieb allerdings aus.

Am 7. Januar 1945 wurde die 15. Kompanie aus der HKL abgelöst, um sich als Regimentsreserve bereitzuhalten. Havighorst erhielt Befehl, in einem Waldstück etwa 800 Meter ostwärts von Ondenval für die Kompanie Bunker auszubauen und darin unterzuziehen.

Binnen weniger Stunden waren sie mit ihrem Pioniergerät im Boden. Stroh wurde in einem Bauerngehöft ergattert, so daß der Bunker weich ausgepolstert werden konnte.

Nun geschah es, daß bei der Kompanie ein Funkspruch einging, der Oblt. Havighorst zum Bataillons-Gefechtsstand rief. Dieser lag noch etwa einen Kilometer weiter rückwärts. Hier der Report von Hptm. a. D. Havighorst zu diesem Ereignis:

„Ich sagte meinem Kompanietruppführer, Oberjäger Steckhan, Bescheid und bat ihn, noch einen Melder mitzunehmen. Da befohlen worden war, daß der Fourier mitkommen sollte, wurde auch dieser herangeholt.

Wir machten uns also zu viert auf den Weg und mußten kurz nach Verlassen unserer Bunker eine freie Fläche von etwa 700 Metern Länge überwinden. Als wir die Hälfte dieser offenen Ebene passiert hatten, eröffnete eine amerikanische Batterie in unserem Rücken das Feuer.

Die ersten Granateinschläge lagen nur etwa 50 Meter zurück. Wir warfen uns in die spärlichen Deckungen und arbeiteten uns dann sprungweise weiter vor. Immer wenn eine Salve niedergegangen war, schnellten wir hoch und eilten weiter, um wieder in volle Deckung zu gehen, sobald eine neue Lage Granaten heranheulte.

Eisklumpen und gefrorener Dreck peitschten allen um die Ohren. Plötz-

Sherman- und Jeep-Besatzung
beobachten einen deutschen Fliegerangriff auf Bastogne.

lich löste sich unser Fourier, ein Feldwebel, aus der kleinen Gruppe und rannte auf ein Gehöft zu, das 200 Meter weiter rechts sichtbar wurde. Zunächst hatte er Glück, da die Salven nach wie vor uns galten, die wir auf den nahen Waldgürtel zuliefen.

Daß sich ganze Batterien auf vier Soldaten einschossen, so etwas konnten sich nur die Amerikaner mit ihren unbegrenzten Munitionsvorräten leisten. Mit einem Blick sah ich, daß unser Feldwebel die Gehöftgruppe sicher erreichte und hinter den Bäumen verschwand.

Als wir am Waldrand ankamen, schwenkte das Feuer auf das Gehöft ein. Wir hatten nun völlig freie Bahn und erreichten wenig später den Bataillons-Gefechtsstand. Hier mußten wir melden, daß sich der Fourier seitlich in das Gehöft in Sicherheit gebracht hatte.

Als unsere Besprechung zu Ende war, gingen wir etwa eine Stunde später zu unseren Bunkern zurück. Dabei schlugen wir diesmal den Weg über das Bauerngehöft ein, um nach unserem Kameraden zu suchen, der sich hier aufhalten mußte. Immerhin konnte er ja irgendwo verwundet liegen und unsere Hilfe benötigen.

Wir fanden ihn dicht neben einem durch Volltreffer auseinandergerissenen Schuppen liegen. Er war in dem feindlichen Artilleriefeuer gefallen.

Es war ein großer Fehler von ihm gewesen, die freie Fläche zu verlassen, zu dem vermeintlich sicheren Bauerngehöft zu laufen und dort Deckung zu suchen. Es war allen Soldaten bekannt, daß solche markanten Ziele sorgfältig von den Feind-Batterien vermessen worden waren, daß sich diese Batterien genau auf diese Ziele eingeschossen hatten und sie auch hundertprozentig sicher trafen.

Das hatte unser Feldwebel, der von der Luftwaffe kam, nicht bedacht. Er wußte es wahrscheinlich nicht einmal, weil er keine infanteristische Ausbildung gehabt hatte. Er war seinem Instinkt gefolgt, der ihm gesagt hatte, daß er in diesem Hause sicher sein würde; sicherer jedenfalls als auf freiem Feld."

Amerikanischer Großangriff

Am 13. Januar 1945 um 6.00 Uhr wurde die 15. Kompanie des FJR 9 durch wuchtige Detonationen aus dem Schlaf gerissen. Der Ami eröffnete aus zahlreichen Batterien und schweren Granatwerfern das Feuer. Die Stellungen und Unterkünfte des gesamten Regimentes lagen unter schwerstem Beschuß, der sich zeitweise zum Trommelfeuer steigerte. Schon nach wenigen Minuten waren alle Telefonverbindungen unterbrochen. Auf den Großraum Thirimont ging ein gigantisches Trommelfeuer nieder. Als es um 8.00 Uhr aufhörte, traten die Amerikaner an diesem Frontabschnitt zum Großangriff an. Überall vor der Front war das langsame bellende Geräusch amerikanischer Maschinengewehre zu hören, das sich deutlich von dem hektischen Geschnatter der deutschen MG 42 – auch „Hitlersägen" genannt – abhob, mit denen dieses Feuer beantwortet wurde.

Der Gefechtslärm steigerte sich binnen weniger Minuten zu einer breughelschen Höllensinfonie. Es kam zu erbitterten Nahkämpfen in der HKL. In diesem Kampfstil waren die deutschen Fallschirmjäger ihren Gegnern aus den USA weit überlegen. Der Ami wurde mehrfach abgewehrt. Dennoch griffen immer wieder frische Feindkräfte mit Unterstützung schwerer Waffen in diesen Kampf ein.

Das Regiment wurde an verschiedenen Stellen aus der HKL herausgedrückt und verlor auch eine Reihe strategisch günstig gelegener Ortsteile.

Als die Meldung kam, daß ein Neger-Regiment in Ondenval eingedrungen sei, ließ Hptm. Schiffke, der nach dem Abschied von Oberstleutnant Schenk zu Schweinsberg das Bataillon übernommen hatte, die 15. Kompa-

*US-Panzer bei
Houffalize:
Die Falle war leer.*

*Abgeschos-
sener
Sherman-
Panzer*

*Straßenposten
der „Amis"
zwischen
Bastogne und
Houffalize*

nie alarmieren. Havighorst erhielt den Befehl, den von den Amerikanern
genommenen Ort im Sturm zurückzugewinnen. In einer Stunde sollte dazu
angetreten werden.

Durch erfahrene Spähtrupps ließ Havighorst sofort die Feindlage erkunden und sprach den Angriff nach deren Rückkehr mit den Zug- und Grup-
penführern durch.

Um 13.00 Uhr trat die 15. Kompanie an. Während sich die Männer, Oblt.
Havighorst an der Spitze, vorarbeiteten und den Ortsrand von Ondenval erreichten, schlug weit hinter ihnen eine Granate in das Depot der 15. Kp. ein.
Sie durchschlug das Dach und explodierte im Keller, in dem Sprengmittel
lagerten. Die folgende Explosion hatte eine schreckliche Wirkung. Ofw.

Schulze, die Gefr. Goldmann, Howe und Schüßler waren auf der Stelle tot. Gefreiter Niehaus und zwei weitere Pioniere wurden schwer verwundet.

Als die Spitzengruppe der 15. den Ortsrand von Ondenval erreichte, erhielt die Kp. Feuer von gut versteckten Scharfschützen. Zwei Männer, die dicht hinter Havighorst liefen, fielen durch Kopfschüsse. Dann wurden die deutschen Fallschirmjäger von Granatwerfern unter Feuer genommen. Als sie den Beobachter entdeckten, der dieses Feuer leitete, wurde er ausgeschaltet, und der Beschuß blieb hinter ihnen zurück.

In einem weiteren Sprung wurden die ersten Häuser Ondenvals erreicht und der Feind zurückgedrängt. In dieser Situation traf ein Melder vom Regiment ein und brachte den Befehl von Oberst i. G. von Hoffmann, mit dem weiteren Vorstoß auf drei Schützenpanzerwagen zu warten, die er ihnen zur Unterstützung schicken wollte.

Aus den Deckungen der Mauern und Gräben spähten die Fallschirmpioniere zurück und horchten nach rückwärts, um die SPW zu hören, sobald sie nahe genug herangekommen waren.

Plötzlich vernahm Havighorst von links den Hilferuf eines offenbar verwundeten Fallschirmjägers. Er schickte zwei Männer seines Sanitätstrupps los. Mit hoch erhobener Flagge mit dem roten Kreuz ging der Sanitäter – gefolgt von einem Kameraden – unbeschossen in diese Richtung. Nach wenigen Minuten kamen sie mit einem verwundeten Volksgrenadier zurück, der wegen der Kälte und des starken Blutverlustes stark zitterte.

„Was ist los, mein Junge?" fragte Havighorst den Verwundeten. „Ich habe einen Bauchschuß, Herr Oberleutnant."

Havighorst beruhigte den Jungen, daß sie nur auf das Herankommen des Sanitätswagens warteten und ihn dann als ersten zurückschaffen würden.

„Im Lazarett wirst du sofort Hilfe bekommen. Die werden dich schon wieder zurechtflicken, und dann kannst du heim zu Muttern."

Endlich trafen die SPW ein. Die Fallschirmpioniere griffen wieder an, und bereits nach 20 Metern erhielt der Führer des 1. Zuges, Ofw. Schulz, einen Bauchschuß. Auch rechts vom Kompaniechef, beim 2. Zug, wurde nach dem Sanitäter gerufen.

Die Vorgehenden hielten sich direkt hinter den SPW. Es ging zügig vorwärts. Plötzlich sah Oblt. Havighorst links von sich einen jungen Amerikaner, der gerade sein Schnellfeuergewehr durch ein Fenster nach vorn brachte und auf ihn anlegte.

„Jetzt rettete mich die jahrelange Ausbildung", erzählte Havighorst später, „die ich beim Infanterie-Lehr-Regiment erhalten hatte. Ich ließ mich

US-Soldaten gehen in die Gefangenschaft.

blitzschnell auf die rechte Schulter fallen und eröffnete noch im Fallen mit meiner MP das Feuer. Wie ein Kreis schlugen die Geschosse aus meiner Waffe hart über dem Kopf des Ami ein. Er war so erschrocken, daß er sein Gewehr zurückzog und verschwand. Mein nächster Feuerstoß hätte ihn auch mit Sicherheit getroffen.

Zwei Männer meiner Kompanie stürmten in das Haus. Aber der Amerikaner flüchtete bereits durch den Obstgarten und verschwand.

Wir nahmen Ondenval nach kurzem erbittertem Nahkampf in Besitz. Als wir den Westrand dieser Ortschaft erreichten, begann bereits die Abenddämmerung.

Ich schlug den Kompanie-Gefechtsstand in der großen Küche eines Bauernhauses auf. Rechter Hand, etwa 100 Meter entfernt, lag ein weiterer kleiner Bauernhof. Ich kannte ihn aus jenen Tagen, als wir die vorderste Linie besetzt gehalten hatten. Daß wir zu diesem Hof keinerlei Verbindung hatten, gefiel mir nicht. Immerhin bestand die Möglichkeit, daß sich dort noch Amis versteckt hielten.

Aus diesem Grunde schickte ich einen Spähtrupp, bestehend aus einem Oberjäger und vier Jägern, dorthin mit dem Befehl, einmal die Lage zu erkunden.

Bereits fünf Minuten später vernahmen wir das Krachen einer Handgranate, und nach einigen weiteren Minuten angespannten Wartens und Bereitseins kam mein Spähtrupp mit 20 gefangenen Amerikanern zurück. Der

Oberjäger meldete, daß die Amis es sich in der Küche des Bauernhofes gemütlich gemacht hätten. Zu ihrer Sicherheit hatten sie ein MG auf den Tisch gestellt und diesen an das offene Fenster geschoben. Am MG hatte ein Mann Wache gehalten.

Meine Männer aber hatten durch ein zweites Fenster hinter dem Manne eine Handgranate gezündet. Die Amis waren von dem Knall so erschrocken, daß sie sich gefangennehmen ließen. Der MG-Schütze der Amerikaner hatte ein Dutzend Splitter im Rücken und im Hinterteil abbekommen, war aber keinesfalls schwer verwundet. Die Splitter waren durch die dicke Kleidung nur sehr oberflächlich unter die Haut gedrungen. Der Amerikaner wurde auf einen Tisch gelegt, und unser Sani zog ihm die Splitter einzeln aus dem Hintern und gab immer einen Tupfer Jod darauf, was der Ami jeweils mit einem Heuler beantwortete, der - selbst unter den übrigen Gefangenen - allgemeines Gelächter auslöste.

Sie alle überschütteten ihren Kumpel mit wohlmeinendem Spott. Wer den Schaden hatte, spottete eben auch hier jeder Beschreibung, wie wir in der Verballhornung dieses Sprichwortes sagten.

Nun waren wir in unserer Bauernküche mit fünf Fallschirmjägern und 20 Amis versammelt. Natürlich war mir die gefährliche Lage sofort klar, und ich beeilte mich, jeweils fünf Amerikaner von zwei meiner Männer als Wächter zurückzubringen. Als die ersten beiden Fallschirmjäger mit ihren fünf Gefangenen verschwunden waren, saßen wir nur noch zu dritt mit den 15 Amis in der Stube. Aber die hier verbliebenen Gefangenen dachten überhaupt nicht daran, zu fliehen und sich den Widrigkeiten des Kampfes erneut zu stellen. Sie hockten am Boden und löffelten ihre Rationen."

Aus dem RgtGefStand kam wenig später ein Melder nach vorn, der Oblt. Havighorst zum Kommandeur bat. Mit seinem Kompanietruppführer Oberjäger Steckhan machte er sich auf den Weg. Auch sie nahmen fünf Gefangene mit, damit die Zurückbleibenden sicherer waren.

Die Gefangenen gingen dicht vor ihnen her, als plötzlich ein Feuerüberfall der Amerikaner aus schweren Granatwerfern erfolgte. Vier Granaten schlugen mitten unter dem Trupp der fünf Gefangenen ein. Zwei von ihnen waren sofort tot. Sie hatten fast alle Splitter der vier Granaten abbekommen. Die übrigen drei waren anscheinend unverwundet, denn sie verschwanden blitzschnell in der Dunkelheit. - Oberjäger Steckhan erhielt einen Splitter in die rechte Hüfte, und Havighorst wurde abermals an der rechten Schulter verwundet.

Er konnte den rechten Arm nicht mehr heben. Als er sich auf dem Regimentsgefechtsstand gemeldet hatte – unterwegs dorthin mußte er noch seinen schwerer verwundeten Oberjäger Steckhan stützen –, wurden beide sogleich vom Regimentsarzt Dr. Münninghoff versorgt. Dieser schickte Havighorst und Steckhan ins Lazarett. Hier wurde bei Havighorst festgestellt, daß ein ziemlich kleiner Splitter in der Nähe des Schultergelenks saß. Eine Operation schien nicht angebracht, da die Gefahr bestand, daß danach das Schultergelenk steif wurde.

Irgendwie, meinte der Arzt, würde sich dieser Splitter verkapseln, und dann könnte man weitersehen. Als Oblt. Havighorst nach 14 Tagen Aufenthalt im Lazarett von Jünkerath wieder fieberfrei war, wurde er zu seiner alten Einheit entlassen.

„Auf dem Rückweg zum Regiment", so Havighorst, „wurde ich minutenlang von einem Jabo angegriffen. Er schoß mit der Kanone auf mich und warf sogar zwei Raketenbomben. Der Pilot in dieser Kiste mußte total übergeschnappt sein, daß er mit der Kanone auf einen Spatzen wie mich schoß. Aber der unwahrscheinliche Munitionsaufwand zeigte auch die Materialüberlegenheit der Amerikaner auf. Dabei ging es nur darum, einen einzelnen Deutschen zu töten.

Jedesmal, wenn der Jabo anflog, konnte ich mich durch einen raschen Sprung in den Straßengraben retten. Ich mußte sogar über seinen Eifer lachen.

Im Raume Lanzerath fand ich unser Regiment wieder. Es lag in der gleichen Linie, aus der es vor sechs Wochen zum Angriff in den Ardennen angetreten war. Von hier aus waren wir aufgebrochen in einem letzten ohnmächtigen Versuch, den Gegner noch einmal zum Laufen zu bringen und die Lage im Westen zu unseren Gunsten zu wenden."

Was aber war statt dessen geschehen?

Allgemeiner Überblick über die Ardennen-Offensive

Im ersten schnellen Vorstoß erreichte die Panzer-Lehr-Division der 5. Panzerarmee auf dem Wege zur Maas Morhet am 21. Dezember 1944. Sibret wurde von der 26. VGD nach erbittertem Gefecht in Besitz genommen. Die Panzer der 2. PD hatten das Höhengelände bei Marche erreicht, wo sie wegen Benzinmangels liegenblieben. Am 22. Dezember 1944 drangen beide Verbände noch etwas weiter vor.

Der Kampf um Bastogne aber, an dem beide Divisionen vorbeigerollt

Generalleutnant Fritz Bayerlein führte die Panzer-Lehr-Division in den Ardennen.

waren, dauerte an. Die dort verteidigenden Amerikaner gaben nicht auf. Bastogne wurde von schnell herangeschafften US-Entsatztruppen – überwiegend Fallschirmjäger im Erdeinsatz – am Nachmittag des 26. Dezember 1944 entsetzt.

Um diese Zeit war die PLD bis kurz vor Rochefort vorgedrungen. Bei Marche wurde die 2. PD vom Gegner zurückgeschlagen und deren Spitzenverbände bei Celles und Foy Notre Dame endgültig gestoppt.

Die Kampfgruppe Peiper der 6. Panzer-Armee wiederum hatte am 21. Dezember Stoumont erreicht, wo auch ihr der Treibstoff ausging. Die bei Stavelot, nur 24 km weiter südostwärts stehende Versorgungskolonne für Peipers Panzerverband war von der Spitzengruppe abgeschnitten worden. Bis Trois Ponts drangen die vordersten Kampfgruppen der 1. SS-PD allgemein vor, während Peiper von dort aus nach Nordwesten auf Stoumont vorgeprellt war. In der Nacht zum 24. Dezember mußten die letzten 800 Soldaten Jochen Peipers zu Fuß zurückmarschieren, weil sie für ihre Panzer keinen Tropfen Sprit mehr hatten. Die Kampfwagen wurden gesprengt.

Die große Wende in den Ardennen setzte ein. Zu Neujahr erließen sowohl Hitler als auch General Eisenhower einen Aufruf an die Soldaten der Westfront. In beschwörendem Tone rief Hitler am 1. Januar 1945 um 1.05 Uhr in das Mikrophon:

„So wie der Phönix aus der Asche, so hat sich zunächst aus den Trüm-

General George S. Patton, der amerikanische „Guderian":
„Wir können den Krieg immer noch verlieren!"

An der Reichsgrenze. Die Kampfgruppe Gordon stößt nach Deutschland vor.

mern unserer Städte der deutsche Wille erst recht aufs neue erhoben. Wir werden kämpfen, bis das Beginnen unserer Feinde eines Tages ein Ende findet. Der deutsche Geist und der deutsche Wille werden dies erzwingen.

Dies, meine Volksgenossen, wird einmal eingehen in die Geschichte als das Wunder des 20. Jahrhunderts."

Eines hatte allerdings die Ardennenoffensive erreicht: Die Westalliierten hatten ihre Durchbruchsversuche bei Aachen und jene gegen die Südpfalz gerichteten Angriffe eingestellt. Das Elsaß erhielt wieder Luft. Alle alliierten Pläne waren damit zum Scheitern gebracht worden.

Allerdings zeigte sich in den nächsten Tagen die große Wende in den Ardennen an. Zwar wollte Hitler am 4. Januar 1945 durch die HGr. B noch eine Reihe „schnell aufeinanderfolgender Schläge gegen die anglo-amerikanischen Armeen führen lassen und diese nacheinander zerschlagen", doch der alliierte Gegenangriff hatte bereits am Vortage begonnen, und die alliierten Streitkräfte ergriffen das erstemal seit dem 16. Dezember wieder die Initiative. Daß dennoch im alliierten Lager die Zeichen auf Sturm standen, wird durch die Tagebuchaufzeichnungen des US-Generals Patton deutlich, der am 3. und 4. Januar 1945 in sein KTB schrieb: „Wir können den Krieg immer noch verlieren!"

Und an anderer Stelle bemerkte er: „Wenn ich einst sterbe, kann ich nur noch in den Himmel kommen, denn in der Hölle war ich schon!"

Erst nachdem der zweite Großangriff der Alliierten am 8. Januar 1945 begann, mit dem Gros aber erst 24 Stunden später ausgeführt wurde und am 10. Januar seinen Höhepunkt erreichte, zeichnete sich eine drohende Einschließung aller deutschen Kräfte ab, die noch in dem großen „Ei", in jener Frontbeule standen, die sie in die alliierten Stellungen geschlagen hatten.

Die 1. und 2. US-Armee versuchten in einer Zangenbewegung von Norden und Süden in Richtung Houffalize einen Kessel zu bilden und ihn nach Osten zu schließen. Als diese Zange bei Houffalize um den 15. Januar zuschnappte, befand sich kein deutscher Verband mehr in dieser Falle.

Am 12. Januar 1945 hatte die Rote Armee ihre große Winteroffensive eröffnet. Nunmehr zeigte sich, daß Hitler durch seine Umgruppierungen aus dem Osten zur „Wacht am Rhein" nach Westen die im Osten stehenden Truppen von 157 auf 133 Divisionen reduziert hatte. Von 3 220 neuen oder reparierten Panzern und Sturmgeschützen waren 2 299 nach dem Westen gegangen. Der Osten erhielt nur 921, darunter keine schweren Tiger oder überschwere Königstiger.

Von den 23 neu aufgestellten Volksgrenadier-Divisionen waren 18 dem Oberbefehlshaber West zugeführt worden. Mit der Luftwaffe war dies ähnlich.

Im Osten aber stellten sich zur gleichen Zeit die größten Erdkampf- und Fliegerverbände der UdSSR bereit, die dieser Kriegsschauplatz jemals gesehen hatte.

Am 16. Januar 1945 war der Kessel bei Houffalize geschlossen. Der weitere alliierte Vorstoß wurde noch vor St. Vith durch einen gewaltigen Schneesturm gestoppt. Erst am 21. Januar, als sich dieser Schneesturm legte, griffen die Westalliierten erneut an. Es ging rasant vorwärts. Der große Angriff in Richtung Reichsgrenze begann auf diesem Kriegsschauplatz am 28. Januar 1945.

Das Ergebnis der Ardennenschlacht

Der Zeitaufschub, den Hitler durch diesen überraschenden Offensivschlag im Westen errang, war teuer erkauft worden. Die 5. Panzerarmee, die 6. SS-Panzerarmee und die 7. Armee verloren in diesem bitteren Ringen des Winters 1944/45 10749 Tote, 22388 Vermißte (die größtenteils in Gefangenschaft geraten waren) und 35169 Verwundete.

Hinzu kamen fast alles schwere Material, die schweren Waffen, die Fahrzeuge und eine große Zahl an Flugzeugen.

Die „Wacht am Rhein" erreichte ihr Ziel nicht. Mit jenen Mitteln, die Hitler zum Jahresende 1944 zur Verfügung standen, war ein so starker Gegner, wie die Westalliierten ihn darstellten, nicht auszuschalten. Diese letzte deutsche Offensive hatte lediglich einen Zeitvorteil von sechs Wochen gebracht, der mit zu hohen Verlusten bezahlt werden mußte, weil das Heer im Westen einen entscheidenden Teil seiner letzten Reserven verloren hatte, die nach Beginn der sowjetischen Winteroffensive am 12. Januar 1945 an der Ostfront fehlten, was der Roten Armee den Einbruch nach Deutschland ermöglichte.

Daß die Angloamerikaner in dieser Offensive schwerste Verluste hinnehmen mußten, ist durch die Zahlen belegt. So verloren die 1. und 3. US-Armee 8407 Tote, 20905 Vermißte und 46169 Verwundete, während die beteiligten britischen Streitkräfte des XXX. brit. Korps nur 200 Tote, 239 Vermißte und 969 Verwundete zu beklagen hatten.

Die schwersten Verluste erlitten die Menschen in den Kampfgebieten. Sie wurden gebombt und beschossen, verloren Gesundheit und Leben, weil ihre Heimat Schlachtfeld wurde und die Furie des Krieges über sie hinwegraste.

Der letzte Einsatz der Fallschirmjäger

Als Oblt. Ludwig Havighorst sein Regiment erreichte, erfuhr er dort, daß dieses in den vergangenen 14 Tagen, als er im Lazarett lag, große Verluste erlitten hatte. Seine Kompanie war abermals aufgeteilt worden.

Seit dem 6. Januar war Generalleutnant Richard Schimpf wieder Divisions-Kommandeur der 3. FJD. Havighorst wurde Offizier z. b. V. und befand sich in den nächsten Tagen immer in unmittelbarer Nähe des Regimentskommandeurs von Hoffmann. Einmal führte er einen Stoßtrupp, der zu Aufklärungszwecken losgeschickt wurde, dann wurde er zu Spähtrupp-Unternehmen eingesetzt.

Täglich griffen die Amerikaner mit überlegenen Kräften an, und entsprechend oft mußten sich die Fallschirmjäger absetzen.

In Lanzerath selbst wurde am 31. Januar 1945 der RgtKdr. mit einigen Männern von angreifenden US-Truppen eingeschlossen. Mit der MP schossen sich diese Soldaten, darunter auch Ludwig Havighorst, den Weg frei. Binnen weniger Tage galt es insgesamt 15 Nahkämpfe zu bestehen. Ludwig Havighorst war in diesen entscheidenden Tagen um Sein oder Nichtmehrsein seines Regimentes der Fels in der Brandung. Einmal führte er persönlich einen Spähtrupp, dann wieder ging er mit einem Stoßtrupp vor, um wichtige Anlagen, die bereits in Feindbesitz waren, zu sprengen.

Es ging ununterbrochen zurück. Das FJR 9 bröckelte unter den verheerenden Schlägen der feindlichen Artillerie und der Jagdbomber, die in einem ununterbrochenen Strom und völlig unangefochten über der Front flogen, auseinander. Männer wie Havighorst waren es, die ihre Einheiten eisern zusammenhielten und ein noch größeres Unheil verhinderten.

Ende Februar erhielt Oblt. Havighorst den Befehl, mit seiner Kompanie, die noch am kampfstärksten war, die Nachhut zu bilden und den Rückzug des Regimentes zum Rhein und über die Brücke von Bonn-Beuel nach Oberpleis, also auf das Ostufer des Flusses zu sichern.

Seine Kompanie bestand nur noch aus 60 Soldaten. Verpflegung gab es nicht mehr. Die Soldaten lebten von dem, was sie in den Kellern der verlassenen Häuser fanden.

Die ersten Teile der 3. FJD gingen bereits über den Fluß. Havighorst war derweilen bemüht, daß seine kleine Einheit nach rechts und links Verbindung hatte, um nicht kurz vor Erreichen des Rheins noch abgeschnitten zu werden.

Der Regimentskommandeur, Oberst i. G. von Hoffmann, konnte am frühen Morgen des 4. März den letzten Soldaten über die Bonn-Beueler Brücke marschieren sehen. Es war Ludwig Havighorst.

Der Oberleutnant erkannte, daß der Kommandeur schwer krank war. Aber er wußte auch, daß dieser Mann sein Regiment nicht eher verlassen würde, bis es in Sicherheit war.

Von Oberpleis aus rollte der Regimentsstab nach Wissen/Sieg und bezog dort einen neuen Gefechtsstand. Hier sprach endlich der Regimentsarzt Dr. Münninghoff ein Machtwort und schickte den schwerkranken Regimentskommandeur, der sich bis dahin stets widersetzt hatte, ins Lazarett. Schwe-

Rudi Frühbeißer. Er berichtete über das Schicksal des FJR 9 in seinem Buche.

Winston Churchill besichtigt das eroberte Jülich.
Vorn US-General Simpson.

ren Herzens übergab Oberst i. G. von Hoffmann sein Regiment an seinen Adjutanten, Hptm. Baron Alfred von Freyberg.

Am Morgen des 5. März erreichte die 15. Kp. unter Ludwig Havighorst, die wieder auf der linken Rheinseite stand, den Westrand des Ortes Froitzheim. Dort setzten sich die Pioniere abermals fest, um den nachdrängenden Gegner zu stoppen.

Um 9.00 Uhr eröffneten die Amerikaner das Feuer aus schweren Granatwerfern auf diesen deutschen Verband, der sich nicht geschlagen geben wollte und sie immer wieder stoppte.

Ludwig Havighorst stand gerade mit einem Soldaten seines Kompanietrupps hinter einem Scheunentor und blickte durch einen Spalt hindurch in Richtung Feind. Er sah, daß sich ihnen eine Gruppe Amerikaner, gut getarnt und geschickt geführt, bis auf 40 Meter genähert hatte.

Der Führer dieser Gruppe, ein Offizier, lag hinter einer kleinen Erhebung. Er hob gerade den Kopf und erklärte seinen Männern etwas. „Weil ich nur meine MPi bei mir hatte, nahm ich das Gewehr des Kompanietruppmelders, brachte es nach vorn, legte an und zielte auf den Kopf des Offiziers. Da ich eine Scharfschützenausbildung erfolgreich durchlaufen hatte, war es aus dieser Distanz ein leichtes, den Menschen zu erschießen. Aber ich setzte das Gewehr ab. Es war mir einfach nicht möglich, auf diesen ahnungslosen Soldaten vor mir zu schießen.“

Als das Feuer dann einsetzte und es galt, sich der andrängenden Gegner zu erwehren, feuerte auch Havighorst und wurde beschossen. Schritt für Schritt mußte die Nachhut zurückweichen. Bis um 12.00 Uhr waren die Männer der 15. Kp. aus der Ortschaft geworfen, und wenn sie bis dahin immer noch die Deckungen der Häuser benutzen konnten, so hieß es nunmehr über eine 300 Meter breite freie Fläche zurückzugehen. Sprungweise ging es von jeder kleinen Deckung zur anderen. Unterstützt durch das Feuer zweier Flanken-MG kamen sie – wenn auch mit einigen Verlusten – über diese Fläche hinweg und nisteten sich an deren anderem Ende in einem Kusseldickicht ein.

Hier wurden die Pioniere von einer gut ausgerüsteten und auf Krädern und zwei SPW heranrollenden Elite-Feuerwehr aufgenommen. Der Chef dieser kleinen Kampfgruppe gab sich Havighorst zu erkennen und erklärte: „Wir haben Befehl, Froitzheim gemeinsam zurückzugewinnen.“

„Also gut, gehen wir es an!“ lautete Havighorsts Antwort. Sie umfuhren die offene Ebene, und während hier ein zurückgelassenes MG und ein Granatwerfertrupp das Feuer aufrechterhielten, rollten die beiden Zangenarme des Kampftrupps jenseits der Freifläche wieder aufeinander zu und stießen, von den vorrollenden Fahrzeugen schießend, in die Ortschaft hinein.

Abgesessen kämpften sie Froitzheim Haus nach Haus frei. Der Gegner geriet ins Laufen, und nach 20 Minuten gehörte die Stadt wieder ihnen.

Um 17.00 Uhr setzte schweres US-Granatwerferfeuer auf Froitzheim ein. Die berstenden Granaten schleuderten Hunderte scharfzackige Splitter durch die Gegend. Dann griffen die Amerikaner abermals an.

„Da kommen sie, Herr Oberleutnant!" meldete der Kompanietruppführer dem Chef. Havighorst nickte. „Erster Zug sichert die linke Straßenseite, zweiter Zug die rechte!"

In einer erbitterten Straßenschlacht wurden die Fallschirmjäger ein weiteres Mal von einem Feindverband in Bataillonsstärke zurückgedrängt. In den Kampfpausen hörten die Männer auf beiden Flanken Panzergeräusche. Dort versuchte der Ami, sie seitlich zu überholen und dann einzukesseln. Wenn sie erst einmal abgeschnitten waren, kamen sie nicht mehr an den weiter vorrollenden Amerikanern vorbei; dann blieb nur noch die Gefangenschaft übrig.

Ludwig Havighorst, zu dieser Situation befragt, erklärte: „Als wir die freie Ebene wieder erreichten, erkannte ich, daß meine Befürchtungen sich bewahrheitet hatten. Wir alle sahen rechts und links am Rande dieses Feldes US-Panzer vorrollen, die schon über unsere Höhe hinausgelangt waren.

Ein kleiner Verband Volksgrenadiere unter einem Hauptmann versuchte unmittelbar vor uns die freie Fläche zu überwinden. Ich rief ihm noch zu: ‚Vorsicht, Herr Hauptmann! Auf der freien Fläche sind Sie dem Panzerfeuer schutzlos ausgesetzt!' Aber er ließ sich nicht beraten, sondern bewegte sich mit seinen Männern sprungweise rückwärts.

Bei mir waren noch fünf Soldaten meiner Kompanie. Mit einem MG 42, zwei Sturmgewehren und zwei Maschinenpistolen waren wir zwar gut bewaffnet, aber durchschlagen konnten wir uns nicht.

‚Wir kehren nach Froitzheim zurück und verstecken uns dort vor den Amis, das ist sicherer', erklärte ich den Männern. ‚Nach Einbruch der Dunkelheit können wir uns zur eigenen Truppe durchschlagen.'"

Sprungweise arbeiteten sich Havighorst und seine Männer nun in entgegengesetzter Richtung zu dem Volksgrenadier-Hauptmann vor. Der Hauptmann, der aus Wien stammte, hatte inzwischen etwa 100 Meter zurückgelegt, als das begann, was Havighorst befürchtet hatte. Drei der Panzer, die diese Bewegungen erkannt hatten, eröffneten aus Kanonen und MG das Feuer auf diese schutzlos auf der freien Ebene liegenden Männer.

„Wie ich später erfuhr, wurde der Hauptmann durch Bauchschuß schwer verwundet und starb in der folgenden Nacht. Mit meinen Männern kam ich gut vorwärts. Alles, was sich uns entgegenstellte, wurde von uns unter Feuer genommen. Die Amerikaner verschwanden in den Häusern von Froitzheim oder in Seitenstraßen. Wir erreichten die katholische Kirche und faßten den Entschluß, uns darin zu verbergen. Wir versteckten unsere Waffen, nachdem wir die Schlösser daraus entfernt hatten, zwischen den Kirchenbänken und stellten wenig später fest, daß sich unter der Kirche ein riesiger dunkler Keller befand. Dort suchten wir Schutz hinter einer Wendeltreppe. Bald bemerkten wir, daß sich außer uns noch etwa 100 Zivilisten in diesem Keller befanden.

Als es 18.30 Uhr geworden war, machten wir uns zum Durchbruch zu unserer Einheit fertig. Es mußte nun bald dunkeln. In diesem Moment hörten wir durch die Fenster und über der Treppe Fußgetrappel und Stimmen, die im breiten Slang etwas riefen. Das waren die Amerikaner, und sie gaben sich sehr schnell zu erkennen, indem sie durch das Kellerfenster in den Keller hineinfeuerten.

,Nicht schießen, nicht schießen! – Zivil, Zivil!' riefen die verängstigten Menschen.

Dann waren in der Kirche zahlreiche Schritte zu hören. Die Kellerluke wurde aufgerissen, und ein Amerikaner rief etwas in den Keller hinein.

Unter den Zivilisten befand sich auch der Pfarrer des Ortes. Er sprach Englisch und antwortete dem Soldaten. Dann wandte sich der Pfarrer an die im Keller versammelten Menschen: ,Wenn Soldaten im Keller sind, bitte melden! Wir werden sonst alle erschossen.'

Ich meldete mich: ,Beruhigen Sie Ihre Schutzbefohlenen, es wird schon nicht so schlimm sein. Sagen Sie, daß sich hier vier Soldaten und ein Offizier befinden, die unbewaffnet sind.'"

Der Pfarrer verhandelte mit den Amerikanern, und diese forderten die fünf Soldaten auf, mit erhobenen Händen heraufzukommen.

Oben wurden die fünf Fallschirmjäger von etwa 50 GIs erwartet, die ihre Gewehre und MPs auf sie gerichtet hielten.

„Der Führer des Haufens riß mir den Knochensack auf und rief, als er das Deutsche Kreuz in Gold und die übrigen Auszeichnungen sah: ,Ha! Ein Offizier, Nazischwein! Bester Soldat der Welt!'

Meine Fliegeruhr, die ich am Handgelenk trug, wurde mir als erstes entrissen. Damit hatte ich nicht gerechnet; sonst hätte ich sie versteckt oder den Zivilisten im Keller geschenkt.

Die Schlösser aus unseren Waffen und die wichtigen Papiere, die ich in der Kartentasche getragen hatte, waren von mir so gut versteckt worden, daß sie diese nicht fanden.

Nun wurden auch meinen anderen Männern die Uhren abgenommen. Die Amerikaner hatten offenbar so großen Respekt vor uns, daß sie noch etwa 20 Mann als Verstärkung heranholten. Sie bildeten förmlich ein Spalier, durch das wir hindurchgetrieben und – immer noch mit erhobenen Händen – in eine Scheune geführt wurden.

Die Scheune wurde rundherum von Posten umstellt. Um Mitternacht begann sie plötzlich zu brennen. Dies und die Tatsache, daß die Posten uns nicht hinauslassen wollten, weckte Befürchtungen in uns, daß man uns einäschern wollte. Wir riefen ihnen zu, das Tor zu öffnen, aber sie stellten sich stur. Bis plötzlich ein höherer Offizier anrückte und das Tor öffnen ließ. Wir Gefangenen wurden in eine andere Scheune geführt.

Am anderen Morgen, es war der 6. März 1945, wurden alle Gefangenen aus Froitzheim in Richtung Euskirchen zurückgetrieben, und ich staunte, als ich bemerkte, daß wir fünf Offiziere und etwa 150 Mann stark waren. Zu dieser Zeit war wohl unser gesamtes Regiment nicht viel stärker.

Die Offiziere wurden in das Euskirchener Gefängnis gesperrt und ein paarmal am Tage von französischen Offizieren verhört."

Damit war für Ludwig Havighorst und seine vier Fallschirmjäger-Kameraden der Zweite Weltkrieg beendet. Was folgte, war eine – gemessen an den Verhältnissen in der Sowjetunion – kurze Gefangenschaft mit einer Reihe von Demütigungen, die Sieger für Besiegte zur Hand haben. Lassen wir auch darüber Ludwig Havighorst direkt berichten!

In Kriegsgefangenschaft

„Am 7. März 1945 wurden wir in Euskirchen verladen und im Bahntransport abgefahren. Drei belgische Soldaten überwachten bei unserem Waggon das Einsteigen. Als ein älterer Hauptmann, durch die Folgen eines noch nicht ausgeheilten Bauchschusses behindert, recht umständlich und schwerfällig in den Waggon kletterte, ging es einem der Posten wohl zu langsam. Er schlug dem Hauptmann mit dem Gewehrkolben über die rechte Schulter. Der deutsche Offizier brach zusammen und stürzte auf den Bahnsteig.

Ich geriet ob der Brutalität und Gemeinheit dieses jungen belgischen Soldaten, der sicherlich noch keinen Schuß Pulver gerochen hatte, so in Wut, daß ich ihn anschrie und ihm einen kräftigen Fußtritt versetzte.

Die übrigen Soldaten rissen ihre MPs in den Anschlag, und ich hatte sicherlich großes Glück, daß sie mich nicht erschossen.

Der verletzte Hauptmann machte den Eindruck, als liege er im Sterben. Bei diesem Anblick brach der belgische Soldat, der meinen Fußtritt zu spüren bekommen hatte, plötzlich in Tränen aus.

Wir wurden regelrecht in den Waggons zusammengepfercht. Die Fahrt wurde zur Qual. Es gab nichts zu essen. Nur einmal am Tage bekam jeder einen Becher Wasser. Den Waggon durften wir nicht verlassen.

Nach viertägiger Bahnfahrt erreichten wir das Gefangenen-Sammellager Cherbourg. Fünf Tage lang hatten wir nichts zu essen bekommen. Mit den Satzungen des Roten Kreuzes zur Behandlung von Kriegsgefangenen hatte eine solche Behandlung *nichts* zu tun. Dieses erste Vorkommnis zeigte uns allen, daß die Schweinehunde auf *beiden* Seiten zu finden waren und: daß es überwiegend solche Typen waren, die nicht im Einsatz kämpfen mußten.

In den ersten drei Tagen war der Hunger am schlimmsten. Danach waren wir alle zu apathisch, um noch weiteren Hunger zu spüren.

In Cherbourg erhielt jeder von uns eine Dose Corned beef. Dort wurden wir auch untersucht, gemessen und gewogen. Ich wog, obwohl ich während der Rückzugsgefechte gelegentlich nur Kellerverpflegung erhalten hatte, noch immer 70 Kilogramm. Dies trotz der fünftägigen Hungerkur.

Wegen meiner Verwundungen wurde ich als ‚not duty', nicht arbeitsfähig, eingestuft. Die amerikanischen Ärzte prüften bei jedem Gefangenen auch, ob ihm eine Blutgruppenbestimmung in die Achselhöhle eingeätzt war, um so die Angehörigen der Waffen-SS aussortieren zu können."

Nunmehr kamen die Offiziere in ein Offizierslager. Sie wurden zu jeweils 60 Männern in ein Zelt gebracht, das für 30 Soldaten bestimmt war. Auf der anderen Straßenseite standen die Zelte leer, aber offenbar gehörte dies zum Verständnis der Amerikaner von einer humanen und den Regeln der Genfer Konvention entsprechenden Gefangenschaft.

Die Verpflegung dort war zwar gut, doch völlig unzureichend. Es gab am Morgen eine Tasse Tee. Dazu eine Scheibe Brot. Zu Mittag wurde Rührei ausgegeben; jeder erhielt elf Teelöffel voll davon.

Im Zelt war es nur möglich, sich auf der Seite liegend auszuruhen. Um sich auf die andere Seite drehen zu können, bedurfte es eines Kommandos, nach welchem alle 60 Soldaten die gleiche Bewegung ausführten.

Im März 1945 merkten sie nicht viel von der Kälte, denn die Sonne schien bereits sehr warm. Erst im April wurde es bei sich änderndem Wetter anders. Es wurde eiskalt.

Ein wildes Filzen der Wachmannschaften begann um diese Zeit, und je kälter es wurde, desto mehr mußten die Gefangenen abgeben. So hatte Ludwig Havighorst beispielsweise eine Marschdecke und eine Zeltbahn in die Gefangenschaft mitgebracht. Was damit geschah, berichtete er wie folgt:

„Mitte April, als die kalten Nächte ihren Höhepunkt erreichten, hat man mir Decke, Zeltbahn und Knochensack beim Filzen abgenommen. Ich war jetzt nur noch mit der Springerhose und einem Hemd bekleidet. Den anderen Kameraden erging es nicht besser.

Am Morgen des 9. Mai 1945 – keiner, der dies erlebt hat, wird es jemals wieder vergessen – erfuhren wir, daß der Krieg aus sei. Es war 9.00 Uhr, als wir diese Nachricht hörten. An diesem Tage wehte erstmals ein warmer Wind, der die Kälte rasch vergessen machte.

In den Tagen zuvor war Oberst Hans-Ulrich Rudel bei uns eingeliefert worden. Von hier aus wurde er später zur Vernehmung und Befragung nach England geschafft.

Für 14 Tage wurde er auch mein Zeltkamerad. An diesem Manne konnten wir uns alle ein besonderes Beispiel nehmen. Da er ja Flieger war wie ich, hatte ich Gelegenheit, mehrfach mit ihm zu sprechen. Wir tauschten unsere Erfahrungen über den Einsatz in Rußland aus und darüber, was aus uns allen werden würde. Hans-Ulrich Rudel war ein Mann von unbeugsamem Charakter.

Dies zeigte sich, als eines Morgens ein amerikanischer Offizier, der Deutsch sprach, mit einem Landser, der eine Zeltbahn trug, in unserem Zelt erschien und befahl, daß wir alle Orden und Ehrenzeichen, die wir zu Unrecht erworben hätten, in die Zeltbahn werfen sollten. In 30 Minuten werde er wiederkommen und diese Zeltbahn abholen.

Oberst Rudel trug als einziger Deutscher das Goldene Eichenlaub mit Schwertern und Brillanten zum Ritterkreuz des Eisernen Kreuzes. In einer Unzahl von Siegen über feindliche Panzer, Landungsboote und über ein Schlachtschiff der UdSSR war er durch alle Phasen dieses Krieges gegangen. Trotz Unterschenkel-Amputation hatte er als Schlachtflieger insgesamt 519 Panzer des Iwan – das war ein volles sowjetisches Panzerkorps – abgeschossen. Als Hitler ihm die Brillanten zum Ritterkreuz mit Eichenlaub und Schwertern überreichte und damit zugleich auch ein totales Flugverbot aussprach, hatte Rudel unter diesen Aspekten die Annahme des höchsten deutschen Ordens verweigert. Er wollte ihn nur dann annehmen, wenn er

Hans-Ulrich Rudel,
Havighorsts Zeltnachbar

weiterhin bei seinem Geschwader bleiben und mit ihm fliegen durfte. Hitler war einverstanden gewesen.

Dieser Mann sollte also seine Orden zu Unrecht erworben haben? Die völlige Lächerlichkeit dieser Phrase ging allen auf, als Hans-Ulrich Rudel nur lächelnd abwinkte.

‚Ähnliche Stinker wie diese habe ich schon mehrfach gesehen‘, meinte Rudel, ‚aber es kratzt eine deutsche Eiche nicht, wenn sich ein Schwein daran schabt!‘

Dann erhob er seine Stimme: ‚Meine Herren!‘ rief er so laut, daß alle ihn hören konnten, ‚es ist klar, wir müssen diese Weisung befolgen, weil sonst für alle starke Unannehmlichkeiten und mehr herauskommen würden. Wir werden unsere Orden in diese Zeltbahn werfen, sie aber vorher mit zwei Steinen zusammenschlagen. Bitte so klein wie möglich!‘ ”

So wurde es auch gemacht. Das Deutsche Kreuz in Gold von Ludwig Havighorst war nach der „Behandlung“ noch so groß wie eine Walnuß. Die beiden Ritterkreuzträger, die außer Rudel im Zelt lagen, demolierten ihre Ritterkreuze ebenso, und so machten es alle übrigen mit ihren Eisernen Kreuzen. Als Souvenir, wie die Aktion offenbar beabsichtigt war, konnten diese Metallteile nicht mehr herhalten.

„Als der Offizier kam, um die Orden abzuholen, zog er beim Anblick des zerschlagenen Metalls eine fürchterliche Grimasse. Alle brachen in schallendes Gelächter aus und freuten sich kindlich, als der Ami mit hochrotem Kopf und schnellen Schritten den Raum verließ.

Das Hungern im Lager ging weiter. Wegen der geringen Verpflegungsmenge und der damit fehlenden Ballaststoffe, das Mehl war schneeweiß und hatte kaum Nährwert - mußten die Soldaten nur etwa alle acht Tage zu jener Blechtonne, die zur Toilette umfunktioniert worden war. Der Stuhlgang wurde zur Qual. Es dauerte immer etwa 30 Minuten. Zuerst kam eine Menge Blut und dann das übrige, was ebenfalls nur noch Walnußgröße hatte.

Als einmal Kameraden Brot gestohlen wurde, das sie sich für einige Stunden aufbewahren wollten, griffen der Zeltälteste und seine Helfer rigoros durch. Der Dieb mußte beim täglichen Appell vortreten. Der Lagerführer gab seinen Namen bekannt, und aus 1000 Kehlen stieg der Ruf ‚Pfui!' in den Himmel empor.

Das war nach meiner Erfahrung eine sehr harte Strafe für den Delinquenten.

Im September 1945 wurde ein großer Transport Gefangener zur Verlegung nach Amerika zusammengestellt. Die dazu ausgesuchten Kameraden nahmen erbittert und traurig zugleich von den Zurückbleibenden Abschied, denn sie wußten, daß diese Überfahrt sie für mindestens zwei Jahre in den USA festhalten würde. Daß auch dies mit dem betreffenden Paragraphen der Haager Landkriegsordnung nicht in Einklang stand, wurde einfach nicht zur Kenntnis genommen. Nur Sieger durften sich auf solche Formalitäten berufen, dem Besiegten stand dies nicht zu.” –

„Nunmehr kam mir meine Arbeitsunfähigkeit zugute", sagte Ludwig Havighorst nach der Heimkehr aus der Kriegsgefangenschaft. „Ich wurde zusammen mit etwa 50 Kameraden entlassen. Die Fahrt nach Hause erfolgte per Eisenbahn im offenen Güterwaggon. Die hierbei zu ertragenden Strapazen erforderten von uns so sehr geschwächten Männern so ziemlich die letzten Kraftreserven. Zunächst begleiteten uns US-amerikanische Wachmannschaften. Bei Maubeuge ging es über die belgische Grenze. Die Wachmannschaften wurden ausgetauscht. Von nun an übernahmen britische Soldaten unsere Bewachung. Als wir in der Nähe von Lüttich auf einer kleinen Bahnstation einen kurzen Aufenthalt hatten, traf uns ein letztes grausames Ereignis. Auf einer Brücke, die hier die Geleise überspannte, standen einige Männer und riefen uns irgend etwas, was ich nicht verstand, zu.

Ernst Köster ruht auf dem Friedhof in Rhynern bei Hamm. –
Ehefrau Rosemarie und Sohn Wolfgang.

Plötzlich nahm einer von ihnen einen großen Stein und warf diesen zu uns in den offenen Waggon. Da wir eng zusammengepfercht dicht beieinanderstanden, war ein Ausweichen nicht möglich. Der Stein traf unglückseligerweise einen etwa eine Armlänge von mir entfernt stehenden Kameraden voll auf den Kopf. Blutüberströmt brach der so Getroffene zusammen und verstarb noch auf dem Bahnhof. Die britischen Wachmannschaften rissen ihre Maschinenpistolen hoch und schossen sofort auf die haßerfüllten Attentäter, die sich jedoch blitzschnell in Sicherheit gebracht hatten. Wir waren alle tief erschüttert und ohnmächtig vor Zorn. Doch der Zug rollte weiter, und ohne sonstige größere Zwischenfälle erreichte ich am 12. September 1945 am Fest ‚Mariä Namen' meine Heimatstadt Haltern am See. Ich trug nur noch meine Springerhose und Hemd, Stiefel ohne Sohlen und ohne Absätze. Von den anfänglich 140 Pfund Gewicht waren mir gerade 98 Pfund geblieben. Wenige Tage nach meiner Rückkehr mußte ich wegen einer Gelbsucht für drei Monate ins Krankenhaus.

Als ich Haltern das erstemal wiedersah, erschrak ich tief. Die Stadt hatte wenige Wochen vor Kriegsschluß noch einen völlig sinnlosen Bombenangriff über sich ergehen lassen müssen, bei dem es auch Tote und Verwundete zu beklagen gab. Die Wohnung meiner Mutter war durch einen Bombentreffer ausgebrannt, aber sie und meine junge geliebte und hübsche Frau lebten.

Tiefe Dankbarkeit erfüllte mich, als ich wieder zu Hause war. Meine Gedanken gingen in dieser ersten Zeit daheim immer wieder zu den vielen tapferen und unvergeßlichen Kameraden zurück, die ich in meiner Staffel, im Geschwader, in der Pionier-Kompanie und im Fallschirmjäger-Regiment 9 gekannt hatte. Sie waren an meiner Seite geflogen, waren mit mir in den Kampf marschiert. Alle hatten sie im guten Glauben, im Kampf für eine bessere Zukunft unseres deutschen Vaterlandes, ihr Leben eingesetzt und es oftmals hingegeben."

ANLAGEN

Ludwig Havighorst: Kurzdaten

geb. am 16. Dezember 1914 in Ostbevern, Kreis Warendorf.

Eintritt in die Wehrmacht als 12jährig-Freiwilliger am 1. Oktober 1935 in das IR 26 in Rendsburg, Schleswig-Holstein.

August 1936: Versetzung zum Infanterie-Lehr-Regiment nach Berlin-Döberitz.

1. Januar 1940: Versetzung zur Großen Kampffliegerschule 3 in Lechfeld/Bayern.

1. Dezember 1940–30. November 1941: Beobachter in den Kampfgeschwadern 26 und 28.

1. Dezember 1941–20. Juli 1944: 5./Kampfgeschwader 27 „Boelcke".

1. Januar 1943–30. März 1943: Offizierslehrgang auf der Kriegsschule in Fürstenfeldbruck bei München.

19. Oktober 1943–20. Juli 1944: nach schwerem Unfall Lazarettaufenthalt in Böhmen und Straubing/Bayern.

21. Juli 1944–22. September 1944: Navigationslehrer in der Navigationsschule Strausberg ostwärts Berlin. Ausbildung im Luftwaffen-Festungs-Bau-Batl. XXX in Liegnitz an der Katzbach in Niederschlesien.

23. September 1944–5. März 1945: Einsatz mit Fallschirmjäger-Regiment 9 der 3. Fallschirmjäger-Division im Westen.

5. März 1945–12. September 1945: US-Kriegsgefangenschaft in Cherbourg.

Beförderungen

1. Oktober 35:	Infanterist
1. Oktober 36:	Gefreiter
1. Oktober 37:	Unteroffizier
1. März 41:	Feldwebel
1. März 42:	Oberfeldwebel
1. Oktober 43:	Leutnant
1. April 44:	Oberleutnant
1. April 45:	Hauptmann (Beförderung nicht mehr bestätigt)

Auszeichnungen

1935:	SA-Sportabzeichen
1936:	Reichssportabzeichen
1937:	Schützenschnur des Heeres 1. Stufe
1939:	Medaille für vier Jahre „treue Dienste in der Wehrmacht"
22. Oktober 40:	Beobachterabzeichen
15. Februar 41:	Eisernes Kreuz II.
15. März 41:	Frontflugspange für Kampfflieger in Bronze
28. März 41:	Eisernes Kreuz I.
16. Juni 41:	Frontflugspange in Silber
20. Oktober 41:	Frontflugspange in Gold
15. März 42:	Ehrenpokal der Luftwaffe
5. Dezember 42:	Frontflugspange in Gold mit Anhänger
16. Februar 43:	Deutsches Kreuz in Gold
14. Juli 43:	Gratulation und Überreichung eines großen Ölgemäldes zum 300. Feindflug durch GFM Albert Kesselring persönlich
11. September 43:	Medaille „Winterschlacht im Osten"
30. Januar 45:	Erdkampfabzeichen der Luftwaffe
3. Februar 45:	Verwundetenabzeichen in Schwarz
28. April 45:	Ritterkreuz des Eisernen Kreuzes befürwortet.

Die Stammbesatzung von Ludwig Havighorst im Osten

Flugzeugführer:	Ludwig Denz, EK I., Deutsches Kreuz in Gold, Frontflugspange in Gold mit Anhänger, Ehrenpokal der Luftwaffe
Bordfunker:	Helmut Wagner , EK I., Deutsches Kreuz in Gold, Frontflugspange in Gold mit Anhänger, Ehrenpokal der Luftwaffe
Bordmechaniker:	Wilhelm Waschewski, EK I. Ehrenpokal der Luftwaffe
Bordschütze:	Otto Blaß, EK I. Ehrenpokal der Luftwaffe

Fw. Günther Bierbrauer, 14./KG 27	am 17. April	1945
Maj. Paul Claas, I./KG 100 (gef.)	am 14. März	1943
Ofw. Konrad Ellmer, 14./KG 27	am 9. Juni	1944
Oblt. Adolf Fischbach, 4./KG 27	am 29. Februar	1944
Maj. Rupert Frost, NachtschlachtGr. 9 (gest.)	am 25. November	1944
Oblt. Walter Grasemann, 9./KG 27	am 9. Oktober	1943
Hptm. Heinrich Günther, 7./KG 27 (gef.)	am 9. Juni	1944
Lt. Hans Haselbach, 14./KG 27 (gef.)	am 12. November	1943
Ofw. Engelbert Heiner, 9./KG 27	am 9. Dezember	1942
Fw. Günther Kempin, 14./KG 27	am 17. April	1945
Hptm. Rudolf Kiel, von 1943 bis Kriegsende Kommodore des KG 27	am 20. Dezember	1941
Hptm. Heinrich Klein, 2./KG 27	am 10. Juni	1943
Oblt. Heinz Klien, II./KG 27	am 12. November	1941
Ofw. Helmut Klimek, 14./KG 27	am 9. Juni	1944
Lt. Gerhard Krems, 2./KG 27	am 25. Mai	1942
Hptm. Rudolf Müller, I./KG 27	am 6. Juli	1942
Ofw. Johann-Peter Oeckenpöhler FlFhr. KG 27 (gest.)	am 2. Juni	1943
Hptm. Carl-August Petersen, 9./KG 27	am 7. März	1942
Hptm. Joachim Petzold, I./KG 27	am 18. Mai	1943
Oblt. Helmut Putz, FlFhr. KG 27	am 19. November	1942
Oblt. Horst Quednau, III./KG 27 (gest.)	am 3. September	1942
Ofw. Walter Schalles, FlFhr. 9./KG 27	am 12. April	1942
Lt. Karl Schmid, 14./KG 27 (gef.)	am 19. August	1943
Oblt. Wolfgang Skorczewski, I./KG 27	am 27. September	1941
Lt. Waldemar Stadermann, 6./KG 27	am 12. November	1941
Oblt. Erich Thiel, III./KG 27 (gef.)	am 23. Juli	1941
Hptm. Wilhelm Werlin, I./KG 27 (verungl.)	am 30. Dezember	1942
Oblt. Karl Zillich, II./KG 27 (gef.)	am 20. Juli	1944

Das Eichenlaub zum Ritterkreuz erhielten

184.	Major Reinhard Günzel (gest.)	am 22. Januar	1943
	Ritterkreuz	am 17. September	1941
336.	Oberstleutnant Hans-Henning		
	Frhr. von Beust	am 25. November	1943
	Ritterkreuz	am 7. Dezember	1941
509.	Hauptmann Eduard Skrzipek	am 24. Juni	1944
	Ritterkreuz	am 16. April	1943

Nennungen des KG 27 „Boelcke" im Wehrmachtsbericht

9. März 1941:
Der im Wehrmachtsbericht vom 8. März gemeldete erfolgreiche Angriff auf ein Rüstungswerk bei Bristol wurde von der Besatzung Oberleutnant Lohmann, Oberfeldwebel Beckmann, Stabsfeldwebel Ernst Köster*, Stabsfeldwebel Trageser und Gefreiter Hey geflogen. Diese Besatzung hat sich bereits bei mehreren anderen Tiefangriffen besonders ausgezeichnet.

28. März 1941:
Bei den erfolgreichen Angriffen auf den Geleitzug an der Küste von Wales zeichnete sich Hauptmann Müller (Hauptmann Rudolf Müller I./KG 27), der die Einheit als stellvertretender Gruppenkommandeur führte, besonders aus. Im Tiefangriff vernichtete er allein drei Handelsschiffe.

2. April 1941:
Flugzeuge eines Kampfgeschwaders unter Führung des Majors Ulbricht (KG 27) vernichteten sechs große Tankschiffe mit zusammen 42 000 BRT im Eingang des St.-Georg-Kanals. Eine Kette des gleichen Verbandes unter Führung von Oberleutnant Münz griff – wie schon gemeldet – einen Flugplatz an der britischen Südküste mit durchschlagendem Erfolg an. Hierbei wurden Bombenvolltreffer in Hallen und Unterkünften erzielt und 24 Flugzeuge mit Sicherheit am Boden zerstört.

* Stfw. Ernst Köster war im Ostfeldzug als Bordfunker Besatzungsmitglied in Ludwig Havighorsts He 111.

Stellenbesetzungsliste Fallschirmjäger-Regiment 9

Kommandeure:

–	Februar 44	– Hauptmann Bodo Götsche
1. Februar 44 –	20. August 44	– Major Kurt Stephani
21. August 44 –	3. September 44	– Major Friedrich Alpers
1. Oktober 44 –	8. Oktober 44	– Oberstleutnant Gundolf Frhr. von Schenk zu Schweinsberg
9. Oktober 44 –	3. März 45	– Oberst i. G. Helmuth von Hoffmann
3. März 45	–	– Hauptmann Baron Alfred von Freyberg (i. V.)

Regimentsstab: – Hauptmann Mierisch
– Hauptmann Berger
– Oberleutnant Günter Luther
– Leutnant Konrad Wagner

I. Bataillon:

	– 21. August 44	– Major Friedrich Alpers
21. August 44 –	1. Oktober 44	– Oberstleutnant Frhr. von Schenk zu Schweinsberg
9. Oktober 44 –		– Hauptmann Fritz Schiffke

II. Bataillon:

	– 8. August 44	– Hauptmann Heinrich Haller
9. August 44 –		– Hauptmann Ladwig
		– Hauptmann Hermann Holler
		– Hauptmann Theetz
9. Oktober 44 –	Dezember 44	– Major Siegfried Taubert
	– 15. Januar 45	– Hauptmann Hardt
15. Januar 45 –		– Oberleutnant Wilhelm Gutermann

III. Bataillon:

	– 14. Juli 44	– Hauptmann Karl Meyer
	– 11. September 44	– Hauptmann Hapke
9. Oktober 44 –	24. Januar 45	– Hauptmann Rudolf Buchholz

JOHANN-PETER OECKENPÖHLER

350 Feindflüge über England und der UdSSR

Als Flugzeugführer im Kampfgeschwader 27 wurde der Oberfeldwebel Oeckenpöhler am 2. Juni 1943 mit dem Ritterkreuz des Eisernen Kreuzes ausgezeichnet. Für alle Ritterkreuzträger des Kampfgeschwaders 27 sei stellvertretend hier *sein* Einsatz gewürdigt.

Als Segelflieger meldete er sich zur Luftwaffe und wurde dort zum Flugzeugführer ausgebildet. Danach folgte die Spezialausbildung im Blindflug.

Als der Zweite Weltkrieg begann, war Oeckenpöhler bereits voll ausgebildeter Flugzeugführer. Er erhielt am 4. September 1939 als erster Mannschaftsdienstgrad seines Verbandes das EK II. Über Arras wurde der junge Kampfflieger während des Frankreich-Feldzuges abgeschossen und geriet leichtverwundet in Gefangenschaft. Sieben Tage lag er mit seinen Bewachern bei Dünkirchen im stärksten deutschen Artilleriefeuer.

Mit seiner Besatzung wagte er schließlich am hellichten Tag die Flucht; durch eine Ackerfurche robbend, dauernd beschossen und zu den deutschen Linien zurückkehrend.

Drei Tage später flog er bereits wieder in Richtung Paris, wo der französische Militärflughafen gebombt wurde.

Im Luftkrieg über England war Oeckenpöhler nicht weniger als 26mal über London im Einsatz. Er warf Bomben über Coventry und Birmingham, Plymouth und Glasgow.

Im Ostfeldzug schirmte das KG 27 zunächst im Südabschnitt der Ostfront den deutschen Vorstoß in Richtung Kertsch ab. Über Sewastopol und Charkow, Kursk und Woronesch, Kalatsch und Stalingrad war Oeckenpöhler erfolgreich. Auf der Wolga versenkte er zwei große Frachtschiffe. Die Vernichtung von Lokomotiven und Transportzügen war seine Spezialität.

Beim Angriff nordostwärts von Kursk erhielt seine Maschine sieben Treffer ins Leitwerk und schmierte ab. Der Bordfunker gab bereits SOS, als das Flugzeug wieder der Steuerung gehorchte und die Besatzung zur Staffel zurückbrachte.

Beim nächstenmal mußte die Besatzung über Woronesch aussteigen. Es war Nacht, und der linke Motor brannte. Oeckenpöhler hielt die Maschine so lange, bis die Besatzung ausgestiegen war. Als er dann ebenfalls ausstieg, betrug die Sprunghöhe nur noch 150 Meter.

Er erlitt Verstauchungen an den Beinen. Sein Beobachter brach sich ein Bein. Nach vier Stunden tauchte der Bordmechaniker bei ihnen auf. Er hatte 12 km zurückzulegen.

In der Nacht wurden sie von deutschen Truppen, die den Abschuß gesehen hatten, geborgen.

Der Kampf dieses vorbildlichen Soldaten und Kameraden ging weiter. Sein Einsatz und der seiner Besatzung zeigen auf, daß die Einsatzbereitschaft dieser Luftwaffen-Soldaten im Zweiten Weltkrieg über jedes Lob erhaben war.

DER START EINER HE 111 ZUM EINSATZ

Nach Beendigung der allgemeinen Flugbesprechung setzte sich die Besatzung, die diesen Feindflug gemeinsam unternehmen sollte, zusammen und sprach noch einmal alle Faktoren durch.

Der Beobachter erläuterte, wie er anzufliegen beabsichtigte, erklärte die Flughöhe und die Geschwindigkeit und wies auf die besonderen Merkmale des Fluges und des Zieles hin, damit die gesamte Besatzung nach diesen Merkmalen Ausschau halten konnte.

Danach wurde die Besatzung zu ihrer Maschine gefahren. An dieser stand der 1. Wart, der die Maschine pflegte und die Motoren betreute. Dieser meldete mit militärischem Gruß, daß die Maschine einsatzbereit sei, und erläuterte Unregelmäßigkeiten, so beispielsweise, daß der Motor links oder rechts beim Gasgeben 50 Touren verliere.

Danach kletterte die Besatzung in die He 111 und nahm ihre Plätze ein. Der Flugzeugführer und der Funker waren die einzigen Besatzungsmitglieder, die ihren Fallschirm am Körper trugen. Während des Fluges saßen sie darauf. Sie mußten sich also sofort anschnallen und den Fallschirm anlegen.

Die übrigen Männer, der Beobachter, Mechaniker und Fliegerschütze, trugen nur die Fallschirmgurte am Körper. Die Fallschirme des Bordmechanikers und des Fliegerschützen hingen rechts und links innen am Flugzeugrumpf, der des Beobachters hing rechts neben dem Bombenabwurfgerät an der Seite der Kanzel. Alle drei konnten ihre Fallschirme rasch erreichen und anlegen.

HEINKEL He 111 H-1 KANZELÜBERSICHT

1 Querrudertrimmung
2 Amperemeter
3 Starterbatterieschalter
4 Anlasserschalter (links)
5 Anlasserschalter (rechts)
6 Umschalthebel für Kraftstoffbehälter
7 Ölkühlerklappenbetätigung
8 Brandhähne
9 Schalter für Kurssteuerung
10 Notschalter für Kurssteuerung
11 Motorausschalter
12 Bedienhebel für Luftschraubensteigung
   (linker Motor)
13 Bedienhebel für Luftschraubensteigung
   (rechter Motor)
14 Magnetschalter
15 Ausschalter für Dämpfungsflosse
16 Fahrwerkwählhebel
17 Fahrwerkverriegelungshebel
18 Landeklappenhebel
19 Laderbedienhebel
20 Lichtschalter
21 Landeklappenanzeige
22 Fahrwerkanzeige
23 Luftschraubensteigungsanzeige
   (rechter Motor)
24 Luftschraubensteigungsanzeige
   (linker Motor)
25 Gashebel
26 Anlaßeinspritzpumpen
27 Sauerstoffanlage
28 Instrumentenbrett für den Notfall
29 Tochterkompaß
30 Höhenmesser
31 Heizungsanzeige Staudruckmesser
32 Zielfluganzeiger
33 Zielfluggerät
34 Wende-/Querlagenanzeiger
35 Kurskreisel
36 Fein-/Grobhöhenmesser
37 Blindanfluggerät
38 Geschwindigkeitsmesser
39 Künstlicher Horizont
40 Steig/Sinkgeschwindigkeitsmesser
41 Schiebefenster
42 Kanzelglas
43 Schiebefenster
44 Windschutzscheibe (geöffnet nur im
   Notfall)
45 Griff für Schiebefenster
46 Beleuchtungsregler f. Instrumentenbrett
47 Öl-/Benzindruckanzeige (rechter Motor)
48 Öl-/Benzindruckanzeige (linker Motor)
49 Kraftstoffwarnlicht (rechts)
50 Außentemperaturmesser
51 Kraftstoffwahlschalter (rechts)
52 Kraftstoffanzeige (rechts)
53 Kraftstoffanzeige (links)
54 Kraftstoffwarnlicht (links)
55 Kraftstoffwahlschalter (links)
56 Notwurfhebel
57 Schiebefensterverriegelung

58 Künstlicher Horizont
59 Zielfluganzeiger
60 Wende-/Querlagenanzeiger
61 Heizungsanzeige Staudruckmesser
62 Blindanfluggerät
63 Geschwindigkeitsmesser
64 Steig-/Sinkgeschwindigkeitsmesser
65 Höhenmesser
66 Tochterkompaß
67 Kurskreisel
68 Drehzahlmesser (links)
69 Drehzahlmesser (rechts)
70 Kraftstoffdruckanzeige (links)
71 Kraftstoffdruckanzeige (rechts)
72 Öltemperaturanzeige (links)
73 Öltemperaturanzeige (rechts)
74 Kühlstofftemperaturanzeige (links)
75 Kühlstofftemperaturanzeige (rechts)
76 Öl-/Kraftstoffdruckanzeige (links)
77 Öl-/Kraftstoffdruckanzeige (rechts)
78 Sicherheitsglasscheibe
79 Schiebefenster
80 Tasche für Erkennungssignalmunition
81 »Patin« – Peilgeräteanzeige
82 Bedienkurbel für Peilantenne
83 Klappsitz für Beobachter
84 Beobachterliege, Gefechtsposition
   (Segeltuchbespannung zur besseren
   Darstellung fortgelassen) »Rollteppich«
85 Beobachtungsscheibe (verzerrungsfrei)
86 Bombenzielgerät
87 Signalpistole
88 Ikaria – MG Lafette
89 Verzerrungsfreie Bugverglasung
90 Kanzelscheibe (Sicherheitsglas)
91 Blendschutz (Beobachter)
92 Blendschutz (Flugzeugführer)
93 Schalter f. Kurssteuerung (Kurvenflug)
94 Borduhr
95 Umlegbares Steuerhorn
96 Steuersäule
97 Bordeigenverständigung (EiV)
98 Seitenruderpedale
99 Verzerrungsfreie Kanzelscheiben
100 Sicherheitsgurtbefestigung
101 Sitzhöhenverstellhebel
102 Höhenrudertrimmrad
103 Bedienknöpfe, Zielgerät
104 Kühlerbedienung (linker Motor)
105 Ölkühlerklappenbedienung
106 Kühlerbedienung (rechter Motor)
107 Handpumpe zur Notbedienung von
    Fahrwerk und Landeklappen
108 Handpumpe für Kraftstoff
109 Manueller Kraftstoffeinschalter
110 Kanzelbeheizungsstellhebel
111 Seitenrudertrimmrad
112 Betätigungsarm für Sitzverstellung
113 Sitzhauptbauteil und Betätigungskabel
114 Sitzrahmen
115 Sitzverstellzylinder

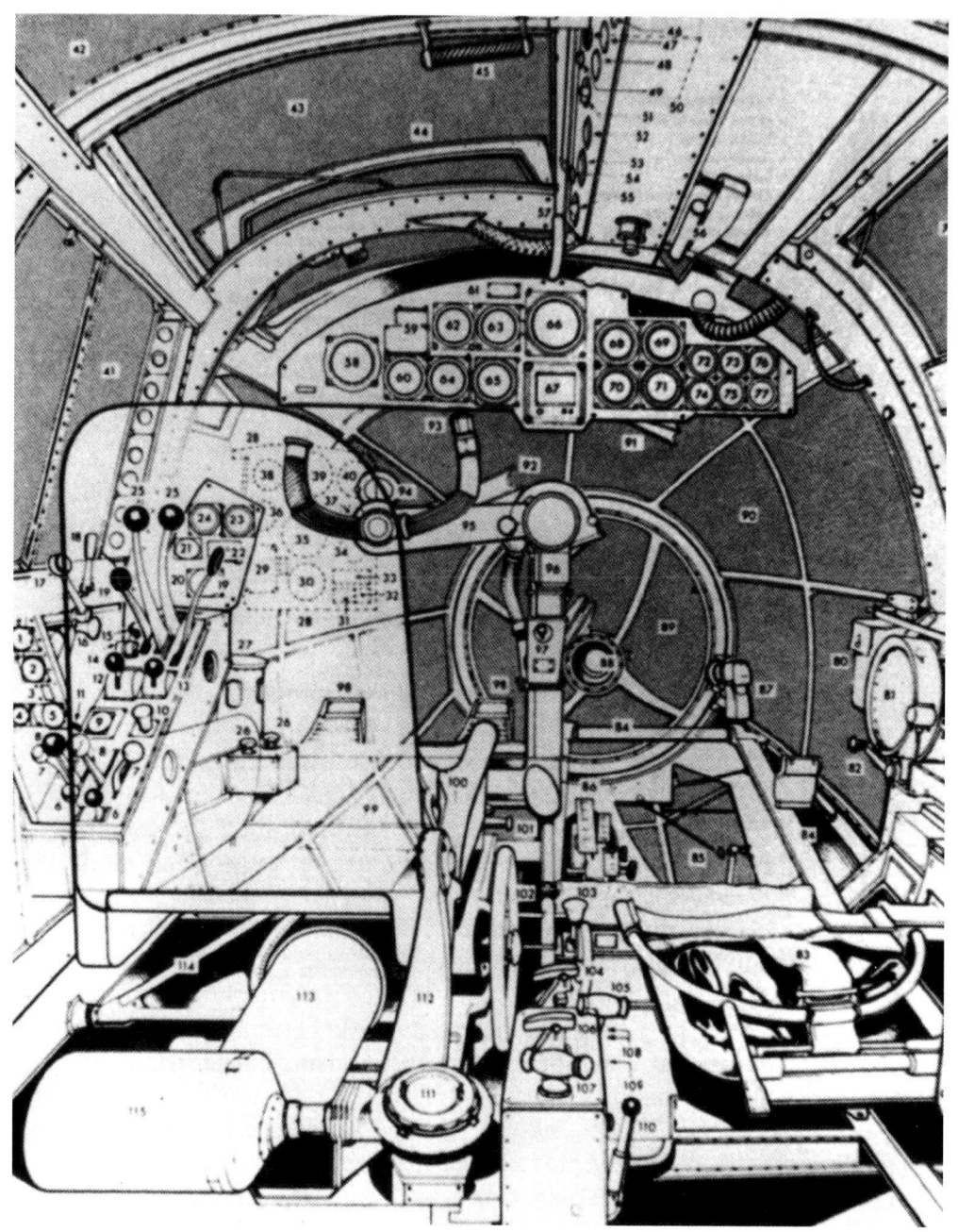

Der Funker bereitete sich nun durch Überprüfen des Gerätes zum Flug vor. Manchmal durfte er das Gerät abstimmen. Dies war nicht immer gestattet, weil der Feind auch diesen Abstimmverkehr überwachen und daraus seine Schlüsse ziehen konnte.

Der Flugzeugführer überprüfte seine Geräte und Instrumente. Im ersten Prüfungsvorgang widmete er sich der gesamten Ruderanlage. Er schob den Steuerknüppel ganz nach vorn und zog ihn wieder dicht an sich heran, womit die Prüfung für das Höhenruder beendet war. Für das Querruder bewegte er das Steuerrad einmal nach rechts und dann wieder nach links und überzeugte sich davon, daß die Ruderanlage nicht festgestellt war. Zuletzt trat er kräftig in das Seitenruder, das ja mit den Füßen betätigt wurde. Auch hier trat er einmal nach links und dann nach rechts.

Wichtig war nunmehr vor allem das Einstellen des Höhenmessers. Dies war insofern entscheidend, als ein Flugzeugführer beim Rückflug unter Umständen schlechtes Wetter und keine Bodensicht haben konnte. Dennoch mußte er ganz genau wissen, wie hoch der Platz selber lag und in wieviel Metern Höhe er sich darüber befand. Er konnte also so tief hinuntergehen, wie es ihm sein vorher eingestelltes Gerät anzeigte, um eine Wolkendecke zu durchstoßen, *ohne* fürchten zu müssen, beim Durchstoßen der Wolken gleich auf dem Boden zu landen.

Danach justierte er den Anstellwinkel für die Luftschrauben ein. Beim Start wurden diese ganz gering angestellt, weil sich so die Maschine förmlich in die Luft hineinschrauben konnte. Wenn sich das Flugzeug in der Luft befand, wurde der Anstellwinkel größer gestellt, damit die Schrauben mehr Luft griffen. Dazu war eine Uhr vorhanden, die zunächst auf 12 Uhr gestellt wurde, was wiederum bedeutete, daß der geringste Anstellwinkel für die Schrauben eingestellt war. Darauf nahm ja das alte Fliegerlied Bezug, in dem es hieß: „Nimm Gas zurück, auf Zwölf die Uhr, wir wollen landen!"

Das heißt, daß auch das Landen mit dem geringsten Anstellwinkel erfolgen mußte.

Dies war deshalb notwendig, weil man bei einer Landung unter Umständen gezwungen war, wieder durchzustarten, und man dann die richtige Einstellung für den Start haben mußte.

Bevor der Start erfolgte, wurden noch die Motoren abgebremst. Allerdings war dies bei alten, seit Jahren aufeinander eingestellten Besatzungen und Bodendiensten nicht mehr üblich, weil der Flugzeugführer wußte, daß sein 1. Wart diese Prüfung durchgeführt hatte, und sich beide hundertprozentig aufeinander verließen. Dieses Abbremsen brachte die Motoren auf volle Touren. Das bedeutete, daß der Flugzeugführer (oder bereits vorher der Wart) den Gashebel ganz nach vorn schieben mußte, so daß der Motor die höchste Tourenzahl lief und ein Ladedruck von 1,4 herrschte. Die Luftschrauben machten dann 2400 Umdrehungen in der Minute.

Bei Erreichen der vollen Leistung schaltete der Flugzeugführer von Magnet eins auf Magnet zwei um. Dies waren zwei identische Funkmagnete für den Fall, daß einer mal ausfiel. Wenn bei diesem Vorgang des Umschaltens die Tourenzahl eines Motors um 100 Umdrehungen zurückging, brauchte der Flugzeugführer nicht zu starten, denn dies war ein Zeichen dafür, daß mit dem Motor etwas nicht in Ordnung war.

Falls alles in Ordnung war, wurden die Motordrehzahlen wieder zurückgenommen, und die Maschine war zum Start bereit. Der Kommandant des Flugzeuges, entweder der Flugzeugführer oder der Beobachter, fragte dann: „Ist alles klar?" Alle Besatzungsmitglieder mußten dann ihre Klarmeldung abgeben.

Auch der Beobachter überprüfte kurz, ob das Bombenabwurfgerät in Ordnung war. Er schaltete probeweise die Zünderanlage ein und sah nach, ob die Kontrollampen leuchteten. Wichtig war auch, daß er in sein LOTFE-Abwurfgerät schaute, ob der Winkel zum Abwurf weit genug auseinanderstand, denn wenn dieser zu dicht beieinander stand und die Zünderanlage eingeschaltet wurde, begann das LOTFE zu laufen. Sobald sich die beiden Kontakte berührten, fielen die Bomben; sie waren dann nicht mehr aufzuhalten.

Das Gerät wurde nach der Überprüfung sofort wieder ausgeschaltet, weil das Abwurfgerät weder beim Start noch bei der Landung eingeschaltet sein durfte.

Bordschütze und Bordmechaniker hatten inzwischen ihre MGs geprüft, ob die Gurte eingelegt waren und alles in Ordnung war.

War nun „alles klar" gemeldet, hob der Flugzeugführer die Hand und gab damit das Zeichen, daß der 1. Wart die Bremsklötze wegzog. Dazu ging der Flugzeugführer mit der Motorendrehzahl ganz zurück, um die beiden Warte nicht „über den Deich zu wehen". Sobald die Bremsklötze weg waren, rollte die Maschine an den Start. Dort angelangt, sah der Flugzeugführer den Startposten mit der Flagge stehen; er hob die Hand und zeigte auch ihm, daß seine Maschine startklar war. – Der Posten hob jetzt die Startflagge und gab damit den Start frei.

Nunmehr drückte der Flugzeugführer beide Gashebel langsam, aber zügig bis zum Anschlag nach vorn. Wieder gingen die Motoren auf Ladedruck 1,4 und 2 400 Umdrehungen, was Vollgas und gleichzeitig bedeutete, daß die Motoren 110prozentige Leistung brachten.

Das Flugzeug begann zu rollen, und der Flugzeugführer schob den Knüppel ganz nach vorn, damit die Maschine, wenn sie Fahrt aufgenommen und 50 bis 60 Stundenkilometer erreicht hatte, den Schwanz hob und somit erst ganz in der Waagerechten lag.

Dann konzentrierte sich der Flugzeugführer nur noch auf die Startbahn, denn nicht *er* las die Geschwindigkeit der Maschine ab, sondern dies wurde vom Beobachter besorgt, der meistenteils bei Tempo 100 anfing und langsam zu zählen begann: „Hundert – Hundertzehn – Hundertzwanzig" und so weiter, bis die He 111 etwa 160 Stundenkilometer erreicht hatte. Dann merkte der Flugzeugführer, daß Druck auf die Ruderanlage kam. Wenn die Maschine 170 km/h erreicht hatte, zog der Flugzeugführer langsam den Knüppel an.

Die Maschine reagierte sofort und hob vom Boden ab. Sobald sie einige Meter an Höhe gewonnen hatte, fuhr der Flugzeugführer das Fahrwerk ein. *Das* war *der* Moment, in dem die Maschine sofort kräftig an Fahrt gewann, weil ja damit der enorme Luftwiderstand des Fahrwerks aufhörte.

Sobald nun jene Höhe erreicht war, in welcher die Maschine fliegen sollte, brachte der Flugzeugführer die Latteneinstellung auf Reiseflug, und damit war der Start beendet, der Feindflug hatte begonnen.

Heinkel He 111

Wiederum war es die DLH, die 1934 den Entwicklungsauftrag für eine Schnell-verkehrsmaschine gab, aus der das Standard-Horizontalbombenflugzeug der Luft-waffe werden sollte.

Heinkel schuf in der He 111 eine getreue Weiterentwicklung der He 70 »Blitz« mit dem schnittigen Tropfenrumpf und den typischen elliptischen Flügel- und Leitwerksumrissen.

Die erste He 111 a (V 1) startete am 24. Februar 1935 zum Erstflug, die V 3 ging gleich als Bombenflugzeug mit den nicht sehr leistungsfähigen BMW-VI-Mo-toren in Erprobung, nicht gerade zur Freude der Rechliner E-Stelle der Luft-waffe.

Erst das Jumo 211 F 12 Zyl. flüssigkeitsgekühlte V-Triebwerk mit 1340 PS und die Junkers-Metall-Verstelluftschrauben verliehen dem zukünftigen Standard-bomber der Heinkel-Serien, dem man inzwischen für eine vereinfachte Produk-tion die Flügel stutzte und begradigte, die geforderte Leistung. Die vier neuen selbstschließenden Flügeltanks trugen wesentlich zur Beschußsicherheit bei.

Insgesamt wurden bis 1944 in den verschiedenen Baureihen 5656 Muster aus-geliefert. Darunter Torpedoträger, Gleitbombenträger (Hs 293, V 1) Ballon-sperrenräumer, Fernkampfversionen und nicht zuletzt die He 111-Z-Reihe, wobei man nach dem Motto aus »2 mach 1« zum Schlepp von Lastenseglern aus zwei He 111 H 6 durch Einfügen eines besonderen Mittelflügels mit 3 Motoren ein 5motoriges leistungsfähiges Zwillingsflugzeug schuf für den Dreifachschlepp über weite Entfernungen.

Die Besatzungen flogen dieses Flugzeug gerne, weil es gut zu handhaben und problemlos zu fliegen war und über eine solide Ausrüstung verfügte.

Das Geschwader »Edelweiß« flog die He 111 H 6 vom 6. August 1939 bis Anfang 1941 in Einsätzen gegen Frankreich und England.

He 111 H 6

Spannweite:	22,60 m
Länge:	16,60 m
Höhe:	4,18 m
Abfluggewicht:	14 200 kg
Besatzung:	5 (Flugzeugführer links, Beobachter rechts auf Klappstuhl, Bombenschütze/Bugschütze im Bug liegend, Funker/Schütze im B-Stand, Schütze im C-Stand)
Bewaffnung:	1 x 20 mm MG FF in Kuppellafette A-Stand
	1 x 7,9 mm MG 15 im B-Stand
	2 x 7,9 mm MG 15 im C-Stand
	je ein MG in Linsenlafette im Bug und Heck der Wanne
	2 x 7,9 mm MG 15 in Seitenfenstern des Rumpfes
	1 x 7,9 mm MG 15 starr im Rumpfheck
Bombenzuladung:	8 x 250 kg Innenlast
	2 Außenträger für 1 x 1000 kg und
	1 x 500 kg oder 1 x 1400 kg und
	1 x 1000 kg ode 1 x 1800 kg oder
	1 x 2000 kg
Reichweite:	2800 km (1250 km mit max. 2000 kg Bombenlast)
Gipfelhöhe:	7800 m
Höchstgeschwindigkeit:	415 km/h in 5200 m Flughöhe

Abkürzungsverzeichnis – Begriffsbestimmung

a. a. O.	=	am angegebenen Ort
Ami	=	Amerikaner
BatlKdr.	=	Bataillonskommandeur
BF	=	Bayerische Flugmotorenwerke
Do	=	Dornier
(Eis.)	=	Eisenbahn(Staffel)
EK	=	Eisernes Kreuz
FJD	=	Fallschirmjäger-Division
FJR	=	Fallschirmjäger-Regiment
FlFhr.	=	Fliegerführer
FlK.	=	Fliegerkorps
FT	=	Funken-Telegraphie
Fw.	=	Feldwebel
G 2	=	Feindnachrichten-Offizier (US-Army)
gef.	=	gefallen
Gefr.	=	Gefreiter
GFM	=	Generalfeldmarschall
GenLt.	=	Generalleutnant
GenMaj.	=	Generalmajor
GenOberst	=	Generaloberst
gest.	=	gestorben
He	=	Heinkel
HGr.	=	Heeresgruppe
HKL	=	Hauptkampflinie
Hptm.	=	Hauptmann
Ia	=	erster Generalstabsoffizier
ID	=	Infanterie-Division
i. G.	=	im Generalstab
IR	=	Infanterie-Regiment
Iwan	=	Sowjetarmist
JG	=	Jagdgeschwader
Ju	=	Junkers
KDC	=	Karlsruhe Document Center
KG	=	Kampfgeschwader
Kiste	=	Flugzeug

km	=	Kilometer
Kp.	=	Kompanie
Kpn.	=	Kompanien
KTB	=	Kriegstagebuch
Latte	=	Luftschraube
Lkw	=	Lastkraftwagen
LM	=	Luftmine
lMG	=	leichtes Maschinengewehr
LOTFE	=	Lotfernrohr – Bombenzielgerät
Me	=	Messerschmitt
MG	=	Maschinengewehr
mot.	=	motorisiert
Mühle	=	Flugzeug
OB	=	Oberbefehlshaber
ObGefr.	=	Obergefreiter
Oblt.	=	Oberleutnant
Obstlt.	=	Oberstleutnant
Ofw.	=	Oberfeldwebel
OKH	=	Oberkommando des Heeres
OKW	=	Oberkommando der Wehrmacht
PD	=	Panzer-Division
Pkw	=	Personenkraftwagen
PR	=	Panzer-Regiment
Pulle	=	Gashebel
qbi	=	Schlechtwettervorschrift in Kraft
RAF	=	Royal Air Force
RgtGefStand	=	Regiments-Gefechtsstand
RgtKdr.	=	Regimentskommandeur
RLM	=	Reichsluftfahrtministerium
SanFw.	=	Sanitätsfeldwebel
SC	=	Splitterbombe Cylindrisch
SOS	=	Notruf
SPW	=	Schützenpanzerwagen
StG.	=	Stuka-Geschwader
TNT	=	Trinitrotoluol (Sprengstoff)
T.O.	=	Technischer Offizier
US	=	United States
USA	=	United States of America

USAAF   =   United States of America Air Force
UvD   =   Unteroffizier vom Dienst
ZG   =   Zerstörer-Geschwader

Quellen- und Literaturverzeichnis

Air Ministry:	The Rise and Fall of the German Air Force 1939–1945, London 1948
Alman, Karl:	Panzer vor!, Rastatt 1964
ders.:	Sprung in die Hölle, Rastatt 1966
ders.:	Mit Eichenlaub und Schwertern, Rastatt 1971
Astaschenko, P. T.:	Iljuschin und seine Flugzeuge, Berlin-Ost 1970
Baumbach, Werner:	Zu spät? – Kampf und Untergang der deutschen Luftwaffe, München 1949
Bechtold, Dieter:	Ludwig Havighorst, ein tapferer Offizier, i. Ms.
Bekker, Cajus:	Angriffshöhe 4000, Oldenburg/Hamburg 1964
Bierbrauer, Günther:	Mit der 14. (Eis.)/KG 27 im Einsatz, i. Ms.
Bormann, Kurt:	Brief an Frau Denz vom 21. Oktober 1943, im Ø = Durchschlag
Bosch, Heinz:	Der Zweite Weltkrieg zwischen Rhein und Maas, Geldern 1961
Craven-Cate:	The Army Air Forces in World War II, Chicago 1951–54
Churchill, Winston:	Der Zweite Weltkrieg, Bern-München-Wien 1985
Delmenhorster Kreisblatt:	Weser-Ems grüßt das Kampfgeschwader „Boelcke", 15. Dezember 1943
Constable Trevor und Toliver R. F.:	Holt Hartmann vom Himmel, Stuttgart 1983
Deutsche Wehrmacht:	Das olympische Dorf, Elsgrund bei Berlin, 1936
Deichmann, Hans Wilhelm:	Einsatz des VIII. Fliegerkorps im Kampfraum Mitte, 28. September 1941 bis 10. Dezember 1941, KDC
Dessloch, Otto:	Aufsatz über die Winterschlachten im Mittelabschnitt der Ostfront 1941–42, KDC
Eichelbaum, A.:	Die Luftmächte der Welt, Berlin 1945
Fiebig, Martin:	KTB des Generalleutnants Fiebig, Kommandierender General des VIII. Fliegerkorps, KDC
Frankland, Noble und Webster Sir Charles:	The Strategic Air Offensive against Germany, Vol. 4, London 1961

Generalkommando VIII. Fliegerkorps:	Tagesbefehl des GFM Albert Kesselring an das VIII. Fliegerkorps vom 3. August 1941 KDC
dass.:	Tagesnotiz vom 11. Juli 1941 KDC
Frühbeißer, Rudi:	Opfergang der Fallschirmjäger, Esslingen 1967
Greeven, Hugo:	Erinnerungen an Einsätze im KG 26 und 27, i. Ms.
Gstettner, Dr. Hans:	Was bedeuten 350 Feindflüge? Oberfeldwebel Oeckenpöhlers Beitrag zum Sieg.
Guderian, Heinz:	Erinnerungen eines Soldaten, Neckargemünd 1960
Harris, Sir Arthur:	Bomber Offensive, London 1947
Hausser, Paul:	Soldaten wie andere auch, Osnabrück 1966
Havighorst, Ludwig:	Vom Kampfflieger zum Fallschirmjäger, Tondokumente, 1986/87
ders.:	Der Start einer He 111 zum Einsatz
Hoffmann, Helmuth v.:	Hauptmann Ludwig Havighorst, ein Offizier meines Regimentes, i. Ms.
Hoffmann, Otto von Waldau:	Kriegstagebuch des OKL, Teil I, H/I/1 KDC
Jackson, Robert:	Red Falcons, the Soviet Air Force in Action, 1919–1969, New York 1970
Kalinow, Kyrill:	Sowjetmarschälle haben das Wort, Hamburg 1950
Karlsruhe Document Center:	Einsatz der Luftflotte 4 im Kampfraum Süd der Ostfront, G/VI/4 d KDC
dass.:	Die Betriebsstofflage in Deutschland 1939–1944, C/I/5 KDC
Kesselring, Albert:	Soldat bis zum letzten Tag, Bonn 1953
ders.:	Aussagen zum Problem der Luftversorgung von Stalingrad, 30. Januar 1943 (1956) G/VI/4d KDC
ders.:	Kurzbericht über den Einsatz der Luftwaffe im Osten, vom 22. Februar 1955, KDC
Kleine, Egon und Kühn, Volkmar:	Tiger – Die Geschichte einer legendären Waffe, Stuttgart 1987 (4. Aufl.)
Krätschmer, E. G.:	Die Ritterkreuzträger der Waffen-SS, Göttingen 1955
Kühn, Volkmar:	Deutsche Fallschirmjäger im Zweiten Weltkrieg, Stuttgart 1986 (6. Aufl.)
Kurowski, Franz:	Von den Ardennen zum Ruhrkessel, Herford 1964
ders.:	Die Geschichte der Panzer-Lehr-Division, Bad Nauheim 1964
ders.:	Armee Wenck – Die 12. Armee zwischen Elbe und Oder 1945, Neckargemünd 1967

ders.:	Der Luftkrieg über Deutschland, Düsseldorf 1977
ders.:	Der Panzerkrieg, München 1986 (3. Aufl.)
ders.:	Bedingungslose Kapitulation, Leoni 1984
ders.:	Generalfeldmarschall Albert Kesselring – Oberbefehlshaber an allen Fronten, Berg 1985
ders.:	Die Schlacht um Deutschland, München 1981
ders.:	Balkenkreuz und roter Stern, Friedberg 1984
ders. und Tornau, Gottfried:	Sturmartillerie – Geschichte einer legendären Waffe, Stuttgart 1977
Lee, Asher:	The German Air Force, New York 1946
ders.:	The Soviet Air Force, London 1952
Luftflottenkommando 4:	Kriegstagebuch und persönliche Aufzeichnungen des OB der Luftflotte 4, KDC
dass.:	Einsatz der Luftflotte 4 im Kampfraum Süd der Ostfront G/VI/5a, KDC
dass.:	Einsatz der Luftflotte 4 gegen die sowjetischen Eisenbahnen im Kampfraum Süd, KDC
McKee, Alexander:	Entscheidung über England, München/Eßlingen 1960
Markin, Ilja, I.:	Die Kursker Schlacht, Berlin-Ost 1960
Nowarra, Heinz J.:	Luftwaffeneinsatz Barbarossa, Friedberg 1982
Nowikow, Aleksandr:	V nebe Leningradka, Moskau 1970
Obermaier, Ernst:	Die Ritterkreuzträger der Luftwaffe, Bd. I Jagdflieger, Mainz 1966
ders.:	Die Ritterkreuzträger der Luftwaffe, Bd. II, Stuka- und Schlachtflieger, Mainz 1976
Oberkommando der Luftwaffe:	Chef des GenSt. der Luftwaffe, kriegswissenschaftliche Abt.: Die Luftwaffe im Rußlandfeldzug 1941, 1944 KDC
dass.:	Zusammenstellung der Feindnachrichten über die Fliegertruppe der UdSSR 1942 G/VI/2bb, KDC
dass.:	Gliederung der Luftflotte 2, Stand 15. September 1941, KDC
dass.:	Chef des GenSt. GKdos, Notiz über die Besprechung beim Führer am 17. April 1942 bezüglich Einsatz der Luftflotte 4, G/VI/4b KDC
dass.:	Einsatz der Luftflotte 4 vom 20. August 1942 bis 2. Februar 1943: Vormarsch auf Stalingrad und in den Kaukasus, KDC
dass.:	Studie über den Kampf gegen die russische Rüstungsindustrie, G/VI/5b KDC

Oeckenpöhler, Johann-Peter:	Einsatzberichte, i. Ms.
Plocher, Hermann:	The German Air Force versus Russia, 1941, 1942, 1943, 3 Bd. New York 1968
Rieckhoff, H. J.:	Trumpf oder Bluff?, Genf 1945
Richthofen, Wolfram v.:	Der Einsatz des VIII. Fliegerkorps im Mittelabschnitt der Ostfront, KDC
ders.:	KTB des GFM Wolfram von Richthofen
Rohden, Hans-Detlef, Herhudt von:	Die Luftwaffe ringt um Stalingrad, Wiesbaden 1950
Rudel, Hans-Ulrich:	Trotzdem, Waiblingen 1950
ders.:	Aus Krieg und Frieden, Göttingen 1954
Seidel, Gen. von:	Auszug aus den Quartiermeistermeldungen der Luftwaffe, KDC
Spaight, J. M.:	Bombing vindicated, London 1944
Talenskij, N.:	Zwei mächtige Schläge: Die Zerschmetterung der deutschen Armeen bei Moskau und Stalingrad, Moskau 1943 (in dt. Sprache)
Tedder, Lord Arthur W.:	Air Power in War, London 1946
Tschuikow, Wassilij I.:	Stalingrad-Anfang des Weges, Berlin-Ost 1961
Uebe, Claus:	Russian reactions to German Airpower in World War II, New York 1968
USAAF:	Army Air Force Statistical Digest „World War II", Washington 1945
US Department of Army:	Terrain Factors in the russian Campaign, Washington July 1951
Vazhin, F. A.:	Soviet Air Force, Moskau 1975
Whiting Kenneth:	Soviet Air Power 1919–1976, Maxwell 1976
Wykeham, Peter:	Fighter Command, a Study of Air Defence, London 1960
Zuerl, Hubert:	Stalins Luftwaffe, München 1950

Die Fotos stellten zur Verfügung:

Karl-Heinz Brehm (8)
Bundesarchiv Koblenz (14)
Ludwig Havighorst (52)
Ernst Obermaier (12)
Walter Matthiesen (8)
Alle übrigen Fotos Archiv des Verfassers.

Danksagung

Der besondere Dank des Autors gilt allen ehemaligen Soldaten der Deutschen Wehrmacht, die mit Einzelbeiträgen zu diesem Werk beigetragen haben.

Besonders genannt seien: Herr Dieter Bechtold, Herr Dr. Fritz Denz, Herr Hugo Greeven, Herr Helmuth von Hoffmann, Herr Walter Matthiesen, Herr Ernst Obermaier, Herr Walter Wübbe.

Dortmund, im April 1987
Franz Kurowski

Notizen

Notizen